全国职业教育规划教材·汽车系列

汽车机械基础（第二版）

主　编　辛东生
副主编　于忠芳　隋荣娟

内 容 简 介

本书根据高职院校汽车类专业的教学实际,结合汽车领域的职业要求而编写。全书共分四篇:第一篇机械识图,主要介绍制图基本标准、投影基础、机件的常用表达方法、常用件的画法、零件图、装配图等内容;第二篇工程力学,主要介绍静力学和材料力学的基础知识;第三篇汽车运用材料,主要介绍汽车所用金属材料的性能、金属材料、非金属材料、复合材料等内容;第四篇汽车常用的传动机构(包括机械、液压两类传动),主要介绍汽车常用机械零部件和机构以及各种传动的相关内容。每章课后均附有思考与复习题,可帮助学生系统全面地掌握各章所涉及的内容及重点。

本书适合作为各类高职院校汽车相关专业学生的教材和参考书,同时也可作为相关行业岗位培训或自学用书。

图书在版编目(CIP)数据

汽车机械基础 / 辛东生主编. —2 版. —北京:北京大学出版社,2014.11
(全国职业教育规划教材·汽车系列)
ISBN 978-7-301-25059-4

Ⅰ. ①汽… Ⅱ. ①辛… Ⅲ. ①汽车—机械学—高等职业教育—教材 Ⅳ. ①U463

中国版本图书馆 CIP 数据核字(2014)第 255728 号

书　　　名:	汽车机械基础(第二版)
著作责任者:	辛东生　主编
策 划 编 辑:	温丹丹
责 任 编 辑:	温丹丹
标 准 书 号:	ISBN 978-7-301-25059-4/U·0116
出 版 发 行:	北京大学出版社
地　　　址:	北京市海淀区成府路 205 号　100871
网　　　址:	http://www.pup.cn
电　　　话:	邮购部 62752015　发行部 62750672　编辑部 62765126　出版部 62754962
电 子 信 箱:	zyjy@pup.cn
印　刷　者:	三河市北燕印装有限公司
经　销　者:	新华书店
	787 毫米×1092 毫米　16 开本　18.25 印张　439 千字
	2011 年 1 月第 1 版
	2014 年 11 月第 2 版　2014 年 11 月第 1 次印刷(总第 5 次印刷)
定　　　价:	39.00 元

未经许可,不得以任何方式复制或抄袭本书之部分或全部内容。
版权所有,侵权必究
举报电话:010-62752024　电子信箱:fd@pup.pku.edu.cn

第二版前言

《汽车机械基础》(第二版)在第一版的基础上,根据高等职业院校以技能为主的教学特点,征询了同行和读者在使用过程中的意见,深入了解了企业对人才需求的要求,在保持原有体系和特色的基础上,对部分内容进行了改编,使教材更加适应汽车类专业技能人才培养的需求。

本书共分四篇:第一篇机械识图,主要介绍机械制图基本标准、投影基础、机件的常用表达方法、常用件的画法、零件图、装配图等内容;第二篇工程力学,主要介绍静力学和材料力学的基础知识;第三篇汽车运用材料,主要介绍汽车所用金属材料的性能、金属材料、非金属材料、复合材料等内容;第四篇汽车常用的传动机构(包括机械、液压两类传动),主要介绍汽车常用机械零部件和机构以及各种传动的相关内容。本书每章后均附有思考与复习题,方便教师布置作业,帮助学生系统全面和熟练地掌握教材所涉及的内容。

与第一版比较,第二版每章的开始都增加了知识及学习目标,读者在阅读时能更有针对性、目的性。本书由辛东生任主编,于忠芳、隋荣娟任副主编,参加编写的还有王海军、刘红英、王尧杰、巩运强、王仲悦、许维丹、孙雅丽。

本书在编写的过程中,得到了企业经验丰富的专家王兆海先生的指导,并参考了大量的资料和文献,在此向王兆海先生和文献原编著者表示诚挚的谢意。

汽车机械基础内容宽泛、丰富,涉及面广,限于编著水平,书中难免有不妥和错误之处,欢迎读者批评指正。

编 者

2014.10

目 录

第一篇 机械识图

第1章 机械制图基础知识……………… (1)
　1.1 图纸幅面和格式（GB/T 14689—2008）
　　　………………………………………… (2)
　1.2 标题栏（GB/T 10609.1—2008）…… (3)
　1.3 比例（GB/T 14690—1993）………… (3)
　1.4 字体（GB/T 14691—1993）………… (4)
　1.5 图线及应用…………………………… (5)
　1.6 尺寸标注（GB/T 4458.4—2003）…… (7)
　思考与复习题……………………………… (8)

第2章 点、直线、平面的投影………… (9)
　2.1 投影法的分类………………………… (10)
　2.2 三视图的形成与投影规律…………… (11)
　2.3 点的投影……………………………… (13)
　2.4 直线的投影…………………………… (15)
　2.5 平面的投影…………………………… (17)
　2.6 基本几何体的投影…………………… (19)
　2.7 组合体视图识读……………………… (22)
　思考与复习题……………………………… (26)

第3章 机件常用的表达方法…………… (29)
　3.1 视图…………………………………… (30)
　3.2 剖视图………………………………… (32)
　3.3 断面图………………………………… (35)
　3.4 其他表达方法………………………… (36)
　思考与复习题……………………………… (38)

第4章 常用件画法……………………… (39)
　4.1 螺纹与螺纹连接（GB/T 4459.1—1995）
　　　………………………………………… (40)
　4.2 键、销及其连接……………………… (45)
　4.3 齿轮…………………………………… (46)
　4.4 弹簧…………………………………… (48)
　4.5 滚动轴承……………………………… (49)
　思考与复习题……………………………… (51)

第5章 零件图…………………………… (53)
　5.1 零件图的概念………………………… (54)
　5.2 零件图的技术要求…………………… (57)
　5.3 识读典型零件图……………………… (68)
　思考与复习题……………………………… (75)

第6章 装配图…………………………… (77)
　6.1 装配图的作用和内容………………… (78)
　6.2 装配图的识读………………………… (83)
　思考与复习题……………………………… (88)

第二篇 工程力学

第7章 静力学基础……………………… (89)
　7.1 静力学的基本概念…………………… (90)
　7.2 静力学公理…………………………… (92)
　7.3 约束与约束反力……………………… (94)
　7.4 受力分析与受力图…………………… (97)
　7.5 平面力系……………………………… (98)
　7.6 摩擦…………………………………… (105)
　思考与复习题……………………………… (107)

第8章 材料力学基础…………………… (111)
　8.1 杆件变形的基本概念………………… (112)

8.2 杆件的拉伸和压缩 …………… (113)
8.3 杆件的剪切和挤压 …………… (119)
8.4 圆轴的扭转 …………………… (122)
8.5 直梁的弯曲 …………………… (125)
思考与复习题 ……………………… (131)

第三篇　汽车运用材料

第 9 章　汽车运用材料 …………… (135)
9.1 金属材料的性能 ……………… (136)
9.2 金属材料 ……………………… (143)
9.3 非金属材料 …………………… (153)
思考与复习题 ……………………… (159)

第四篇　汽车常用的传动机构

第 10 章　平面连杆机构 …………… (163)
10.1 平面机构的组成及运动分析 … (164)
10.2 平面连杆机构 ……………… (168)
10.3 凸轮机构 …………………… (177)
思考与复习题 ……………………… (182)

第 11 章　汽车常用机械零件 ……… (183)
11.1 轴 …………………………… (184)
11.2 轴承 ………………………… (189)
11.3 离合器、联轴器和万向节 … (200)
11.4 常用连接件 ………………… (206)
思考与复习题 ……………………… (214)

第 12 章　带传动及链传动 ………… (215)
12.1 带传动 ……………………… (216)
12.2 链传动 ……………………… (223)
思考与复习题 ……………………… (226)

第 13 章　齿轮传动 ………………… (227)
13.1 齿轮传动的特点与类型 …… (228)
13.2 渐开线直齿圆柱齿轮 ……… (229)
13.3 斜齿圆柱齿轮 ……………… (240)
13.4 直齿圆锥齿轮 ……………… (243)
13.5 蜗杆传动 …………………… (245)
13.6 轮系 ………………………… (248)
思考与复习题 ……………………… (257)

第 14 章　液压传动 ………………… (261)
14.1 液压传动基础知识 ………… (262)
14.2 液压元件 …………………… (267)
14.3 液压传动实例 ……………… (280)
思考与复习题 ……………………… (283)

参考文献 ………………………… (285)

第一篇　机械识图

第1章
机械制图基础知识

技术图样是信息的载体，是生产过程中的重要技术资料和主要依据。它传递着设计者的意图，集合着加工制造的指令，是工程界共同的技术语言。要完整、清晰、准确地绘制出机械图样，不仅需要有耐心细致和认真负责的工作态度，还要求遵守国家标准《技术制图》与《机械制图》中的各项规定，掌握正确的绘图方法。本章主要就是讲解国家标准的相关内容。

学习目标：
1. 了解图纸图幅、图框格式；
2. 了解标题栏位置、格式与内容；
3. 掌握比例、字体、图线、标注等国家标准；
4. 掌握尺寸标注的基本规则。

1.1 图纸幅面和格式（GB/T 14689—2008）

1. 基本图幅

绘制技术图样时，应优先采用表 1-1 所规定的基本幅面。

表 1-1　基本幅面尺寸　　　　　　　　　　　　　　　　　　　单位：mm

幅面代号		A0	A1	A2	A3	A4
尺寸 $B \times L$		841×1 189	594×841	420×594	297×420	210×297
边框	a	25				
	c	10			5	
	e	20		10		

2. 格式

在图纸上必须用粗实线（0.5 mm）画出图框，其格式分为不留装订边和留装订边两种，如图 1-1 所示，但同一产品的图样只能采用一种格式。

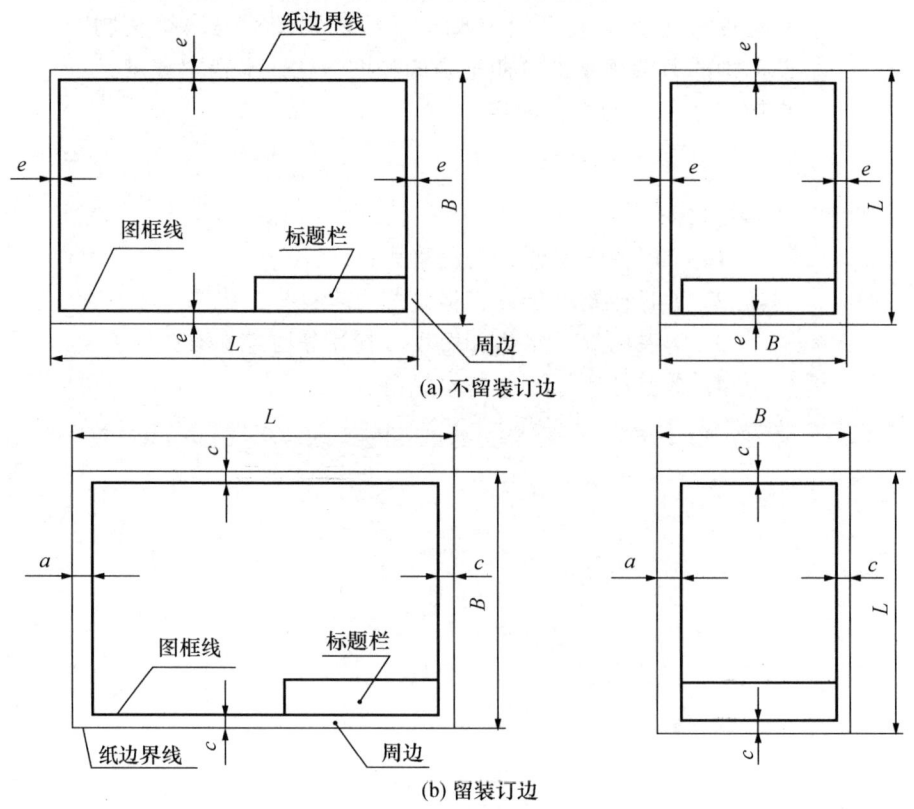

(a) 不留装订边

(b) 留装订边

图 1-1　图框格式

1.2 标题栏（GB/T 10609.1—2008）

绘图时，必须在每张图纸的右下角画出标题栏，并且看图方向应与看标题栏的方向一致。

（1）标题栏的格式如图1-2所示。注意：本书中所用长度单位均为毫米（mm），图纸中不标出。

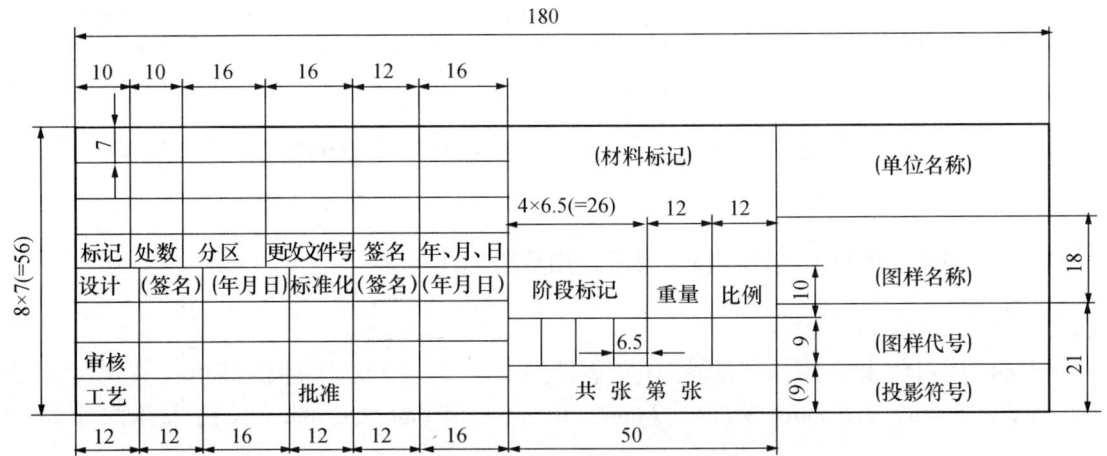

图1-2 标题栏的格式、分栏及尺寸

（2）学生用标题栏如图1-3所示。

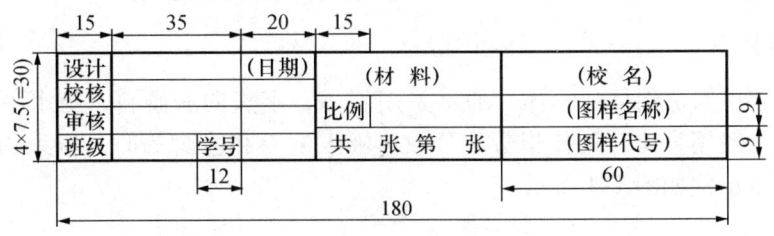

图1-3 学生用标题栏

1.3 比例（GB/T 14690—1993）

比例是指图样中图形与其实物相应要素的线性尺寸之比，如表1-2所示。比例分为原值、缩小、放大三种，画图时，应尽量采用1∶1的比例。不论缩小或放大，在图样上标注的尺寸均为机件的实际大小，与比例无关。

表 1-2 比例表

种类	定义	优先选择系列	允许选择系列
原值比例	比值为 1 的比例	1:1	
放大比例	比值大于 1 的比例	5:1 2:1 $5\times10^n:1$ $2\times10^n:1$ $1\times10^n:1$	4:1 2.5:1 $4\times10^n:1$ $2.5\times10^n:1$
缩小比例	比值小于 1 的比例	1:2 1:5 1:10 $1:2\times10^n$ $1:5\times10^n$ $1:1\times10^n$	1:1.5 1:2.5 1:3 1:4 1:5 $1:1.5\times10^n$ $1:2.5\times10^n$ $1:4\times10^n$ $1:6\times10^n$

1.4 字体（GB/T 14691—1993）

图样上用文字填写标题栏和技术要求，用数字标注尺寸。

1. 汉字

汉字应用长仿宋字体，字的大小按字号规定，字号表示字体的高度，其尺寸多为 1.8 mm、2.5 mm、3.5 mm、5 mm、7 mm、10 mm、14 mm、20 mm。长仿宋体汉字示例如下。

10 号字　字体工整笔画清楚间隔均匀排列整齐

7 号字　横平竖直注意起落结构均匀填满方格

2. 字母和数字

字母和数字可写成斜体或直体。通常是用斜体，字头向右倾斜，与水平线成 75°。当与汉字混写时一般用直体。用作指数、分数、极限偏差和注脚等时，应采用小一号字体。各种字母、数字示例如图 1-4 所示。

ABCDEFGHIJKLMNOPQRSTUVWXYZ

abcdefghijklmnopqrstuvwxyz

12345678910 I II III IV V VI VII VIII IX X

R3　2×45°　M24-6H　Φ60H7　Φ30g6

$\Phi 20^{+0.021}_{0}$　$\Phi 25^{-0.007}_{-0.020}$　Q235　HT200

图 1-4　字母、数字示例

1.5 图线及应用

图线是构成图样的基本要素。表 1-3 列出了机械制图中常用的图线形式及应用。

表 1-3 常用的图线（摘自 GB/T 4457.4—2002）

代码 NO	线　型	名称	线　宽	主要用途
01.1	 ———————	细实线	$d/2$	尺寸线、尺寸界线、指引线、剖面线 重合断面的轮廓线、螺纹牙底线 齿轮的齿根圆线
	∼∼∼∼∼	波浪线	$d/2$	断裂处边界线、视图与剖视的分界线
	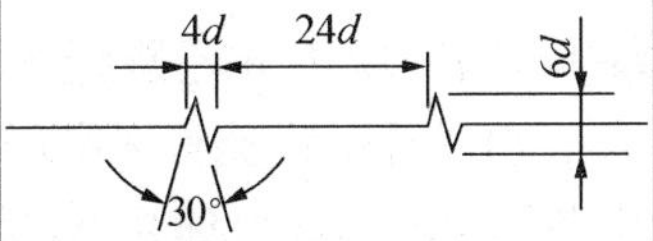 （双折线图示 4d 24d 6d 30°）	双折线	$d/2$	
01.2	 ━━━━━━━	粗实线	国标中粗实线的线宽 d 为 $0.5 \sim 2$ mm，优先采用 $0.5 \sim 0.7$ mm	可见轮廓线、相贯线、剖切符号用线 螺纹牙顶线、螺纹长度终止线 齿顶圆线
02.1	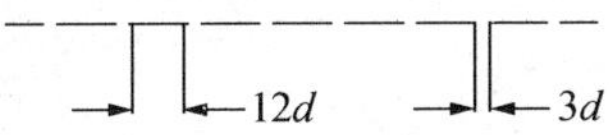 - - - - - -（12d 3d）	细虚线	$d/2$	不可见棱边线、不可见轮廓线
02.2	 ▬ ▬ ▬ ▬ ▬	粗虚线	d	允许表面处理的表示线
04.1	 —·—·—·—	细点划线	$d/2$	轴线、对称中心线、分度圆（线）、孔系分布的中心线
04.2	 ▬·▬·▬·▬	粗点划线	d	限定范围表示线
05.1	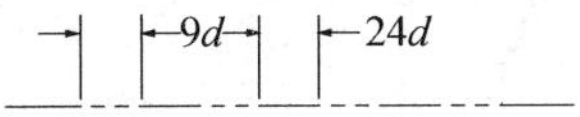 —··—··—（9d 24d）	细双点划线	$d/2$	相邻辅助零件的轮廓线、轨迹线 可动零件的极限位置的轮廓线 剖切面前的结构轮廓线 成形前的轮廓线

1. 粗实线的线宽

优先采用 $0.5 \sim 0.7$ mm 组别。根据图形的大小和复杂程度选取，同一图样中的同一类图线的线宽应保持一致。

2. 图线相交的画法

（1）两线段相交时，应线段与线段相交，如图 1-5(a)～(d)所示。

（2）虚线与粗实线相交时，当虚线在粗实线的延长线上时虚线与粗实线间应留有空隙；当虚线与粗实线垂直相交时，则虚线必须与粗实线相交在一起，如图 1-5(e)所示。

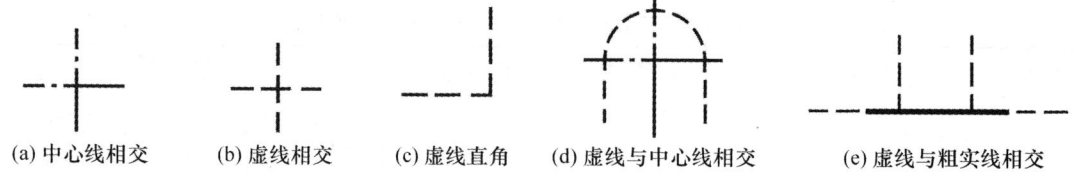

图 1-5　图线相交的画法

（3）中心线与外轮廓相交的画法，如图 1-6 所示。

当画圆的中心线时，圆心应是长划的交点，细点划线的两端应超出外轮廓线 3～5 mm，如图 1-6(a)、(b)所示；当画小圆的中心线时，可采用细实线，细实线的两端应超出外轮廓线 2～3 mm，如图 1-6(c)所示；当画其他形状的中心线时，外轮廓线应与长划相交，细点划线的两端应超出外轮廓线 3～5 mm，如图 1-6(d)所示。

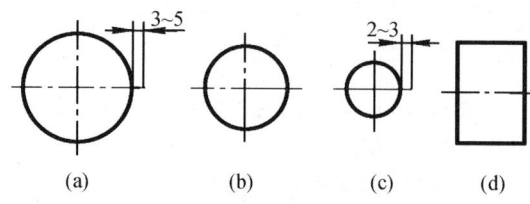

图 1-6　中心线与轮廓线相交的画法

3. 图线应用示例

图线应用示例如图 1-7 所示。

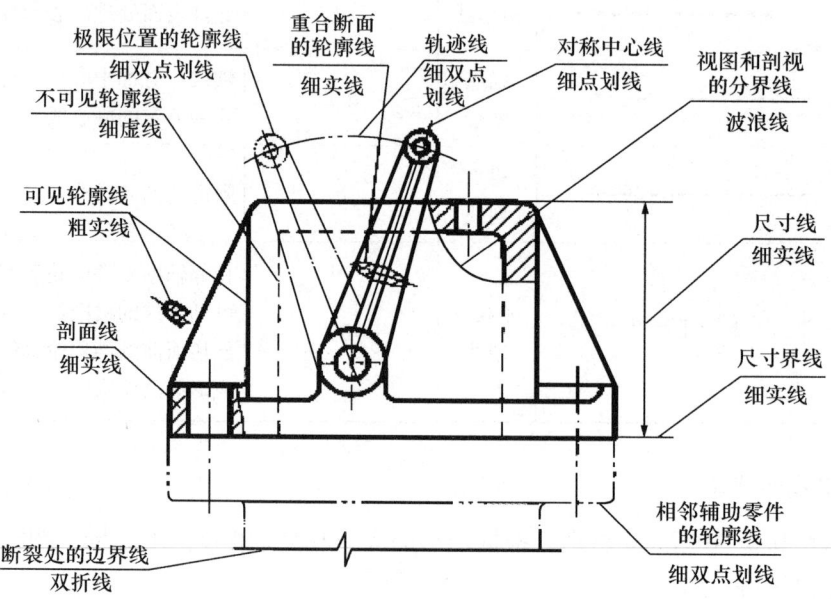

图 1-7　图线应用示例

1.6 尺寸标注（GB/T 4458.4—2003）

图样的尺寸标注必须遵循国家标准有关规定，否则就可能造成误解或混乱，给生产带来损失。

1. 基本规则

（1）实物的真实大小应以图样上所注的尺寸数值为依据，与图形的大小和绘制的准确度无关。

（2）图样中的尺寸以 mm 为单位，不需要标注计量单位的代号或名称。如采用其他单位，则必须注明。

（3）图样中所标注的尺寸，为该图样所示机件的最后完工尺寸，否则应另加说明。

（4）机件的每一尺寸，一般只标注一次，并应标注在反映该结构最清晰的图形上。

2. 尺寸的组成

如图 1-8 所示，尺寸是由尺寸界线、尺寸线、尺寸数字和尺寸线终端组成的。

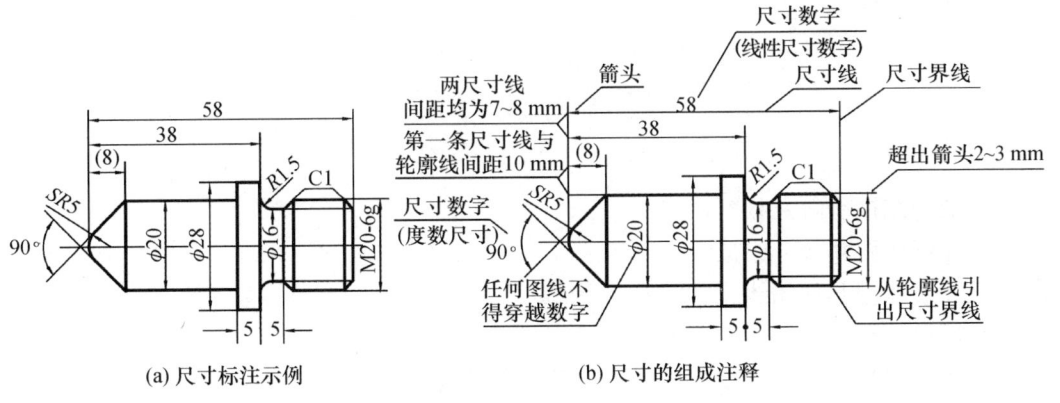

图 1-8　尺寸标注

3. 尺寸的画法

（1）尺寸界线的画法及用途。

① 尺寸界线是用细实线绘制，它是由图形的轮廓线、对称的中心线、轴线等处引出。也可利用轮廓线、轴线或对称中心线作尺寸界线。

② 尺寸界线与尺寸线相互垂直（一般情况），另一端应超出尺寸线 2～3 mm。

（2）尺寸线的画法。

① 尺寸线用细实线绘制，但尺寸线不能用其他图线代替，也不得与其他图线重合。

② 标注尺寸线时，尺寸线必须与所注的线段平行，并与轮廓线间距 10 mm，互相平行的两尺寸线间距均为 7～8 mm。

③ 尺寸线与尺寸线之间，尺寸线与尺寸界线之间应尽量避免相交，即小尺寸在里面，

大的尺寸在外面。

(3) 尺寸终端的画法。尺寸终端的画法如图 1-9 所示。

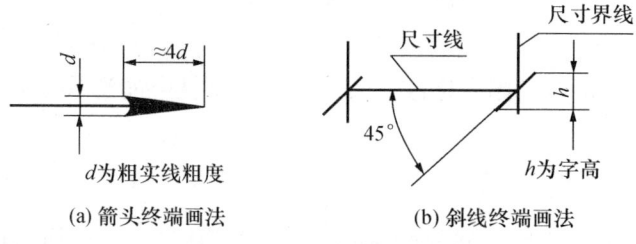

图 1-9　尺寸终端符号的画法

① 图 1-9（a）为箭头的形式，其中的 d 为粗实线的宽度。

② 图 1-9（b）为斜线形式，其倾斜方向应与尺寸界线成顺时针 45°，并过尺寸线与尺寸界线的交点。

③ 半径、直径、角度与弧长的尺寸起止符号用箭头表示。

④ 同一张图上的直线尺寸应统一采用一种终端符号（机械图样中一般采用箭头符号）。

(4) 尺寸数字的注写。尺寸数字有线性尺寸数字和角度尺寸数字两种，如图 1-9（b）所示。

思考与复习题

1. 图纸的规格有哪几种？
2. 尺寸标注由几部分组成？
3. 尺寸线能用其他图线代替吗？
4. 线性尺寸数字的方向有何要求？
5. 比例为何是线性尺寸之比，而不是角度尺寸之比？
6. 图形中标注的尺寸和比例有关系吗？
7. 尺寸以 mm 为计量单位时，不标注单位对吗？
8. 每个尺寸标注一次对吗？
9. 尺寸数值是机件实际大小吗？

第 2 章
点、直线、平面的投影

点、直线和平面是构成零件的基本几何元素,掌握这些几何元素的正投影规律是学好本课程的基础。本章介绍点、直线和平面的投影、基本体的投影和组合体视图的识读。

学习目标:
1. 了解常用的投影方法;
2. 了解正投影的特点;
3. 了解三视图的形成、投影规律及各视图之间的对应关系;
4. 掌握点、直线、平面的投影规律;
5. 熟练掌握识读基本形体的三视图;
6. 熟练掌握组合体的组合形式、表面连接关系,能够识读组合体的三视图。

2.1 投影法的分类

在日常生活中，人们可以看到，当太阳光或灯光照射物体时，墙壁上或地面上会出现物体的影子。人们根据生产活动的需要，对这种现象经过科学的抽象，总结出了影子和物体间的几何关系，逐步形成了投影法。

所谓投影法，就是投射线通过物体，向选定的面投射，并在该面上得到图形的方法。根据投影法所得到的图形，称为投影。投影法中，得到投影的面，称为投影面。

投影法分为两大类，即中心投影法和平行投影法。

2.1.1 中心投影

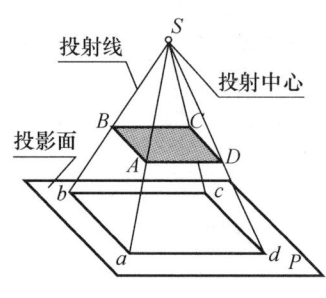

图2-1 中心投影法

要获得投影，必须具备投射线、物体和投影面这三个基本条件，如图2-1所示。将薄板 $ABCD$ 平行地放在投影面 P 和投射中心 S 之间，自 S 分别向 A、B、C、D 引投射线，使它与投影面 P 交于 a、b、c、d，则四边形 $abcd$ 即是空间四边形 $ABCD$ 在投影面 P 上的投影。

采用中心投影法绘制的图样，由于它不能反映物体的真实形状和大小，因此在机械制图中很少使用。但中心投影法绘制的图样具有较强的立体感，因而在建筑工程的外形设计中经常使用中心投影法。

2.1.2 平行投影

投射线相互平行的投影法称为平行投影法（投射中心位于无限远处）。

在平行投影法中，按投射线与投影面是否相互垂直，又分为斜投影法和正投影法。

1. 斜投影法

斜投影法即投射线与投影面相倾斜的平行投影法。根据斜投影法所得到的图形称为斜投影或斜投影图，如图2-2所示。

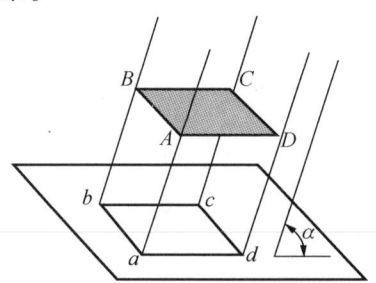

图2-2 平行投影法——斜投影法

2. 正投影法

正投影法即投射线与投影面相垂直的平行投影法。根据正投影法所得到的图形称为正投影或正投影图，如图 2-3 所示。

由于正投影法的投射线是相互平行且垂直于投影面，当空间平面图形平行于投影面时，其投影将反映该平面图形的真实形状和大小，绘制机械图样主要采用正投影法，以后本书中均简称投影。

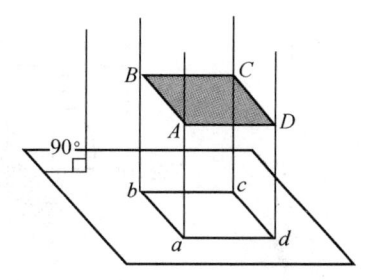

图 2-3　平行投影法——正投影法

2.2　三视图的形成与投影规律

2.2.1　三视图的形成

1. 三投影面体系的建立

三投影面体系由三个互相垂直的投影面所组成，如图 2-4 所示。

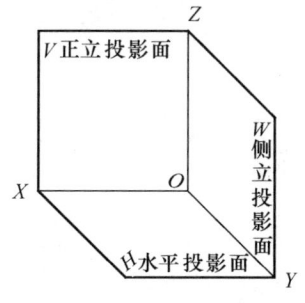

图 2-4　三投影面体系

三个投影面分别为：正立投影面，简称正面，用 V 表示；水平投影面，简称水平面，用 H 表示；侧立投影面，简称侧面，用 W 表示。

相互垂直的投影面之间的交线，称为投影轴，分别是：

OX 轴（简称 X 轴），是 V 面与 H 面的交线，代表长度方向；

OY 轴（简称 Y 轴），是 H 面与 W 面的交线，代表宽度方向；

OZ 轴（简称 Z 轴），是 V 面与 W 面的交线，代表高度方向。

2. 物体在三投影面体系的投影

为了便于画图和看图，通常要将物体正放在三面投影体系中，按正投影法向各投影面投射，即可得到物体在三个投影面上的视图，称为该物体的三视图，分别为正面投影（主视图）、水平投影（俯视图）和侧面投影（左视图），如图 2-5(a) 所示。

2.2.2　三视图之间的关系

1. 位置关系

如图 2-5 所示，由投影面的展开规则可知，主视图不动，俯视图在主视图的正下方，左视图在主视图的正右方，按此规定配置时，不必标注视图名称。

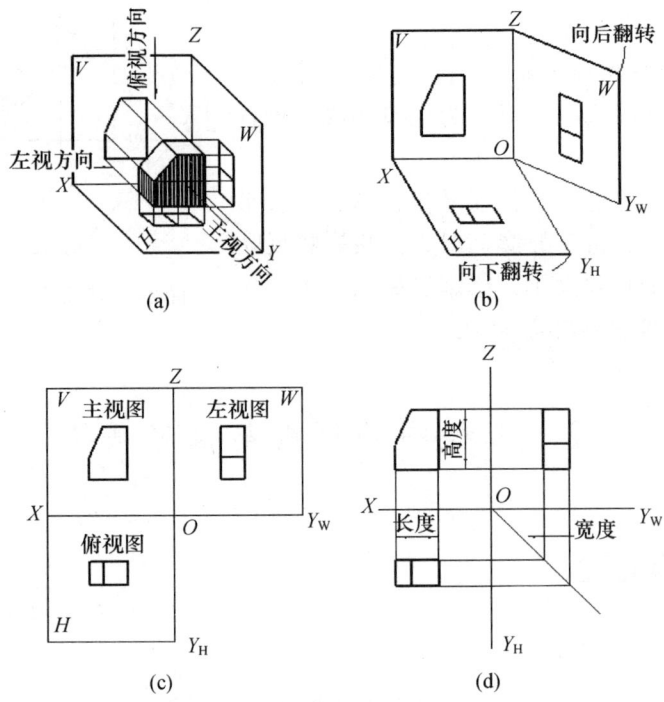

图 2-5　三视图的形成

2. 尺寸对应关系

从三视图的形成过程中，可以看出（如图 2-5 所示）：
主视图反映物体的长度（X）和高度（Z）；
俯视图反映物体的长度（X）和宽度（Y）；
左视图反映物体的宽度（Y）和高度（Z）。
由此可归纳得出：
主、俯视图——长对正（等长）；
主、左视图——高平齐（等高）；
俯、左视图——宽相等（等宽）。
应当指出，无论是整个物体或物体的局部，其三面投影都必须符合"长对正、高平齐、宽相等"的"三等"规律。

3. 方位关系

方位主要是指物体的左右、前后、上下六个方位。
（1）主视图反映物体的长和高，从方位来说，是反映物体的左、右和上、下四个方位；
（2）左视图反映物体的宽和高，从方位来说，是反映物体的前、后和上、下四个方位；
（3）俯视图反映物体的长和宽，从方位来说，是反映物体的左、右和前、后四个方位。

看图时，至少要看两个视图，才能完全看清物体的上、下、左、右、前、后六个面的对应位置。

2.3 点的投影

点是最基本的几何要素。为了迅速而正确地画出物体的三视图，必须掌握点的投影规律。

2.3.1 点的三面投影

如图 2-6(a)所示，求点 S 的三面投影，就是由点 S 分别向三个投影面作垂线，则其垂足 s、s'、s'' 即为点 S 的三面投影。如将投影面按箭头所指的方向（如图 2-6(b)所示）展开在一个平面上，便得到点 S 的三面投影图（如图 2-6(c)所示）。

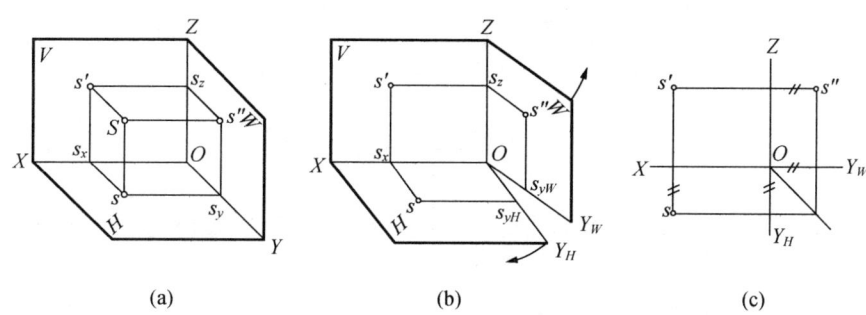

图 2-6 点的三面投影

2.3.2 点的三面投影与直角坐标系的关系

点的空间可用直角坐标来表示，如图 2-6 所示，即把投影面当做坐标面，投影轴当做坐标轴，O 即为坐标原点。则：

S 点的 X 坐标 $S_x = S$ 点到 W 面的距离 Ss''；
S 点的 Y 坐标 $S_y = S$ 点到 V 面的距离 Ss'；
S 点的 Z 坐标 $S_z = S$ 点到 H 面的距离 Ss。
点 S 的坐标的规定书写形式为：S（x、y、z）。

2.3.3 点的投影规律

通过点的三面投影图的形成过程，可总结出点的投影规律如下。

（1）点的正面投影与水平面投影的连线，垂直于 OX 投影轴；点的正面投影与侧面投影的连线，垂直于 OZ 投影轴。即：$ss' \perp OX$，$s's'' \perp OZ$，而 $ss_{yH} \perp OY_H$，$s''s_{yW} \perp OY_W$。

（2）点的侧面投影与水平面投影具有相同的 y 值。

（3）点的投影到投影轴的距离，等于空间点到相应的投影面的距离，即"影轴距等于点面距"。

其中：

$s's_x = s''s_y = S$ 点到 H 面的距离 Ss；
$ss_x = s''s_z = S$ 点到 V 面的距离 Ss'；
$ss_y = s's_z = S$ 点到 W 面的距离 Ss''。

2.3.4 两点间的相互位置

两点在空间的相对位置（左右、前后、上下），由两点的坐标差来决定，如图 2-7 所示。

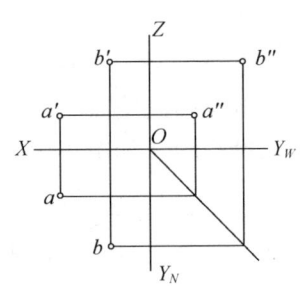

图 2-7 两点在空间的相对位置

两点的左、右相对位置由 x 坐标差（$x_a - x_b$）确定。由于 $x_a > x_b$，因此点 a 在点 b 的左方；

两点的前、后相对位置由 y 坐标差（$y_b - y_a$）确定。由于 $y_a < y_b$，因此点 a 在点 b 的后方；

两点的上、下相对位置由 z 坐标差（$z_b - z_a$）确定。由于 $z_a < z_b$，因此点 a 在点 b 的下方。

故点 a 在点 b 的左、后、下方。

2.3.5 重影点及其可见性

如图 2-8（a）所示，点 E 和点 F 的 x、z 坐标均相同，y 坐标不相同，它们的正面投影重合在一起，所以点 E 和点 F 称为对 V 面的重影点，标记为 $e'(f')$。由此可知，一对有两个坐标分别相同的空间点，必然有一组同面投影重合。这样一对空间点，称为对该投影面的重影点。重影点的一组同面投影重合，成为重影。也就是说，一对重影点必然在它们相同的两个坐标所确定的投影面上重影。

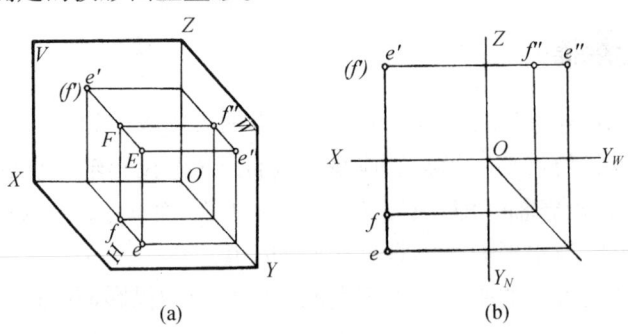

图 2-8 重影点

由于一对重影点有一组同面投影重合，在对该投影面投射时，存在一点遮住另一点的问题，即重合的投影存在着可见性问题。如图2-8（a）所示，点 E 和 F 为 V 面的重影点，沿着对 V 面投射线方向观察，点 E 遮住了点 F，即点 E 的正面投影可见，点 F 的正面投影不可见，它们的正面投影标记为 $e'(f')$（规定在不可见投影的符号上加括号），如图2-8（b）所示。判断重影点可见性的方法是依据这两点中不相同的坐标值，坐标值大的为可见的。

2.4　直线的投影

根据"两点决定一条直线"的几何公理，在绘制直线的投影图时，只要做出直线上任意两点的投影，再将两点的同面投影连起来，即得到直线的三面投影。

直线在三投影面中的位置有一般位置直线、投影面平行线和投影面垂直线三种。

直线与它的水平投影、正面投影、侧面投影的夹角，分别称为该直线对投影面 H、V、W 的倾角，分别用 α、β、γ 表示。

2.4.1　一般位置直线的投影

对三个投影面都倾斜的直线称为一般位置直线。如图2-9所示，直线 AB 即为一般位置直线。

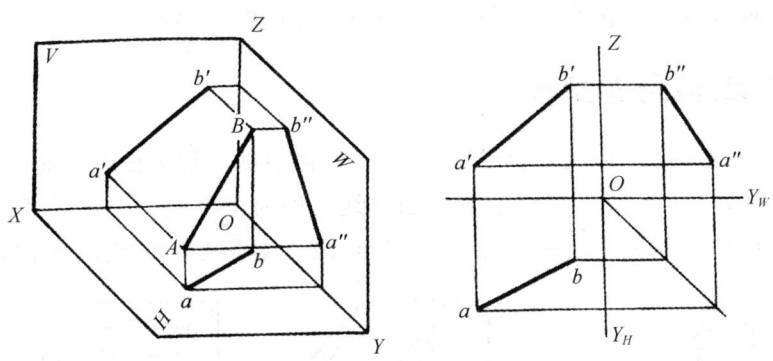

图2-9　一般位置直线

投影特性：
（1）一般位置直线的投影不反应该直线的实长（为缩短的直线段）；
（2）其各面投影与投影轴的夹角不反应该直线对投影面的夹角。

2.4.2　投影面平行线的投影

只平行于一个投影面（与另外两个投影面倾斜）的直线，称为投影面平行线。其中只平行于 H 面的直线，称为水平线；只平行于 V 面的直线，称为正平线；只平行于 W 面的直线，称为侧平线。如图2-10所示，分别是水平线、正平线、侧平线的直观图和投影图。

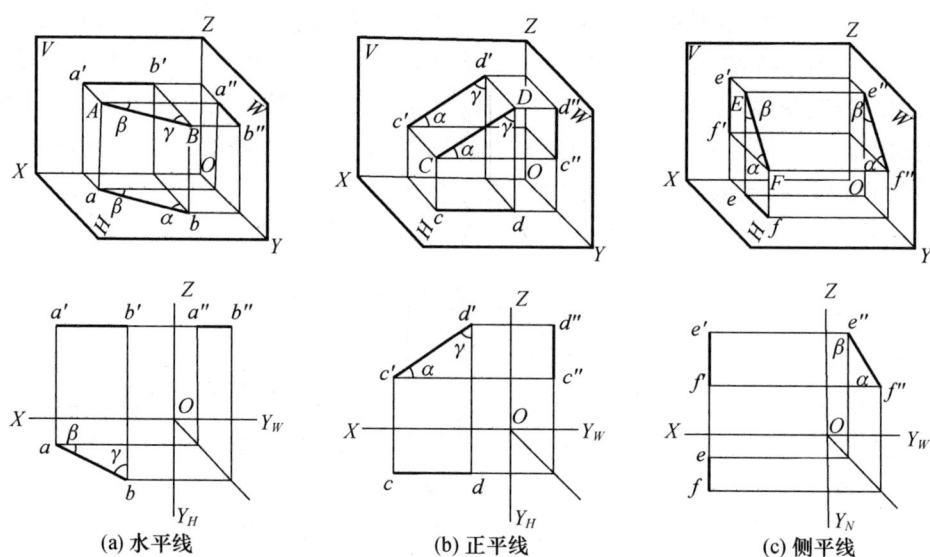

(a) 水平线　　(b) 正平线　　(c) 侧平线

图 2-10　投影面平行线

投影面平行线的投影特性:

(1) 在所平行的投影面上的投影反映实长,该投影与投影轴的夹角,分别反映该直线对另两个投影面的真实倾角;

(2) 其他两面的投影是缩短的线段,且平行于相应的投影轴。

2.4.3　投影面垂直线的投影

垂直于一个投影面(必与另两个投影面平行)的直线,称为投影面垂直线。其中垂直于 H 面的直线,称为铅垂线;垂直于 V 面的直线,称为正垂线;垂直于 W 面的直线,称为侧垂线。如图 2-11 所示,分别是铅垂线、正垂线、侧垂线的直观图和投影图。

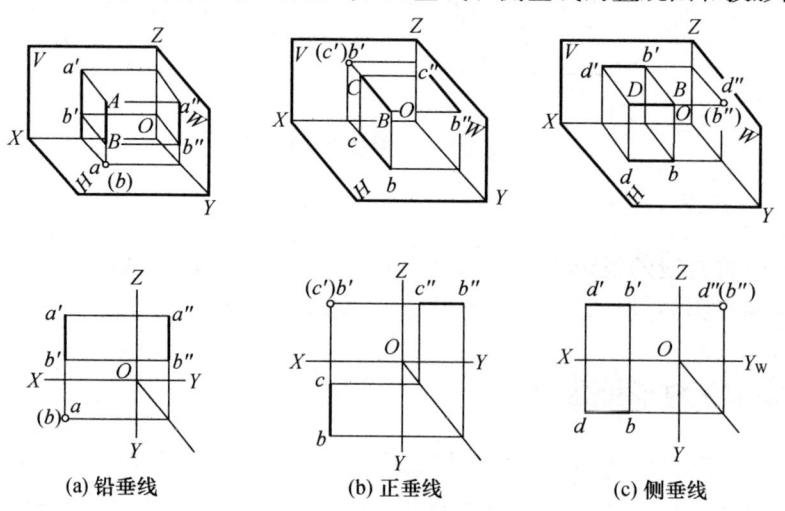

(a) 铅垂线　　(b) 正垂线　　(c) 侧垂线

图 2-11　投影面垂直线

投影面垂直线的投影特性：
（1）在所垂直的投影面上的投影为一点，具有积聚性；
（2）其他投影面的投影反映线段实长，且垂直于相应的投影轴。

2.5 平面的投影

平面图形是由一些线段及其交点组成的。因此，这些线段的投影的集合，就表示了该平面图形的投影。先画出平面图形各顶点的投影，然后将各点同面投影依次连接，即为平面图形的投影。

按平面相对投影面的位置来分，平面分为投影面垂直面、投影面平行面和一般位置平面。

2.5.1 投影面垂直面的投影

只垂直于一个投影面（同时倾斜于另两个投影面）的平面，称为投影面垂直面。其中，只垂直于 H 面的平面称为铅垂面；只垂直于 V 面的平面称为正垂面；只垂直于 W 面的平面称为侧垂面。

如图 2-12 所示，分别是各投影面垂直面的直观图和投影图。

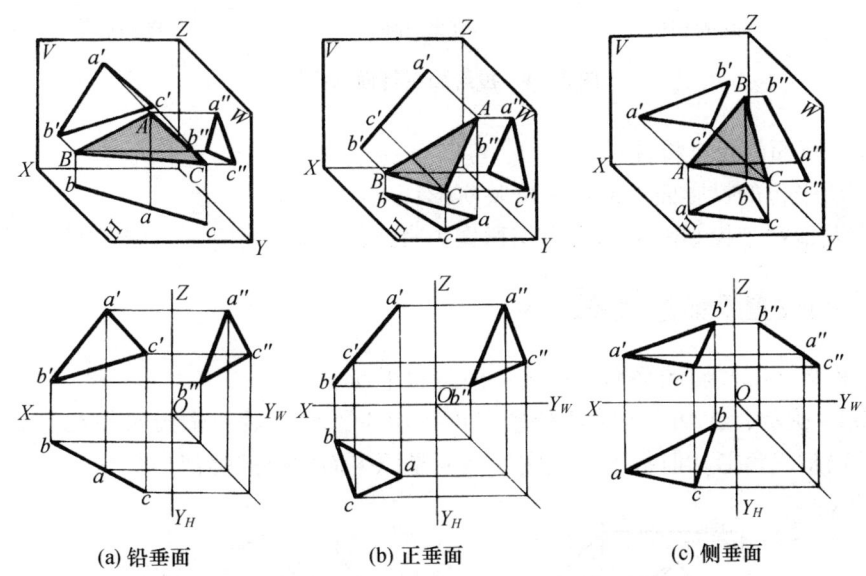

(a) 铅垂面　　　　(b) 正垂面　　　　(c) 侧垂面

图 2-12 投影面垂直面的投影

投影面垂直面的投影特性：
（1）在所垂直的投影面上的投影，为有积聚性的直线段，该投影与投影轴的夹角，分别反映该平面对另两个投影面的真实倾角；
（2）在其他两投影面上的投影为原图形的类似形。

2.5.2 投影面平行面的投影

平行于一个投影面（必同时垂直于另两个投影面）的平面，称为投影面平行面。其中，平行于 H 面的平面称为水平面；平行于 V 面的平面称为正平面；平行于 W 面的平面称为侧平面。

如图 2-13 所示，分别是各投影面平行面的直观图和投影图。

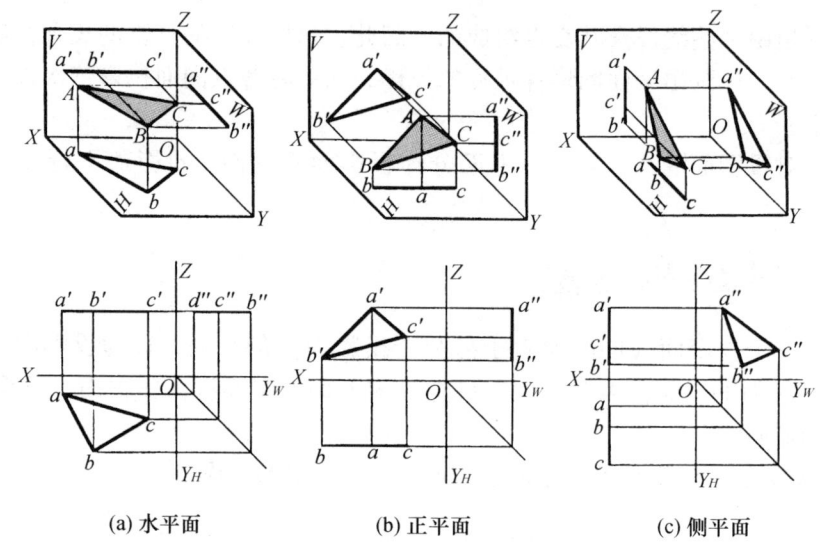

(a) 水平面　　　　　(b) 正平面　　　　　(c) 侧平面

图 2-13　投影面平行面的投影

投影面平行面的投影特性：
（1）在所平行的投影面上的投影反映实形；
（2）在其他两个投影面上的投影均积聚为直线段，且分别平行于相应的投影轴。

2.5.3 一般位置平面的投影

对三个投影面都倾斜的平面，称为一般位置平面。

如图 2-14 所示，△ABC 为一般位置平面。由于 △ABC 对三个投影面都倾斜，所以各面投影虽然仍是三角形，但都不反映实形，而是原平面图形的类似形。

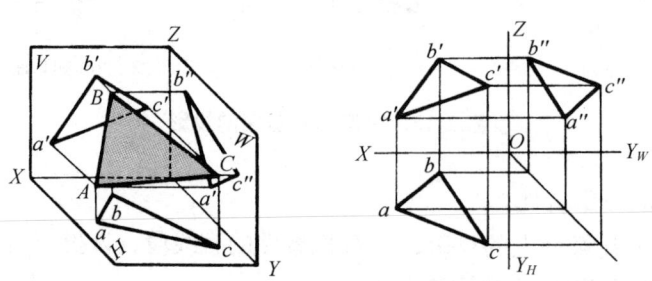

图 2-14　一般位置直线的投影

2.6 基本几何体的投影

零件多由若干个基本几何体或近似的基本几何体组成。表面均为平面的立体称为平面立体，常见的平面立体有棱柱和棱锥等；表面由平面和曲面或由曲面组成的立体称为曲面立体，常见的曲面立体有圆柱体、圆锥体、圆台体和圆球体。几何体形状不同，求得其表面上点的投影的方法也不同。

2.6.1 平面立体

1. 正三棱柱

如图 2-15 中的立体图所示，正三棱柱由顶面、底面和三个棱面组成。如它的顶面和底面平行于 H 面，$ABCD$ 面平行于 V 面，则上、下底面为水平面，后面 $ABCD$ 为正平面，其余两棱面为铅垂面，可得如图 2-15 右图所示的三视图。水平投影是和上、下底面全等的正三角形，其他两个投影是矩形。

三棱柱表面点的投影可以用以下方法求得。

如图 2-16 所示，已知棱柱表面上的点 M 的正面投影 m'，求作点 M 的其他两个投影。

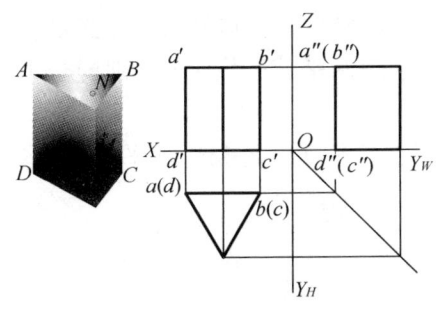

图 2-15　三棱柱的三视图

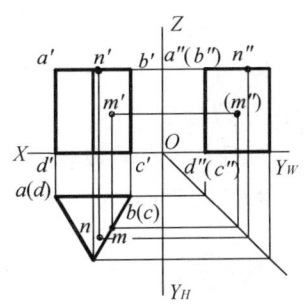

图 2-16　三棱柱表面上点的投影

按 m' 的位置和可见性，可判定点 M 属于三棱柱的右侧棱面。因为点 M 所属平面为铅垂面，其水平投影积聚成直线，所以点 M 的水平投影 m 必在该直线上，由 m' 和 m 即可求得侧面投影 m''。又如，已知点 N 的水平投影 n，求 n' 和 n''。由于 n 可见，所以点 N 必定在顶面上，而顶面为水平面，其正面投影和侧面投影都具有积聚性。因此，n' 和 n 也必分别在顶面的正面投影和侧面投影所积聚的直线上。

2. 正三棱锥

正三棱锥由 4 个平面组成。如图 2-17 所示为一底面平行于水平投影面的正三棱锥，所以底面的水平投影反映实形，是一与底面全等的正三角形。底面的正面投影和侧面投影均积聚成一条水平直线段。棱面 SAC 与侧面垂直,其侧面投影积聚成一条与投影轴倾斜的直线段,正面投影和水平投影分别为棱面 SAC 的类似形。正三棱锥的另两个棱面均属一般位置平面,它们的三面投影均是呈类似形的三角形线框。

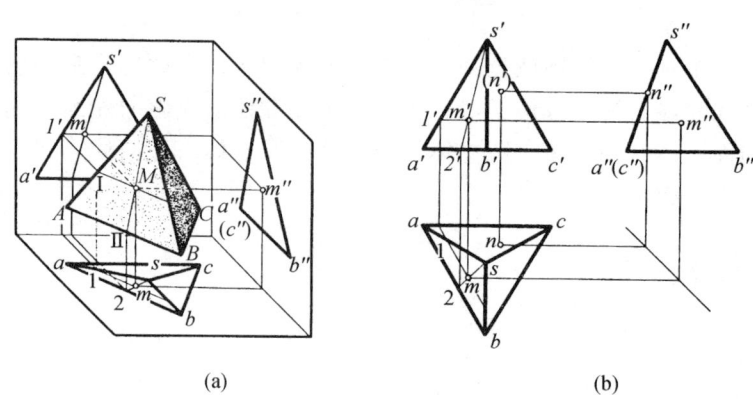

图 2-17 正三棱锥的投影及其表面上点的投影

三棱锥表面点的投影可以用辅助线法求得。

已知正三棱锥表面上的点 M 的正面投影 m′,求作点 M 的其他两投影 m、m″。因为 m′ 可见,因此点 M 必定在棱面 △SAB 上。△SAB 是一般位置平面,过点 M 及锥顶点 S 作一条辅助直线 SⅡ,与底边 AB 交于点Ⅱ,作出直线 SⅡ 的水平投影。根据点的从属关系,求出点 M 的水平投影,再求出侧面投影。又知点 N 的水平投影 n,求点 N 其他两个投影。因为 n 在水平投影中可见,因此点 N 必定在棱面 SAC 上,其侧面投影必定在积聚线段 s″a″(c″) 上,由 n、n″ 即可求出 n′。若过点 M 作一水平辅助线 ⅠM,则同样可以作出点 M 的其他两个投影。

提示:在平面上找点的投影时,首先确定点所在的平面,再分析该平面的投影特性。若该平面为一般位置平面时,可采用辅助直线法求出点的投影。

2.6.2 曲面立体

1. 圆柱体

圆柱体由上、下两个平面和圆柱曲面围成,如图 2-18(a)所示,圆柱体的底面平行于水平投影面 H。圆柱体的主视图是一个长方形线框,线框的上、下两条直线是圆柱体的上、下底面在正投影面的投影,线框的左、右两条轮廓线是圆柱面上最左、最右素线的投影,这两条素线是正视方向可见部分(前半个圆柱面)和不可见部分(后半个圆柱面)的分界线,称为正视转向轮廓线。俯视图为整个圆柱面的水平投影,其积聚为一个圆周,也反映了上、下底面的实形。左视图也是一个长方形线框,其上、下边是圆柱上、下底面的投影,其左、右边则是圆柱面上最后、最前两条素线的投影,也是左视方向圆柱表面可见性的分界线(左视转向轮廓线)。

圆柱体表面点的投影可以用以下方法求得。

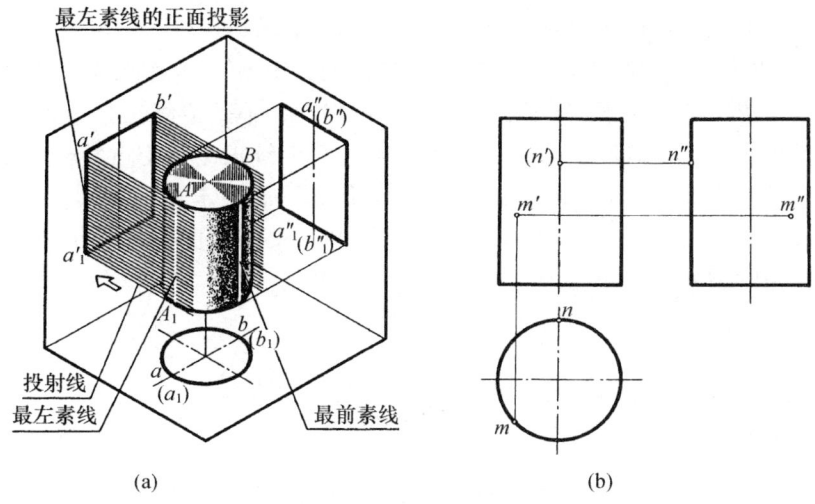

图 2-18 圆柱体三视图的形成及表面点的求法

如图 2-18(b)所示,已知圆柱体表面点 M 的正面投影 m',求其水平投影和侧面投影。由 m'可知,M 点必在前半个曲面上,故可求得其水平投影 m,由于 m 落在左半个实线圆上,所以求得的 m″也为可见。又已知圆柱体表面点 N 的侧面投影 n″,求其水平投影和正面投影。由图可知点 N 左视方向投影在最后面的素线上,据点、线的从属性及三视图的投影规律,由此可求得水平投影 n、正面投影 n'。

2. 圆锥体

圆锥体是由圆锥面和圆锥平面围成的。如图 2-19 所示,圆锥面可以看做是一条直母线绕与之相交的轴线旋转而形成。所得俯视图上的实形圆是圆锥下底面的水平投影,也是锥面的水平投影,俯视图的圆心是锥顶的水平投影;圆锥的主视图是一个等腰三角形,其底边是圆锥下底面的积聚线,两腰是最左、最右素线的投影;圆锥的左视图也是一个等腰三角形,其底边是圆锥下底面的积聚线,两腰是最后、最前素线的投影。

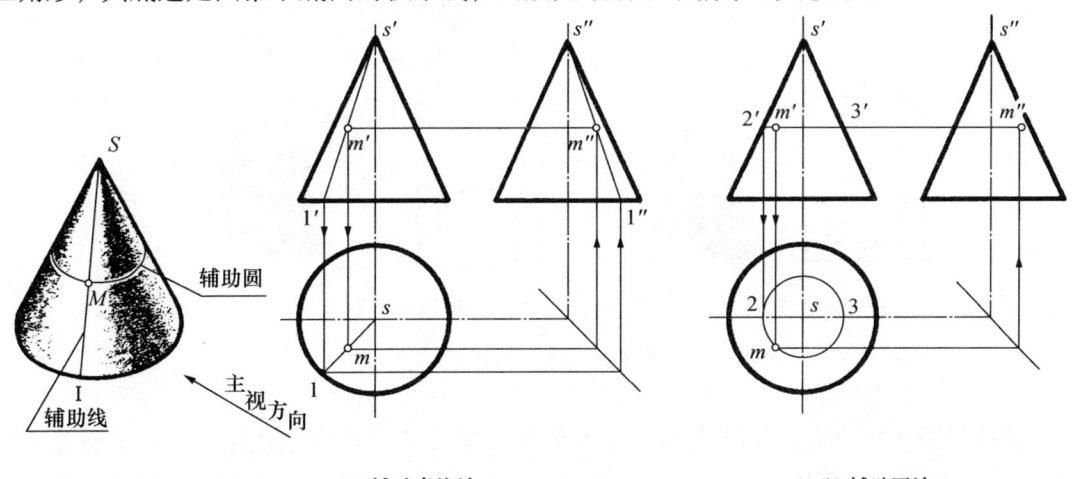

(a) 辅助素线法　　　　　　　　　　　　　(b) 辅助圆法

图 2-19　圆锥体三视图的形成及表面点的求法

圆锥体表面上点的投影可用辅助素线法和辅助圆法求得。

如图 2-19 所示,已知圆锥体表面上点 M 的正面投影 m',求作点 M 的其他两个面的投影。分析由于 m' 可见,所以点 M 必在前半个圆锥面上,辅助素线法是过锥顶 S 和点 M 作一辅助线,延长后交圆锥底圆于一点,可得 $m'1'$,可继续求出此交点及辅助线的另两个投影;由于点 m' 在辅助线 $m'1'$ 上,则其另两个投影 m、m'' 一定在辅助线的另两个投影上。辅助圆法是过点 M 作一水平面,得一水平的交线圆,求作辅助圆的三个投影,点 M 的三个投影一定在辅助圆的三个投影上,按投影关系求出 m、m''。

2.7 组合体视图识读

任何复杂的形体都可看成是由一些基本形体按照一定的连接方式组合而成的,由两个或两个以上的基本体构成的形体称为组合体。其组合的方式有叠加、切割两种形式,常见的组合体是这两种方式的组合。本节内容重点讨论组合体三视图的画法和识图方法,为学习零件图打下良好的基础。

2.7.1 组合体各部分之间的表面连接关系

组合体各部分之间的表面连接,有平行、相交和相切三种。

1. 平行

两平行面有平齐和不平齐之分。

画图时,应注意以下两点:

(1) 当两形体的表面不平齐时,中间应该画线,如图 2-20(a)所示;

(2) 当两形体的表面平齐时,中间不应该画线,如图 2-20(b)所示。

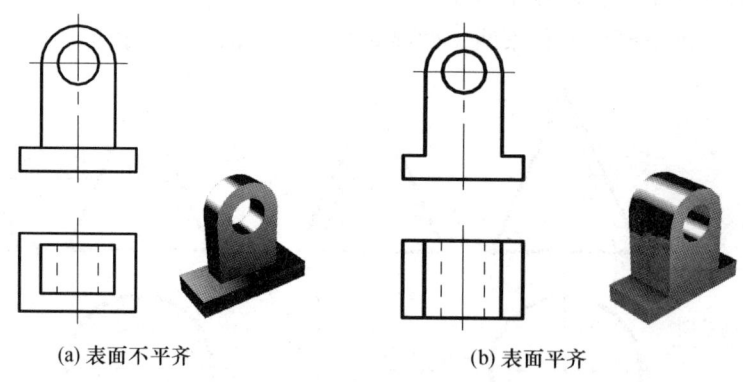

(a) 表面不平齐 　　　　　　(b) 表面平齐

图 2-20　叠加型组合体

还应该指出,将物体分解成几个基本形体,是为了有次序地作图。这种分解是在想象中进行的,而实际物体是一个整体,切勿认为是由几个形体拼起来的,因此,两形体的表面平齐时,相接触处的"缝"是不能画线的。

2. 相交

相交有截交和贯交之分，且在其相交处画出交线。如图 2-21 所示，截交处应画出截交线。如图 2-21（a）所示；相贯处应画出相贯线，如图 2-21（b）所示。

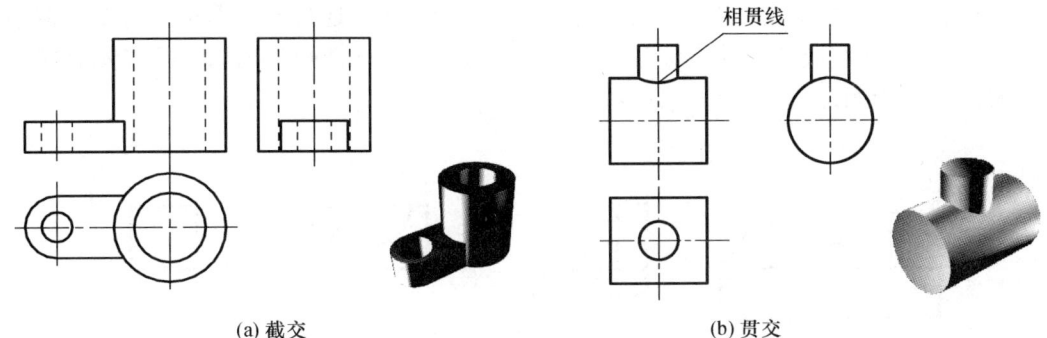

(a) 截交　　　　　　　　　　　　　　　(b) 贯交

图 2-21　形体间表面相交的画法

3. 相切

相切处，一般不应画线。如图 2-22 所示的物体，它由圆筒和耳板组成，耳板的前后面与圆筒表面相切。

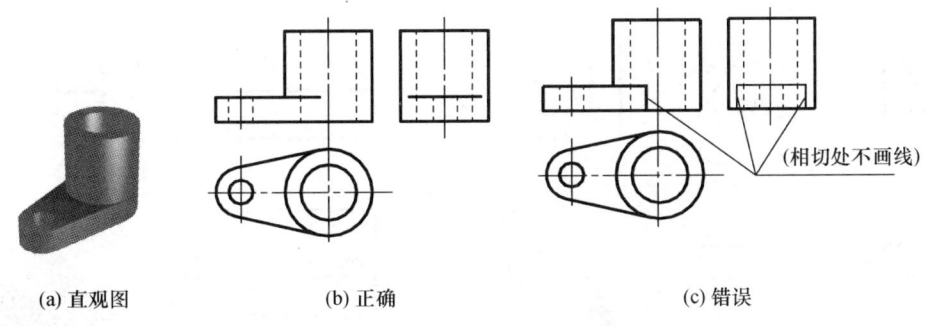

(a) 直观图　　　　　　(b) 正确　　　　　　(c) 错误

图 2-22　形体间表面相切的画法

2.7.2　组合体的形体分析

画、看组合体视图时，形体分析法是基本方法。形体分析法的实质是：分部分想形体，合起来想整体，由整体到局部，由局部到整体。

（1）分析它们是由哪些简单的基本几何体组成的？

（2）各基本几何体之间又是按什么形式组合？

（3）它们各自对投影的相对位置关系如何？

如图 2-20 所示的轴承座，可以看成是由两个尺寸不同的四棱柱和一个半圆柱叠加起来后，再挖出一个圆柱体而成的。

2.7.3　组合体视图的识读

画图是运用正投影规律将物体画成若干个视图来表达物体形状的过程；识图是画图的

逆过程，是根据视图想象物体形状的过程。也就是说，看图时要运用与画图相反的思维方法——投影的可逆性，在头脑中形成投影的原始空间状态，才能将图看懂。

1. 形体分析法

看图时，只有将几个视图相对照，用形体分析的方法，通过对图形进行分解，搞清物体的组成部分及各组成部分的连接关系，然后进行综合，才能想象出物体的整体形状。

以图 2-23 为例说明识图的一般步骤。

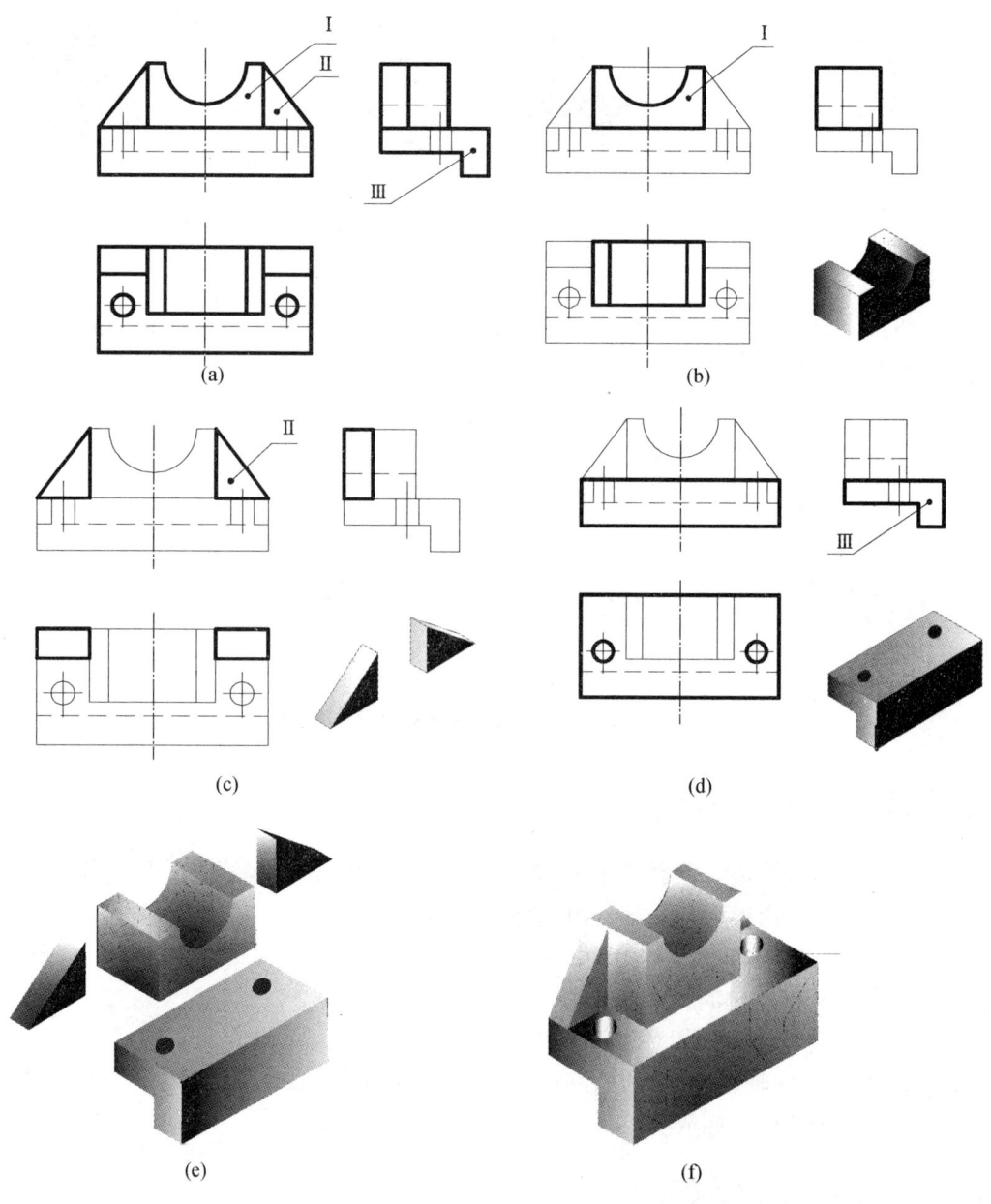

图 2-23 轴承座的看图方法

第一步：抓住特征分部分。通过分析可知，主视图较明显地反映了Ⅰ、Ⅱ体的特征，而左视图则较明显地反映了形体Ⅲ的特征。据此，该轴承座大体可分为三部分，如图 2-23（a）所示。

第二步：旋转归位想形状。形体Ⅰ、Ⅱ从主视图出发，形体Ⅲ从左视图出发，依据三视图投影规律分别在其他视图上找出对应的投影，如图中的粗实线所示，然后经旋转归位即可想出各组成部分的形状，如图 2-23（b）、（c）、（d）中的轴测图所示。

第三步：综合后想整体。长方体Ⅰ在底板Ⅲ上面，两形体的对称面重合且后面靠齐；肋板Ⅱ在长方体Ⅰ的左、右两侧，且与其相接，后面靠齐，从而综合想象出物体的整体形状，如图 2-23（e）、（f）所示。

2. 线面分析法

用线面分析法看图，就是运用线面的投影规律，把物体表面分解为线、面等几何要素，通过分析这些要素的空间位置、形状，进而想象出物体的形状。

在识读切割型组合体视图时，主要应用线面分析法，下面以图 2-24 所示的压块为例，说明识图的步骤。

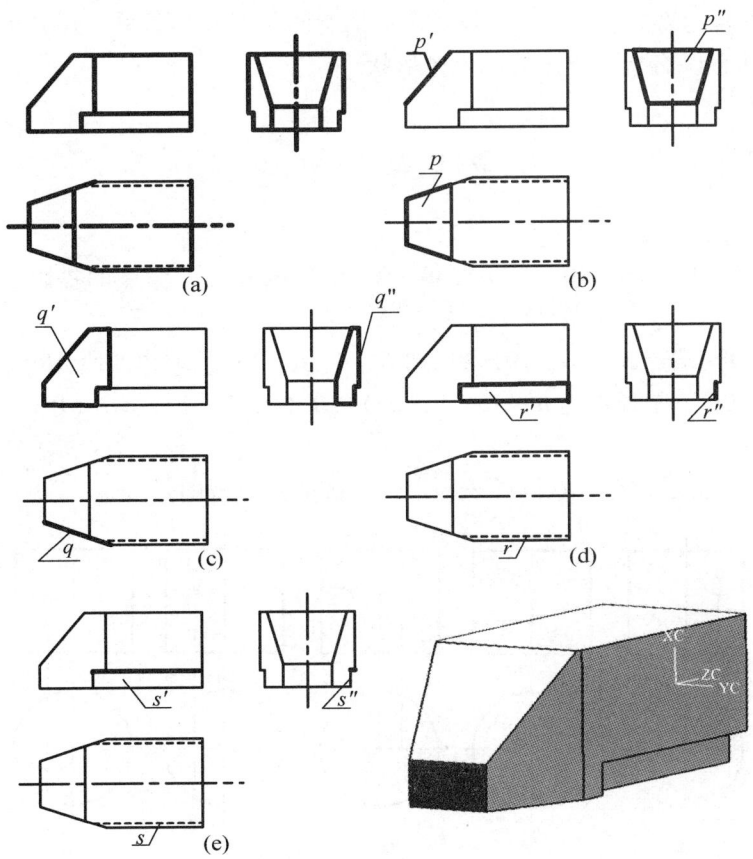

图 2-24　压块的看图方法

第一步：形体分析抓特征。如图2-24(a)所示，由于压块三个视图的轮廓基本是矩形，所以它的原始形体是长方体。主视图左上方的缺角是用正垂面切出的；俯视图左端的前、后缺角是分别用两个铅垂面切出的；左视图下方前、后的缺块，是分别用两个正平面和两个水平面切出的。可见，压块的外形是一个长方体被几个特殊位置平面切割后形成的。由此，应用特殊位置平面投影的积聚性和类似性，很容易分清各切面的几何形状。

第二步：分析切割面。如图2-24(b)所示，先从主视图的斜线（正垂面的积聚性投影）分析，在俯视图中找出与其对应的梯形线框，则左视图中的对应投影也一定是一个类似的梯形线框（正垂面投影的类似性），将其旋转归位便可知，P面是垂直于正面而倾斜于水平面和侧面的梯形平面。

如图2-24(c)所示，应先从俯视图左端的斜线（铅垂面的投影）分析，在主、左视图上找出与其对应的投影——类似七边形，将其旋转归位便可知，Q面是垂直于水平面且与正平面和侧平面倾斜的七边形。

当被切面为"平行面"时，一般应先从该平面投影积聚成直线的视图出发，如图2-24(d)中所示的r，再在其他两个视图上找出对应的投影。可知r面是正平面，同理，s面是水平面，如图2-24(e)所示。

第三步：综合起来想整体。在看懂各表面的空间位置和形状后，还必须搞清面与面间的相对位置，进而综合想象出压块的整体形状。

思考与复习题

1. 根据点A(15，20，10)和B(30，0，15)的坐标，作点的投影，并说明其空间位置。

2. 已知线段两端点A(20，10，8)和B(6，6，20)，求作线段AB的三面投影。

3. 已知△ABC三个顶点为A(25，5，20)、B(5，5，20)、C(10，15，20)，求作其三面投影。

4. 如图2-25所示，点A在圆柱表面上，正确的两组视图是（   ）。

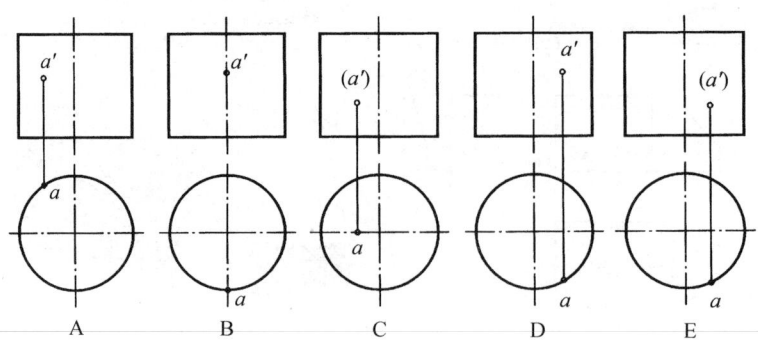

图2-25　思考与复习题4图

5. 在图 2-26 的五组视图中，正确的两组视图是（　　）。

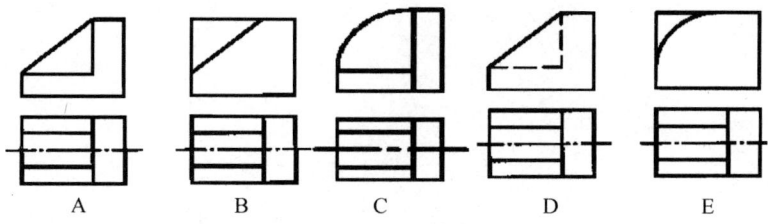

图 2-26　思考与复习题 5 图

6. 补画图 2-27、图 2-28 两张视图中缺少的线条。

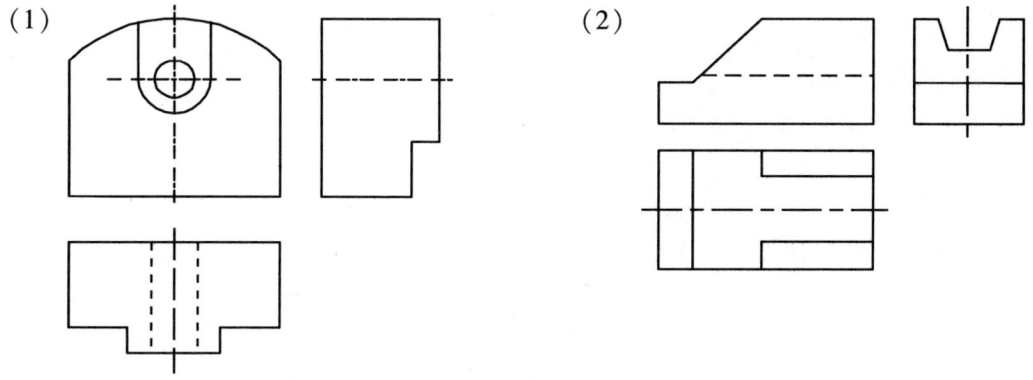

图 2-27　思考与复习题 6 图一　　　　　　　图 2-28　思考与复习题 6 图二

第 3 章
机件常用的表达方法

要准确、完整、清晰地表达机件的结构形状，必须根据机件的结构特点，采用适当的表达方法。

学习目标：
1. 了解基本视图的表达方法；
2. 熟练掌握识读和使用向视图、局部视图、斜视图；
3. 了解剖视图的概念、标注方法、剖面符号的含义，能够正确识读和使用剖视图；
4. 了解断面图的含义，能够正确识读和使用断面图；
5. 熟练掌握识读和使用局部放大图、各种简化画法。

3.1 视 图

视图用于表达机件的外部形状,据国家标准 GB/T 17451—1998 和 GB/T 14692—1993,视图分为基本视图、向视图、局部视图和斜视图。

3.1.1 基本视图

用正六面体的六个面作为基本投影面,机件向各基本投影面投射所得的视图,称为基本视图,分别为主视图、俯视图、左视图、右视图、仰视图和后视图,如图 3-1(a)所示。基本视图的投影关系仍应满足"长对正,高平齐,宽相等"的原则,其配置关系如图3-1(b)所示。

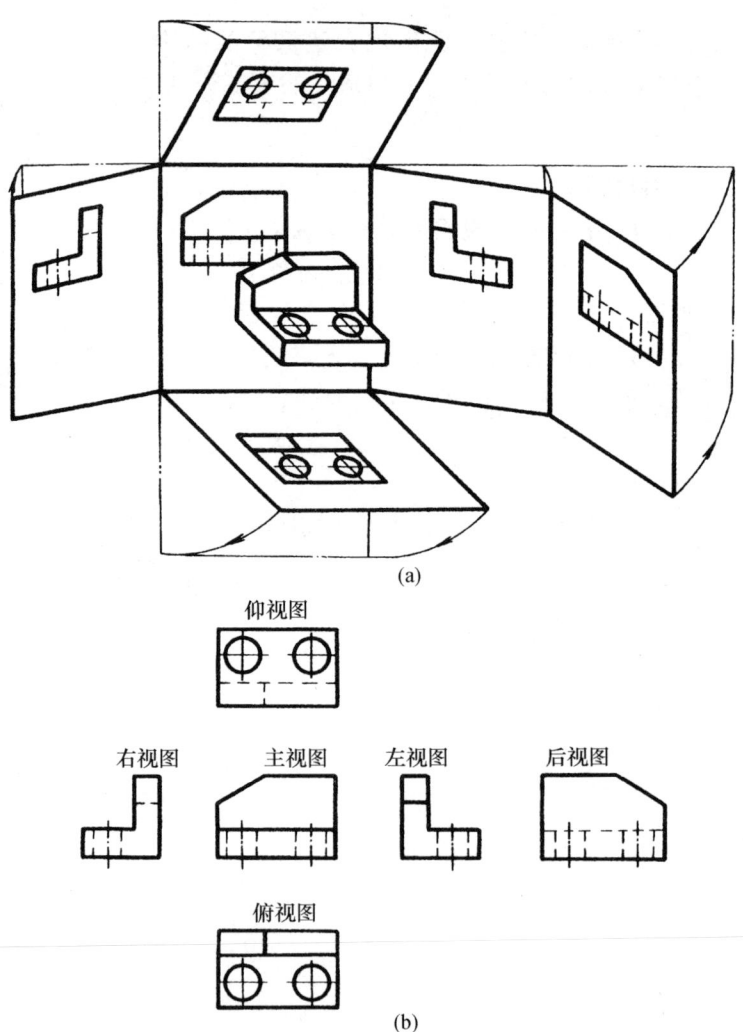

图 3-1 基本视图的配置

3.1.2 向视图

向视图是可自由配置的基本视图。实际制图时,为了合理利用图纸幅面,可不按规定位置配置,而采用向视图的表达方式。按向视图配置,必须标注:在向视图上方标注名称"×"("×"为大写拉丁字母),在相应视图附近用箭头指明投射方向,并标注相同字母,如图3-2(a)所示,立体图示如图3-2(b)所示。

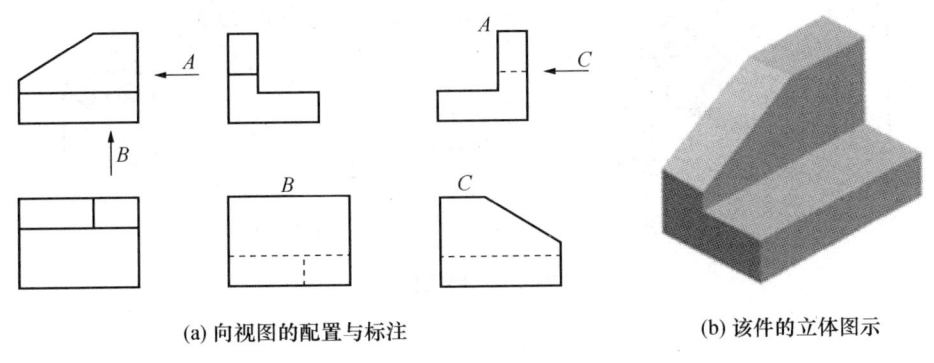

(a) 向视图的配置与标注　　　　　(b) 该件的立体图示

图3-2　向视图

提示:选用基本视图时优先选用主、俯、左视图,并尽量用少的视图。

3.1.3 局部视图

只将机件的某一部分向基本投影面投射所得的视图,称为局部视图。局部视图常用于表达机件上局部结构的形状,使表达的局部重点突出,明确清晰。

局部视图的标注:在视图上方标注名称"×"("×"为大写拉丁字母),在相应视图附近用箭头指明投射方向,并标注相同字母,如图3-3所示。当按投影关系配置,中间没有其他图形隔开时,可省略标注。

局部视图的断裂边界线用波浪线表示。当局部结构完整且外轮廓线封闭,波浪线可省略。

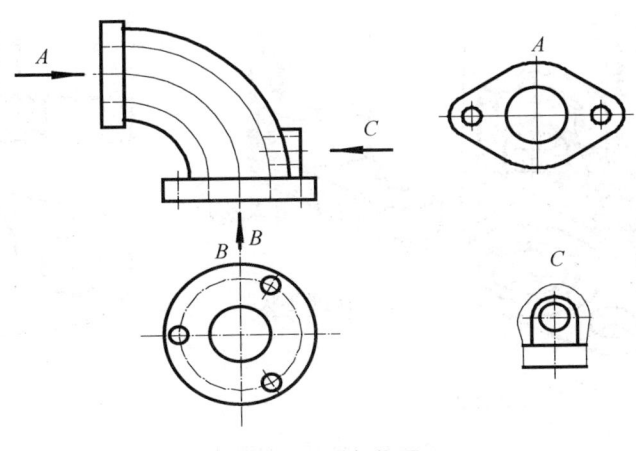

图3-3　局部视图

3.1.4 斜视图

机件向不平行于任何基本投影面的平面投射所得的视图,称为斜视图。斜视图一般用于表达机件倾斜部分的实形,用波浪线断开,如图3-4所示。

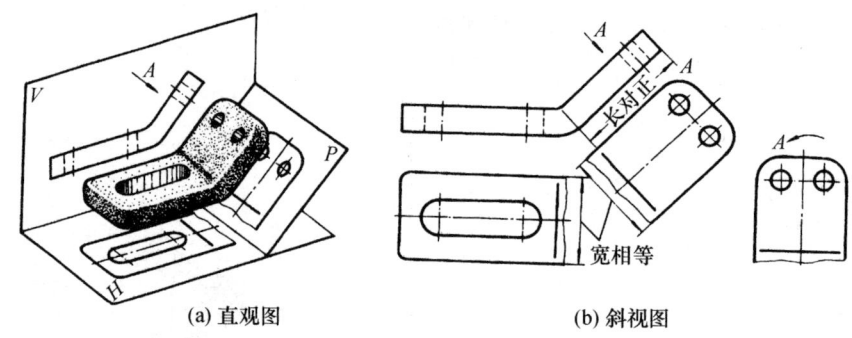

(a) 直观图　　　　　　　　(b) 斜视图

图3-4　斜视图

3.2　剖　视　图

按照国家标准的规定,机件的内部结构应该用虚线表示。如果机件内部结构越复杂,虚线就会越多,这不仅影响了视图的清晰,也不便于读图、画图和标注尺寸。为了清楚地表达机件的内部结构,常采用剖视图这一表达方式。

3.2.1　剖视图的概念

假想用剖切面剖开机件,将处在剖切面和观察者之间的部分移去,然后将其余部分向投影面投射所得的图形,称为剖视图,如图3-5所示。

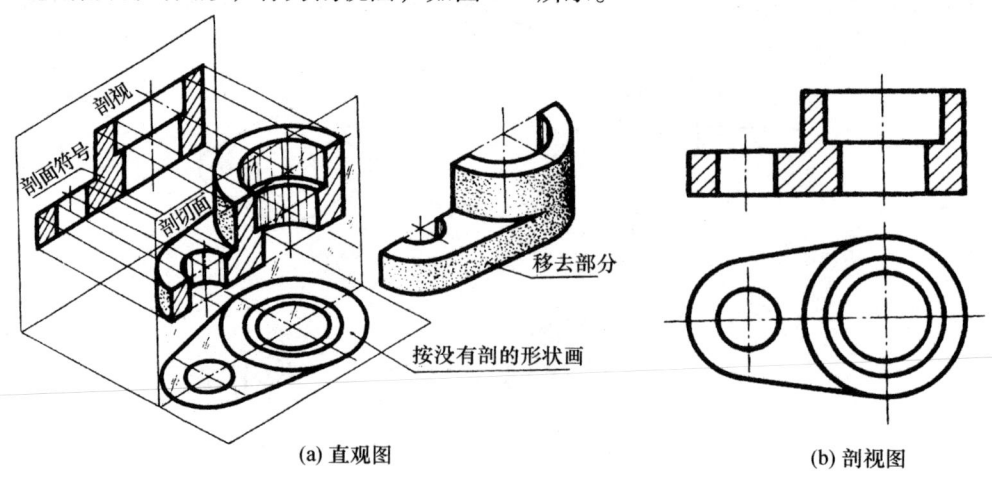

(a) 直观图　　　　　　　　　　　(b) 剖视图

图3-5　剖视图的形成

提示：按照假想剖开后，与剖视图相关的其他视图仍应保持完整；剖切位置要适当，剖切面应尽可能通过较多的内部结构；剖切平面后面的可见轮廓线应全部画出，不可见轮廓线一般不画；剖切面与机件接触部分要画剖面符号，金属材料的剖面符号为与水平方向45°、互相平行、间隔相等的细实线，且同一机件剖面线一致。

3.2.2　剖视图的标注（GB/T 17452—1998）

（1）剖切线：指示剖切面位置的线，用点划线表示，画在剖切符号之间，可省略不画。

（2）剖切符号：指示剖切面起、讫和转折位置（用短粗实线表示）及投射方向（用箭头或粗短画线表示）的符号。

（3）剖视图名称：一般应标注剖视图的名称"×—×"。在相应的视图上用剖切符号表示剖切位置和投射方向，并标注相同的字母。

当剖视图按投影关系配置，中间没有其他视图隔开时，可省略箭头；当单一剖切面通过对称平面且剖视图按投影关系配置，中间没有其他视图隔开时，可省略标注。

3.2.3　剖视图的类型（GB/T 17452—1998）

按剖切范围，剖视图可分为全剖视图、半剖视图和局部剖视图，如图3-6所示。

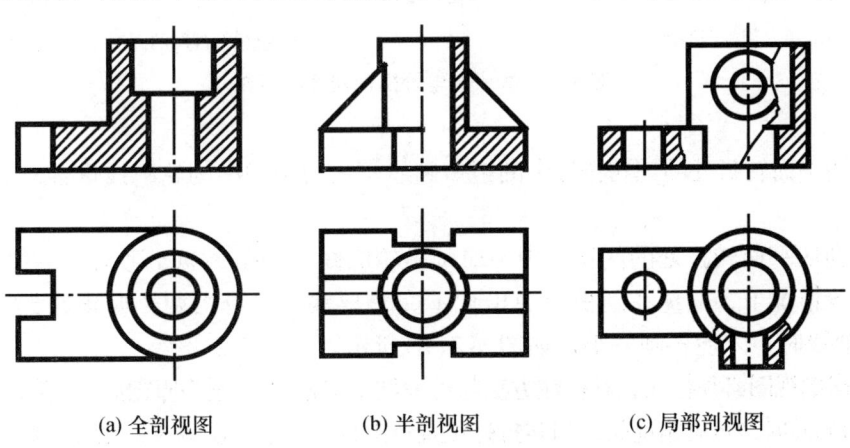

(a) 全剖视图　　　(b) 半剖视图　　　(c) 局部剖视图

图3-6　剖视图的类型

（1）全剖视图。用剖切面将机件完全剖开所得的剖视图，称为全剖视图。用于表达外形简单、内部复杂的机件。

（2）半剖视图。当机件具有对称平面时，以对称线为界，一半画成剖视，另一半画成视图，这样组合的图形，称为半剖视图。用于表达内、外结构均较复杂的对称机件。

提示：视图假想剖开，剖视与视图的分界处仍为细点划线；视图部分中的虚线省略不画；剖切平面剖切通过肋板的纵向对称平面，肋板按不剖画且肋板与其相邻结构间加画粗实线。

（3）局部剖视图。用剖切平面局部地剖开机件所得的剖视图，称为局部剖视图。

提示：视图与剖视分界的波浪线应画在实体上，不能画在视图外或孔槽处，不能与轮廓线重合。

3.2.4 剖切平面的类型

机件的内部结构形状不同，采用的剖切平面的类型也不相同。根据国家标准（GB/T 17452—1998）规定，可选择的剖切平面的类型有如下几种。

（1）单一剖切面。只用一个剖切平面剖开机件的方法，称为单一剖，如图3-5所示。一般用平行（或垂直）于基本投影面的单一剖切平面剖切。

（2）几个平行的剖切平面。用几个互相平行的剖切平面剖开机件的方法，称为阶梯剖。如图3-7所示，主视图采用了互相平行的剖切平面呈阶梯状剖切。

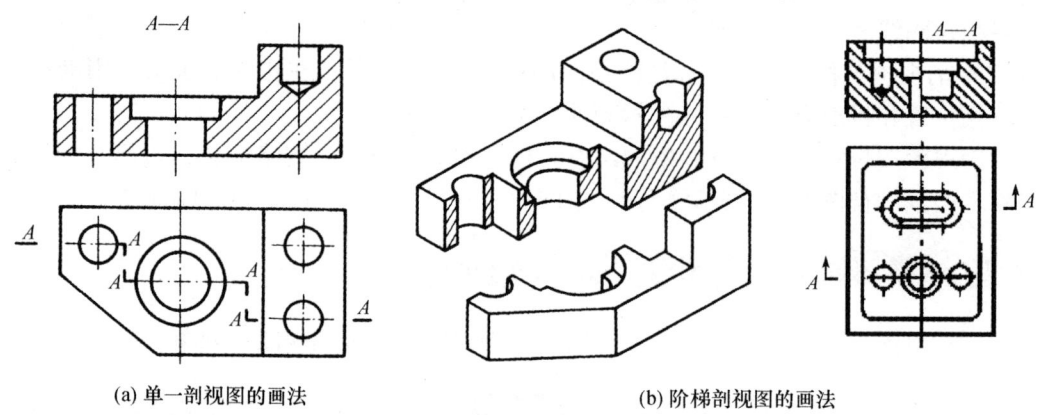

(a) 单一剖视图的画法　　　　　　　　(b) 阶梯剖视图的画法

图3-7　单一剖与阶梯剖视图的画法

提示：

① 剖切平面转折处的剖切符号中的粗短画线不应与视图中的轮廓线重合，如图3-7(a)所示。

② 在剖切平面转折处的剖视图中不应画出轮廓线，如图3-7(a)所示。

③ 一般情况下，避免在剖视图中出现不完整要素。只有当两个要素在剖视图中具有公共对称轴线时，才能各画一半，如图3-7(b)所示。

④ 阶梯剖视图必须标注，其标注方法与单一剖基本相同。当剖视图按投影关系配置且中间无其他视图隔开时，可省略箭头；当转折处位置有限且不致引起误解时，允许省略字母。

（3）两个相交的剖切平面。用两个相交的剖切平面剖开机件的方法，称为旋转剖，如图3-8所示。

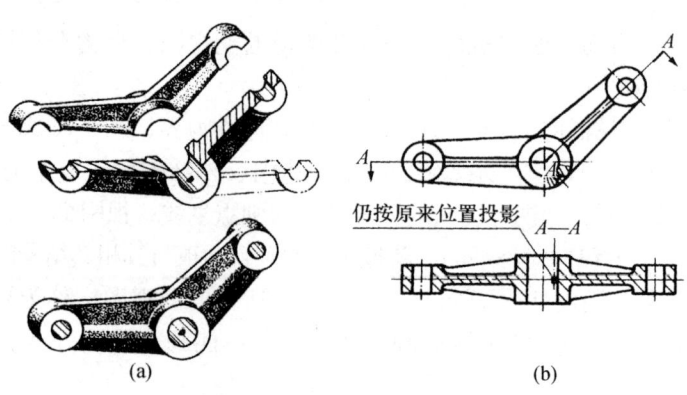

图3-8　旋转剖视图的画法

提示：

① 先假想按剖切位置剖开机件，然后将剖切平面后面的结构旋转到与选定的基本投影面平行再投射画出剖视图，以表达被剖切结构的真实形状，但在剖切平面后面的其他结构仍按原位置投射画出，如图 3-8 中的油孔。

② 旋转剖视图必须标注，其标注方法与阶梯剖基本相同。需要注意的是，在剖切符号两端画出表示剖切后的投射方向的箭头应与剖切符号垂直。

绘图剖视图时，要灵活使用，一般情况下采用三种剖切平面中的一种，但对于复杂零件，为了表达清楚其内部结构，有时也会同时采用两种或两种以上的剖切平面，如图 3-9 所示。

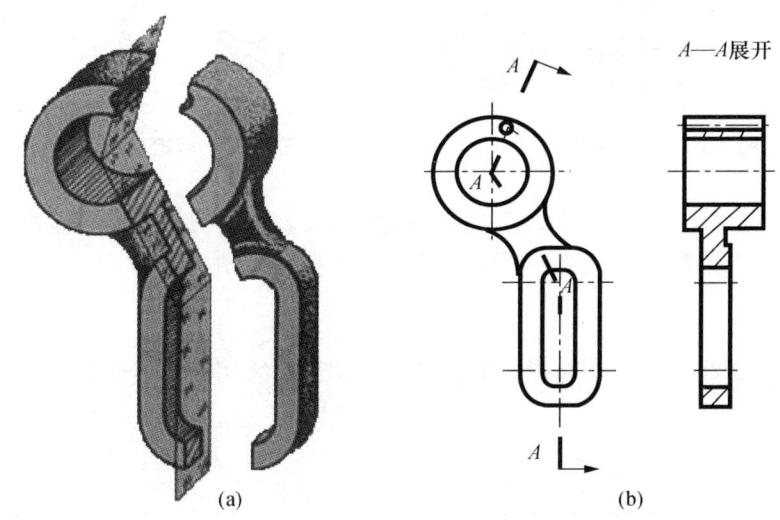

图 3-9　复合剖视图的画法

3.3　断　面　图

3.3.1　断面图的概念（GB/T 17452—1998）

假想用剖切面将机件的某处切断，仅画出剖切面与机件接触部分的图形，称为断面图。

3.3.2　断面图的类型（GB/T 17452—1998）

按配置的位置不同，断面图分为移出断面和重合断面。

1. 移出断面

画在视图轮廓线之外的断面称为移出断面，其轮廓线用粗实线绘制并在断面处画上剖面符号，如图3-10所示。剖切平面应与被剖切部位的主要轮廓线垂直，若用一个剖切平面不能满足垂直时，可用相交的两个或多个剖切平面分别垂直于机件轮廓线剖切，其断面图形的中间应用波浪线断开，如图3-11所示。

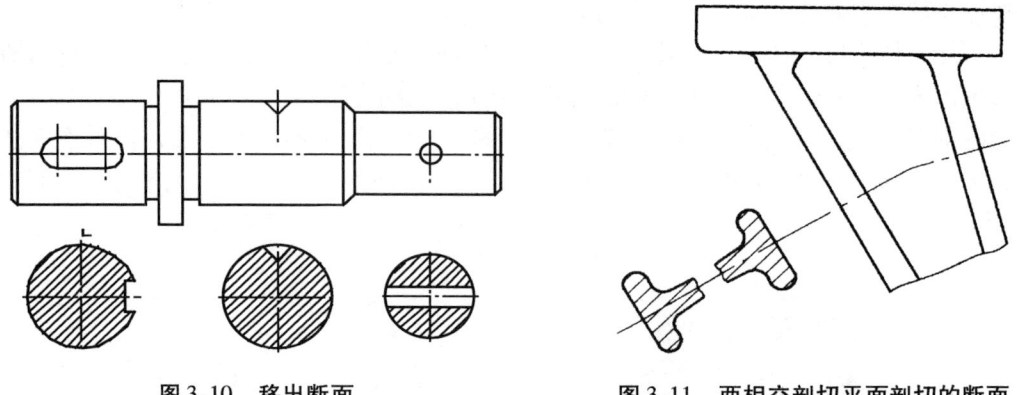

图3-10　移出断面　　　　　　图3-11　两相交剖切平面剖切的断面

提示：移出断面应尽量配置在剖切符号的延长线上；当剖切平面经过由回转面形成的孔或凹坑的轴线以及断面图完全分离时，其结构按剖视绘制。

2. 重合断面

画在视图轮廓线之内的断面称为重合断面，其轮廓线用细实线绘制，如图3-12所示。

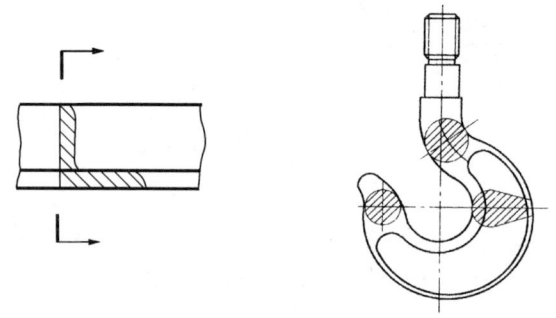

图3-12　重合断面

提示：当重合断面轮廓线与视图轮廓线重合时，视图轮廓线仍应连续画出，不可间断。

3.4　其他表达方法

3.4.1　局部放大图

将机件的局部细小结构以大于原图采用的比例画出的图形称为局部放大图，如图3-13所示。

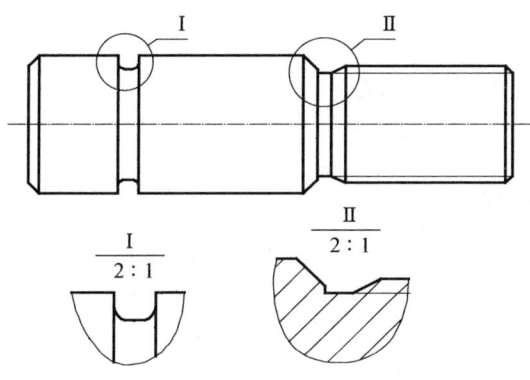

图 3-13 局部放大图

3.4.2 简化画法

当回转体机件上有均匀分布的肋、孔、轮辐等结构不处于剖切平面上时,可将这些结构假想旋转到剖切平面上画出,如图 3-14 所示。按规律分布的相同结构,只需画出几个完整结构,其余用细实线连接并注明总数,如图 3-15 所示。较长机件可采用折断画法,应标注真实长度,如图 3-16 所示。

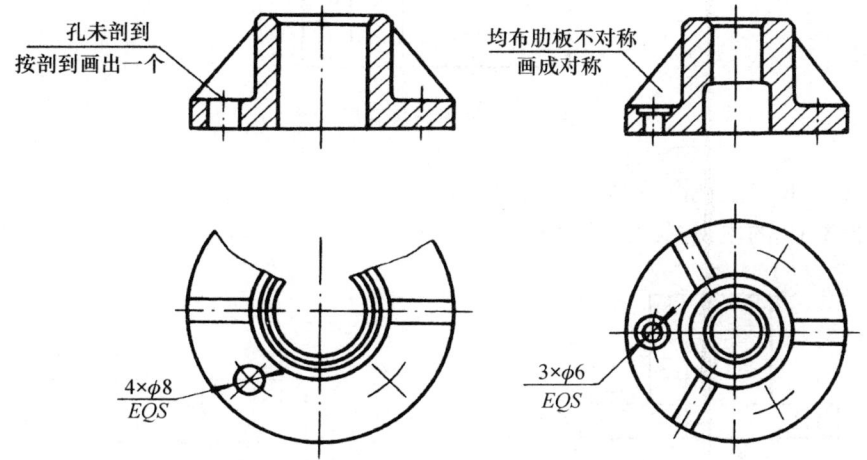

图 3-14 均布肋和孔的画法

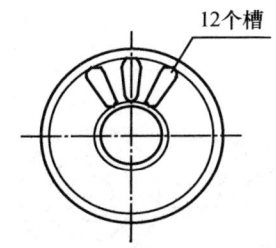

图 3-15 相同要素的简化画法

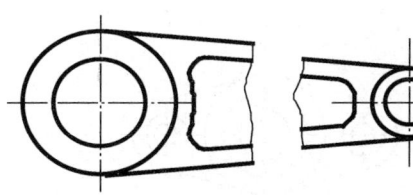

图 3-16 长机件的简化画法

思考与复习题

1. 将图 3-17 的主视图改画为全剖视图。

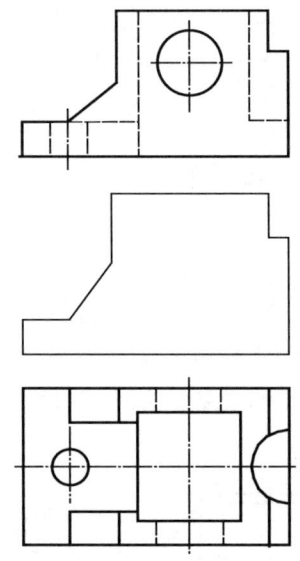

图 3-17　思考与复习题 1 图

2. 将图 3-18 的主视图改画为半剖视图。
3. 将图 3-19 的主视图画成全剖视图。

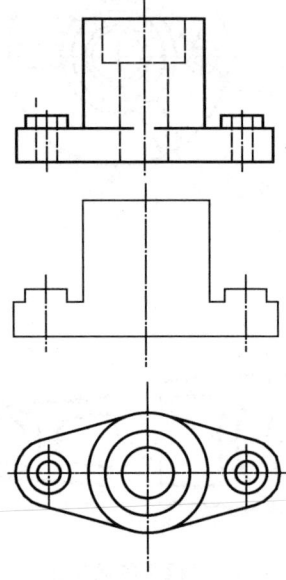 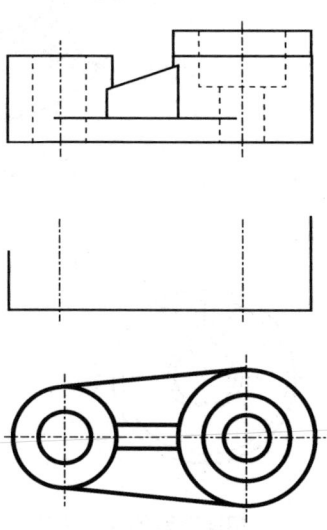

图 3-18　思考与复习题 2 图　　　　图 3-19　思考与复习题 3 图

第 4 章
常用件画法

在机器或部件中,除一般零件外,还经常用到螺栓、螺母、螺钉、垫圈、键、销、滚动轴承、齿轮等标准件和常用件。由于上述零件已标准化、规格化,某些结构和形状不必按其真实投影画出,而应根据国家标准规定的画法、代号和标记进行绘图和标注。

学习目标:
1. 了解螺纹各要素、种类,能够识读内、外螺纹紧固件的画法和标记;
2. 熟练掌握识读平键及其连接的画法、标记;
3. 熟练掌握识读销及其连接的画法、标记;
4. 熟练掌握识读直齿圆柱齿轮的画法以及圆柱齿轮啮合的画法;
5. 熟练掌握弹簧、滚动轴承的画法。

4.1 螺纹与螺纹连接（GB/T 4459.1—1995）

4.1.1 螺纹的基础知识

螺纹是指在圆柱或圆锥表面上沿螺旋线形成的具有相同断面的连续凸起和沟槽，分为外螺纹和内螺纹。内、外螺纹须成对使用。螺纹要素有牙型、直径、线数、螺距和旋向。

1. 牙型

在通过螺纹轴线的断面上，螺纹的轮廓形状称为牙型。常见的有三角形、梯形和矩形等。

2. 直径

直径有大径、中径和小径之分。外螺纹的大径、小径和中径分别用 d、d_1、d_2 表示；内螺纹的大径、小径和中径分别用 D、D_1、D_2 表示，如图 4-1 所示。

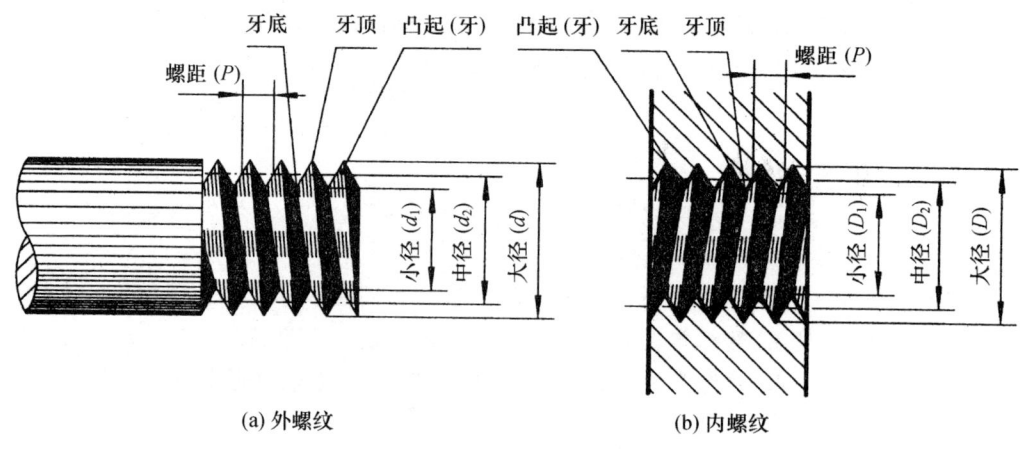

图 4-1　普通螺纹各部分名称及代号

大径是指与外螺纹牙顶或内螺纹牙底相切的假想圆柱直径。
中径是指在大径与小径之间，牙型上沟槽和凸起宽度相等处假想圆柱直径。
小径是指与外螺纹牙底或内螺纹牙顶相切的假想圆柱直径。
公称直径是代表螺纹尺寸的直径，一般指螺纹大径的基本尺寸。

3. 线数 (n)

螺纹有单线和多线之分。沿一条螺旋线形成的螺纹称为单线螺纹，如图 4-2(a) 所示；沿两条或两条以上且在轴向等距分布的螺旋线形成的螺纹称为多线螺纹，如图 4-2(b) 所示。

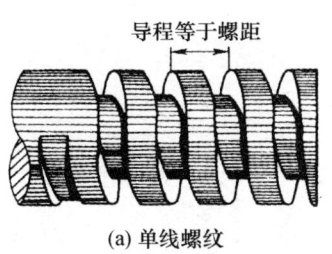 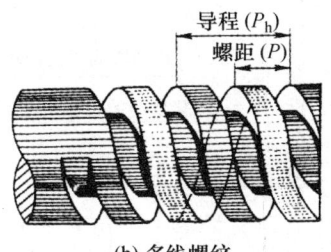

(a) 单线螺纹　　　　　　(b) 多线螺纹

图 4-2　单线、多线螺纹

4. 螺距（P）和导程（P_h）

螺距是指相邻两牙在中径线上对应两点间的距离；导程是指同一条螺旋线上的相邻两牙在中径线上对应两点间的距离。

螺距、导程、线数的关系：$P_h = nP$。

5. 旋向

螺纹有右旋和左旋两种。

判定方法：可见螺旋线右高左低者为右旋螺纹；可见螺旋线左高右低者为左旋螺纹，如图 4-3 所示。

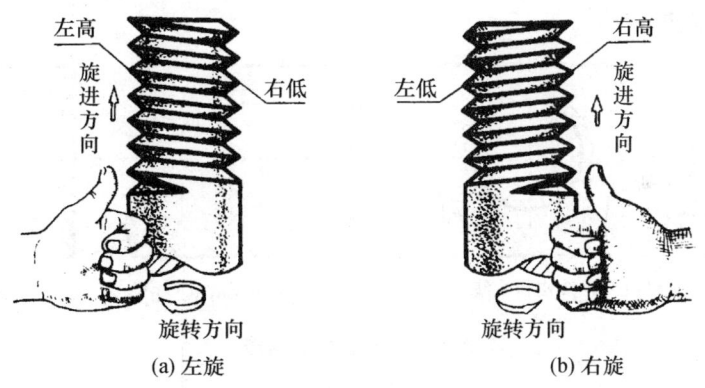

(a) 左旋　　　　　　　　(b) 右旋

图 4-3　螺纹旋向

螺纹的牙型、大径、线数、螺距和旋向称为螺纹的五要素，只有螺纹五要素都相同的内、外螺纹才能旋合到一起。常用的螺纹是单线、右旋。

4.1.2　螺纹的规定画法

1. 外螺纹的画法

外螺纹牙顶（大径）和螺纹终止线用粗实线表示，牙底（小径）用细实线表示且牙底线宽度按牙顶的 85% 绘制；在投影为圆的视图中，牙底用圆周 3/4 长度的细实线圆弧表示，如图 4-4 所示。

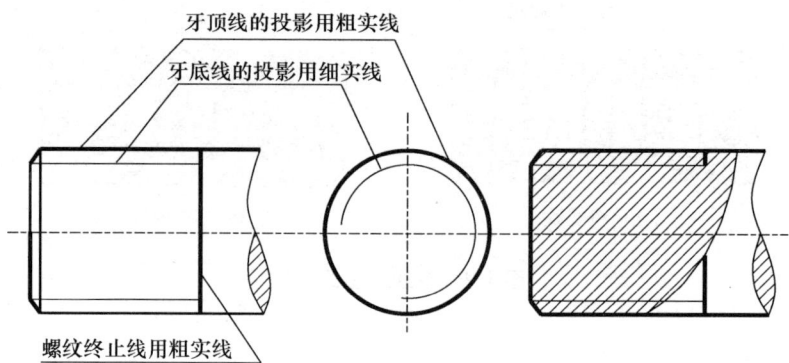

图 4-4　外螺纹的画法

2. 内螺纹的画法

在剖视图中，内螺纹牙顶（小径）和螺纹终止线用粗实线表示，牙底（大径）用细实线表示且牙顶线宽度按牙底的 85% 绘制；在投影为圆的视图中，牙底用圆周 3/4 长度的细实线圆弧表示；绘制不穿通螺孔时，应将钻孔深度和螺孔深度分别画出；不可见螺纹的所有图线用虚线绘制，如图 4-5 所示。

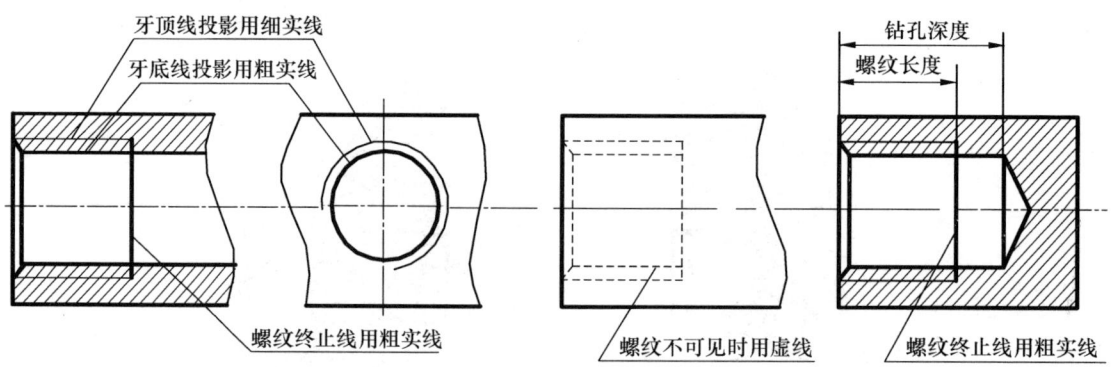

图 4-5　内螺纹的画法

3. 内、外螺纹连接的画法

以剖视图表示内、外螺纹连接时，其旋合部分按外螺纹的画法绘制，其余部分仍按各自的画法绘制；实心螺杆按不剖来画，如图 4-6 所示。

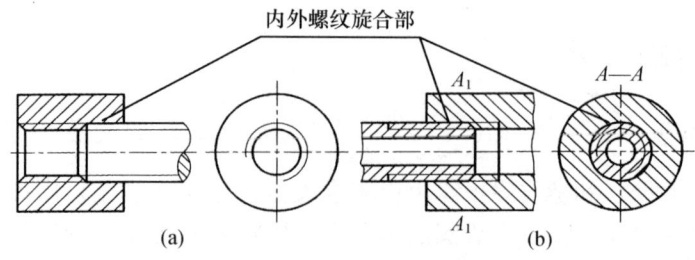

图 4-6　螺纹连接的画法

4.1.3 螺纹的标注

完整的螺纹标记由螺纹代号、螺纹公差带代号和螺纹旋合长度代号组成，其规定格式如下：

螺纹特征代号 公称直径×导程（P 螺距） 旋向 – 中径公差带 顶径公差带 – 螺纹旋合长度
     螺纹代号   公差带代号   旋合长度代号

提示：粗牙普通螺纹的螺距不标注；右旋螺纹不注旋向，LH 表示左旋螺纹；如中径与顶径公差带相同，只标注一次；旋合长度分为短（S）、中（N）、长（L）三种，中旋合长度时不必标注。

例如，M20×1.5 LH-6g7g-L 表示细牙普通螺纹，公称直径为 20 mm，螺距为 1.5 mm，左旋（外螺纹），中径公差带代号为 6g，顶径公差带代号为 7g，长旋合长度。又如，M20-7H 表示粗牙普通螺纹，公称直径为 20 mm，右旋（内螺纹），中径、顶径的公差带代号均为 7H，中旋合长度。

螺纹的尺寸标注在螺纹的大径上，如图 4-7 所示。

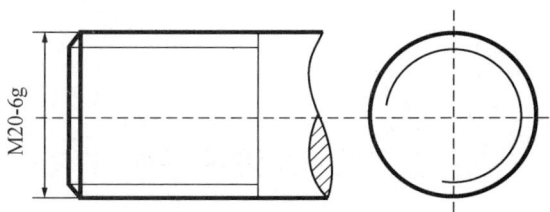

图 4-7 普通外螺纹的标注

4.1.4 螺纹紧固件及连接的画法

常用螺纹紧固件有螺栓、双头螺柱、螺钉、螺母和垫圈等。螺纹紧固件的连接形式有螺栓连接、双头螺柱连接和螺钉连接三类。

1. 螺栓连接

螺栓用于允许钻成通孔的两连接件，螺栓连接件有螺栓、螺母和垫圈。在装配图中，螺栓连接常采用比例画法或简化画法，如图 4-8 所示。

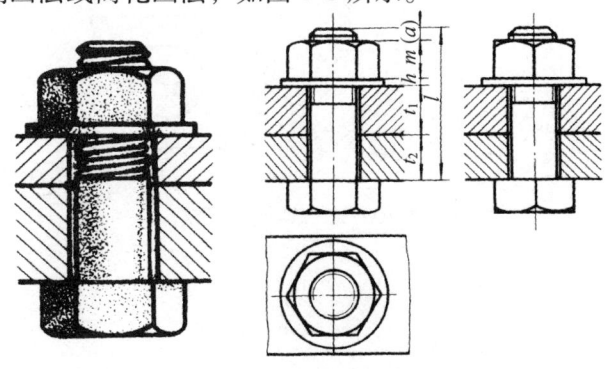

图 4-8 螺栓连接的画法

2. 双头螺柱连接

当被连接件之一较厚或不允许钻成通孔而难于采用螺栓连接；或因拆装频繁而不宜采用螺钉连接时，可采用双头螺柱连接，如图4-9所示。

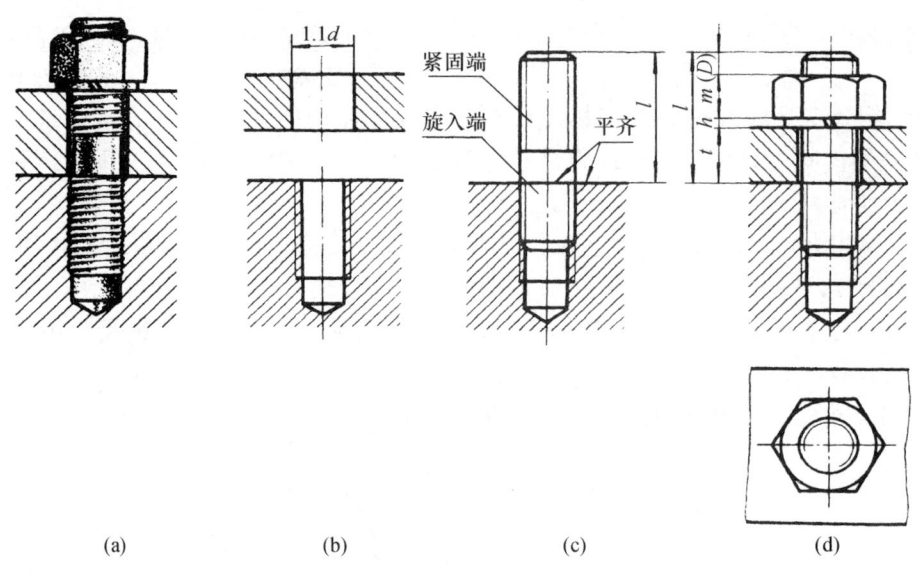

图4-9 双头螺柱连接的画法

3. 螺钉连接

螺钉用于被连接件之一较厚、不常拆卸且受力较小的两连接件，如图4-10所示。

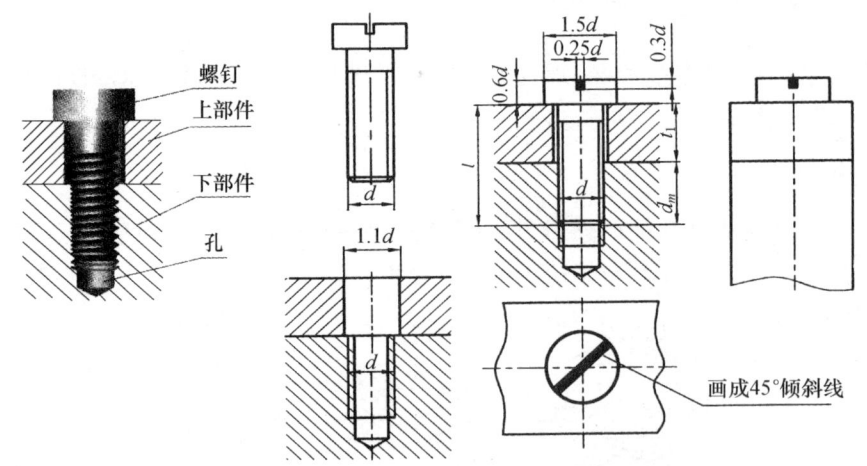

图4-10 螺钉连接的画法

4.2 键、销及其连接

4.2.1 键的类型及其连接

键主要用于轴与轴上零件（如齿轮、带轮等）间的连接，起传递扭矩的作用。常用的键有普通平键、半圆键和钩头形楔键等。

标记示例：键　GB 1096　B18×100

　　　　　　$b=18\,\text{mm}$、$h=11\,\text{mm}$、$L=100\,\text{mm}$ 的平头普通平键（B 型）。

普通平键连接的画法，如图 4-11 所示。

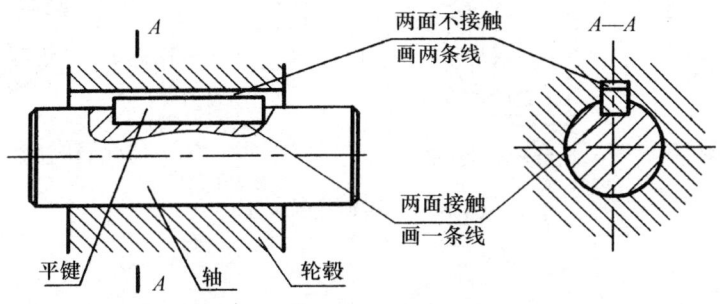

图 4-11　普通平键连接的画法

半圆键和钩头形楔键连接的画法分别如图 4-12 和图 4-13 所示。

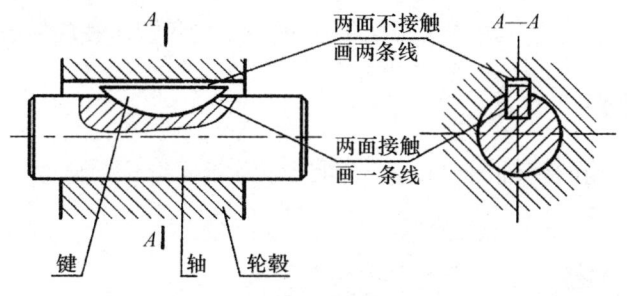

图 4-12　半圆键连接的画法

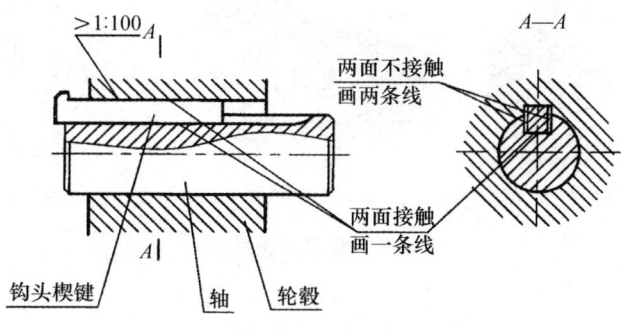

图 4-13　钩头形楔键连接的画法

4.2.2 销的类型及其连接

销用于零件间的连接和定位。常用的销有圆柱销、圆锥销、开口销等。

标记示例：销 GB 117 A10×100

公称直径 $d=10$ mm、公称长度 $l=100$ mm、材料为 35 钢、热处理硬度 28～38 HRC、表面氧化处理的 A 型圆锥销。

公称直径指小端直径。

销连接的画法，如图 4-14 所示。

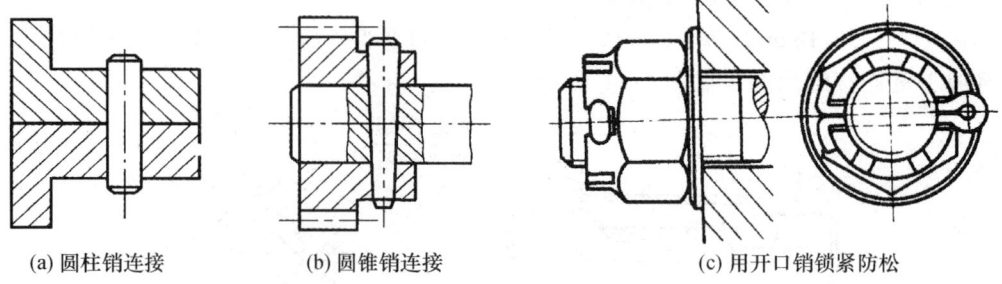

(a) 圆柱销连接　　(b) 圆锥销连接　　(c) 用开口销锁紧防松

图 4-14　销连接的画法

4.3　齿　　轮

齿轮作为机械传动中的常用件，用来传递动力，改变转速和旋转方向。

4.3.1 齿轮的种类

常用的齿轮按传动的两轴相对位置不同，分为圆柱齿轮、圆锥齿轮和蜗杆蜗轮，如图 4-15 所示。

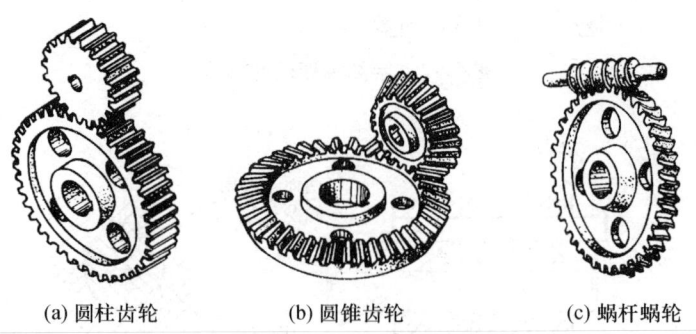

(a) 圆柱齿轮　　(b) 圆锥齿轮　　(c) 蜗杆蜗轮

图 4-15　常见的齿轮传动

4.3.2 直齿圆柱齿轮各部分的名称

直齿圆柱齿轮各部分的名称如图 4-16 所示。

4.3.3 直齿圆柱齿轮的规定画法

1. 直齿单个直齿圆柱齿轮的画法

在投影为圆的视图中，齿顶圆用粗实线，齿根圆用细实线或省略不画，分度圆用细点划线画出，轮齿不画。另一视图一般画成全剖视图，轮齿按不剖处理，齿顶线和齿根线用粗实线，分度线用细点划线绘制，如图 4-17 所示。

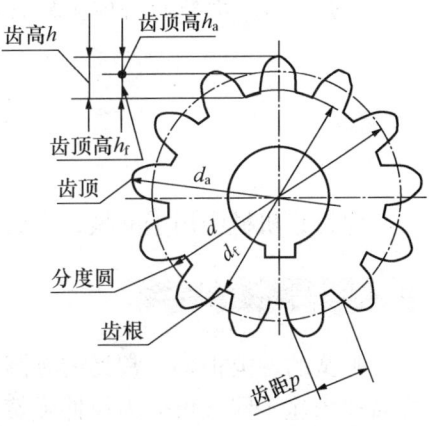

图 4-16 直齿圆柱齿轮各部分的名称

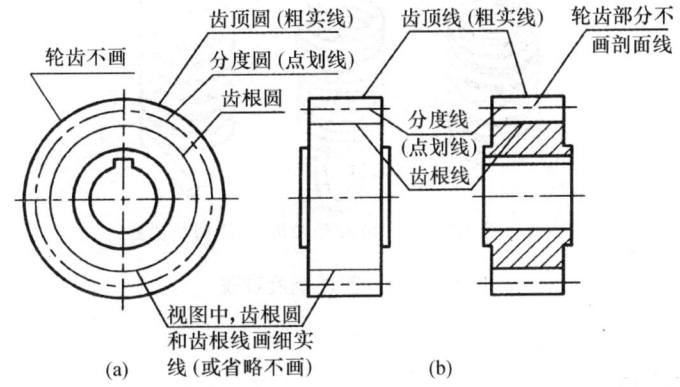

图 4-17 直齿圆柱齿轮的画法

2. 直齿圆柱齿轮啮合的画法

当两直齿圆柱齿轮啮合时，在齿轮投影为圆的视图中，齿顶圆用粗实线，齿根圆和轮齿不画，两分度圆用细点划线画成相切。另一视图常采用剖视图表达，在啮合区域，一个齿轮的轮齿用粗实线，另一齿轮的轮齿用虚线绘制，如图 4-18 所示。

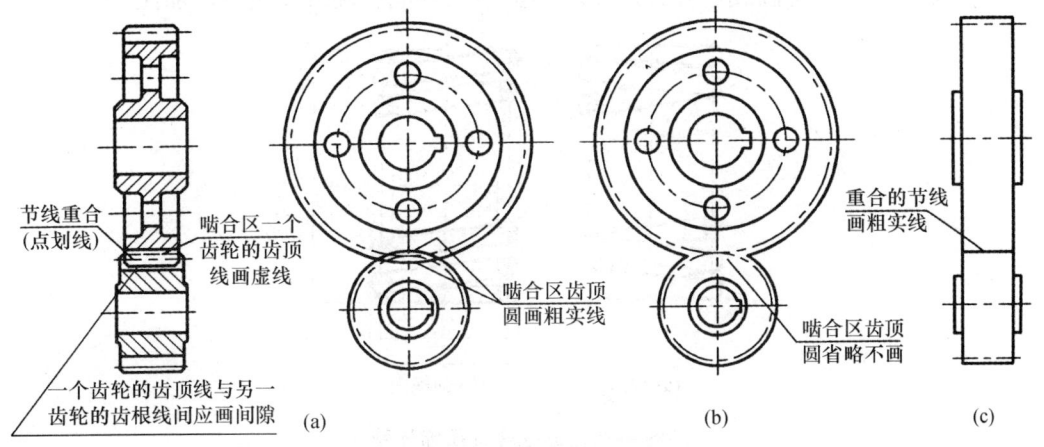

图 4-18 直齿圆柱齿轮啮合的画法

提示：一个齿轮的齿顶线与另一个齿轮的齿根线之间应留有 0.25 mm 的间隙。

4.4 弹 簧

弹簧是机械中用于减振、夹紧、测力、调节的常用零件。

4.4.1 弹簧的种类

弹簧的种类很多，常见的有圆柱螺旋弹簧、板弹簧、平面涡卷弹簧等。其中圆柱螺旋弹簧按用途不同又可分为拉伸弹簧、压缩弹簧和扭转弹簧，如图 4-19 所示。

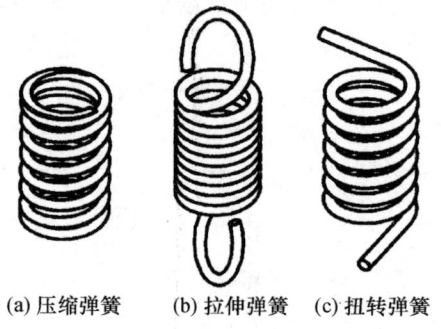

(a) 压缩弹簧　(b) 拉伸弹簧　(c) 扭转弹簧

图 4-19　圆柱螺旋弹簧

4.4.2 弹簧的画法

以圆柱螺旋压缩弹簧为例，其画法如图 4-20 所示。

(1) 在平行于弹簧轴线的投影面的视图中，其各圈的外形轮廓应画成直线。

(2) 有效圈数在四圈以上的螺旋弹簧，允许每端只画 1～2 圈（支承圈除外），中间只画通过簧丝断面中心的细点划线，且可适当缩短图形长度。

(3) 螺旋弹簧均可画成右旋，但左旋弹簧不论画成右旋或左旋一律加注"LH"。

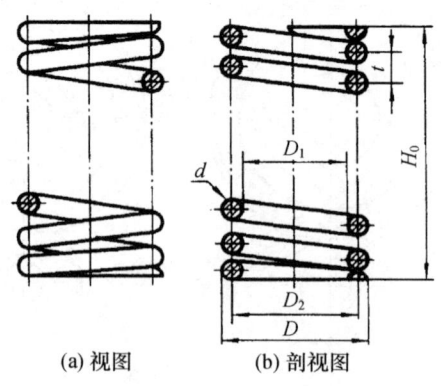

(a) 视图　　　(b) 剖视图

图 4-20　圆柱螺旋压缩弹簧

4.4.3 装配图中弹簧的画法

在装配图中，弹簧后面被挡住的结构不必画出，如图4-21(a)所示；当图上的簧丝直径≤2 mm时，可涂黑表示，如图4-21(b)所示；也可采用示意画法，如图4-21(c)所示。

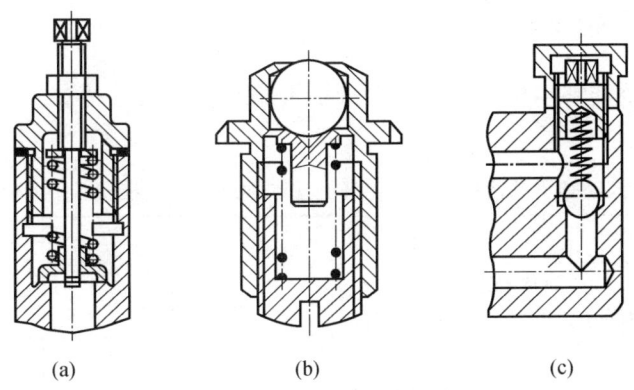

图 4-21　弹簧在装配图中的画法

4.5　滚动轴承

滚动轴承是支承旋转轴的标准件，一般由外圈、内圈、滚动体和保持架组成。按其受力方向可分为：向心轴承、向心推力轴承和推力轴承，如图4-22所示。

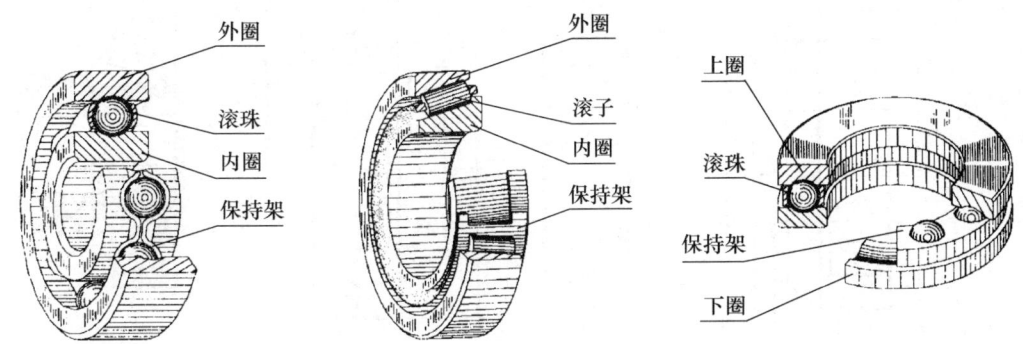

(a) 向心轴承示例：深沟球轴承　　(b) 向心推力轴承示例：圆锥滚子轴承　　(c) 推力轴承示例：推力球轴承

图 4-22　滚动轴承的结构及类型

4.5.1　滚动轴承的代号

滚动轴承代号由前置代号、基本代号和后置代号组成。基本代号由轴承类型代号、尺寸系列代号、内径代号构成，是轴承代号的基础。

例如：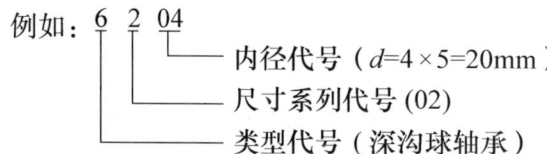

4.5.2 滚动轴承的画法

在装配图中，滚动轴承可按不同场合分别采用通用画法、特征画法及规定画法，如表4-1所示。

表4-1 部分滚动轴承的通用画法、特征画法和规定画法（摘自 GB/T 4459.7—1998）

名称和标准号	查表主要数据	画法			装配示意图
		简化画法		规定画法	
		通用画法	特征画法		
深沟球轴承（GB/T 276—1994）	D d B		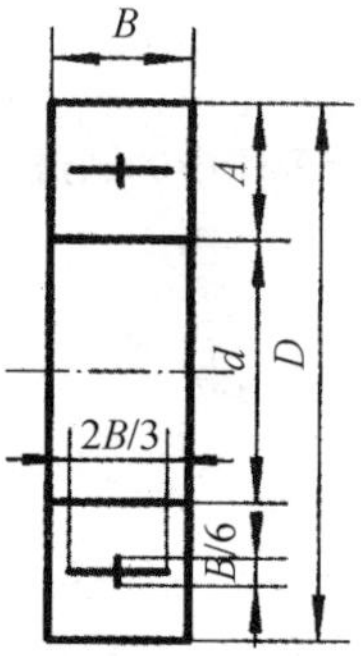	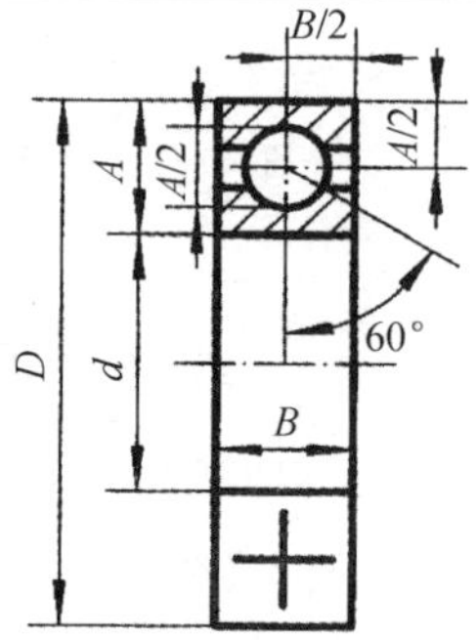	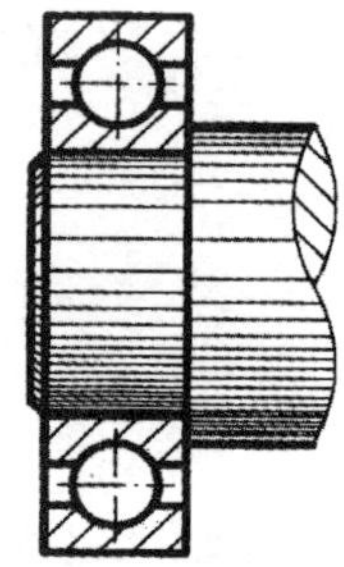
圆锥滚子轴承（GB/T 297—1994）	D d B T C	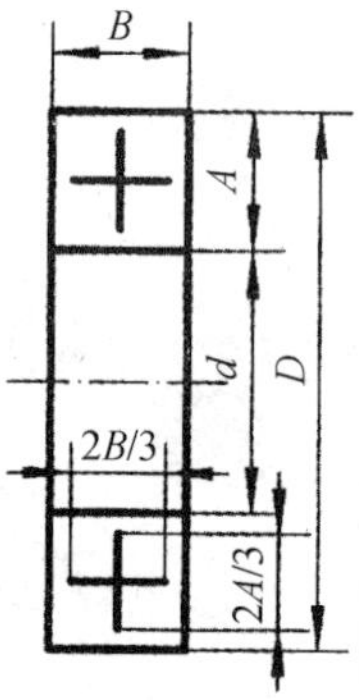	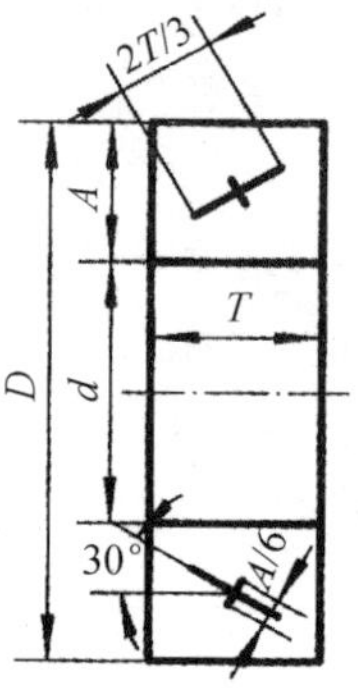	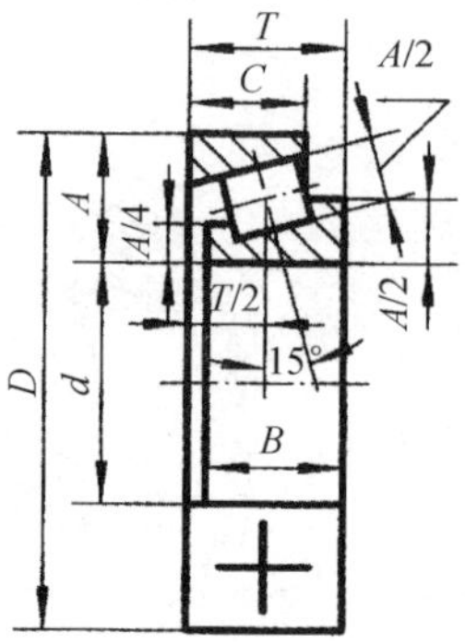	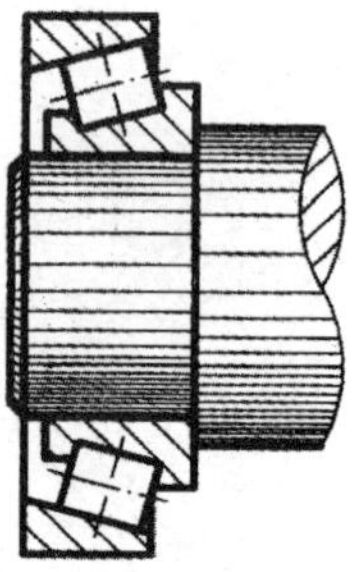
推力球轴承（GB/T 301—1995）	D d T		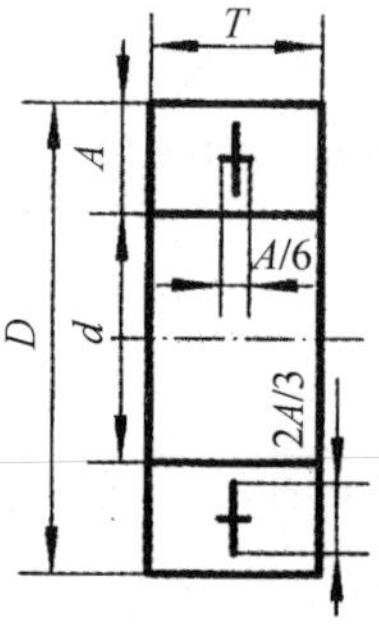	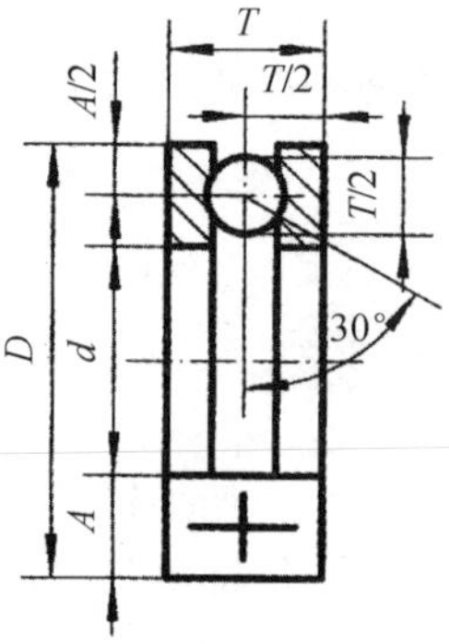	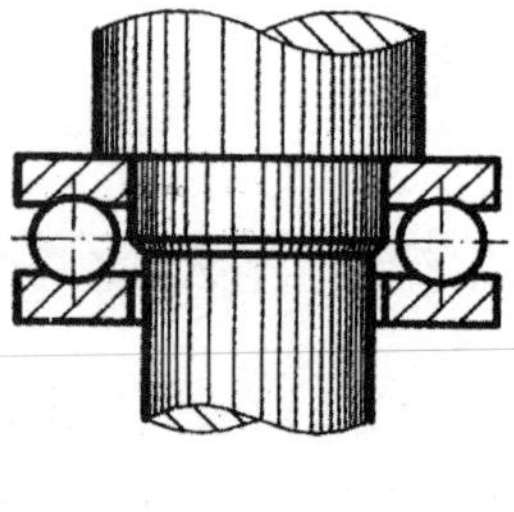

思考与复习题

1. 补全图 4-23 螺栓连接图中所缺的图线。

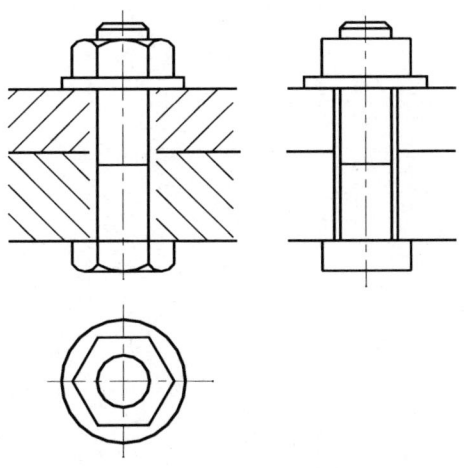

图 4-23　思考与复习题 1 图

2. 如图 4-24 所示，在指定位置作断面图（左侧键槽深 4 mm，右侧深 3 mm）。

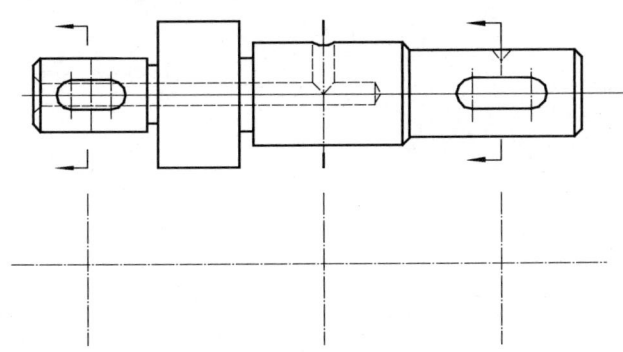

图 4-24　思考与复习题 2 图

第 5 章
零 件 图

任何机器（或部件）都是由若干零件组成的。设计机器（或部件）时，首先根据工作原理绘制装配草图，然后根据装配草图整理成装配图，最后根据装配图绘制零件图。制造机器时，先按零件图生产出全部零件，再按装配图将零件装配成部件或机器。所以，零件图和装配图是生产中的重要技术文件。本章主要介绍零件图绘制和识图所涉及的有关知识。

学习目标：
1. 了解零件图的内容；
2. 了解典型零件的零件图的表达方法；
3. 掌握表面结构、公差与配合的含义、配合制的类型、基准制，能够识读公差和配合的标注；
4. 掌握识读零件图。

5.1　零件图的概念

表示零件的结构形状、大小及技术要求的图样称为零件图。零件图必须准确反映设计者的设计意图,包括制造和检验该零件所需要的所有信息,如零件的结构形状、尺寸大小和技术要求等;零件图是设计部门提交给生产部门的重要技术文件,是制造、加工和检验零件的重要依据,也是技术交流的重要资料。

5.1.1　零件图的内容

一张完整的零件图一般应包括以下四项内容,如图 5-1 所示。

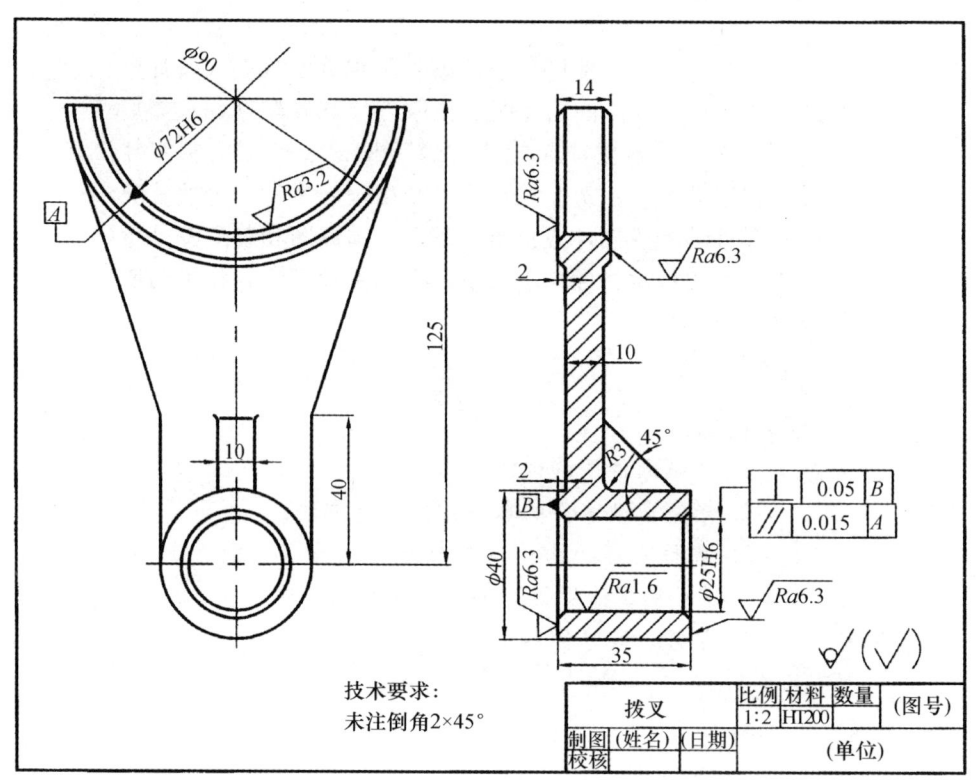

图 5-1　拨叉零件图

（1）一组图形。用于正确、完整、清晰和简便地表达出零件内外形状的图形,其中包括机件的各种表达方法,如三视图、剖视图、断面图、局部放大图和简化画法等。

（2）完整尺寸。零件图中应正确、完整、清晰、合理地注出零件在加工、检验时所需的全部尺寸。

（3）技术要求。零件图中必须用规定的代号、数字、字母和文字注解说明制造和检验零件时在技术指标上应达到的要求。如表面结构、尺寸公差、几何公差、材料和热处理要求、检验方法以及其他特殊要求等。

（4）标题栏。填写的内容主要有零件的名称、材料、数量、比例、图样代号以及设计、审核、批准者的姓名、日期等。

5.1.2　零件结构形状的表达

零件的视图是零件图中的重要内容之一，必须使零件上每一部分的结构形状和位置都表达完整、正确、清晰，并符合设计和制造要求，且便于画图和看图。要达到上述要求，在画零件图的视图时，应灵活运用前面学过的视图、剖视图、断面图以及简化和规定画法等表达方法，选择一组恰当的图形来表达零件的形状和结构。

1．主视图的选择

主视图是零件图中最重要的视图，选择零件图的主视图时，一般应从主视图的投射方向和零件的摆放位置两方面来考虑。

（1）选择主视图的投射方向。选择主视图的投射方向时，应考虑形体特征原则，即所选择的投射方向所得到的主视图应最能反映零件的形状特征。如图 5-2 所示可分别用 A、B、C 方向作为主视图的投射方向，但比较一下就会得出，选择 A 方向比较好，最能反映尾架体的主要形状特征。

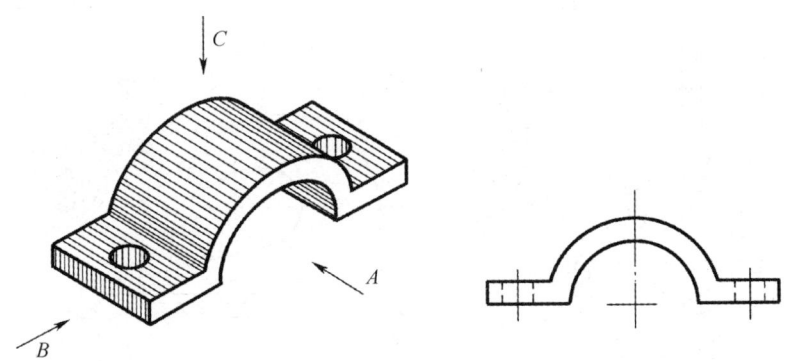

图 5-2　选择主视图的投射方向

（2）选择主视图的位置。当零件主视图的投射方向确定以后，还需确定主视图的位置。所谓主视图的位置，即零件的摆放位置。一般分别从以下两个原则来考虑。

① 加工位置原则。主视图一般按零件在机械加工中所处的位置作为主视图的位置。因为零件图的重要作用之一是用来指导制造零件的，若主视图所表示的零件位置与零件在机床上加工时所处位置一致，则工人加工时看图方便。如图 5-3 所示的轴，它的形状基本上是由几段直径不同的圆柱体构成的。该零件的主要加工方法是车削，有些重要表面还要在磨床上进一步加工。为了便于工人对照图样进行加工，故按该轴在车床和磨床上加工时所处的位置（轴线侧垂放置）来绘制主视图。

② 工作位置原则。主视图的选择，应尽量符合零件在机器或设备上的安装位置，以

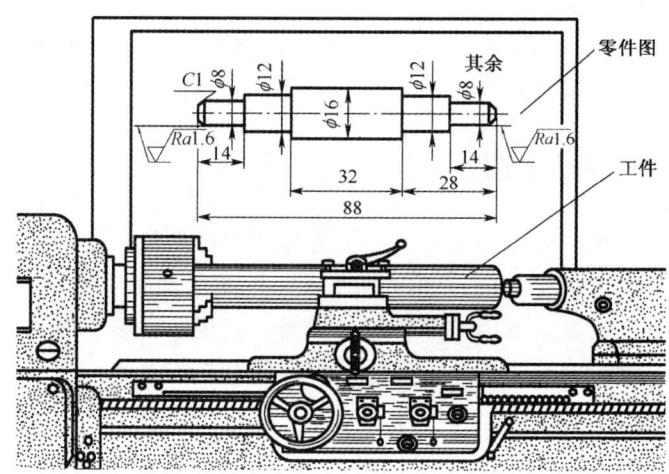

图 5-3 轴

便于读图时将零件和整台机器或设备联系起来,想象其功用及工作情况,在装配时,也便于直接对照图样进行装配。如图 5-4 所示,吊车上的吊钩和汽车上的前拖钩虽然结构相似,但由于它们的工作位置和安装位置不同,所以根据它们的工作位置、安装位置和形状特征选定的主视图也就不一样。

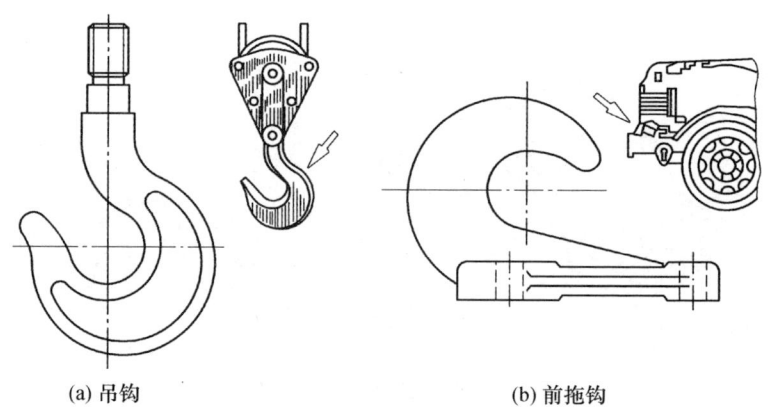

(a) 吊钩　　　　　　　　　　(b) 前拖钩

图 5-4 吊钩与前拖钩

关于主视图的选择,应根据具体情况进行分析,从有利于看图出发,在满足形体特征原则的前提下,充分考虑零件的工作位置和加工位置,另外还要适当照顾习惯画法。

2. 其他视图的选择

一个零件需要多少视图才能表达清楚,只能根据零件的具体情况分析确定。考虑的一般原则是:在保证充分表达零件结构形状的前提下,尽可能使零件的视图数目为最少,应使每一个视图都有其表达的重点内容,具有独立存在的意义。

对于十分简单的轴、套、球类零件，一般只用一个视图，再标注相关的尺寸，就能把其结构形状表达清楚，如图 5-5 所示，零件一个视图上所注尺寸的符号"ϕ"即可表示零件的圆柱体结构等。但是对于一些较复杂的零件，只靠一个主视图是很难把整个零件的结构形状表达完全的，因此，一般在选择好主视图后，还应选择适当数量的其他视图

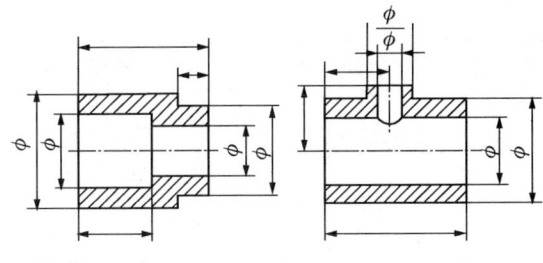

图 5-5　零件的一个视图

与之配合，才能将零件的结构形状完整清晰地表达出来。一般应优先考虑选用左、俯视图，然后再考虑选用其他视图。

5.2　零件图的技术要求

零件图上的技术要求主要是指零件几何精度方面的要求，它包括表面结构、公差与配合和几何公差等。

5.2.1　表面结构（GB/T 131—2009）

零件加工表面上具有较小间距和峰谷所组成的微观几何形状特性，称为表面结构。

1. 表面结构参数的表示方法

一般表面结构参数的表示法有两种：轮廓算术平均偏差 Ra、轮廓最大高度 Rz，现分述如下。

（1）轮廓算术平均偏差 Ra。在取样长度 l 内，轮廓偏距绝对值的算术平均值。

（2）轮廓最大高度 Rz。在取样长度内，轮廓峰顶线和轮廓谷底线之间的距离。

2. 表面结构的图形符号

基本图形符号由两条不等长的与标注表面成 60°夹角的直线构成，表面结构符号参见表 5-1。

表 5-1　表面结构符号的分类

序 号	分 类	图形符号	说 明
1	基本图形符号	√	表面结构的基本图形符号

(续表)

序 号	分 类	图形符号	说 明
2	扩展图形符号	(a) (b)	(a) 表示指定表面用去除材料的方法获得； (b) 表示指定表面用不去除材料的方法获得
3	完整图形符号	(a) (b) (c)	当要求标注表面结构特征的补充信息时，在长边上面加一横线： (a) 表示允许任何工艺； (b) 表示去除材料； (c) 表示不去除材料
4	视图上封闭轮廓的各表面有相同的表面结构要求时的符号	(a) (b) (c)	标注在图样工件的封闭轮廓线上

3. 表面结构的标注

表面结构对每一表面一般只标注一次，并尽可能标注在相应的尺寸及其公差的同一视图上。除非另有说明，所标注的表面结构是对完工零件表面的要求。表面结构的符号、代号标注位置和方向参见表5-2。

表 5-2　表面结构符号、代号的标注位置与方向

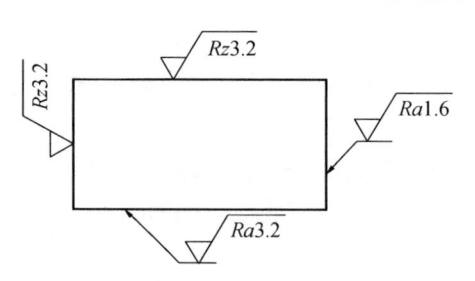

表面结构的注写和读取方向与尺寸的注写和读取方向一致

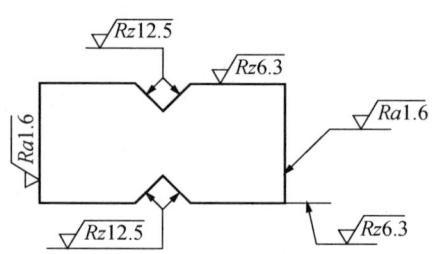

表面结构要求可标注在轮廓线上，其符号应从材料外指向被接触表面

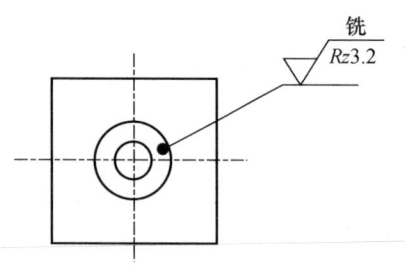

表面结构符号可以用带黑点的指引线引出标注

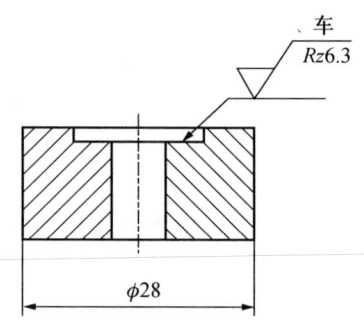

表面结构符号也可以用带箭头的指引线引出标注

（续表）

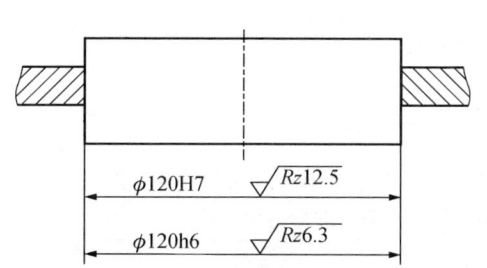

在不致引起误会时，表面结构要求可以标注在给定的尺寸线上

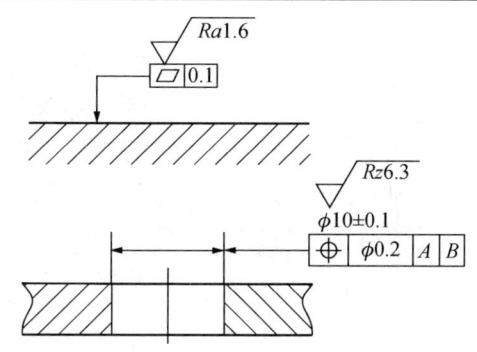

表面结构要求可标注在形位公差框格的上方

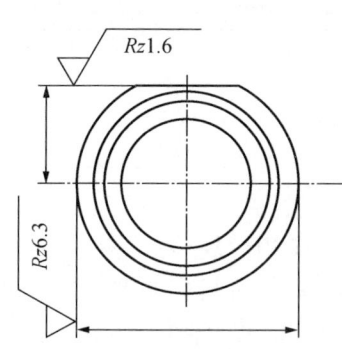

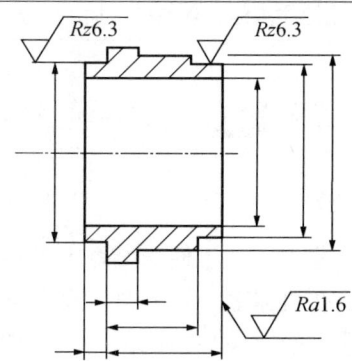

① 表面结构要求可以直接标注在延长线上，或用带箭头的指引线引出标注；② 圆柱和棱柱表面的表面结构要求只标注一次

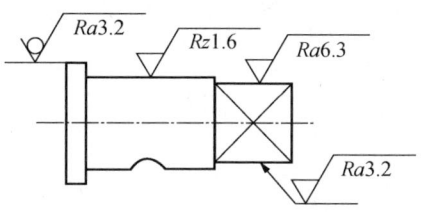

圆柱和棱柱表面，如果每个棱面有不同的表面结构要求时，则应分别单独标出

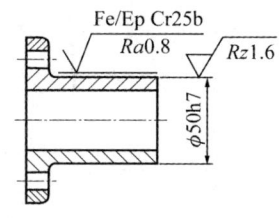

由几种不同的工艺方法获得的同一表面，当需要明确每种工艺方法的表面结构时，可按该图进行标注

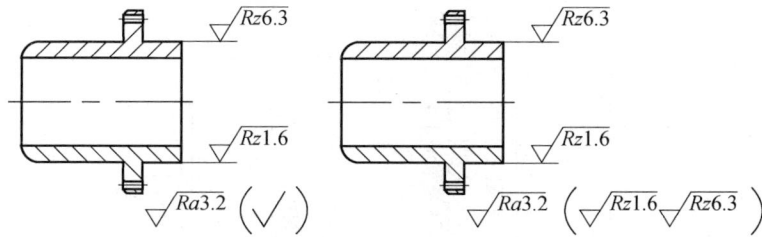

如果在工件的多数（包括全部）表面有相同的表面结构要求，则其表面结构要求可统一标注在图样的标题栏附近，不同的表面结构应直接标注在图中。左图在括号内给出无任何其他标注的基本符号，右图在括号内给出不同的表面结构要求

（续表）

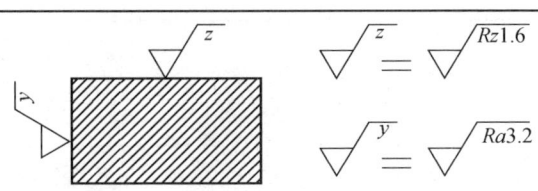

当多个表面具有相同的表面结构要求或图纸空间有限时，可采用简化画法。如用带字母的完整符号，以等式的形式，在图形或标题栏附近，对有相同表面结构要求的表面进行简化标注

        (a)   (b)   (c)

当多个表面具有相同的表面结构要求或图纸空间有限时，也可用（a）、（b）、（c）图的表面结构符号以等式形式的简化标注。（a）是未指定加工方法，（b）是要求去除材料，（c）是不去除材料

5.2.2 公差与配合（GB/T 1800.1—2009）

1. 互换性的定义

在机器制造业中，为了便于装配和维修，要求在相同规格的一批零件中，不用挑选、不经修配就能装在机器上，达到规定的性能要求，零件所具有的这种性质就称为互换性。零件具有互换性，既能满足生产部门广泛协作的要求，又能进行高效率的专业化生产，还能保证产品质量的稳定性。

2. 术语和定义（如图 5-6 所示）

（1）尺寸要素：由一定大小的线性尺寸或角度尺寸确定的几何形状。

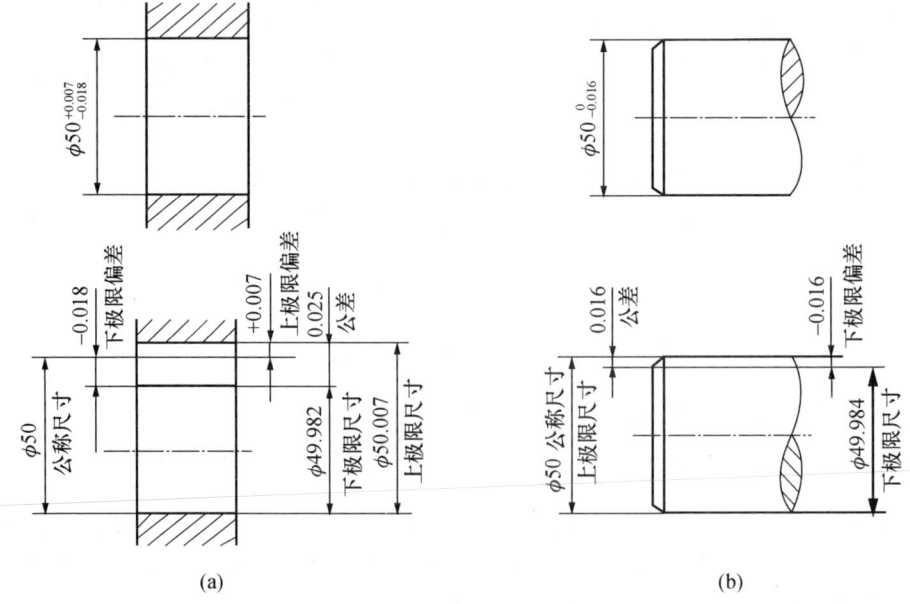

图 5-6 尺寸及公差图解

（2）公称尺寸：由图样规范确定的理想形状要素的尺寸。

（3）极限尺寸：尺寸要素允许的尺寸的两个极端。

（4）上极限尺寸：尺寸要素允许的最大尺寸。

（5）下极限尺寸：尺寸要素允许的最小尺寸。

（6）偏差：某一尺寸减其公称尺寸所得的代数差。

（7）极限偏差：上极限偏差和下极限偏差。

（8）上极限偏差：上极限尺寸减其公称尺寸所得的代数差。孔的上极限偏差代号为 ES，轴的上极限偏差代号为 es。

（9）下极限偏差：下极限尺寸减其公称尺寸所得的代数差。孔的下极限偏差代号为 EI，轴的下极限偏差代号为 ei。

（10）尺寸公差（简称公差）：上极限尺寸减下极限尺寸之差，或上极限偏差与下极限偏差之差。它是允许尺寸的变动量。

（11）公差带图：在公差带图解中，用零线表示公称尺寸，由代表上极限偏差和下极限偏差或上极限尺寸和下极限尺寸的两条直线所限定的一个区域。它是由公差大小和其相对零线的位置如基本偏差来确定。

零线的上方为正，下方为负，用矩形的高表示尺寸的变化范围（公差），矩形的上边代表上极限偏差，矩形的下边代表下极限偏差，距零线近的偏差为基本偏差，矩形的长度无实际意义，这样的图形称为公差带图，如图 5-7 所示。

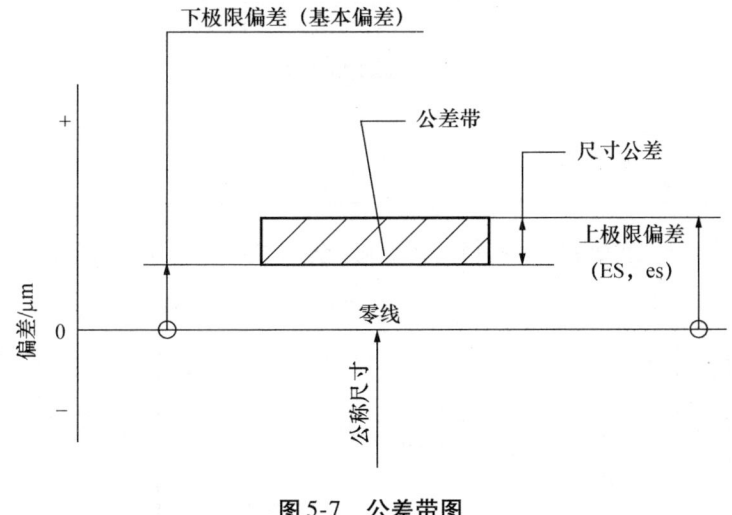

图 5-7　公差带图

3. 标准公差和基本偏差系列

标准公差是由国家标准规定的任一公差，其大小由两个因素决定，一个是公差等级，另一个是基本尺寸。标准公差划分为 20 个等级，分别为 IT01，IT0，IT1，IT2，IT3，…，IT17，IT18。其中，IT01 精度最高，IT18 精度最低。基本尺寸相同时，公差等级越高（数值越小），标准公差越小；公差等级相同时，基本尺寸越大，标准公差越大。

基本偏差是用以确定公差带相对于零线位置的那个极限偏差，一般为靠近零线的那个偏差。当公差带在零线上方时基本偏差为下极限偏差；当公差带在零线下方时基本偏差为上极限偏差；当零线穿过公差带时，离零线近的偏差为基本偏差；当公差带关于零线对称时，基本偏差为上极限偏差或下极限偏差，如 JS（js）。基本偏差有正号和负号。

轴和孔的基本偏差系列代号各有 28 个，用字母或字母组合表示，孔的基本偏差代号用大写字母表示，轴的基本偏差代号用小写字母表示，如图 5-8 所示。基本偏差决定公差带的位置，标准公差决定公差带的高度。

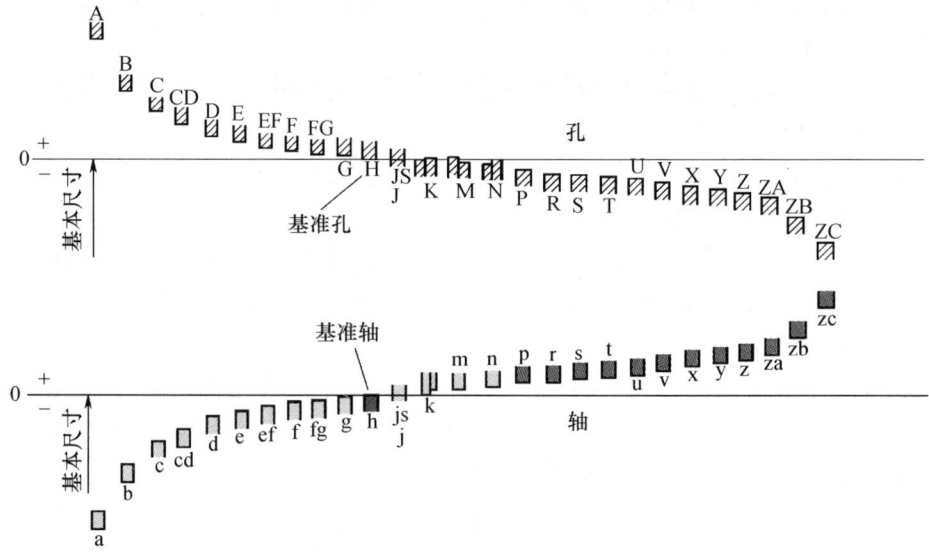

图 5-8 基本偏差系列

4. 配合类别

公称尺寸相同，相互结合的轴和孔公差带之间的位置关系称为配合。配合反映不同零件组装后的松紧程度。配合按性质不同可分为间隙配合、过盈配合和过渡配合，如图 5-9 所示。

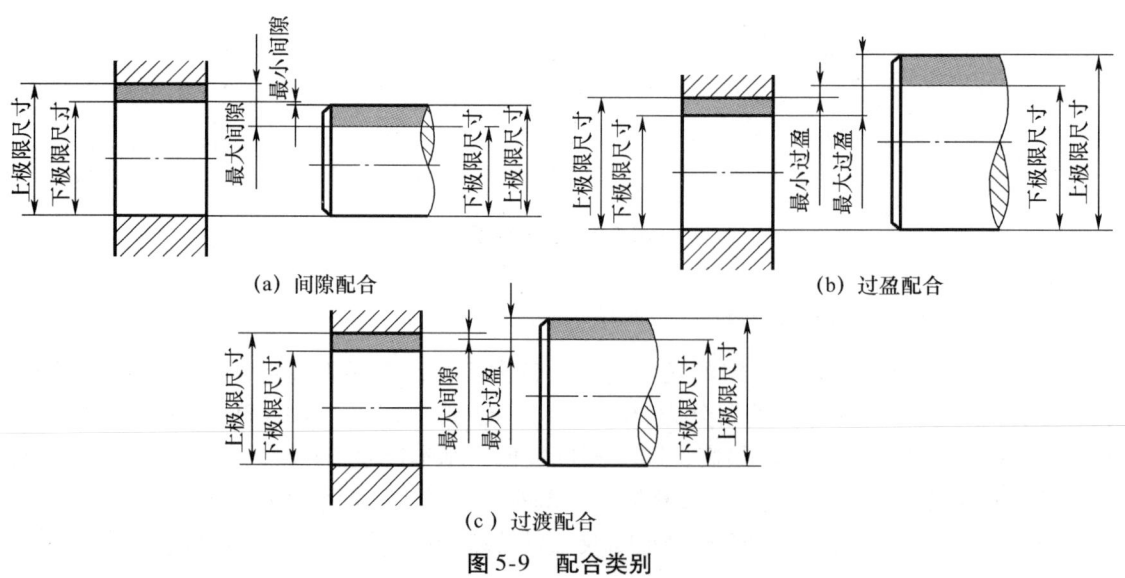

图 5-9 配合类别

采用基准制是为了统一基准件的极限偏差,从而达到减少零件加工定位刀具和量具的规格数量,国家标准规定了基孔制和基轴制两种配合制度。基孔制配合中的孔为基准孔,其代号为 H;基轴制配合中的轴为基准轴,其代号为 h,如图 5-10 所示。

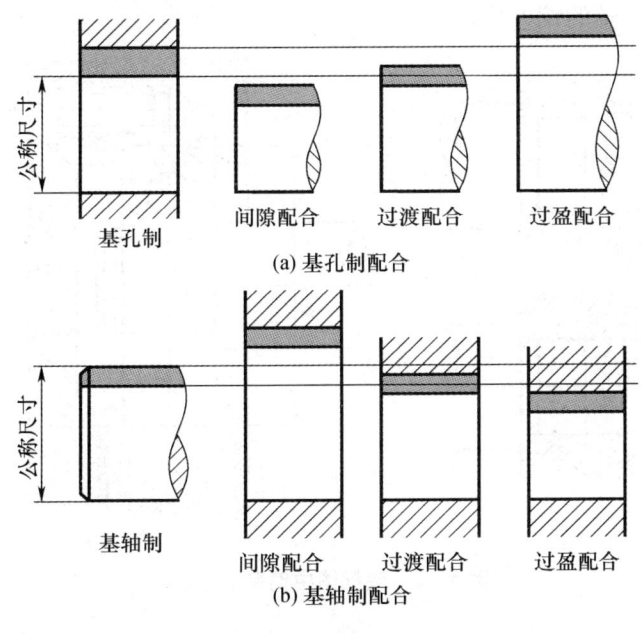

图 5-10 基准制

5. 公差与配合的标注

(1) 在零件图中的标注。在零件图上的标注有以下三种形式。

① 在轴和孔的公称尺寸后面标注公差带代号,用于大批量生产,如图 5-11(a)所示。

② 在轴和孔的公称尺寸后面只注写上、下极限偏差,用于小批量生产,如图 5-11(b)所示。

③ 标注公差带代号的同时又注上、下极限偏差,用于生产批量不明确时,如图 5-11(c)所示。

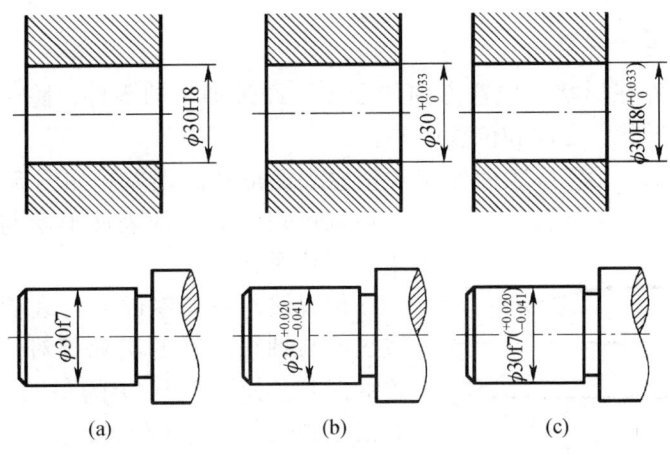

图 5-11 尺寸公差的标注

(2) 配合在装配图中的标注。配合代号在装配图上的标注有以下三种形式。
① 标注孔和轴的配合代号，应用最多，如图5-12(a)所示。
② 零件与标准件或外购件配合时，可仅标注该零件的公差代号，如图5-12(b)所示。
③ 同时标注孔和轴的偏差值。

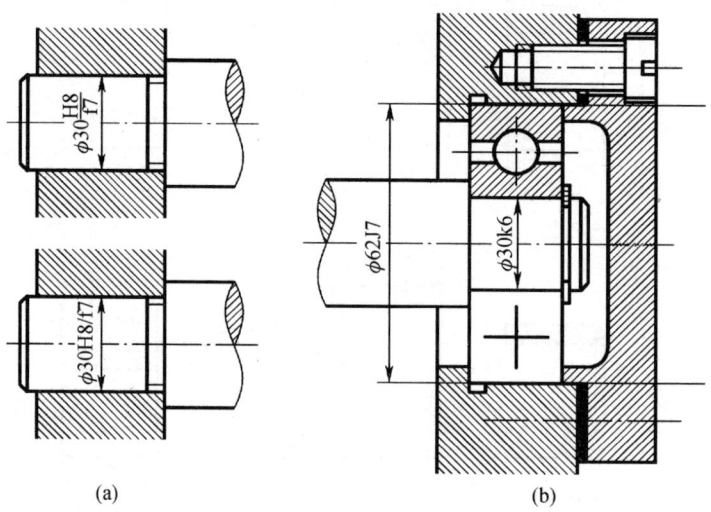

图5-12　装配图中偏差的标注

(3) 配合代号的识读。完整的配合代号包括基本尺寸、孔的公差带代号和轴的公差代号。下面举例说明具体的识读方法。

如 $\phi50H8/f7$ 表示：孔、轴公称尺寸为 $\phi50$，H8 表示孔的公差带代号，f7 表示轴的公差带代号，H8/f7 表示配合代号。凡孔的基本偏差为 H 者，表示基孔制配合。

又如 $\phi20U8/h7$ 表示：孔、轴公称尺寸为 $\phi20$，孔的公差带代号为 U8，轴的公差带代号为 h7，U8/h7 表示配合代号。凡轴的基本偏差为 h 者，表示基轴制配合。

5.2.3　几何公差（GB/T 1182—2008）

1. 几何公差的基本概念

几何公差是工件在形状、位置方向的公差。经过加工的零件，除了会产生尺寸误差外，也会产生表面形状、方向和位置误差。

形状误差是指加工后实际表面形状对理想表面形状的误差。如图5-13中的小轴，加工后双点划线表示的表面形状与理想表面形状产生了形状误差。

位置误差是指零件的各表面之间、轴线之间或表面与轴线之间的实际相对位置对理想相对位置的误差。如图5-14中的小轴，其左段的轴线与右段不同轴，产生了位置误差。

形状误差和位置误差都会影响零件的使用性能，

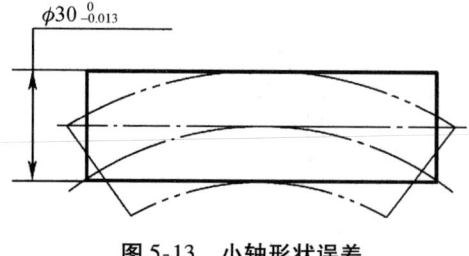

图5-13　小轴形状误差

因此，对一些零件的重要工作面和轴线，常规定其形状和位置误差的最大允许值，即几何公差。

2. 几何公差特征符号

在技术图样中，几何公差应采用代号标注。当无法采用代号标注时，允许在技术要求中用文字说明。

几何公差代号包括几何公差特征符号、几何公差框格、指引线、几何公差数值和其他有关符号及基准符号。

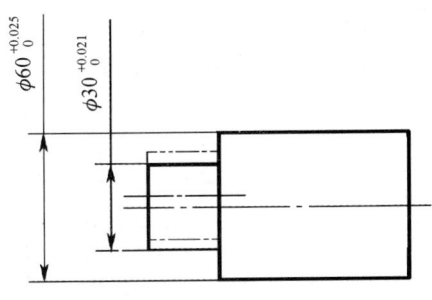

图 5-14　小轴的位置误差

（1）几何公差特征符号。几何公差特征符号参见表 5-3。

表 5-3　几何公差特征符号

公差类型	几何特征	符　号	有或无基准
形状公差	直线度	─	无
	平面度	▱	无
	圆度	○	无
	圆柱度	⌭	无
	线轮廓度	⌒	无
	面轮廓度	⌓	无
方向公差	平行度	∥	有
	垂直度	⊥	有
	倾斜度	∠	有
	线轮廓度	⌒	有
	面轮廓度	⌓	有
位置公差	位置度	⊕	有或无
	同心度（用于中心点）	◎	有
	同轴度（用于轴线）	◎	有
	对称度	═	有
	线轮廓度	⌒	有
	面轮廓度	⌓	有
跳动公差	圆跳动	↗	有
	全跳动	⌰	有

(2) 公差框格。

① 公差框格的形式，如图 5-15 所示。

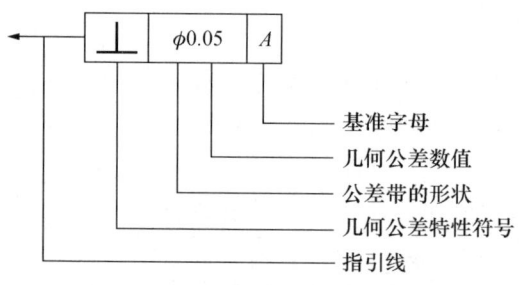

图 5-15 几何公差的框格

用公差框格标注几何公差时，公差要求注写在划分成两格或多格的矩形框格内，各格自左至右顺序标注以下内容。

a. 几何特征符号。

b. 公差值。如果公差带为圆形或圆柱形，公差前加注符号"ϕ"；如果公差带为圆球形，公差值前应加注符号"$S\phi$"，如图 5-16 所示。

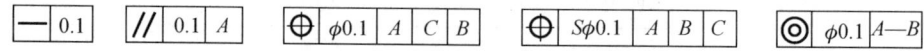

图 5-16 几何公差框格的内容

c. 基准，用一个字母表示单个基准或用几个字母表示基准体系或公共基准，如图 5-16 所示。

② 当某项公差应用于几个相同要素时，应在公差框格的上方被测要素的尺寸之前注明要素的个数，并在两者之间加上符号"×"，如图 5-17 所示。

③ 如果需要就某个要素给出几种几何特征的公差，可将一个公差框格放在另一个的下面，如图 5-18 所示。

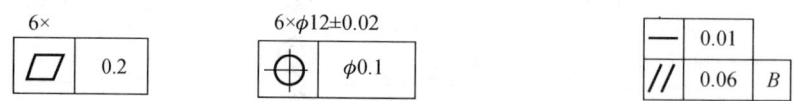

图 5-17 相同要素有同样的几何公差要求　　图 5-18 一个要素有几种几何特征

3. 被测要素

在零件设计图样上给出了形状或位置公差要求的要素称为被测要素。用来确定被测要素的方向或位置的要素称为基准要素。

标注时应使用指引线连接被测要素和公差框格。指引线引自框格的任意一侧，终端带一箭头。

（1）当公差涉及轮廓线或轮廓面时，箭头指向该要素的轮廓线或其延长线（应与尺寸线明显错开），如图 5-19（a）、（b）所示。箭头也可指向指引线的水平线，指引线引自被测面，如图 5-19（c）所示。

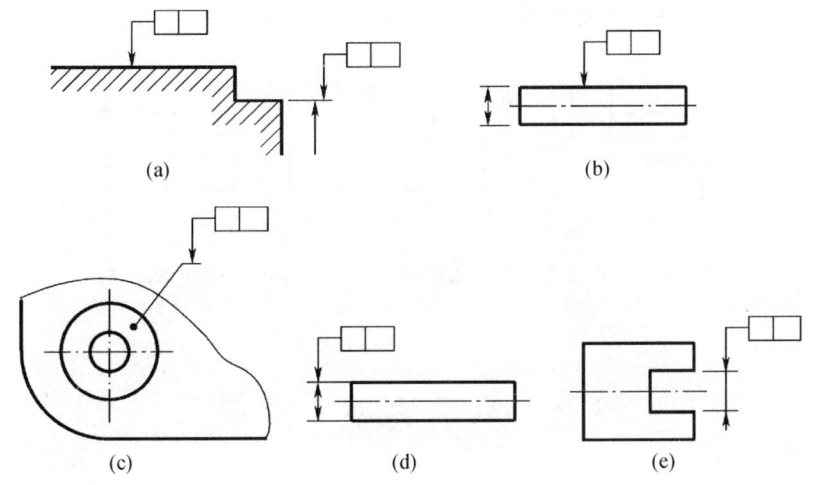

图 5-19　被测要素的几何公差的标注

（2）当公差涉及被测要素的中心线、中心面或中心点时，箭头应位于相应尺寸线的延长线上，如图 5-19（d）、（e）所示。

4. 基准符号

与被测要素相关的基准用一个大写字母表示。基准标注在基准方格内，与一个涂黑的或空白的三角形相连以表示基准，如图 5-20 所示；表示基准的字母还应标注在公差框格内。涂黑的和空白的基准三角形含义相同。

图 5-20　基准符号

当基准要素是轮廓线或轮廓面时，基准三角形放置在轮廓线或其延长线上（与尺寸线明显错开），如图 5-21（a）所示；基准三角形也可放置在该轮廓面指引线的水平线上，如图 5-21（b）所示。

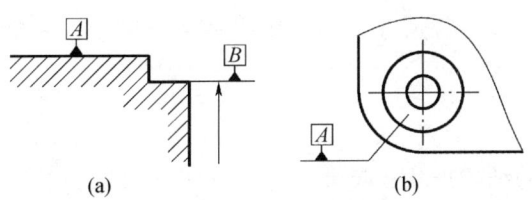

图 5-21　基准要素是轮廓线或轮廓面

当基准是尺寸要素确定的轴线、中心平面或中心点时，基准三角形应放置在该尺寸线的延长线上，如图 5-22 所示；如果没有足够的位置标注基准要素尺寸的两个尺寸箭头，则其中一个箭头可用基准三角形代替，如图 5-22(b)、(c)所示。

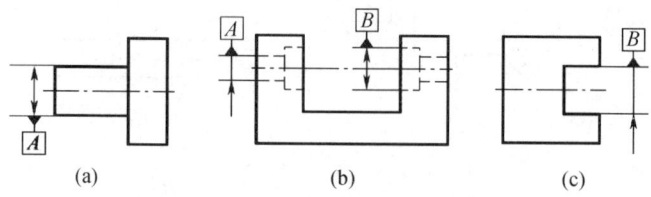

图 5-22　基准是尺寸要素确定的轴线、中心平面或中心点

5.3　识读典型零件图

5.3.1　零件图的识读方法和步骤

1. 看标题栏

首先看标题栏，了解零件的名称、材料、比例等，并浏览全图，对零件有一个概括了解，如零件属什么类型、大致轮廓和结构等。

2. 表达方法分析

根据视图布局，首先识读主视图，围绕主视图分析其他视图的配置。对于剖视图、断面图要找到剖切位置及方向，对于局部视图和局部放大图要找到投射方向和部位，弄清楚各个图形彼此间的投影关系。

3. 形体分析

首先利用形体分析法，将零件按功能分解为主体、安装、连接等几个部分，然后明确每一部分在各个视图中的投影范围与各部分之间的相对位置，最后仔细分析每一部分的形状和作用。

4. 分析尺寸和技术要求

根据零件的形体结构，分析确定长、宽、高各方向的主要基准。分析尺寸标注和技术要求，找出各部分的定形和定位尺寸，明确哪些是主要尺寸和主要加工面，进而分析制造方法等，以便保证质量要求。

5. 综合考虑

综上所述，将零件的结构形状、尺寸标注及技术要求综合起来，就能比较全面地读懂一张零件图。在实际读图过程中，上述步骤常常是穿插进行的。

根据零件的结构形状，可将其分为四类，即轴套类零件、轮盘类零件、叉架类零件和箱体类零件。每一类零件应根据其自身结构特点来确定它的识读方法。

5.3.2 轴套类零件

轴套类零件的主视图按其加工位置选择，一般按轴线水平位置放置。这样既可把各段形体的相对位置表示清楚，同时又能反映出轴上轴肩、退刀槽等结构。轴套类零件主要结构形状是回转体，一般只有一个主视图，轴上各段形体的直径尺寸在其数字前加注符号"φ"表示，没有左（或右）视图。对于零件上的键槽、孔等结构，一般采用局部视图、局部剖视图、移出断面和局部放大图来表示。下面以图 5-23 所示的输出轴零件图为例说明轴套类零件的读图方法。

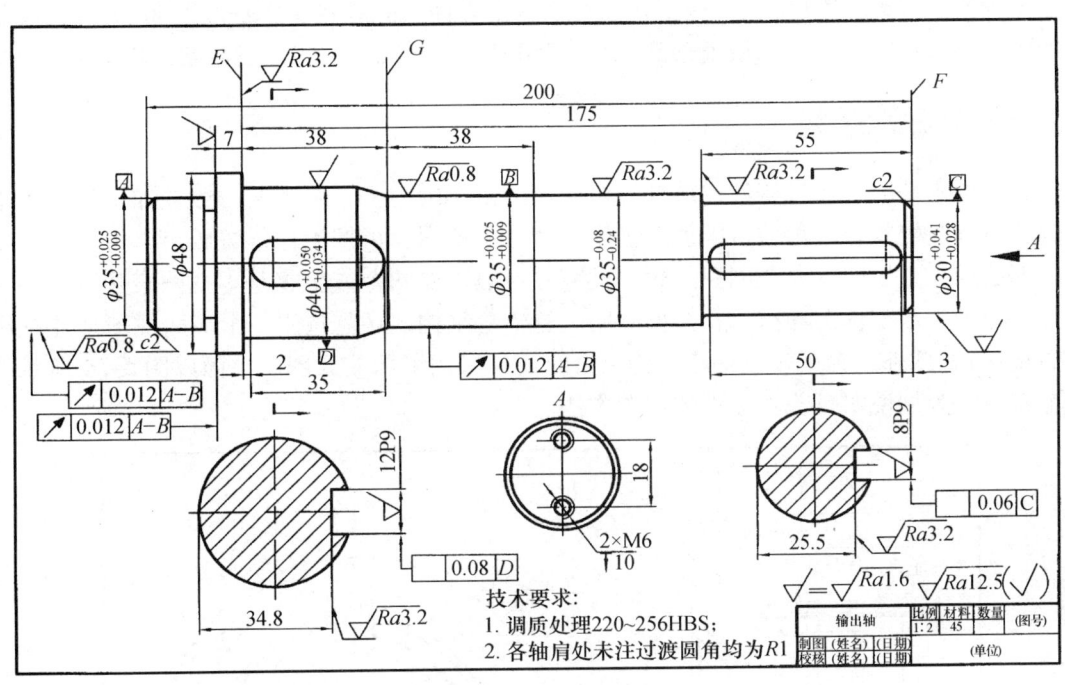

图 5-23 输出轴零件图

（1）看标题栏。从标题栏中可知该零件的名称是输出轴，它能通过传动件传递动力。材料是 45 钢，比例是 1:2。

（2）视图分析。该零件采用一个主视图，一个 A 向局部视图和两个移出断面表达。主视图按加工位置水平放置，表达该轴是由五段直径不同并在同一轴线的回转体组成的。其轴向尺寸远大于径向尺寸。用 A 向局部视图表达轴右端面两个螺孔的大小及分布情况。采用两个移出断面分别表达 φ40 和 φ30 两段轴颈上键槽的形状结构。此外轴上有倒角、圆角、退刀槽等工艺结构。

（3）尺寸分析。根据设计要求，轴线为径向尺寸的主要基准。φ48 轴肩右端面 E 面为该轴长度方向尺寸的主要基准。根据加工工艺要求确定右端面 F 为第一辅助基准；G 面为第二辅助基准。主要基准与两个辅助基准之间的定位尺寸分别为 175 mm 和 38 mm。另外,确定左键槽和右键槽的定位尺寸分别为 2 mm 和 3 mm。区别 $\phi 35$ 轴颈上不同表面结构的定位尺寸是 38 mm。两个 M6 螺孔的定位尺寸是 18 mm,其他均为定形尺寸。

(4)看技术要求。从图 5-23 中可知,注有极限偏差数值的尺寸,如 $\phi 35^{+0.025}_{+0.009}$、$\phi 40^{+0.050}_{+0.034}$,以及有公差带代号的尺寸,如 12P9 等,都是保证配合质量的尺寸,均有一定的公差要求。$\phi 35$ 轴颈的表面结构 Ra 值最小,为 Ra0.8 μm;轴颈 $\phi 40$ 和 $\phi 30$、键槽工作面以及 $\phi 48$ 圆柱左端面的表面结构为 Ra1.6 μm;其余表面结构为 Ra12.5 μm。此外有配合要求的轴颈、重要端面及键槽工作面都有几何公差要求。如两个 $\phi 35^{+0.025}_{+0.009}$ 圆柱面对这两段轴颈的公共轴线(A—B)的径向圆跳动公差为 0.012 mm;$\phi 48$ 轴左端面对两端 $\phi 35^{+0.025}_{+0.009}$ 轴颈的公共轴线(A—B)的端面圆跳动公差为 0.012 mm;12P9 键槽的两工作面对 $\phi 40^{+0.050}_{+0.034}$ 轴线的对称度公差为 0.08 mm;8P9 键槽的两工作面对 $\phi 30^{+0.041}_{+0.028}$ 轴线的对称度公差为 0.06 mm。在文字说明中,要求该零件需经调质处理到 220~256 HBS,各轴肩处未注过渡圆角均为 R1。

5.3.3 轮盘类零件

轮盘类零件的毛坯有铸件或锻件,机械加工以车削为主,主视图一般按加工位置水平放置,但有些较复杂的盘盖,因加工工序较多,主视图也可按工作位置画出。为了表达零件内部结构,主视图常取全剖视。轮盘类零件一般需要两个或更多基本视图表达,除主视图外,为了表示零件上均布的孔、槽、肋、轮辐等结构,还需选用一个端面视图(左视图或右视图)。此外,为了表达细小结构,有时还常采用局部放大图。下面以图 5-24 所示的端盖零件图为例说明盘盖类零件的读图方法。

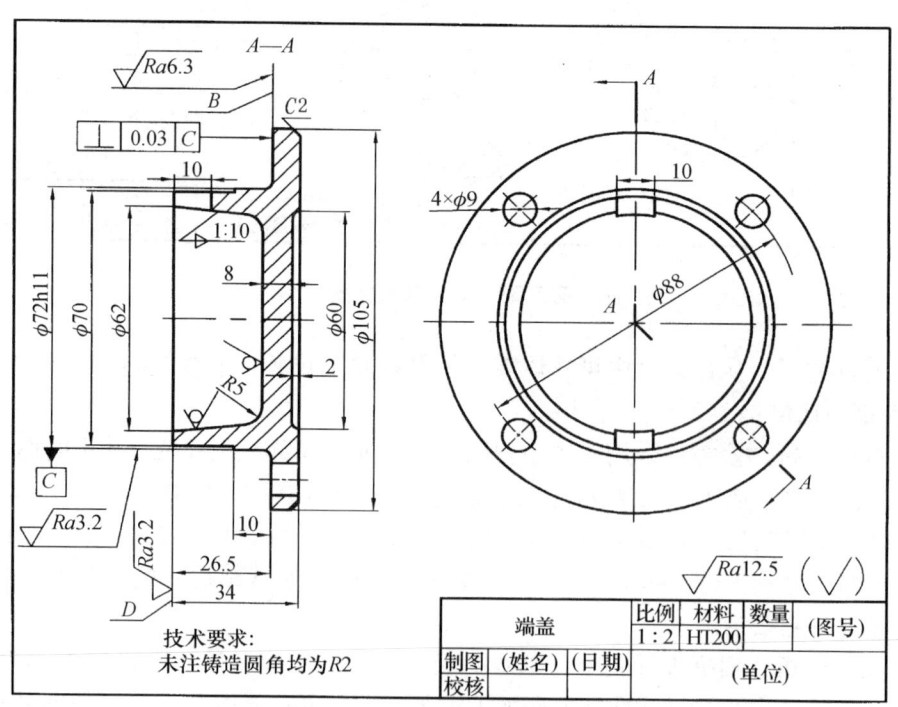

图 5-24 端盖零件图

(1) 看标题栏。由标题栏可知零件的名称是端盖，起密封作用；材料为灰铸铁 HT200，比例为 1∶2。

(2) 视图分析。端盖零件采用两个基本视图表达。主视图按加工位置选择，轴线水平放置，并采用两相交平面剖切的全剖视，以表达端盖上孔及方槽的内部结构。左视图则表达端盖的基本外形和 4 个圆孔、两个方槽的分布情况。通过视图可知该零件为有同一轴线的回转体，其整体轴向尺寸小于径向尺寸。端盖右端有与主体同轴、深为 2 mm 的沉孔 $\phi60$；左端阶梯形圆柱内铸有大端直径为 $\phi62$、锥度为 1∶10 的锥孔；盖上均布 4 个 $\phi9$ 的固定圆孔，垂直方向有对称的长宽均为 10 mm 的方槽两个。另有倒角、圆角等工艺结构。

(3) 尺寸分析。该零件的公共回转轴线为径向尺寸的主要基准，由此标出 $4\times\phi9$ 孔的定位尺寸 $\phi88$。$\phi105$ 端盖左端面 B 为重要配合面，作为长度方向尺寸的主要基准，由此标出阶梯圆柱 $\phi72$ 的定位、定形尺寸 10 mm。为满足工艺要求，把 $\phi70$ 左端面 D 定为长度方向尺寸的辅助基准，并标出整体长度 34 mm。两基准的联系尺寸为 26.5 mm。其他尺寸为定形尺寸。

(4) 看技术要求。在图中，$\phi72h11$ 是配合尺寸。为满足端盖的配合要求，$\phi70$ 左端面和 $\phi72h11$ 圆柱面的表面结构为 $Ra3.2\ \mu m$，$\phi105$ 圆柱左端面结构要求为 $Ra6.3\ \mu m$；锥坑内表面保持原铸造状态。其余表面结构为 $Ra12.5\ \mu m$。此外，对有配合要求的 $\phi105$ 左端面有几何公差要求，图中形位公差符号是指 $\phi105$ 左端面对 $\phi72h11$ 轴线的垂直度要求公差值为 0.03 mm。所有未注铸造圆角均为 $R2$。

5.3.4 叉架类零件

叉架类零件结构形状比较复杂，加工位置多变，有的零件工作位置也不固定，所以这类零件的主视图一般按工作位置原则和形状特征原则确定。此类零件常常需要两个或两个以上的基本视图，并且还要用适当的局部视图、断面图等表达方法来表达零件的局部结构。下面以图 5-25 所示的托架零件图为例说明叉架类零件的读图方法。

(1) 看标题栏。由标题栏可知零件的名称为托架，主要起连接支承作用。材料为灰铸铁 HT150，比例为 1∶2。

(2) 视图分析。该零件用两个基本视图、一个局部视图、一个移出断面共四个图形表达。主视图按照工作位置进行投影，以突出托架的形体结构特征。主视图上有两处做了局部剖视，一处表达托板上的凹槽、长腰孔的内部结构及板厚；另一处则表达 $\phi35H8$ 孔和 $2\times M8-7H$ 螺孔的内形及两者贯通的结构情况。俯视图主要表达托架的整体外形结构及长腰孔的位置分布情况。B 向局部视图主要表达凸台的端面形状及两个螺孔的分布情况。用移出断面着重表达 U 形肋板的断面结构及大小。

从视图中可看出，托架的结构分为上、中、下三部分：上方为长方形托板，板中间开有深为 2 mm 的凹槽，两边各有一个 $R9$ 的长腰形孔，为安装紧固螺栓之用；下方为 $\phi55$ 圆筒，右下侧有 $R9$ 长腰凸台，并钻有两个 $2\times M8-7H$ 的贯通螺孔，中间为 U 形肋板，把上、下部分连接成整体。

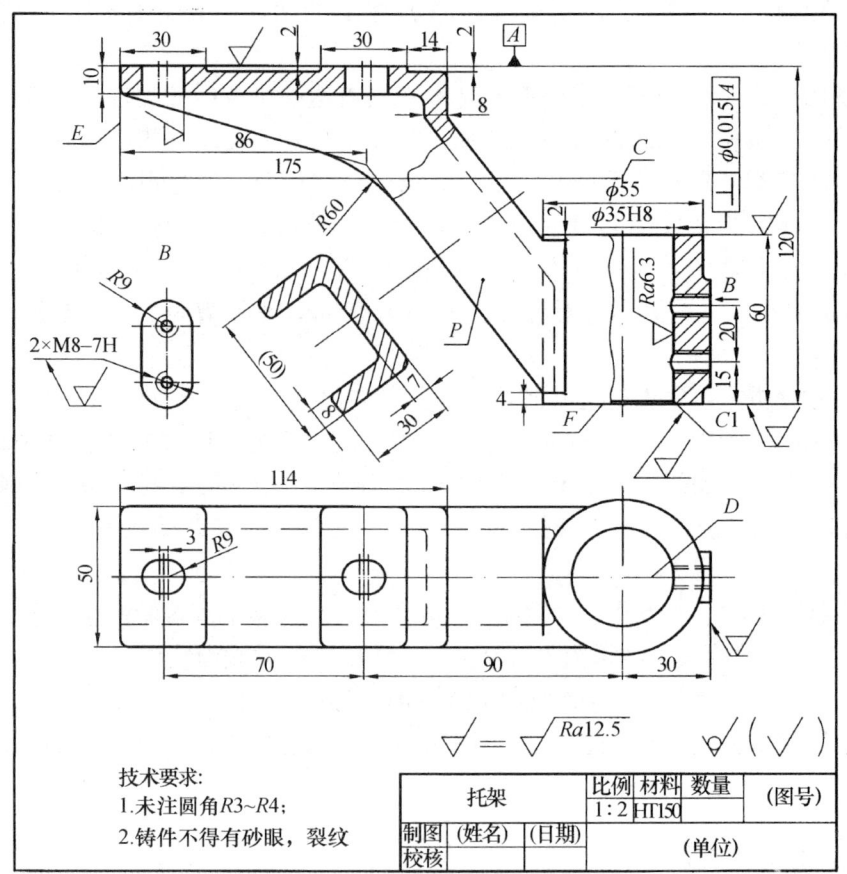

图 5-25 托架零件图

（3）尺寸分析。叉架类零件常以主要轴线、对称平面、安装基面或较大端面作为尺寸的主要基准。该零件从设计及工艺方面考虑，以圆筒的轴线 C 作为长度方向尺寸的主要基准，并分别标出凸台的尺寸 30 mm、右长腰孔尺寸 90 mm 等定位尺寸。把上托板左端面 E 定为长度方向尺寸的辅助基准，由此标出到凹槽的尺寸 30 mm、U 形板转折处尺寸 86 mm 等定位尺寸。两基准之间注有联系尺寸 175 mm。

由于托板上平面 A 为重要结合面，故将其作为高度方向尺寸的主要基准，依此标注出 2 mm、10 mm 等定位尺寸。考虑到加工的复杂性，把圆筒下端面 F 作为高度方向尺寸的辅助基准，依次标注出 U 形板连接处尺寸 4 mm、下螺孔中心距 15 mm 等定位尺寸。两基准之间的联系尺寸是 120 mm。

因为托架前后对称，所以其对称中心平面 D 即为宽度方向尺寸的主要基准。另外如两螺孔中心距离 20 mm、两长腰孔中心距 70 mm 等也属于定位尺寸。

（4）看技术要求。根据托架的功用可知，$\phi 35H8$ 孔将与轴配合，其表面结构为 $Ra6.3\ \mu m$；托架上平面为重要结合面，其表面结构为 $Ra12.5\ \mu m$；$\phi 55$ 圆筒两端面的表面结构值为 $Ra12.5\ \mu m$，长腰形孔的表面结构为 $Ra12.5\ \mu m$；图中未注明的表面结构均为原毛坯表面状态。

几何公差也有一项要求,图中注出 $\phi35H8$ 孔的轴线对托架上平面 A 的垂直度公差为 $\phi0.015$ mm。另外,要求整个铸件不得有砂眼、裂纹,所有结构的未注圆角为 $R3\sim R4$。

5.3.5 箱体类零件

箱体类零件加工工序较多,加工位置多变,所以在选择主视图时,主要根据工作位置原则和形状特征原则来考虑,并采用剖视,以重点反映其内部结构,下面以图 5-26 所示的蜗杆减速箱零件图为例说明箱体类零件的读图方法。

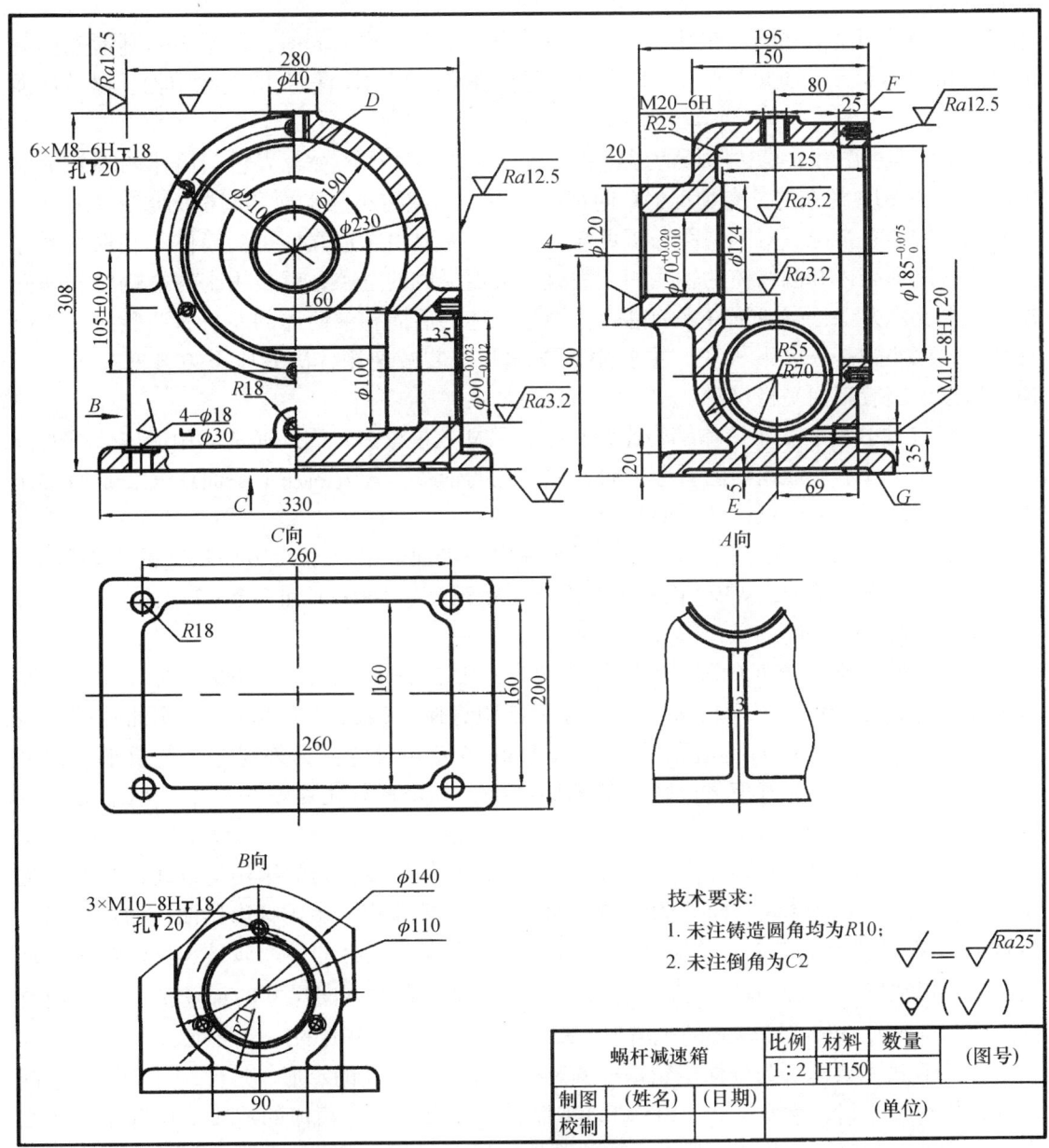

图 5-26 蜗杆减速箱零件图

为了表达箱体类零件的内外结构，一般要用三个或三个以上的基本视图，并根据结构特点在基本视图上取剖视，还可采用局部视图、斜视图及规定画法等表达外形。图 5-26 所表示的是一个蜗杆减速箱零件图。

（1）看标题栏。从标题栏中可知零件名称是蜗杆减速箱，它是用来容纳和支承一对相互啮合的蜗杆蜗轮的箱体。材料为灰铸铁 HT150，比例为 1∶2。

（2）视图分析。主视图按工作位置选择，并采用半剖视图，既表达了箱体空腔和蜗杆轴孔的内部形状结构，又表达了箱体的外形结构及圆形壳体前端面的 6 个 M8-6H 螺孔的分布情况。

左视图采用全剖视图，在进一步表达箱体空腔形状结构的同时，着重表达圆形壳体后的轴孔和箱体上方注油螺孔 M20-6H 和下方排油螺孔 M14-8H 深 20 的形状结构，以及加强肋的形状。

A 向局部视图补充表达肋板的形状和位置。B 向局部视图补充表达圆筒体两端外形及端面上三个 M10 螺孔的分布情况。C 向视图着重表达减速箱底平面和凹槽的形状大小及 4 个安装孔的分布情况。对照视图分析可知，该箱体主要由圆形壳体、圆筒体和底板三大部分构成。圆形壳体和圆筒体的轴线相互垂直交叉而形成的空腔，就是用来容纳蜗轮和蜗杆的。为了支承并保证蜗轮蜗杆平稳啮合，圆形壳体的后面和圆筒体的左、右两侧配有相应的轴孔。底座为一长方形板块，主要用于支承和安装减速箱体。底座下方开有长方形凹槽，以保证安装基面平稳接触。

（3）尺寸分析。鉴于箱体结构比较复杂，尺寸数量繁多，因此通常运用形体分析的方法逐个分析尺寸。一般箱体的对称平面、主要孔的轴线，较大的加工平面或安装基面常作为长、宽、高三个方向尺寸的主要基准。

该箱体由于左、右结构对称，故选用对称中心平面 D 作为长度方向尺寸的主要基准，由此标出凸台直径 $\phi40$、$\phi100$ 内孔轴向内端面间距尺寸 160 mm 和 4 个 $\phi18$ 固定孔的孔心距 260 mm 等定位尺寸。

由于蜗轮与蜗杆的啮合区正处在蜗杆轴线的中心平面上，所以宽度方向尺寸的主要基准应确定在该轴线中心平面 E 上，由此标出距壳体前端面尺寸 80 mm，排油孔前端面尺寸 69 mm 及 4 个 $\phi18$ 固定孔的孔心距 160 mm 等定位尺寸。另外考虑工艺要求，选择 $\phi230$ 壳体前端面 F 为宽度方向尺寸的辅助基准，并由此标出距 $\phi70^{+0.020}_{-0.010}$ 孔前端面的定位尺寸 195 mm。

由于箱体的底面是安装基面，各轴孔、螺孔及其他高度方向的结构均以底面为基准加工并测量尺寸，故箱体底平面 G 为高度方向尺寸的主要基准。由此标出排油孔的定位尺寸 35 mm、$\phi70^{+0.020}_{-0.010}$ 孔轴线的定位尺寸 190 mm。为保证蜗轮蜗杆的装配质量和其他结构的加工精度，以 $\phi185^{+0.075}_{0}$ 孔和 $\phi70^{+0.020}_{-0.010}$ 轴孔的公共轴线为高度方向尺寸的辅助基准，并由此标出到蜗杆轴孔 $\phi90^{+0.023}_{-0.012}$ 轴线的距离 105 ± 0.09，这是一个重要的定位尺寸。

（4）看技术要求。为确保蜗轮蜗杆的装配质量，各轴孔的定形、定位尺寸均注有极限偏差，如 $\phi70^{+0.020}_{-0.010}$、$\phi90^{+0.023}_{-0.012}$、105 ± 0.09 都属于配合尺寸。箱体的重要工作部位主要集中在蜗轮轴孔和蜗杆轴孔的孔系上，这些部位的尺寸公差、表面结构和几何公差将直接影响减速器的装配质量和使用性能，所以图中各轴孔内表面及蜗轮轴孔前端面表面结构均为

$Ra3.2\ \mu m$。另外几个有接触要求表面的表面结构分别为 $Ra12.5\ \mu m$、$Ra25\ \mu m$ 等,其余为 ∇。

其他未注铸造圆角为 $R10$,未注倒角为 $C2$。

思考与复习题

1. 什么是零件图?
2. 一张完整的零件图包含了哪些内容?各内容的作用是什么?
3. 如图 5-27 所示,将指定的表面结构用代号标注在图上。

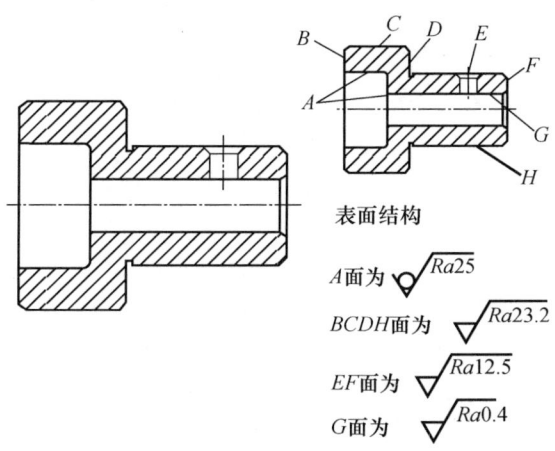

表面结构

A 面为 ∇$Ra25$

$BCDH$ 面为 ∇$Ra23.2$

EF 面为 ∇$Ra12.5$

G 面为 ∇$Ra0.4$

图 5-27 思考与复习题 3 图

4. 如图 5-28 所示,根据配合代号,在零件图上分别标出轴和孔的直径、公差带代号,并填写下列内容:

$\phi 30$ 表示_____尺寸;

H 表示_____,7 表示_____;

h 表示_____,6 表示_____;

此配合是_____制_____配合。

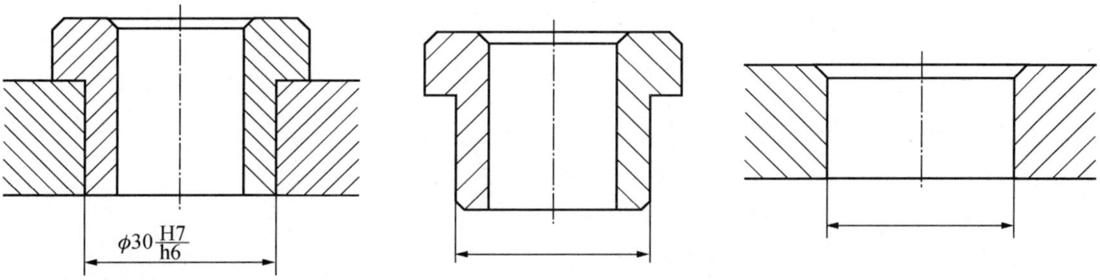

图 5-28 思考与复习题 4 图

5. 读图 5-23，想出形状，并填写下列内容。

（1）该图采用了哪些表示法？主视图采用了_____，还有_____。

（2）圆柱 $\phi 35^{+0.025}_{+0.009}$ 的长度为_____ mm。

（3）该零件上圆柱 $\phi 30^{+0.041}_{+0.028}$ 处键槽的深度为_____ mm。

（4）该零件哪个表面结构值要求最小？_____。

第 6 章
装 配 图

　　装配图是表示机器或部件（统称装配体）中零件间的相对位置、连接方式、装配关系的图样，是设计意图的反映，是指导装配、检验、安装、使用机器以及进行技术交流、更新改造原有设备的重要技术文件之一。它能表达部件或机器的工作原理、零件间的装配关系和各零件的主要结构形状。本章主要介绍装配图所涉及的有关知识。

学习目标：
1. 了解装配图的内容；
2. 了解装配图的基本画法；
3. 了解装配图的特殊画法；
4. 掌握识读装配图。

6.1 装配图的作用和内容

表示机器或部件（统称装配体）中零件间的相对位置、连接方式、装配关系的图样称为装配图。

装配图是设计意图的反映，是指导装配、检验、安装、使用机器以及进行技术交流、更新改造原有设备的重要技术文件之一。它能表达部件或机器的工作原理、零件间的装配关系和各零件的主要结构形状。其主要作用包括以下三个方面。

（1）在新设计或测绘装配体时，要画出装配图表示该机器或部件的构造和装配关系，并大致确定各零件的结构形状和协调各零件的尺寸等，是绘制零件图的依据。

（2）在生产中装配机器时，要根据装配图制定装配工艺规程，装配图是机器装配、检验、调试和安装工作的依据。

（3）在使用和维修中，装配图是了解机器或部件的工作原理、结构性能，从而决定操作、保养、拆装和维修方法的依据。

6.1.1 装配图的内容

图 6-1 是球阀轴测装配图。对照图 6-2 球阀装配图可以看出阀杆的上部为四棱柱体，与扳手的方孔配合；阀杆下部的凸榫与阀芯的凹槽配合。阀杆的作用是通过扳手转动带动阀芯旋转，以控制球阀的开启和关闭。

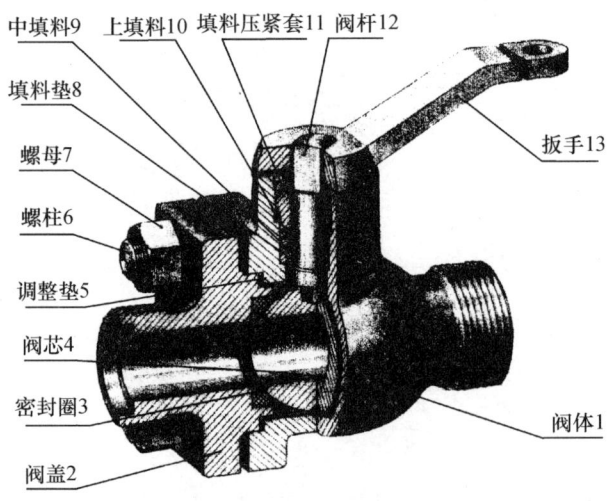

图 6-1　球阀轴测装配图

由图 6-2 球阀装配图可知，球阀是由 13 种零件组成的用于启闭和调节流体流量的部件，由此可以看出，一张完整的装配图应包含以下四项内容。

（1）一组图形。用一般表达方法和特殊表达方法，正确、完整、清晰和简便地表达机器或部件的工作原理、各零件间的装配关系、零件的主要结构形状。如图 6-2 所示，其一组图形有主视图（全剖视图）、俯视图（局部剖视图）、左视图（半剖视图）。

（2）必要的尺寸。标注出机器或部件的性能规格以及装配、检验、安装时所必要的尺寸。如图 6-2 所示，只标注了 12 个必要的尺寸。

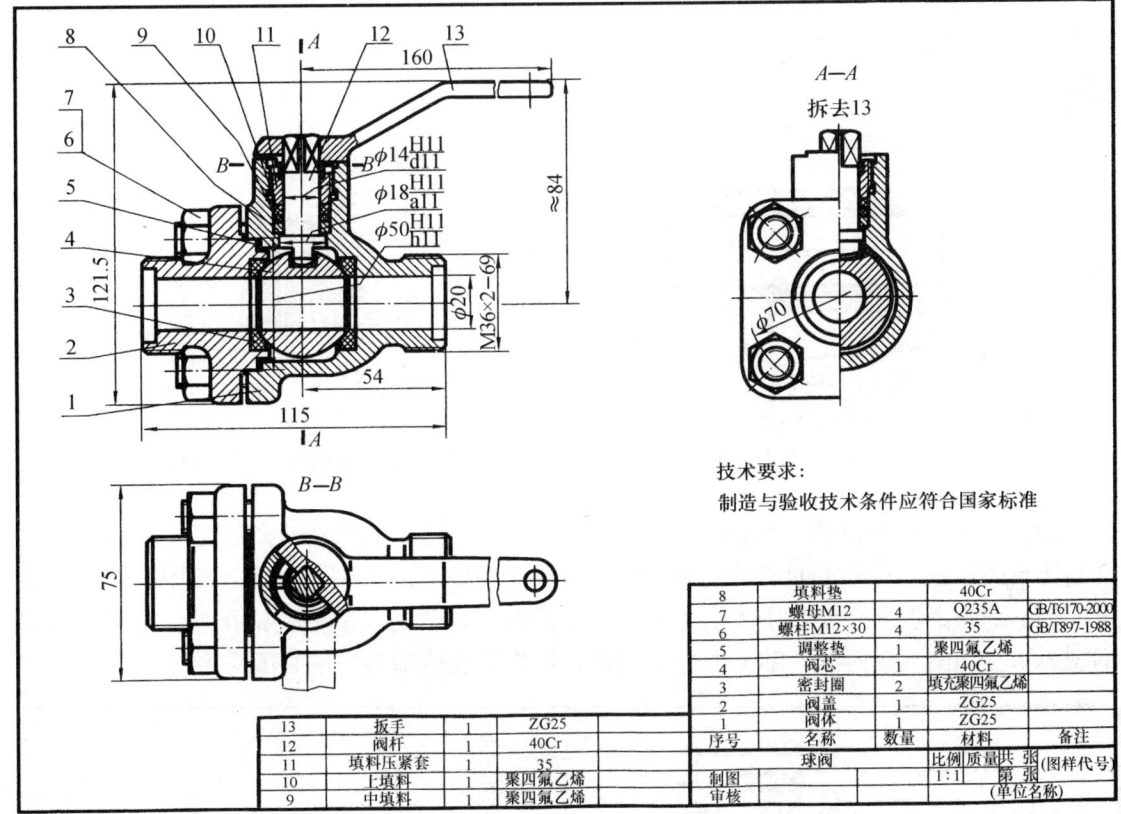

图 6-2 球阀装配图

（3）技术要求。用文字或符号注明对机器或部件的装配、检验、安装和使用等方面提出的要求，以及性能指标、维护规则等。如图 6-2 所示，除图中三处注明配合要求外，还用文字说明了球阀制造与验收条件。

（4）零件的序号、明细栏和标题栏。为了便于看图、装配、图样管理以及做好生产前的准备工作，装配图中除标有标题栏外，还必须对每种零件或组件进行编号，并编制明细栏，依次注写出各零件的序号、名称、规格、数量、材料等。

6.1.2 装配图的表达方法

零件图中的各种表达方法（视图、剖视图、断面图等）同样适用于装配图。装配图侧重表达装配体的结构特点、工作原理及各零件间的装配关系，《机械制图》国家标准对装配图规定了一些基本画法和特殊表达方法。

1. 装配图的规定画法

（1）相邻零件间轮廓线的绘制。互相接触的两相邻零件表面只画一条线；构成配合的两相邻表面，无论间隙多大，均画成一条线；非配合相邻表面（基本尺寸不同）的包容与被包容表面，无论间隙多小，均画两条线，如图 6-3 所示。例如，螺栓与轴承座、轴承盖上的孔不接触时，其相邻处应各画两条线（参见图 6-5）。

（2）相邻零件剖面线的绘制。相邻零件的剖面线，其倾斜方向应相反，或方向一致而间隔不等，如图 6-4 所示。同一零件在同一张图样的各剖视图和断面图中的剖面线方向和间隔大小要一致。

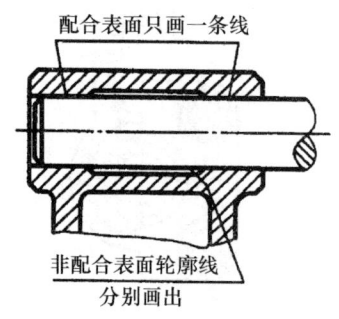

图 6-3 配合面与非配合面的画法

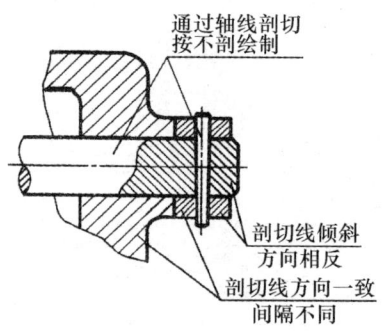

图 6-4 装配图中剖面线的画法

（3）实心零件的画法。紧固件以及轴、连杆、球、键、销等实心零件，若纵向剖切，且剖切平面通过其对称平面或轴线时，则这些零件均按不剖绘制。如图 6-5 中的螺栓、螺母即按不剖画出。如需要特别表明上述零件的构造，如凹槽、键槽、销孔等，则可用局部剖视表示，如图 6-5 所示，轴上的局部剖视就是为了表达轴与销的装配关系。

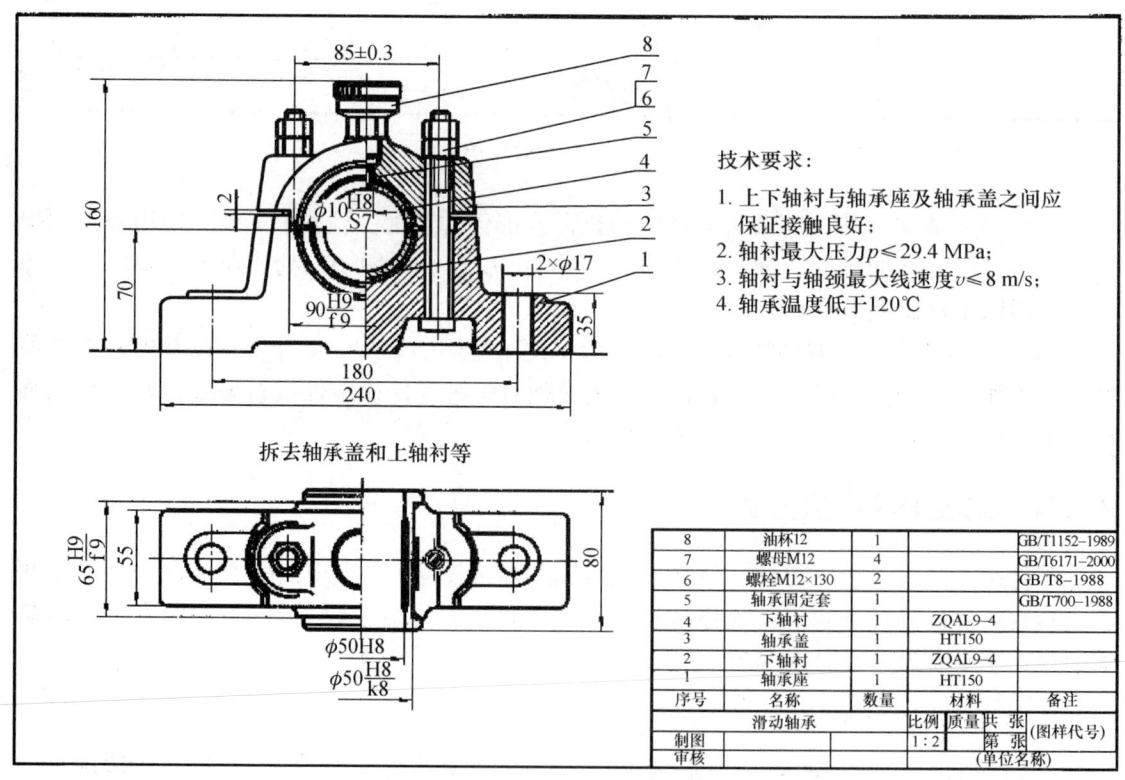

图 6-5 滑动轴承装配图

2. 装配图的特殊表达方法

（1）沿零件的结合面剖切和拆卸画法。在装配图中，当某些零件遮住了所需表达的某些结构和装配关系时，可假想沿某些零件的结合面剖切，被横向剖切的实心杆件，如螺栓、轴、销等须画上剖面线，而结合处不画剖面线，但须注明"拆去××"，如图6-5中的俯视图；或者假想将某些零件拆卸后绘制，如图6-6所示的铣刀头装配图中的左视图。

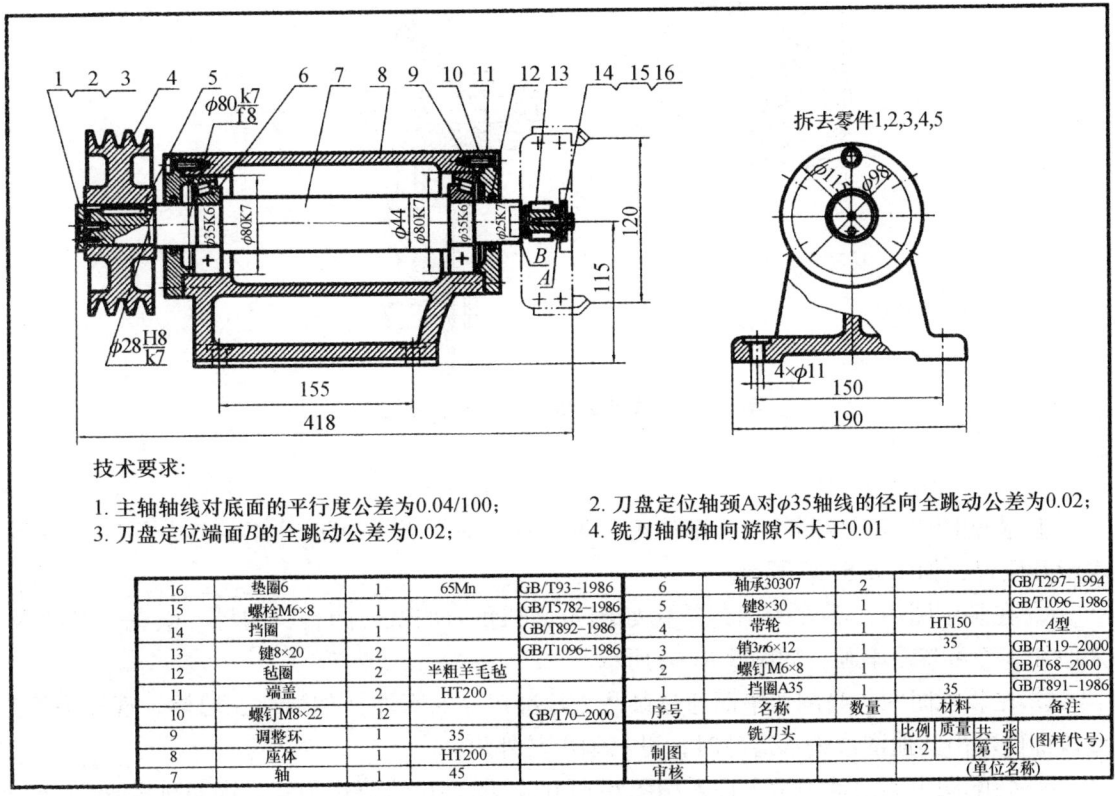

图 6-6　铣刀头装配图

（2）假想画法。

① 当需要表示某些零件的运动范围和极限位置时，可用双点划线画出在极限位置上的该零件。如图6-7所示，当三星轮板在位置Ⅰ时，齿轮2、3均不与齿轮4啮合；处于位置Ⅱ时，齿轮2与4啮合，传动路线为齿轮1—2—4；处于位置Ⅲ时，传动路线为齿轮1—2—3—4。由此可见，齿轮板的位置不同，齿轮4的转向和转速也不同。图中工作（极限）位置Ⅱ、Ⅲ均采用双点划线画出。

② 在装配图中，当需要表达本部件与相邻零部件的装配关系或安装关系时，可用双点划线画出相邻零部件的轮廓线，如图6-6中的铣刀头和图6-7中的主轴箱画法。

（3）展开画法。为了展示传动机构的传动路线和零件间的装配关系，可假想按传动顺序沿轴线剖切，然后依次展开，将剖切平面依次旋转到与选定的投影面平行的位置，再画出其剖视图，这种画法称为展开画法，如图6-7所示的三星齿轮传动机构A—A展开图。

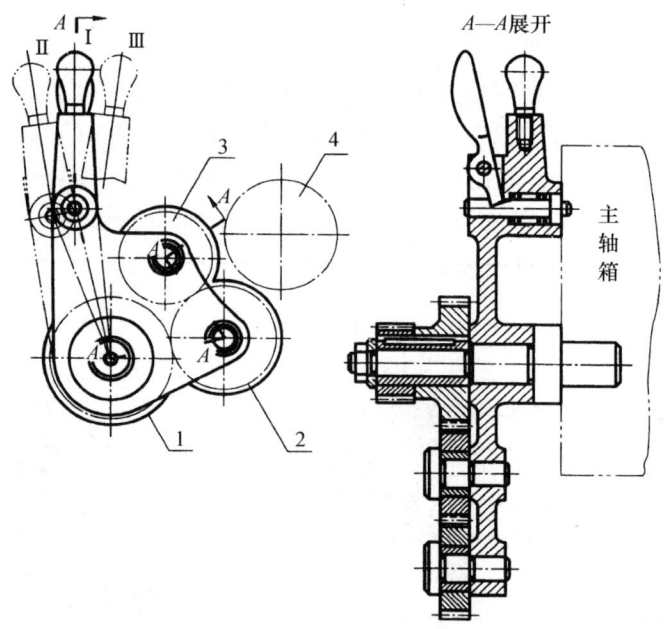

图 6-7 三星齿轮传动机构的展开画法

(4) 简化画法。

① 装配图中若干相同的零、部件组,可仅详细地画出一组或几组,其余用细点划线表示其位置,如图 6-8(a)所示。

② 在装配图中,零件的工艺结构如倒角、圆角、凹坑、凸台、沟槽、滚花、刻线及其他细节等可省略不画,如图 6-8(b)所示。

③ 在装配图中,当剖切平面通过某些为标准产品的部件(如油杯、油标、管接头等)或该部件已由其他图形表示清楚时,可只画出其外形。

④ 装配图中的滚动轴承允许采用图 6-8(b)及图 6-6 的简化画法,即对称的两部分一侧采用规定画法,另一侧按简化画法绘制。

⑤ 夸大画法。在装配图中,如绘制孔的直径或薄片的厚度较小(≤2 mm),以及间隙、斜度和锥度较小时,允许将该部分不按原来比例而夸大画出,以增加图形表达的明显性。如图 6-8(b)中的垫片,采用完全涂黑的夸大画法。

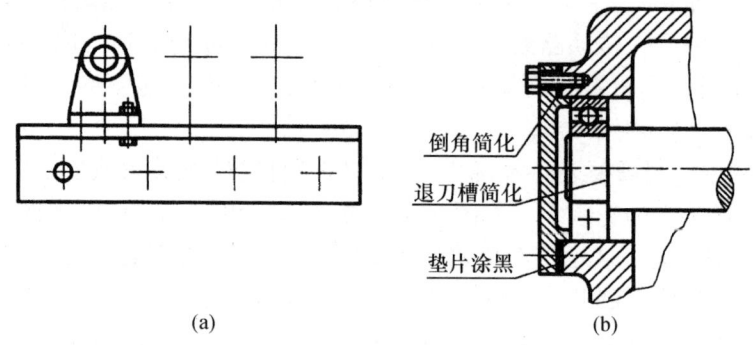

图 6-8 简化画法

6.2 装配图的识读

在机械行业中,组装、检验、使用和维修机器,或技术交流、技术革新,都会用到装配图。因此,技术工人必须具备识读装配图的能力。

6.2.1 识读装配图的方法、步骤

下面以图 6-2 所示的球阀装配图为例来说明识读装配图的方法与步骤,参考图 6-1 所示的球阀轴测装配图对照识读。

1. 概括了解

通过标题栏了解装配体的名称,结合有关知识和资料,了解机器(或部件)的大致性能、用途。通过明细栏和序号可知零件的数量和种类,从而略知其大致的组成情况及复杂程度。从视图的配置、标注的尺寸和技术要求,可了解该部件的结构特点和大小。

如图 6-2 所示装配图的名称是球阀。由一般常识可知,阀是管道系统中用来启闭或调节流体流量的部件。从明细栏可知球阀由 13 种零件组成,其中标准件 2 种。按序号依次查明各零件的名称和所在位置。球阀装配图由三个基本视图表达:主视图采用全剖视,表达各零件之间的装配关系;左视图采用拆去扳手的半剖视,表达对球阀的内部结构及阀盖方形凸缘的外形;俯视图采用局部剖视,主要表达球阀的外形。

2. 了解装配关系和工作原理

分析部件中各零件之间的装配关系,并读懂部件的工作原理,是读装配图的重要环节。球阀的工作原理比较简单,装配图所示阀芯的位置为阀门全部开启,管道畅通。当扳手按顺时针方向旋转 90°时(俯视图中双点划线为扳手转动的极限位置),阀门全部关闭,管道断流。所以阀芯是球阀的关键零件。下面针对阀芯与有关零件之间的包容关系和密封关系作进一步分析。

包容关系:阀体 1 和阀盖 2 都带有方形凸缘,它们之间用四个双头螺柱 6 和螺母 7 连接,阀芯 4 通过两个密封圈定位于阀体空腔内,并用合适的调整垫 5 调节阀芯与密封圈之间的松紧程度。通过填料压紧套 11 与阀体内的螺纹旋合将填料 8、9、10 固定于阀体中。

密封关系:两个密封圈 3 和调整垫 5 形成第一道密封。阀体与阀杆之间的填料垫 8 与填料 9、10 用填料压紧套压紧,形成第二道密封。

3. 分析零件,读懂零件结构形状

(1)从装配图中分离出零件的轮廓。在装配图中分析零件的结构形状,必须学会正确地区分不同零件的轮廓,这除了运用自己掌握的结构知识外,还应利用制图的一些基本规定,主要有以下几点。

① 利用零件的序号来区分。

② 利用剖面线的方向和间隔来区分。例如,同一零件的剖面线方向和间隔在装配图

上要一致；相邻两个不同零件的剖面线方向应相反，或间隔不等。

③ 利用装配图的规定画法和特殊表达方法来区分。例如，可以利用实心件不剖的规定区分阀杆；利用标准件不剖的规定区分出螺母、螺钉、螺柱等。

（2）想象出零件的完整形状。获得分离的零件轮廓，往往不完整，必须进一步想象出完整的形状，从而读懂零件的基本结构形状和作用。

例如球阀的阀芯，从装配图的主、左视图中根据相同的剖面线方向和间隔，将阀芯的投影轮廓分离出来，结合球阀的工作原理以及阀芯与阀杆的装配关系，从而完整想象出阀芯是一个左、右两边截成平面的球体，中间是通孔，上部是圆弧形凹槽，如图6-9所示。

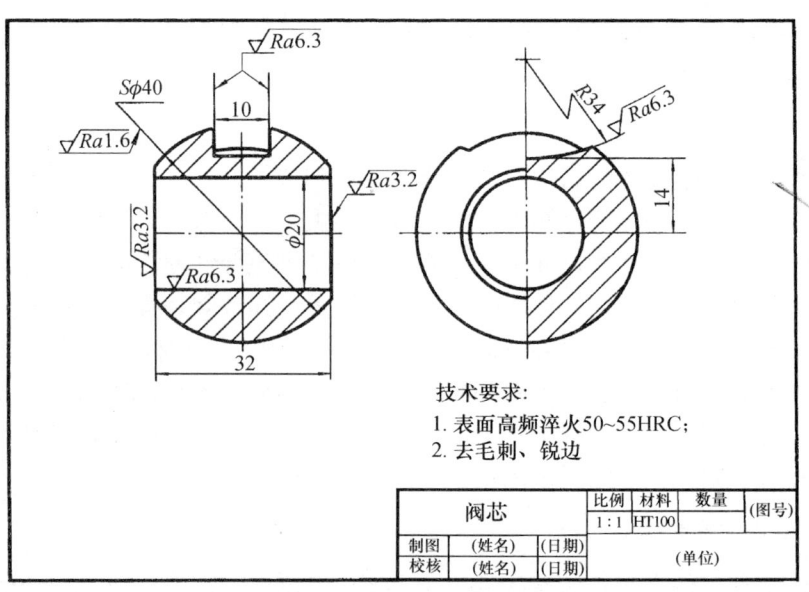

图6-9 球阀阀芯零件图

4. 分析尺寸，了解技术要求

装配图中标注必要的尺寸，包括规格（性能）尺寸、装配尺寸、安装尺寸和外形尺寸。其中装配尺寸与技术要求有密切关系，应仔细分析。

例如球阀装配图中标注的装配尺寸有三处：$\phi 50H11/h11$ 是阀体与阀盖的配合尺寸；$\phi 14H11/d11$ 是阀杆与填料压紧套的配合尺寸；$\phi 18H11/a11$ 是阀杆下部凸缘与阀体的配合尺寸。为了便于装拆，三处均采用基孔制间隙配合。此外，技术要求还包括部件在装配过程中或装配后必须达到的技术指标（如装配的工艺和精度要求），以及对部件的工作性能、调试与检验方法、外观等的要求。

6.2.2 由装配图拆画零件图

任何机器在设计过程中都是先画出装配图，再由装配图拆画零件图。机器维修时，如果其中某个零件损坏时，也要根据装配图将该零件拆画出来。

拆画零件图时，应注意以下几方面的问题。

1. 零件表达方案的选择

（1）装配图的表达方案主要从表达装配体的装配关系和整体情况来考虑的，因此，拆画零件图时，还要根据零件的结构特点重新选择主视图的投射方向和表达方案。

（2）对于从装配图上分离出来的零件轮廓，应补全缺线和必要的视图。画装配图时被简化的零件上的某些结构，如倒角、倒圆、退刀槽等，在零件图中应表示出来。

2. 尺寸标注

装配图上对零件的尺寸是不完全标注的，但是在拆画零件图时，各部分的尺寸必须确定并完整、清晰地标注出来。

（1）装配图上已经注出的尺寸，可直接抄注到零件图上，其中的配合尺寸，应标注公差带代号，或查表注出上、下偏差数值。

（2）装配图上未注的尺寸，可按比例从装配图中直接量取，经过计算后标注在零件图上。

（3）某些标准结构，如键槽的宽度和深度、沉孔、倒角、退刀槽等，应查阅有关标准标注。

3. 技术要求

零件各表面的表面粗糙度，可根据该表面的作用和要求来确定，有配合关系的表面，可通过查表或参考同类产品的图样，选择适当的精度和配合类别。此外，还要根据零件的作用，注写其他必要的技术要求。

下面以拆画图 6-10 所示的齿轮油泵的泵体为例，说明拆画零件图的方法与步骤。

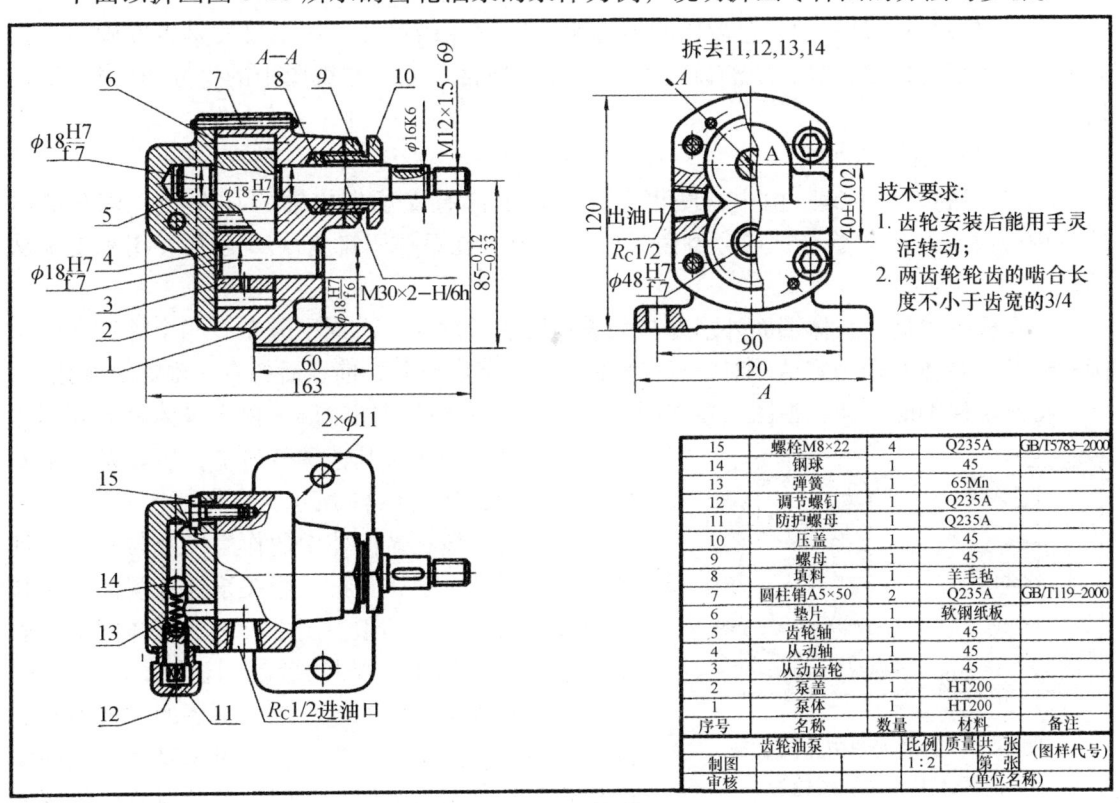

图 6-10　齿轮油泵装配图

（1）按照识读装配图的要求，先将装配图读懂。

① 概括了解。齿轮油泵是机器中用来输送润滑油的一个部件。它由泵体、泵盖、齿轮、密封零件及标准件等组成。对照零件序号和明细栏可知，齿轮油泵共由 15 种零件装配而成，其中标准件 2 种。装配图由三个基本视图表达。主视图表达齿轮油泵各零件之间的装配关系；左视图表达了油泵的外部形状和齿轮的啮合情况，以及吸、压油的工作原理；俯视图表达泵盖上的安全装置。

② 了解装配关系和工作原理。泵体的内腔容纳一对齿轮。将齿轮轴 5、从动轴 4 及从动齿轮 3 装入泵体后，由泵盖 2 与泵体支承这一对齿轮轴的旋转运动。圆柱销 7 将泵盖与泵体定位后，再用 4 个螺栓 15 连接。为防止泵体与泵盖结合面及齿轮轴伸出端漏油，分别用垫片 6、填料 8、螺母 9 及压盖 10 密封。

泵体前后各有一个带锥螺纹的通孔，与吸油管、出油管连接。当齿轮轴（主动齿轮）通过动力按逆时针方向转动时（从左视图观察），从动齿轮做顺时针方向转动。这时齿轮脱离啮合的空腔（左视图上右腔）压力降低而吸油，齿轮进入啮合的空腔（左视图上左腔）压力升高而压油。从俯视图可分析安全装置的原理：当输出油孔处的油压超过额定压力时，弹簧 13 压住的钢球 14 被顶开，使高、低压腔间的通道相通，这时进、出油口压力相等，润滑油只能在泵体内部循环，从而起到了保护作用。旋转调节螺钉 12，可改变弹簧的压缩量，以控制油压。

③ 尺寸分析。齿轮轴与泵盖、泵体支承处的配合尺寸是 $\phi 18 H7/f7$，两齿轮的齿顶圆与泵体内腔表面的配合 $\phi 48 H7/f7$，均为基孔制间隙配合。

尺寸 40 ± 0.02 是一对啮合齿轮的中心距，属于性能尺寸，这个尺寸是否准确将直接影响齿轮的啮合传动；吸、压油口的 $R_c 1/2$ 属于规格尺寸；左视图中的尺寸 90 属于安装尺寸。

（2）拆画泵体零件图。

① 零件的表达方案。由主视图可见，泵体上部有支承齿轮轴的 $\phi 18$ 孔，该孔的右端有内螺纹，与压盖旋合，120°倒角处安放填料。在泵体下部有 $\phi 18$ 通孔，用来支承从动轴。

由左视图可见，泵体端面外形是与泵盖一致的长圆形，沿周围分布有四个螺钉和两个圆柱销孔。泵体左端为容纳一对啮合齿轮的"8"字形空腔，前、后各有一锥螺纹通孔。

拆画零件图时，从主视图、左视图上分离出的泵体的视图轮廓，由于泵体在装配图中一部分可见的投影被其他零件遮盖，所以是一幅不完整的图形，如图 6-11 所示。

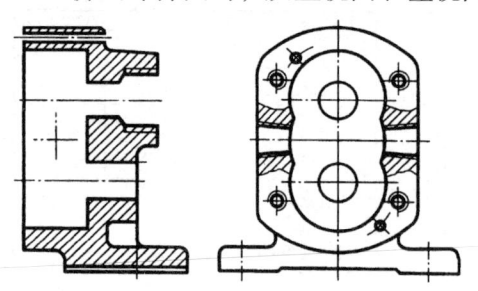

图 6-11 从装配图中分离出来的泵体主、左视图轮廓

根据对泵体在装配体中的作用以及与其他零件的装配关系的了解，可按投影关系补齐视图中所缺的图线。从装配图的主视图中拆画的泵体图形，表示了泵体内外的主要结构形状，且符合工作位置，所以仍可作为零件图的主视图。泵体的左视图与装配图中的左视图基本一致。为了表示泵体右端凸缘的形状，补画出右视图。再画出前后对称的俯视图

的一半，表达底板的形状和螺孔的深度。

② 尺寸标注。装配图上已标注的尺寸是设计时确定的主要尺寸，应直接注到零件图上，如 40 ± 0.02、$85_{-0.33}^{-0.12}$ 等。对于配合尺寸可注出极限偏差数值，如 $\phi18_{\ 0}^{+0.018}$、$\phi48_{\ 0}^{+0.025}$ 等。对于标准结构，如螺钉沉孔、螺孔深度、倒角等，应查阅有关手册，按标准尺寸标注。零件上不重要的或非配合尺寸，一般可从装配图上按比例量取并做适当调整后注出。

相邻两零件接触面的有关尺寸及连接件的有关尺寸必须保证一致。如泵体左端面大圆弧尺寸 $\phi110$、螺孔定位尺寸 60×60 等，应与泵盖零件图上对应部分一致。当有些结构两个零件装配在一起同时加工时，应在两零件图上加以注明，如泵体零件图上标注的 $2\times\phi5$ 圆柱销孔与泵盖配作。

③ 注写技术要求，填写标题栏。零件图上注写的表面结构、公差与配合、几何公差，以及热处理和表面处理等技术要求，是根据泵体在油泵中的作用和要求确定的。如泵体空腔内表面 $\phi48_{\ 0}^{+0.025}$ 与传动齿轮配合，精度要求高，所以表面粗糙度选用 $0.8\,\mu m$。而螺孔要求较低，选用 $6.3\,\mu m$。为保证一对齿轮能在全齿上均匀啮合，故两齿轮轴的轴线有平行度公差要求。一般情况下，技术要求可参照同类产品加以确定。

最后，对所拆画零件图进行仔细校核，检查零件图所表达的内容是否齐全，零件的名称、材料、数量是否与明细栏一致等。

完成后的泵体零件图如图 6-12 所示。

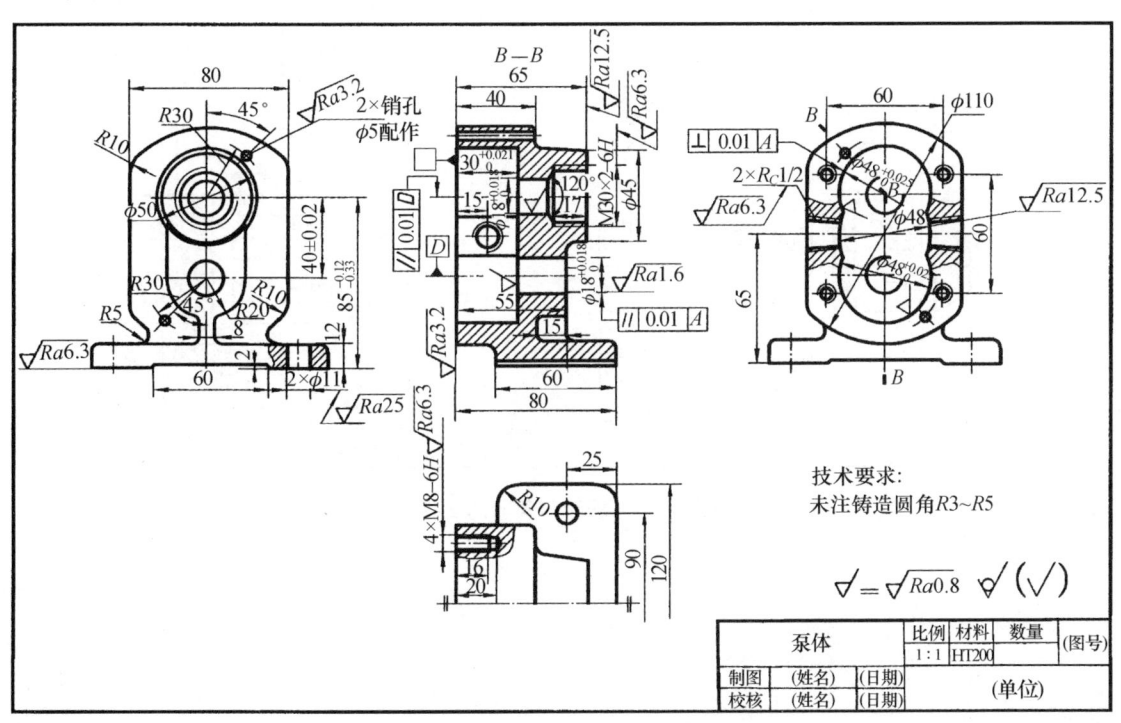

图 6-12　泵体零件图

思考与复习题

1. 什么是装配图？
2. 一张完整的装配图包含了哪些内容？各内容的作用是什么？
3. 读图 6-13 换向阀装配图。

（1）手柄 4 在如图 6-13 所示位置时，流体怎样流动？当转动手柄，使阀门 2 旋转 180°时，流体怎样流动？

（2）拆画零件图阀门 2 和零件图锁紧螺母 3。

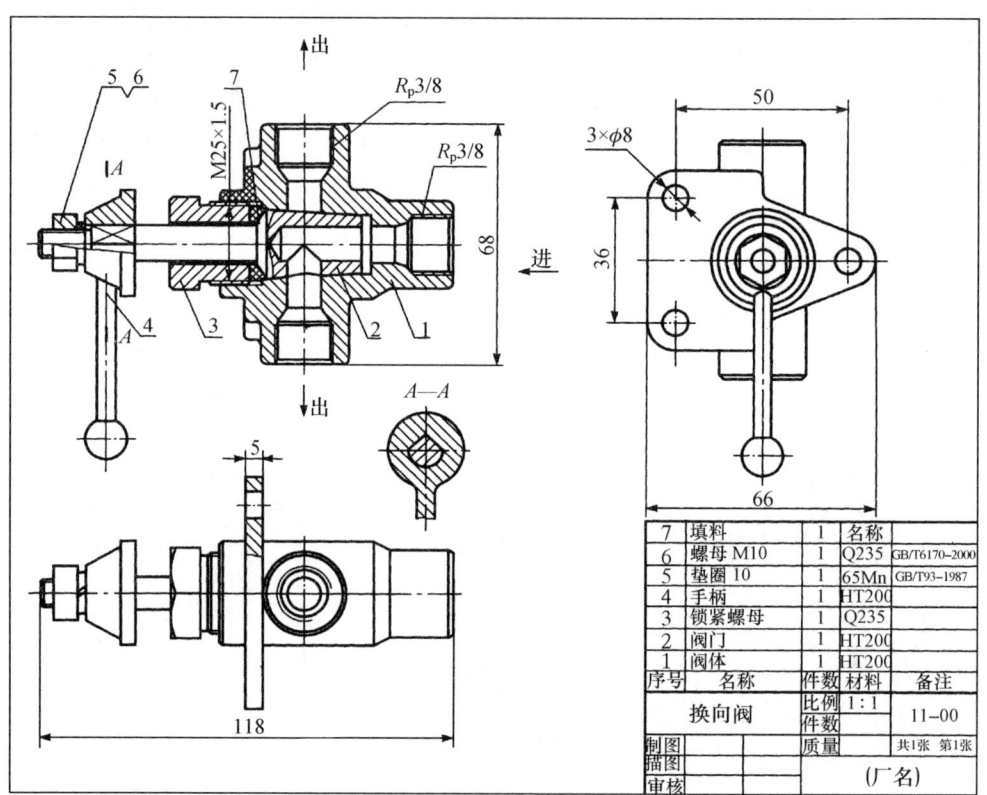

图 6-13 思考与复习题 3 图

第二篇　工程力学

第 7 章
静力学基础

　　静力学研究的是物体在静止状态下的平衡规律，其主要任务是确定物体平衡系统中各个构件的外部和内部机械作用。为了进行定量分析，把物体之间的这种相互机械作用抽象为力。静力学的分析方法是：在研究力的外效应时，把物体抽象为其内部各点间距离保持不变的刚体，使问题得到简化，也使研究得到深入；在需要研究力对物体的内部效应时，这种理想化的刚体模型不再适用，而应采用各点间距离可发生改变的变形体模型。

　　静力学是一个公理化体系，它的全部理论是从静力学公理出发，运用矢量数学进行力系的等效变换与简化而形成的。将工程中的受载构件分离出来，抽象为受力刚体，这是静力学的基本模型之一。建立这种模型的关键在于分析研究对象的周围诸多物体对它的作用力性质，经过适当简化，确定其合力作用点的位置及作用线的方位，即对物体进行受力分析。

学习目标：
  1. 理解静力分析中的基本概念；
  2. 掌握约束及约束反力的基本概念及基本计算；
  3. 掌握简单物体系统的受力分析方法；
  4. 熟练掌握平衡条件和平衡方程解决实际问题。

7.1 静力学的基本概念

7.1.1 力的概念

1. 力的定义

力是物体间的相互作用,这种作用可以改变物体的运动状态或形状。力使物体的机械运动状态发生改变的效应称为力的运动效应或外效应;力使物体发生变形的效应称为力的变形效应或内效应。

2. 力的三要素

力的大小、方向和作用点称为力的三个要素。力的三要素中的任何一个发生改变,力对物体的作用效应也就会随之改变。

(1)力的大小。力的大小指物体间相互机械作用的强弱程度,它的单位是牛(N)或千牛(kN)。

(2)力的方向。力的方向表示物体间的机械作用具有方向性,通常包括方位和指向两个含义。如图 7-1 所示,重力 G 的方向竖直向下。

(3)力的作用点。力的作用点指力在物体上作用的地方,如图 7-1 中的 O 点。

由力的三要素可知,力是矢量。通常用一条带有箭头的有向线段来表示,称为力的图示。线段的长短表示力的大小,线段的方位和箭头的指向表示力的方向,线段的起点或终点表示力的作用点,如图 7-2 所示。

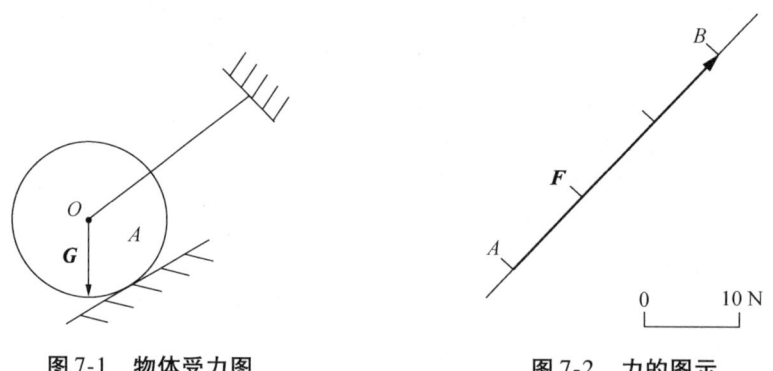

图 7-1 物体受力图　　　　图 7-2 力的图示

7.1.2 刚体的概念

刚体是指在力的作用下,大小和形状都不变的物体。刚体是抽象化的力学模型,实际上并不存在真正的刚体。但在工程中很多物体变形很微小,且变形对所研究问题的影响可以忽略不计,可将物体抽象为刚体。

7.1.3 力矩的概念

力对物体产生转动效应的物理量称为力矩。力矩是力对物体绕某一点转动效应大小的度量。如图 7-3 所示,以扳手拧螺母为例来说明力矩的概念。由经验可知,力 F 使扳手绕 O 点的转动效应,取决于力 F 的大小和 O 点到力作用线的垂直距离 d。力矩用 $M_O(F)$ 表示,O 点称为力矩中心,简称矩心;d 称为力臂,则力矩的计算公式为

$$M_O(F) = \pm F \cdot d \tag{7-1}$$

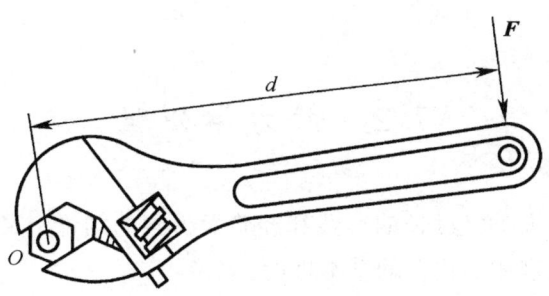

图 7-3 力矩示例

在平面上,力矩是一个代数量,它的绝对值等于力的大小与力臂的乘积。力矩的正负号规定为:力使物体绕矩心逆时针方向转动时,力矩取正号;顺时针方向转动时,力矩取负号。力矩的单位为 N·m。

7.1.4 力偶的概念

作用在同一物体上大小相等、方向相反、作用线相互平行的两力称为力偶。如图 7-4 所示,用手拧水龙头、用双手转动方向盘等,都是施加力偶的例子。力偶用符号 (F, F') 表示,力偶中两个力作用线所决定的平面称为力偶作用面,两个力作用线之间的垂直距离称为力偶臂,用 d 表示。

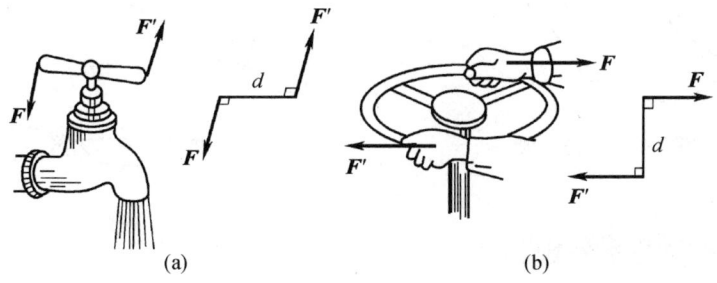

图 7-4 力偶示例

力偶只能使物体转动,转动效果取决于力偶矩,记作 $M(F, F')$。即

$$M(F, F') = \pm F \cdot d \tag{7-2}$$

式中　d——力偶臂(m);

F——力的大小（N）。

符号"±"表示力偶的转向，规定力偶使物体逆时针方向转动时力偶矩取正号；顺时针方向转动时力偶矩取负号。力偶矩单位和力矩单位相同，都是 N·m。

力偶具有如下性质：

（1）力偶无合力，因此不能用一个力来平衡，它只能与力偶平衡；

（2）力偶对其所在平面内任一点的力矩恒等于力偶矩，而与矩心的位置无关；

（3）作用在同一平面内的两个力偶，只要它的力偶矩的大小相等、转向相同，则两个力偶彼此等效。

7.2 静力学公理

静力学基本公理是人类经过长期实践和经验而得到的结论，又经过反复的实践检验，证明是符合客观的普遍规律而建立的基本理论。

7.2.1 二力平衡公理

作用于刚体上的两个力，使刚体平衡的充分必要条件是：这两个力大小相等、方向相反、作用在同一条直线上。如图 7-5 所示，用矢量式表示为

$$F_A = -F_B$$

通常把仅受两个力作用而平衡的构件称为二力构件，简称二力杆。根据二力平衡公理可知，二力构件上的两个力的作用线必沿两个力作用点的连线，且等值、反向，如图 7-6 所示。

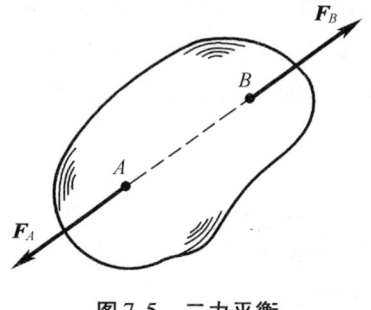

图 7-5 二力平衡

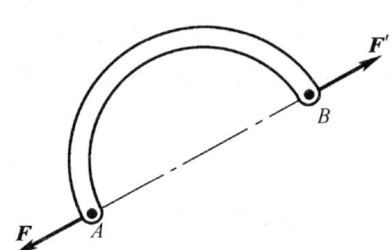

图 7-6 二力杆

7.2.2 加减平衡力系公理

对于作用在刚体上的任何一个力系，可以加上或减去任一平衡力系，并不改变原力系对于刚体的作用效应，这就是加减平衡力系公理。

推论（力的可传性原理）：作用于刚体上的力可沿其作用线移动到该刚体上任一点而不改变此力对刚体的作用效应。

证明：设力 F 作用于刚体上的 A 点，如图 7-7(a) 所示。在其作用线上任取一点 B，并

在 B 处加上一对平衡力 F_1 和 F_2。使 F_1、F_2 共线,且 $F_2 = -F_1 = F$,如图 7-7(b) 所示。根据加减平衡力系原理,将 F、F_1 所组成的平衡力系去掉,刚体上仅剩下 F_2,且 $F_2 = F$,如图 7-7(c) 所示,由此可证得力的可传递性。

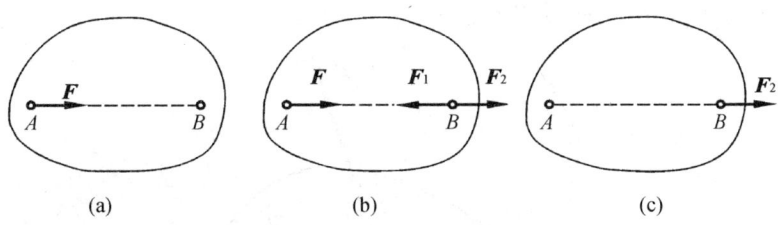

图 7-7　力的可传性原理

力的可传性原理说明,力是滑移矢量。该原理只适用于刚体而不适用于变形体。

7.2.3　作用力与反作用力公理

两物体间相互作用的力总是同时存在的,且两个力等值、反向、共线,分别作用于两个物体上,这两个力互为作用力和反作用力。

7.2.4　力的平行四边形公理

作用于物体上同一点的两个力可合成一个合力,此合力也作用于该点,合力的大小和方向由以这两个力作用线为邻边所构成的平行四边形的对角线来表示。如图 7-8 所示,已知两个力 F_1、F_2 作用于 A 点,则力 F_R 为合力。

$$F_R = F_1 + F_2 \tag{7-3}$$

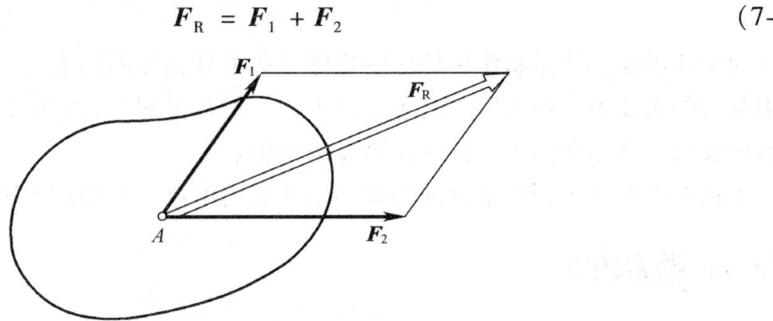

图 7-8　力的平行四边形公理

这就是力的平行四边形公理。

作图时,可直接把 F_1 平移到 F_2 末端,连接 F_2 始端与 F_1 的末端,即为合力 F_R,这种作图方法称为力的三角形法则。

7.2.5　三力平衡汇交定理

刚体受共面但互不平行的三个力作用而平衡时,此三力必汇交于一点。这就是三力平衡汇交定理。

证明：设刚体上 A_1、A_2、A_3 三点受共面且平衡的三个力 F_1、F_2、F_3 的作用，如图 7-9 所示。根据力的可传性原理，将 F_1、F_2 移至其作用线汇交点 B 处，将其合成为 F_R，则刚体上仅受力 F_3 和 F_R 的作用。根据二力平衡公理，F_3 和 F_R 必在同一直线上，所以 F_3 必过 B 点，于是证得 F_1、F_2、F_3 均通过 B 点。

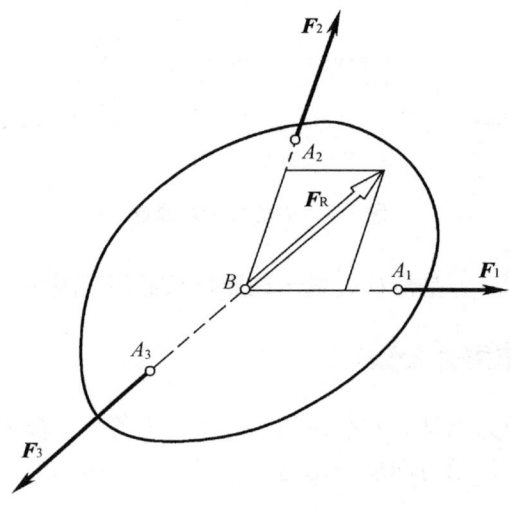

图 7-9　三力平衡

7.3　约束与约束反力

对物体的运动起限制作用的周围物体，称为该物体的约束。约束作用于被约束物体上的力称为约束反力。约束反力属于被动力，一般是未知力，它的方向总是与物体的运动趋势方向相反，作用在约束与被约束物体的接触点上。

下面介绍几种工程中常见的约束类型及其约束反力的确定方法。

7.3.1　柔索约束

工程中，由绳索、钢丝绳、皮带、链条等柔性物体所形成的约束称为柔索约束。这类约束只能承受拉力，不能承受压力。所以柔索的约束反力必定是沿柔索的中心线且背离被约束物体的拉力，如图 7-10 所示。

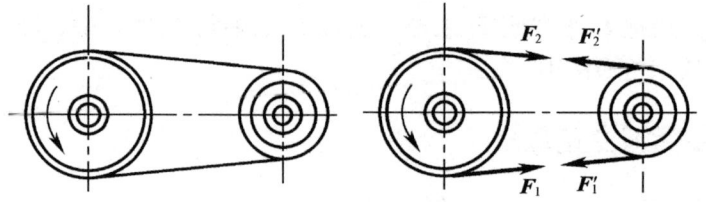

图 7-10　柔索约束

7.3.2 光滑接触面约束

当两物体直接接触并可忽略接触面的摩擦时,即构成光滑接触面约束。光滑接触面的约束反力通过接触点,其方向沿着接触面的公法线且指向物体,如图7-11所示。

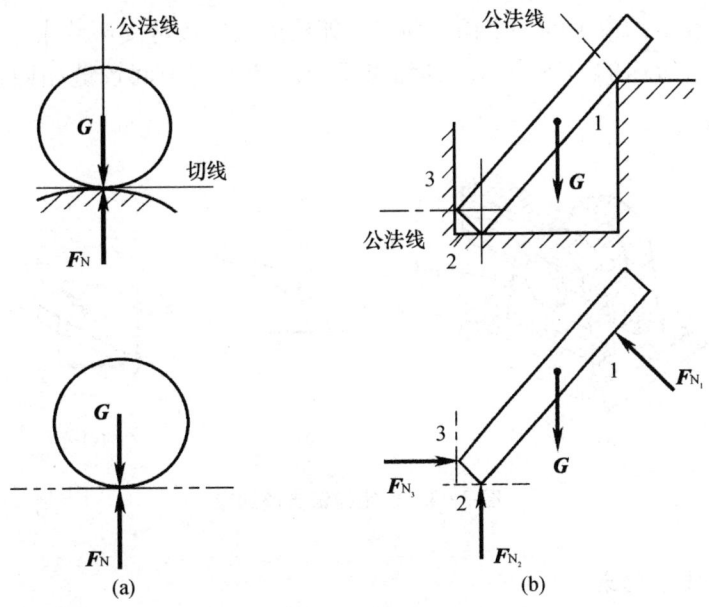

图7-11 光滑接触面约束

7.3.3 光滑铰链约束

两个带有圆孔的构件用圆柱销轴连接而成,使构件只能绕销轴转动的约束称为圆柱铰链约束。这类约束只限制构件沿垂直于销轴方向的相对转动。若将销钉与销孔之间的摩擦忽略不计,则这类约束称为光滑铰链约束。

工程中这类约束有以下几种形式。

1. 中间铰链约束

构成铰链约束的两构件都是可以运动的,这种约束称为中间铰链约束。如图7-12(a)、(b)所示,圆柱销将两构件1、2连接在一起,即构成中间铰链,常采用图7-12(c)所示的简图表示。

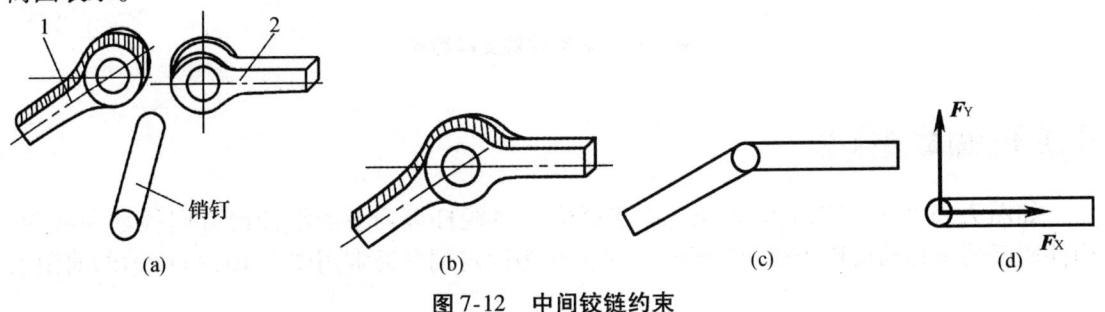

图7-12 中间铰链约束

中间铰链所连接的两构件互为约束。两者本质上属于光滑面约束，但由于接触点不确定，所以中间铰链约束反力的特点是：在垂直于销轴轴线的平面内，作用线通过铰链中心，方向不定，通常用图 7-12(d) 所示的两个正交分力 F_X 和 F_Y 表示。

2. 固定铰链支座约束

若构成圆柱铰链约束中的一个构件固定，即构成固定铰链支座约束，如图 7-13(a) 所示，用图 7-13(b) 所示的简图表示。其约束反力的特点与中间铰链相同，如图 7-13(c) 所示。

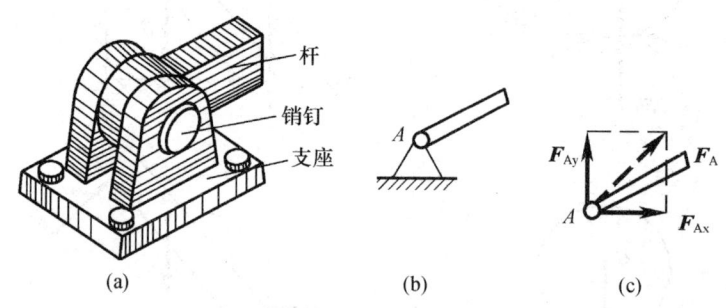

图 7-13　固定铰链支座约束

3. 活动铰链支座约束

在固定铰链支座底部安装上辊轴，并与光滑支承面接触，则构成了活动铰链约束，如图 7-14(a) 所示，这种支座只能限制构件沿支承面垂直方向的移动，因此，其约束反力垂直于支承面且通过销孔中心，指向不确定，通常用图 7-14(b) 所示的简图表示。

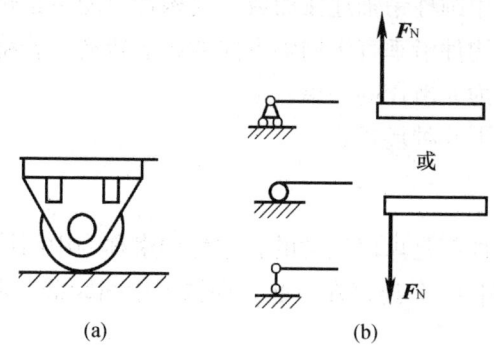

图 7-14　活动铰链支座约束

7.3.4　固定端约束

如图 7-15 所示车床上的刀架、立于路旁的电线杆等均不能沿任何方向移动和转动，构件所受的这种约束称为固定端约束，可简化为固定端，通常用图 7-16(a) 所示的简图表示。其约束反力在作用面内可用两个正交分力 F_X、F_Y 和一个约束反力偶 M 表示,如图 7-16(b)所示。

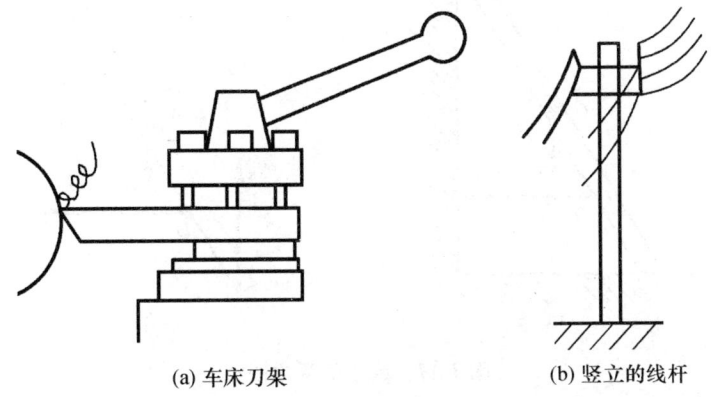

(a) 车床刀架 (b) 竖立的线杆

图 7-15 固定端约束

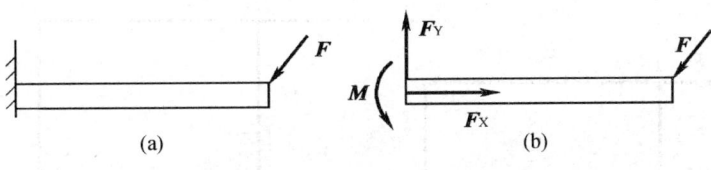

(a) (b)

图 7-16 约束反力简图

7.4 受力分析与受力图

解决力学问题时,首先要对物体进行受力分析,即分析物体受到哪些力的作用。受力分析时所研究的物体称为研究对象,这种从周围物体中单独分离出来的研究对象,称为分离体。在分离体简图上画出它所受到的全部主动力和约束反力,这样所得到的图形,称为受力图。画物体受力图主要步骤如下。

(1) 确定研究对象,画分离体简图。
(2) 画出主动力。
(3) 根据约束类型画出约束反力。

例 7.1 重量为 G 的梯子 AB,靠放在光滑的水平地面和铅直的墙面上。在 D 点用水平绳索与墙相连,如图 7-17(a)所示。试画出梯子的受力图。

解:以梯子为研究对象,解除其约束,画出分离体图。先画主动力即梯子的重力 G,作用于梯子的重心 C 点,方向竖直向下。A 和 B 处都受到光滑面约束,其约束反力分别为 F_{NA} 和 F_{NB}。D 处受柔索约束,其约束反力为拉力 F_D。图 7-17(b)所示为梯子的受力图。

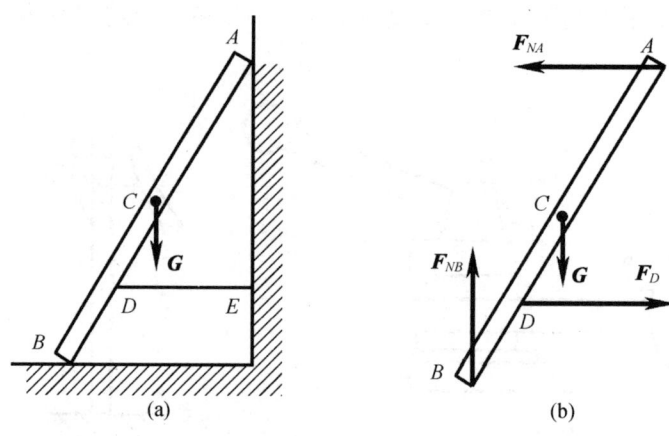

图 7-17 梯子的受力图

例 7.2 如图 7-18(a)所示的支架,若不计杆自重,试画出支架的受力图。

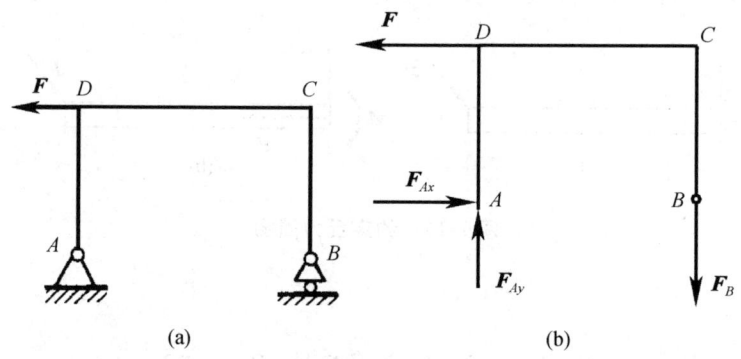

图 7-18 梁的受力图

解:取支架整体为研究对象,所受主动力为外力 F;A 处为固定铰链约束,解除约束后,有一个方向未知的约束力,这一约束力可以分解为水平和铅垂方向的两个分力 F_{Ax} 和 F_{Ay};B 处为活动铰链约束,其约束力 F_B 的作用线垂直于支承面。图 7-18(b)即为支架的受力图。

7.5 平面力系

物体所受各力的作用线都在同一平面内,或近似地分布在同一平面内,则该力系称为平面力系。根据力系中各力作用线的分布特点,平面力系可分为平面汇交力系、平面力偶系和平面一般力系。

7.5.1 平面汇交力系

在平面力系中,如果各力的作用线都交于一点,这样的力系称为平面汇交力系。

1. 平面汇交力系合成的几何法

设在刚体的 A 点，作用有 F_1、F_2、F_3 和 F_4 组成的一平面汇交力系，如图 7-19(a) 所示。根据三角形法则，两力依次合成。由图 7-19(b) 可知，只需将各力首尾相连，最后从力 F_1 的始端连接力 F_4 的末端，即可得到一个力的多边形。力多边形的封闭边 F_Σ 就是合力，这种求合力的方法称为力多边形法则。

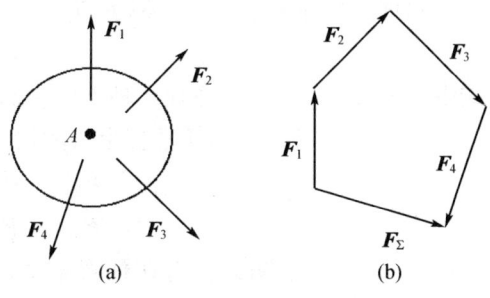

图 7-19 平面汇交力系合成

由此得出如下结论：平面汇交力系的合力等于各力的矢量和，合力的作用线通过各力的汇交点。这种关系可用矢量式表示为

$$F_\Sigma = F_1 + F_2 + F_3 + \cdots + F_n \tag{7-4}$$

由力的多边形法则求合力时，只要将各力首尾相接，连成折线，则起点和终点的连线便是合力，合力的大小和方向与各力首尾相接的次序无关。

平面汇交力系平衡的充要条件是合力为零，即

$$F_\Sigma = 0$$

其平衡的几何条件为力系各力所构成的力多边形自行封闭。

2. 平面汇交力系合成的解析法

(1) 力在坐标轴上的投影。在力 F 所在平面内取直角坐标系 Oxy，如图 7-20 所示。从力 F 的两端分别向 x 轴和 y 轴作垂线，得垂足 a、b 和 a'、b'。线段 ab 称为力 F 在 x 轴上的投影，用 F_x 表示；线段 $a'b'$ 称为力 F 在 y 轴上的投影，用 F_y 表示。设力 F 与 x 轴夹角为 α，可得

$$\left.\begin{array}{l} F_x = F\cos\alpha \\ F_y = F\sin\alpha \end{array}\right\} \tag{7-5}$$

(2) 合力投影定理。如图 7-21 所示，力 F 为 F_1、F_2 的合力，将各力投影在 x 轴上，由图可得

$$F_x = F_{1x} + F_{2x}$$

式中，F_x 为合力在 x 轴上的投影；F_{1x}、F_{2x} 是各分力在 x 轴上的投影。

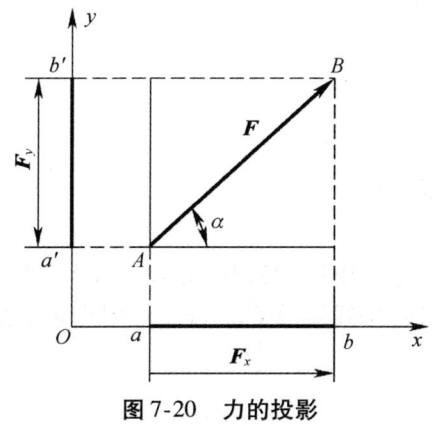

图 7-20 力的投影

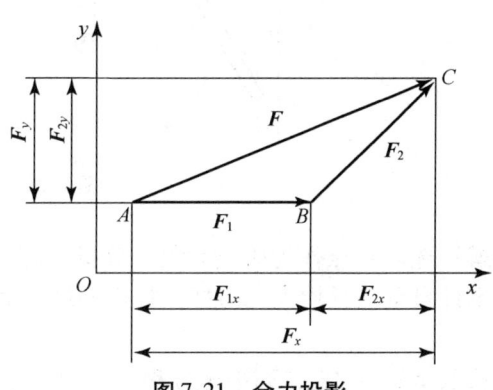

图 7-21 合力投影

同理，F 在 y 轴上的投影 F_y 为

$$F_y = F_{1y} + F_{2y}$$

式中，F_{1y}、F_{2y} 是各分力在 y 轴上的投影。

由此，可以推广到任意多个力的情况，即

$$\left. \begin{array}{l} F_{\Sigma x} = F_{1x} + F_{2x} + \cdots + F_{nx} \\ F_{\Sigma y} = F_{1y} + F_{2y} + \cdots + F_{ny} \end{array} \right\} \quad (7\text{-}6)$$

式（7-6）表明：合力在任意轴上的投影，等于各分力在同一轴上的投影的代数和。这就是合力投影定理。

（3）平面汇交力系合成的解析法。根据合力 F_Σ 的两个投影 $F_{\Sigma x}$ 和 $F_{\Sigma y}$，就不难求出合力的大小和方向。F_Σ 的大小为

$$F_\Sigma = \sqrt{F_{\Sigma x}^2 + F_{\Sigma y}^2} \quad (7\text{-}7)$$

设 F_Σ 与 x 轴的夹角为 α，则

$$\tan\alpha = \frac{F_{\Sigma y}}{F_{\Sigma x}}$$

合力的方向根据 α、$F_{\Sigma x}$ 和 $F_{\Sigma y}$ 的正负判断。

平面汇交力系平衡的充要条件是力系的合力为零。即

$$\left. \begin{array}{l} \sum F_x = 0 \\ \sum F_y = 0 \end{array} \right\} \quad (7\text{-}8)$$

式（7-8）称为平衡汇交力系的平衡方程。

例 7.3 如图 7-22（a）所示的三角支架，A、B、C 处均为光滑铰链，在销钉 B 上悬挂一重物 $G = 50\,\text{kN}$，杆件自重不计。试求杆件 AB、AC 所受的力。

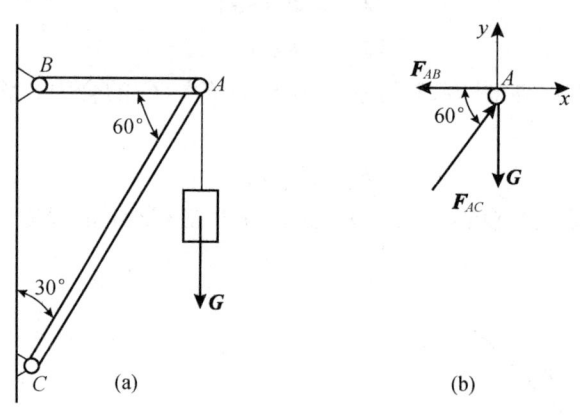

图 7-22 例 7.3 图

解：选取 A 点作为研究对象，分析 A 点受力情况，如图 7-22（b）所示。因为 AB、BC 两杆不计自重，且均为二力杆，杆件两端受力必沿杆件轴线。故 F_{AB}、F_{BC} 作用线必沿杆的轴线。

选取坐标系 Axy，列平衡方程

$$\sum F_x = 0, -F_{AB} + F_{AC}\cos 60° = 0$$
$$\sum F_y = 0, F_{AC}\sin 60° - G = 0$$

解得
$$F_{AC} = 57.7 \text{ kN}, \quad F_{AB} = 28.85 \text{ kN}$$

7.5.2 平面力偶系

作用在物体同一平面内的多个力偶，称为平面力偶系。力偶的作用效应完全取决于力偶矩。

设 $M_1, M_2, \cdots, M_n$ 为力偶系中各力偶的力偶矩，其合力偶矩 M 等于各力偶矩的代数和。即：

$$M = M_1 + M_2 + \cdots + M_n = \sum M_i \tag{7-9}$$

显然，平面力偶系简化的结果仍是一力偶，合力偶矩等于力偶系中各力偶矩的代数和。

因此，平面力偶系平衡的必要与充分条件是合力偶矩等于零，即

$$M = \sum M_i = 0 \tag{7-10}$$

式（7-10）称为平面力偶系平衡的方程。

例 7.4 如图 7-23 所示，物体在同一平面内受到三个力偶的作用。已知 $F_1 = 200$ N，$F_2 = 600$ N，$M = 100$ N·m，求它们的合力偶矩。

解：各分力偶矩为
$$M_1 = F_1 d_1 = 200 \times 1 = 200 \text{ （N·m）}$$
$$M_2 = F_2 d_2 = 600 \times \frac{0.25}{\sin 30°} = 300 \text{ （N·m）}$$
$$M_3 = -M = -100 \text{ （N·m）}$$

合力偶矩为
$$M = M_1 + M_2 + M_3 = 200 + 300 - 100 = 400 \text{ （N·m）}$$

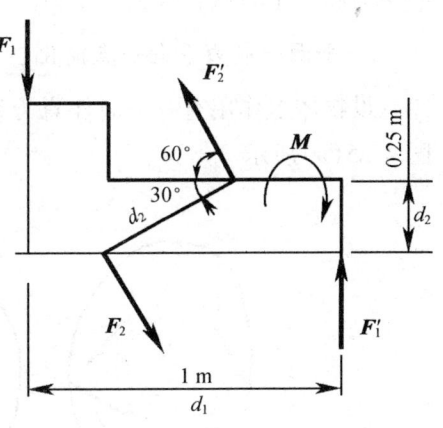

图 7-23 例 7.4 图

7.5.3 平面一般力系

各力的作用线都在同一平面内，既不完全交于一点也不完全相互平行的力系称为平面一般力系。

1. 力的平移定理

作用于刚体上的力，可以平行移动到刚体内的任意点，但必须同时附加一力偶，其力偶矩等于原力对新作用点之矩，这就是力的平移定理。

如图 7-24(a) 所示，设作用于刚体 A 点的力为 F，现要将它平移到刚体内的任一点 B，而不改变它对刚体的作用效应。根据加减平衡力系原理，在 B 点加上一对与 F 平行且大小相等的平衡力 F'、F''，如图 7-24(b) 所示。则力 F、F'' 组成一个力偶，其力偶矩的大小等

于原力 F 对 B 点之矩,即

$$M = M_B(F) = F \cdot d$$

式中　d——F 对 B 点的力臂。

于是作用在 A 点的力 F 就与作用在 B 点的力 F' 和附加力偶 M 的联合作用等效,如图 7-24(c)所示。

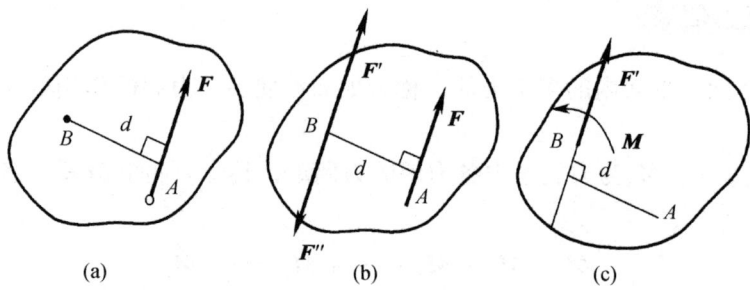

图 7-24　力的平移定理

根据力的平移定理,可以将一个力分解为一个力和一个力偶,也可以将同一平面内的一个力和一个力偶合成为一个力。

2. 平面一般力系向一点简化

设物体上作用有一平面任意力系 $F_1, F_2, \cdots, F_n$,把各力向简化中心 O 点平移,如图 7-25(a)所示。

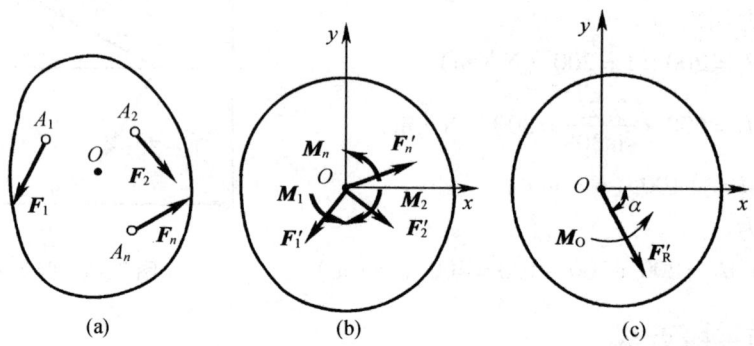

图 7-25　平面任意力系向一点简化

根据力的平移定理,将力系中各力平移到 O 点,得到一汇交于 O 点的平面汇交力系 $F'_1, F'_2, \cdots, F'_n$ 和附加的平面力偶系 $M_1, M_2, \cdots, M_n$,如图 7-25(b)所示。平移之后各力的大小和方向,分别与原力系对应的各力相同。即

$$F'_1 = F_1, \ F'_2 = F_2, \cdots, F'_n = F_n$$

附加的平面力偶系中各力偶矩,分别等于原力系各力对简化中心 O 点的力矩。即

$$M_1 = M_O(F_1), \ M_2 = M_O(F_2), \cdots, M_3 = M_O(F_n)$$

平面汇交力系和力偶系又可分别合成为一个合力和一个合力偶,如图 7-25(c)所示。

$$F'_R = F'_1 + F'_2 + \cdots + F'_n \tag{7-11}$$
$$M_O = M_1 + M_2 + \cdots + M_n = M_O(F_1) + M_O(F_2) + \cdots + M_O(F_3) \tag{7-12}$$

其中，F'_R 称为原力系的主矢；M_O 称为原力系对简化中心 O 点的主矩。

3. 合力矩定理

平面一般力系的合力对作用面内任一点之矩，等于力系中各力对于同一点力矩的代数和。即

$$M_O(F_\Sigma) = M_O(F_1) + M_O(F_2) + \cdots + M_O(F_n) \tag{7-13}$$

例7.5 如图 7-26 所示，物体受三个力作用，已知 $F_1 = 500\,\text{N}$，$F_2 = 200\,\text{N}$，$F_3 = 400\,\text{N}$。求三个力对 A 点的合力矩。

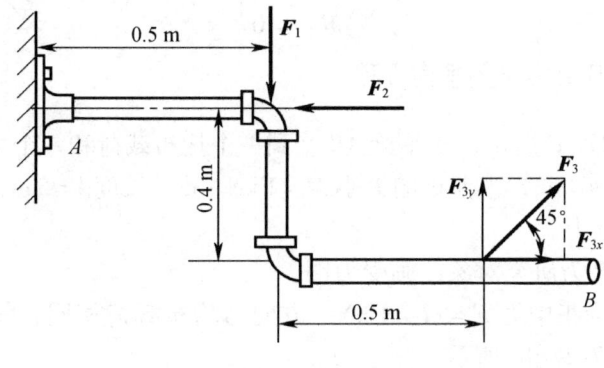

图 7-26 例 7.5 图

解：分别求各力对 A 点的力矩

$$M_A(F_1) = -500 \times 0.5 = -250\ (\text{N} \cdot \text{m})$$
$$M_A(F_2) = 200 \times 0 = 0\ (\text{N} \cdot \text{m})$$

首先把 F_3 分解为两个分力

$$F_{3x} = F_3 \cos 45° = 400 \times \frac{\sqrt{2}}{2} = 200\sqrt{2}\ (\text{N})$$

$$F_{3y} = F_3 \sin 45° = 400 \times \frac{\sqrt{2}}{2} = 200\sqrt{2}\ (\text{N})$$

则 F_3 对 A 点的力矩为

$$M_A(F_3) = M_A(F_{3x}) + M_A(F_{3y})$$
$$= 200\sqrt{2} \times 0.4 + 200\sqrt{2} \times (0.5 + 0.5)$$
$$= 280\sqrt{2}\ (\text{N} \cdot \text{m})$$

合力矩为

$$M_A(\sum F) = M_A(F_1) + M_A(F_2) + M_A(F_3)$$
$$= -250 + 280\sqrt{2} \approx 146\ (\text{N} \cdot \text{m})$$

4. 平面一般力系的平衡条件与平衡方程

刚体在平面一般力系作用下要保持平衡，力系的主矢和对于作用面内任意一点的主矩必须都为零。反之，当力系的主矢和主矩为零时，刚体保持平衡。所以，平面一般力系平衡的充要条件是：力系的主矢和力系对任一点的主矩都为零。即

$$\left. \begin{array}{l} F'_R = \sqrt{(\sum F_x)^2 + (\sum F_y)^2} \\ M_O = 0 \end{array} \right\} \quad (7\text{-}14)$$

此平衡条件用解析式可表示为

$$\left. \begin{array}{l} \sum F_x = 0 \\ \sum F_y = 0 \\ \sum M_O = 0 \end{array} \right\} \quad (7\text{-}15)$$

式（7-15）称为平面任意力系的平衡方程。

例 7.6 如图 7-27(a)所示，水平梁 AB 受到一个均布载荷和一个力偶的作用。已知均布载荷的集度 $q=0.2\,\text{kN/m}$，力偶矩的大小 $M=1\,\text{kN}\cdot\text{m}$，长度 $l=5\,\text{m}$，不计梁的自重。求支座 A、B 处的约束反力。

解：（1）取梁 AB 为研究对象，画受力图。

将均布载荷等效为集中力 $F=ql=1\,\text{kN}$，方向与均布载荷相同，作用点在梁的中点 C 处。梁的受力图如图 7-27(b)所示。

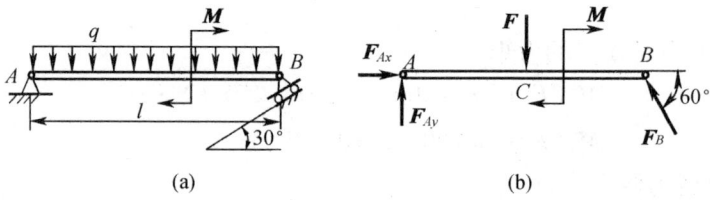

图 7-27　例 7.6 图

（2）列平衡方程

$$\sum F_x = 0, \quad F_{Ax} - F_B\cos 60° = 0$$

$$\sum F_y = 0, \quad F_{Ay} - F + F_B\sin 60° = 0$$

$$\sum M_A(F) = 0, \quad -F\cdot\frac{l}{2} - M + F_B\sin 60°\cdot l = 0$$

（3）求解

$$F_{Ax} = 0.4\,\text{kN}$$
$$F_{Ay} = 0.3\,\text{kN}$$
$$F_B = 0.8\,\text{kN}$$

7.6 摩 擦

前面讨论物体的受力问题时,都假定各接触面是绝对光滑的,忽略了摩擦。实际上,摩擦是一种普遍存在的现象。在一些问题中,摩擦对物体的受力情况影响很小,为了计算方便而忽略不计;但有时摩擦不可忽略,甚至还起着决定性作用,必须加以考虑。例如,机械加工中使用的夹具利用摩擦把工件夹紧,车辆的启动和制动等都是靠摩擦来实现的。

按物体之间相对运动形式不同,摩擦可分为滑动摩擦和滚动摩擦。

7.6.1 滑动摩擦

1. 滑动摩擦的概念

两个相互接触的物体,当一物体在另一物体表面上滑动或有滑动趋势时,在两物体接触面上产生阻碍它们之间相对滑动的现象,称为滑动摩擦。由于摩擦对物体的运动起阻碍作用,因此,摩擦力总是作用在接触面(点)上,沿接触处的公切线且与物体的滑动或滑动趋势方向相反。

2. 静滑动摩擦力的三要素

(1) 大小:摩擦力 F 的大小由物体的平衡条件来确定,F 的大小为

$$0 \leqslant F \leqslant F_m$$

式中,最大静摩擦力 $F_m = f \cdot N$,f 为静摩擦因数,由实验确定,N 为两个物体之间的正压力。

(2) 方向:摩擦力在两个物体接触面的切线上,其指向与物体间相对滑动的趋势相反。

(3) 作用点:摩擦力的作用点在两个物体的接触面上,具体位置由物体的平衡条件确定。

3. 滑动摩擦定律

当物体处于临界静止状态时,静摩擦力达到最大值,其大小与接触面间的正压力(法向反力)成正比,即

$$F_{fmax} = f_s \cdot F_N \tag{7-16}$$

式中 F_{fmax}——最大静摩擦力;

F_N——物体接触面间的正压力;

f_s——静摩擦因数,其大小与相互接触物体表面的材料性质和表面状况(如粗糙度、润滑情况以及湿度、温度等)有关。

当物体处于滑动状态时,在接触面上产生的滑动摩擦力的大小与接触面间的正压力成正比,即

$$F'_f = fF_N \tag{7-17}$$

式中　f——动摩擦因数，一般$f<f_s$。精度要求不高时，可认为$f=f_s$。

7.6.2　摩擦角与自锁

1. 摩擦角

如图7-28(a)所示，物体在水平推力F作用下，与水平面间有相对运动的趋势，便产生了静摩擦力F_f，静摩擦力的大小随物体的状态而改变。由法向反力F_N和静摩擦力F_f合成的合力，称为全反力F_R。F_R与接触面法线之间的夹角φ，将随着静摩擦力的增大而增大。当物体处于平衡的临界状态时，静摩擦力达到最大值F_{fmax}，夹角φ也达到最大值φ_{max}。全反力与接触面法线夹角的最大值φ_{max}称为摩擦角。由图7-28(b)可知

$$\tan\varphi_{max} = \frac{F_{fmax}}{F_N} = f_s \tag{7-18}$$

式(7-18)说明摩擦角也是表示材料摩擦性质的物理量。

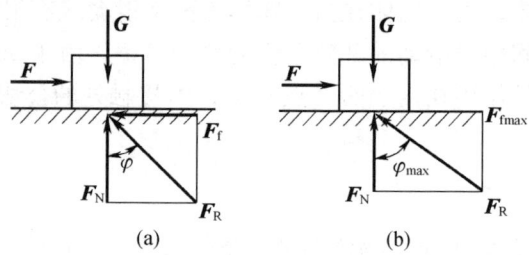

图7-28　摩擦角与自锁

2. 自锁

物体平衡时，静摩擦力总是小于或等于最大静摩擦力。因此，全反力F_R与接触面法线间的夹角φ也总是小于或等于摩擦角φ_{max}，全反力的作用线也不可能超出摩擦角的范围。即

$$0 \leqslant \varphi \leqslant \varphi_{max}$$

只要作用在物体上的主动力的合力F的作用线与接触面法线间的夹角φ小于φ_{max}，不论F怎样增大，物体必处于静止状态，这种现象称为自锁。故物体自锁的条件为

$$\varphi \leqslant \varphi_{max}$$

自锁现象在工程实践中有很重要的作用，比如用螺旋千斤顶顶起重物，螺杆不会自动下降而保持平衡；螺母拧紧后不会自动松开等。

思考与复习题

1. 如图 7-29 所示的水平梁 AB，试画出梁 AB 的受力图。

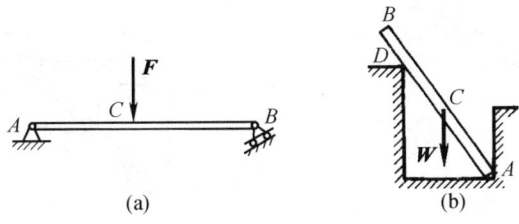

图 7-29　思考与复习题 1 图

2. 如图 7-30 所示，在物体上的 O、A、B、C、D 点分别有作用力 F_1、F_2、F_3、F_4 和 F_5，且 $F_1 = F_2 = F_3 = F_4 = F_5 = 100\text{ N}$，求各力在 x、y 轴上的投影。

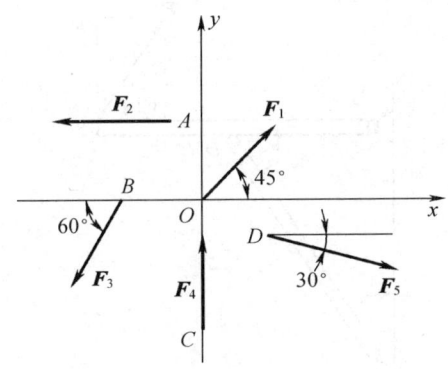

图 7-30　思考与复习题 2 图

3. 画出图 7-31 中各铰链的约束反力。

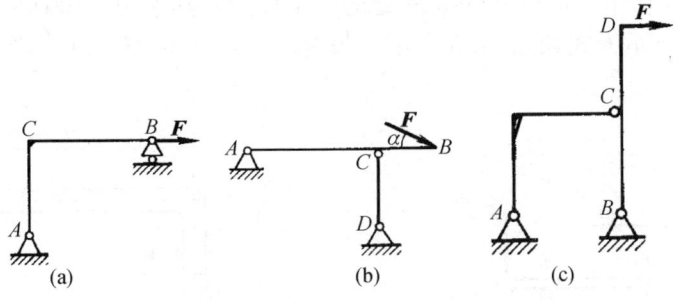

图 7-31　思考与复习题 3 图

4. 根据三力汇交原理画出图 7-32 中杆 CE 的受力图。

5. 如图 7-33 所示，试求机构的滑块在图示位置保持平衡时两主动力偶 M_1、M_2 的关系。

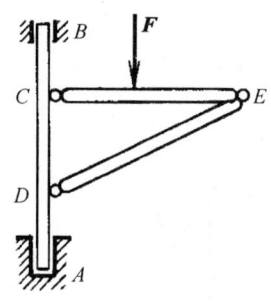

图 7-32 思考与复习题 4 图

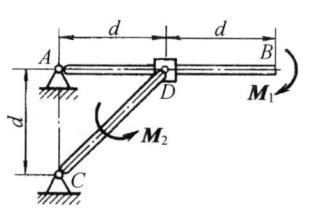

图 7-33 思考与复习题 5 图

6. 如图 7-34 所示的支架，已知 $F = 50 \text{ kN}$，$AD = BD = 1 \text{ m}$。试求力 F 对 A、B、C、D 四点的力矩。

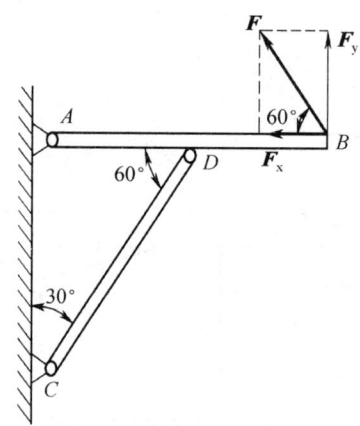

图 7-34 思考与复习题 6 图

7. 试求图 7-35 所示外伸梁 A 和 B 两处的约束反力，其中 $M = 100 \text{ kN} \cdot \text{m}$，$F_P = 20 \text{ kN}$。

8. 曲杆 AB 的支承方式如图 7-36 所示，设有一力偶矩为 M 的力偶作用在曲杆 AB 上，试求支承处的约束力。

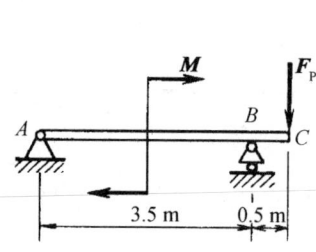

图 7-35 思考与复习题 7 图

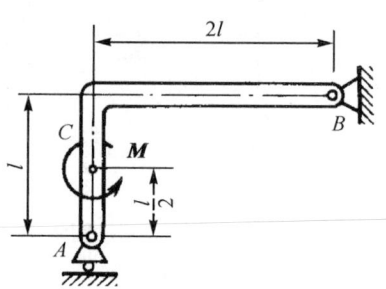

图 7-36 思考与复习题 8 图

9. 如图 7-37 所示，吊车横梁 AB 长 $l = 2\,\text{m}$，自重 $G_1 = 1\,\text{kN}$；拉杆 CD 倾斜角 $\alpha = 30°$，自重不计；电葫芦连同重物共重 $G_2 = 20\,\text{kN}$。当电葫芦距离 A 端为 $a = 1.5\,\text{m}$ 时，处于平衡状态。试求拉杆 CD 的拉力和铰链 A 处的约束反力。

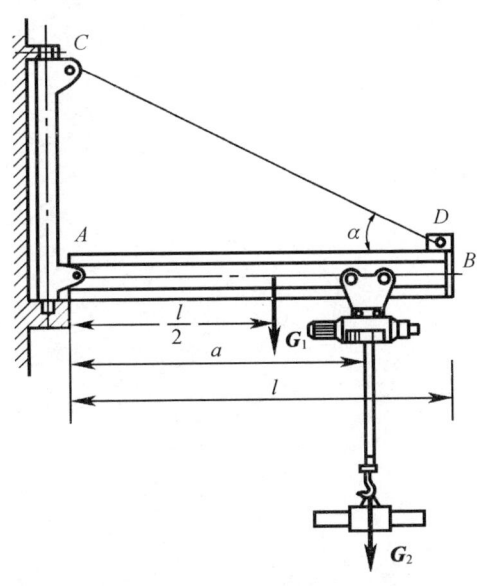

图 7-37　思考与复习题 9 图

10. 重 W 的物块放在倾角为 θ 的斜面上，如图 7-38 所示。若静摩擦系数为 f_s，摩擦角为 φ_m（$\theta > \varphi_m$）。试求物块静止时水平推力 F 的大小。

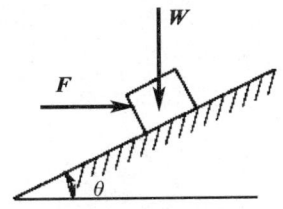

图 7-38　思考与复习题 10 图

第 8 章
材料力学基础

工程中各种机械和建筑，都是由许多的构件或零件组成的，构件的种类和用途各不相同，但工作时通常都承受外力的作用。为了保证构件的正常工作，首先要求构件在一定外力作用下不发生破坏，对构件的这类要求，通常称为强度条件。故构件的强度，指的是构件抵抗破坏的能力。构件在外力作用下，还要发生变形。在机床主轴工作时，如弹性变形过大，则要影响工件的加工精度。在一定的外力作用下，要求构件不发生过大的变形，这就要求构件有足够的刚度。此外，有一些构件在某种载荷作用下，还可能出现不能保持它原有平衡形式的现象。例如，受压的细长直杆，在压力达到或超过某一临界值后，会发生突然变弯的现象，这时也就丧失了它的工作能力。因此，还要求构件有足够的稳定性。

总之，受一定外力作用的构件，要求能正常工作，一般须满足三方面的要求：足够的强度，必要的刚度，足够的稳定性。当然，依据工作情况，有些构件只要求满足其中前两项，有些则需要同时满足这三方面要求。构件的强度、刚度和稳定性，有时统称为构件的承载能力。

提高构件的承载能力，往往需要用优质材料，加大截面尺寸；这与降低材料消耗、减轻重量和节省资金有矛盾。为此，材料力学必须研究构件在外力作用下变形和破坏的规律，研究材料的力学性质，研究构件截面形状、尺寸与其承载能力之间的关系，为构件设计提供必要的基础理论和计算方法。

学习目标：
1. 掌握杆件内力的概念及基本变形，能用截面法进行内力分析及计算；
2. 掌握横截面上应力的概念，掌握杆件拉伸与压缩、扭转、弯曲等基本变形在横截面上应力分布规律，并能进行基本计算；
3. 灵活应用强度理论分析实际问题。

8.1 杆件变形的基本概念

8.1.1 变形固体

材料力学所研究的构件，其材料的物质结构和性质虽然千差万别，但却具有一个共同的特性，即它们都是固体，而且在荷载作用下会产生变形，即物体形状和尺寸的改变。因此，这些物体统称为变形固体。

8.1.2 材料力学基本假设

材料力学研究构件的强度、刚度和稳定性时，常根据与问题有关的一些主要因素，省略一些关系不大的次要因素，对变形固体作某些假设，把它抽象成理想模型。

材料力学中对变形固体所作的假设有以下三点。

1. 均匀连续性假设

该假设认为构件的全部体积内材料是均匀、连续分布的。根据这一假定，构件内的受力、变形等力学量可以表示为各点坐标的连续函数，从而有利于建立相应的数学模型。

2. 各向同性假设

假设材料沿各个方向具有相同的物理和力学性能。根据这一假设，可用一个参数描写各点在各个方向上的某种力学性能。

3. 小变形假设

假设构件在外力作用下所产生的变形与构件本身的尺寸相比是很小的。根据这一假定，当考察变形体的平衡问题时，一般可以略去变形的影响，因而可以直接应用工程静力学方法。

8.1.3 杆件变形的基本形式

工程中构件的形状是多种多样的，如果构件的长度尺寸较横向尺寸大很多，这样的构件称为杆件。垂直于杆件长度方向的截面称为杆的横截面，各横截面大小相等的杆件称为等截面杆。材料力学的主要研究对象是杆件，且大多数是等截面杆。

对于杆件来说，受载后产生的基本变形有轴向拉伸和压缩、剪切和挤压、扭转、弯曲，如图8-1所示。

其他复杂的变形形式，都是上述两种或两种以上基本变形的组合，称为组合变形。

第 8 章　材料力学基础

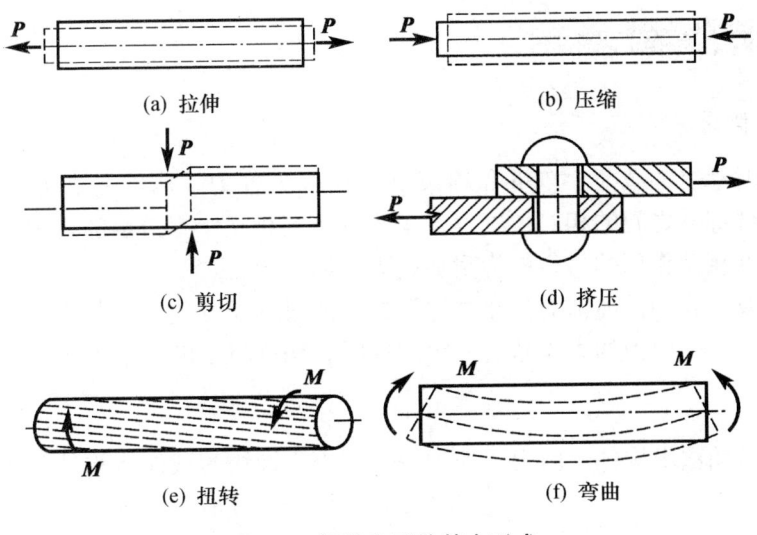

图 8-1　杆件变形的基本形式

8.2　杆件的拉伸和压缩

8.2.1　拉伸和压缩的概念

在一对大小相等、方向相反、作用线与杆轴线重合的拉力或压力作用下，杆件沿着轴线伸长或缩短，称为杆件的拉伸或压缩。

在工程实际中，产生轴向拉伸或压缩的杆件很多。如图 8-2(a)所示的三角架中的 BC 杆是轴向拉伸的实例；如图 8-2(b)所示的三角架中的 AB 杆是轴向压缩的实例。

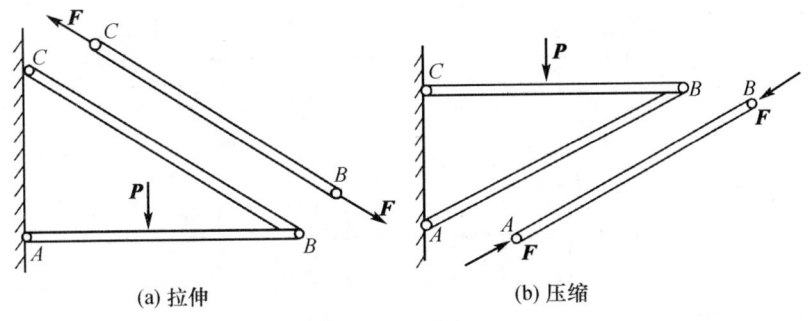

图 8-2　轴向拉压

很明显，轴向拉伸与压缩杆件的受力特点是外力的作用线与杆的轴线重合，变形特点是杆件沿轴向伸长或缩短。

8.2.2 拉伸（压缩）内力

1. 内力的概念

构件工作时承受的载荷、自重和约束反力均称为外力。构件受外力作用后产生变形时，材料内部各部分之间的相对位置发生了改变，其相互作用力也随之改变，这种由外力引起的构件内部相互作用的力，称为附加内力，简称内力。

它的大小及其在构件内部的分布规律随外力的改变而变化，并与构件的强度、刚度和稳定性密切相关。当内力的大小超过一定限度时，构件将不能正常工作。

2. 截面法

通常采用截面法求构件的内力，即用一个垂直于轴线的截面将构件假想截开，分成两部分，如图8-3(a)所示；任取一部分为研究对象，在截面处用内力代替弃去部分对保留部分的作用，如图8-3(b)所示。这种利用静力平衡方程求内力的方法称为截面法。

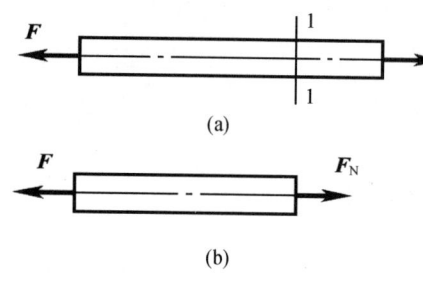

图 8-3 截面法求内力

用截面法求内力可按如下步骤进行。

（1）沿所求内力的截面假想的把构件分成两部分。

（2）任取一部分作为研究对象，画出受力图。

（3）对研究对象建立平衡方程，从而确定截面上内力的大小和方向。

由于外力与轴线重合，所以内力也必在轴线上，这种与杆件重合的内力称为轴力。

例 8.1 如图 8-4(a)所示，$F=10\,\text{kN}$，试求 1—1、2—2 截面上的轴力。

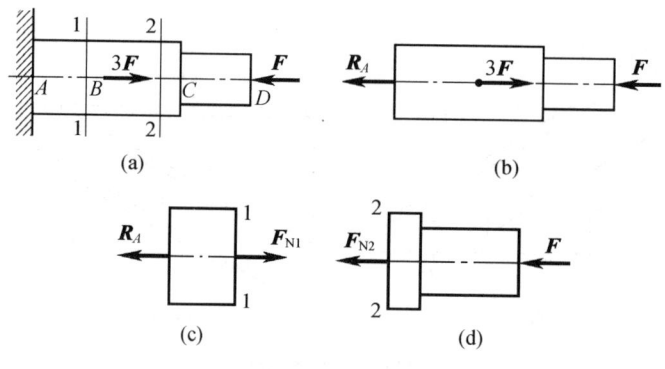

图 8-4 例 8.1 图

解：（1）求 A 端的约束反力，如图 8-4(b)所示，由平衡方程

$$\sum F_x = 0, \quad -R_A + 3F - F = 0$$

得：
$$R_A = 2F = 20\,\text{kN}$$

（2）用截面法求各截面上的轴力。

取 1—1 截面左段为研究对象，列平衡方程

$$F_{N1} - R_A = 0$$

得

$$F_{N1} = R_A = 20 \text{ kN}$$

取 2—2 截面右段为研究对象，列平衡方程：

$$-F_{N2} - F = 0$$

得

$$F_{N2} = -F = -10 \text{ kN}$$

结果表明，1—1 截面受拉，2—2 截面受压。

8.2.3 拉伸（压缩）应力

1. 应力的概念

用同一材料制成而横截面积不同的两杆，在相同拉力的作用下，虽然两杆内力相同，但随着拉力的增大，横截面小的杆件必然先被拉断。这说明，杆件的强度不仅与内力的大小有关，而且还与横截面的面积有关，即与内力的分布集度有关。因此，把单位面积上的内力称为应力。

2. 正应力的计算

通常将全应力 p 分解为沿截面法线方向的正应力 σ 与截面相切的剪应力 τ。如图 8-5（a）所示，杆件在外力的作用下伸长，轴力 F_N 的大小与 F 相等。横截面上单位面积的内力，即应力为

$$\sigma = \frac{F_N}{A} \tag{8-1}$$

式中　F_N——横截面上的轴力（N）；

　　　A——横截面面积（m^2）；

　　　σ——横截面正应力（Pa）；正负号与轴力 F_N 的规定相同，即拉应力为正，压应力为负。

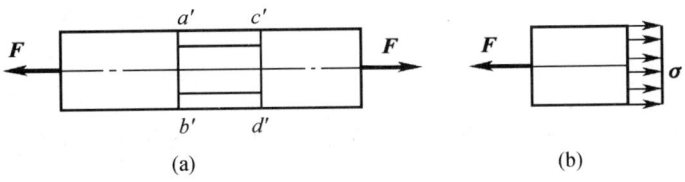

图 8-5　横截面上的正应力

例 8.2　求例 8.1 各段横截面上的应力，设横截面面积 $A = 50 \text{ cm}^2$。

解：1—1 截面上的应力

$$\sigma_1 = \frac{F_{N1}}{A} = \frac{20 \times 10^3}{50 \times 10^{-4}} = 4 \text{ （MPa）}$$

2—2 截面上的应力

$$\sigma_2 = \frac{F_{N2}}{A} = \frac{-10 \times 10^3}{50 \times 10^{-4}} = -2 \text{（MPa）}$$

8.2.4 拉伸（压缩）变形与胡克定律

1. 变形与应变

设杆原长为 l，直径为 d。在轴向拉力（或压力）F 作用下，变形后的长度为 l_1，直径为 d_1，如图 8-6 所示。

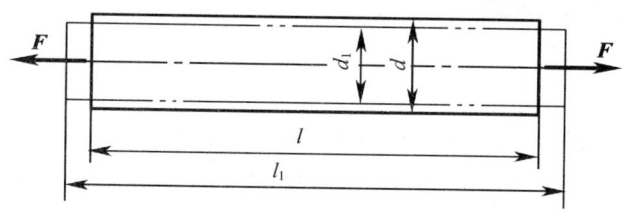

图 8-6 杆件变形

（1）绝对变形。杆件总的伸长或缩短量为绝对变形。

纵向绝对变形： $\Delta l = l_1 - l$

横向绝对变形： $\Delta d = d_1 - d$

（2）相对变形。单位长度的变形量称相对变形，也称为线应变。

为了消除杆件原尺寸对变形大小的影响，度量杆件的变形程度，引入线应变的概念。

纵向线应变： $\varepsilon = \dfrac{\Delta l}{l}$

横向线应变： $\varepsilon' = \dfrac{\Delta d}{d}$

线应变表示的是杆件的相对变形，它是一个无量纲的量，且 ε 与 ε' 的符号总是相反。

2. 泊松比

实验表明，当应力不超过某一限度时，横向线应变 ε' 和纵向线应变 ε 之间存在正比关系，即

$$\varepsilon' = -\mu\varepsilon$$

式中，μ 称泊松比，它是个无量纲的量，其值与材料有关。

3. 胡克定律

实验表明，当杆的应力不超过某一限度时，杆件的绝对变形与轴向荷载成正比，与杆件的长度成正比，与杆件横截面面积成反比。这一结论称为胡克定律，即

$$\Delta l \propto \frac{F_N l}{A}$$

此外，Δl 还与杆件的材料性能有关，引入与材料有关的比例常数 E，则胡克定律可表达为

$$\Delta l = \frac{F_N l}{EA} \tag{8-2}$$

比例常数 E 称为材料的弹性模量。对同一种材料而言，E 为常数，弹性模量具有和应力相同的单位。

将式 $\sigma = \frac{F_N}{A}$ 和 $\varepsilon = \frac{\Delta l}{l}$ 代入式（8-2），可得胡克定律的另一表达式

$$\sigma = E\varepsilon \tag{8-3}$$

式（8-3）表明，当应力未超过某一极限时，应力与应变成正比。

例 8.3 如图 8-7 所示的阶梯形钢杆，所受荷载 $P_1 = 3$ kN，$P_2 = 1$ kN。AC 段的横截面面积 $A_1 = 500$ mm^2，CD 段的横截面面积 $A_2 = 200$ mm^2，弹性模量 $E = 200$ GPa。试求：（1）各段杆横截面上的内力和应力；（2）杆件的总变形。

解：（1）各段内力。
AB 段：$F_{AB} = -2$ kN（压力）
BD 段：$F_{BD} = 1$ kN（拉力）
（2）各段应力。

AB 段：$\sigma_{AB} = \frac{F_{AB}}{A_1} = -4$ MPa（压应力）

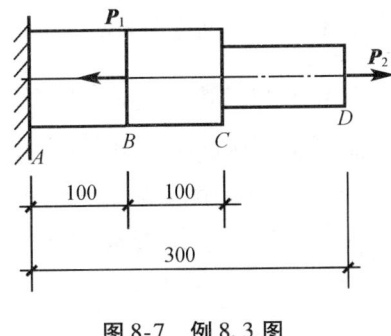

图 8-7 例 8.3 图

BC 段：$\sigma_{BC} = \frac{F_{BD}}{A_1} = 2$ MPa（拉应力）

CD 段：$\sigma_{CD} = \frac{F_{BD}}{A_2} = 5$ MPa（拉力）

（3）变形：

$$\Delta l_{AB} = \sigma_{AB} \frac{l_{AB}}{E} = -0.002 \text{ mm}$$

$$\Delta l_{BC} = \sigma_{BC} \frac{l_{BC}}{E} = 0.001 \text{ mm}$$

$$\Delta l_{CD} = \sigma_{CD} \frac{l_{CD}}{E} = 0.0025 \text{ mm}$$

整个杆件伸长量：$\Delta l = \Delta l_{AB} + \Delta l_{BC} + \Delta l_{CD} = 0.0015$ mm

8.2.5 强度计算

任何杆件能承受的应力都是有限度的，且不同材料承受应力的限度也不同。杆件丧失正常工作能力的应力称为极限应力 σ_0。

为了确保构件在外力作用下安全可靠的工作，考虑到由于构件承受的载荷难以估计

精确、计算方法的近似性和实际材料的不均匀性等因素,当构件中的应力接近极限应力时,构件就处于危险状态。因此,必须给构件工作时留有足够的强度储备。构件的工作应力应小于极限应力,构件在工作时允许产生的最大应力称为许用应力,常用符号$[\sigma]$表示。

$$[\sigma] = \frac{\sigma_0}{n} \tag{8-4}$$

式中,n 称为安全系数,其值大于1。安全系数是由多种因素决定的,对于不同工作条件下构件安全系数 n 的选取,可从有关工程手册中查到。

要使构件在外力作用下能够安全可靠地工作,必须使构件截面上的最大工作应力 σ_{max} 不超过材料的许用应力,即

$$\sigma_{max} = \frac{F_N}{A} \leqslant [\sigma] \tag{8-5}$$

式(8-5)称为构件在轴向拉伸或压缩时的强度条件,产生最大正应力 σ_{max} 的截面称为危险截面。

根据强度条件,可以解决强度计算的三类问题。

(1) 校核强度。已知杆件的尺寸、所受载荷和材料的许用应力,根据式(8-5)校核杆件是否满足强度条件。

(2) 设计截面。已知杆件所承受的载荷及材料的许用应力,由式 $A \geqslant \frac{F_N}{[\sigma]}$,确定杆件所需的最小横截面面积。

(3) 确定承载能力。已知杆件的横截面尺寸及材料的许用应力,由式 $F_N \leqslant A[\sigma]$,确定杆件所能承受的最大轴力,再根据静力平衡方程,确定构件所能承受的最大许可载荷。

例8.4 如图8-8(a)所示的木构架,悬挂的重物为 $Q = 60\,\text{kN}$。AB 的横截面为正方形,横截面边长为200 mm,许用应力 $[\sigma] = 10\,\text{MPa}$。试校核 AB 支柱的强度。

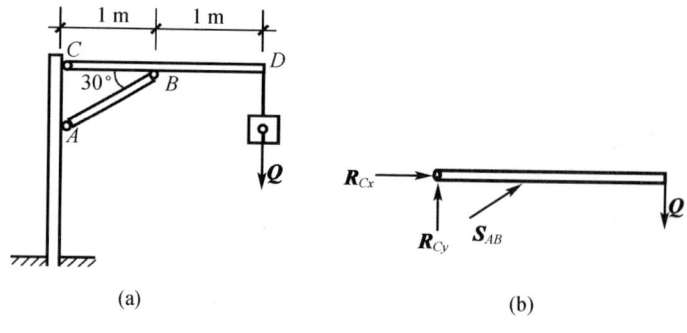

图 8-8 例 8.4 图

解：(1) 计算 AB 支柱的轴力。

取 CD 杆为研究对象，受力图如图 8-8(b)所示，由平衡方程

$$\sum M_C(F) = 0, S_{AB}\sin30° \times 1 - Q \times 2 = 0$$

得

$$S_{AB} = 240 \text{ kN}$$

故 AB 支柱的轴力 $F_{AB} = 240$ kN。

(2) 校核 AB 支柱的强度。

AB 支柱的横截面面积

$$A_{AB} = 200 \times 200 \text{ mm}^2 = 4 \times 10^4 \text{ mm}^2$$

AB 支柱的工作应力

$$\sigma_{AB} = \frac{F_{AB}}{A_{AB}} = 6 \text{ MPa} < 10 \text{ MPa}$$

故 AB 支柱的强度足够。

例 8.5 三角架由 AB 和 BC 两根材料相同的圆截面杆构成，如图 8-9(a)所示。材料的许用应力 $[\sigma] = 100$ MPa，载荷 $P = 100$ kN，试设计两杆的直径。

解：(1) 计算两杆的轴力。

用截面法截取结点 B 为研究对象，受力图为图 8-9(b)，由平衡方程：

$$N_{BC}\sin30° - P = 0$$
$$N_{BC}\cos30° - N_{AB} = 0$$

得：$N_{BC} = 200$ kN，$N_{AB} = 173.2$ kN

(2) 确定两杆直径。

由强度条件有 $A \geqslant \dfrac{F_N}{[\sigma]}$，则 $d \geqslant \sqrt{\dfrac{4F_N}{\pi[\sigma]}}$

故：$d_{AB} \geqslant \sqrt{\dfrac{4N_{AB}}{\pi[\sigma]}} = 148.5$ mm

$d_{BC} \geqslant \sqrt{\dfrac{4N_{BC}}{\pi[\sigma]}} = 159.5$ mm

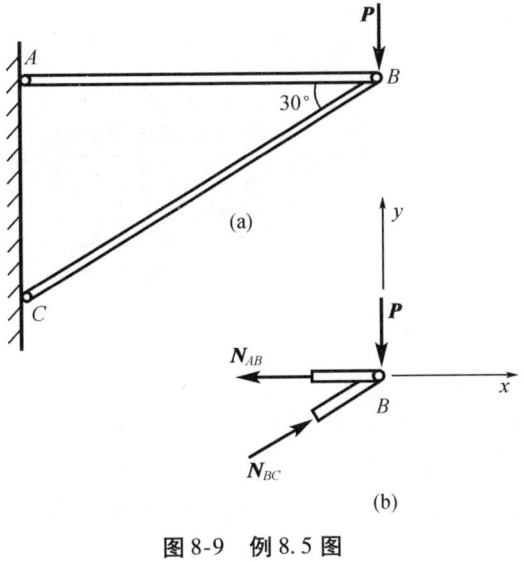

图 8-9 例 8.5 图

8.3 杆件的剪切和挤压

8.3.1 剪切

1. 剪切的概念

当杆件受到一对大小相等、方向相反、作用线相距很近并垂直于杆轴的外力作用时，两力间的横截面将沿力的方向发生相对错动，这种错动产生的变形称为剪切变形。发生相对错动的截面称为剪切面。

剪切变形多发生在工程结构和机械零件的连接上。例如，图 8-10 表示一铆钉连接两块钢板的简图。在外力的作用下，铆钉沿剪切面 m—m 发生剪切变形。当外力过大时，铆钉将沿剪切面被剪断，因此必须进行剪切强度计算。

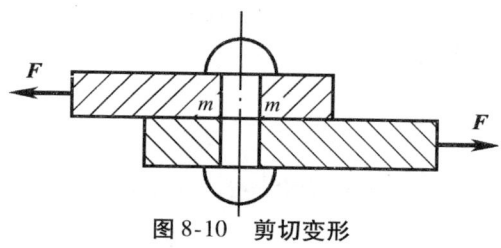

图 8-10 剪切变形

2. 剪切实用计算

下面以铆钉连接图 8-10 为例，说明剪切强度的计算方法。铆钉的受力图如图 8-11（a）所示，为分析铆钉在剪切面上的内力，沿剪切面 m—m 截开并取任一部分为研究对象，如图 8-11（b）所示。根据静力平衡条件，在剪切面内必有一个与该截面相切的内力 F_S，且 $F_S = F$，称为剪力。单位面积上的剪力称为切应力，用 τ 表示，单位是 Pa。

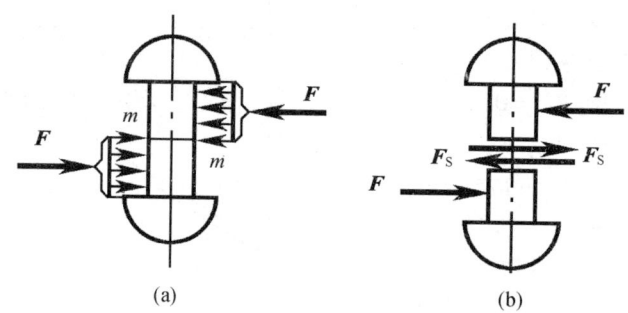

图 8-11 剪切受力图

剪切面上与剪力 F_S 相对应的各点的切应力 τ 的分布情况比较复杂，工程上为了便于计算，通常认为切应力在剪切面上是均匀分布的，于是

$$\tau = \frac{F_S}{A} \tag{8-6}$$

式中，A 是剪切面的面积。

为了保证构件在工作中不发生剪切破坏，必须使构件工作时产生的剪应力，不超过材料的许用剪应力，即

$$\tau \leq [\tau] \tag{8-7}$$

工程中常用材料的许用剪应力，可从有关手册中查得，也可按下面的经验公式确定。

塑性材料： $[\tau] = (0.6 \sim 0.8)[\sigma_1]$

脆性材料： $[\tau] = (0.8 \sim 1.0)[\sigma_1]$

式中，$[\sigma_1]$ 为材料的许用拉应力。

8.3.2 挤压

1. 挤压的概念

一般情况下，连接件受剪切的同时，两构件接触面上相互压紧，产生局部压缩的现象，称为挤压。受压的表面称为挤压面，作用在挤压面上的压力称为挤压力。如图 8-12 所示，两钢板由铆钉连接，由于挤压会产生显著的局部塑性变形。

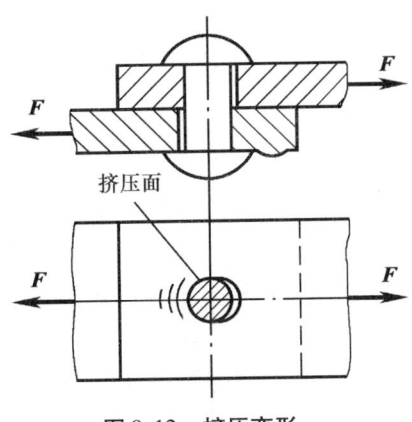

图 8-12 挤压变形

2. 挤压实用计算

在挤压面上，由挤压力引起的应力称为挤压应力，以 σ_{jy} 表示。

挤压应力在挤压面上的分布规律也是比较复杂的，工程上同样采用实用计算法来计算，即假设挤压应力在挤压面上是均匀分布的，因此挤压应力为

$$\sigma_{jy} = \frac{F_{jy}}{A_{jy}} \tag{8-8}$$

式中 F_{jy}——挤压面上的挤压力；

A_{jy}——挤压面积，其值要根据接触面的具体情况而定。当接触面为平面时，挤压面积就是接触面积；当接触面为半圆柱面时，挤压面积为半圆柱体的正投影面积。

为了保证构件局部不产生挤压破坏，必须满足工作挤压应力不超过材料的许用挤压应力，即

$$\sigma_{jy} \leq [\sigma_{jy}] \tag{8-9}$$

式中，$[\sigma_{jy}]$ 为材料的许用挤压应力，具体数据可从有关手册中查得。

例 8.6 图 8-13（a）为键连接结构局部，已知轴的直径 $d = 100$ mm，键的尺寸 $b \times h \times l = 16$ mm $\times 10$ mm $\times 50$ mm。传递的力矩 $M = 600$ N·m，轴的许用挤压应力 $[\sigma_{jy}] = 100$ MPa，试校核键槽的挤压强度。

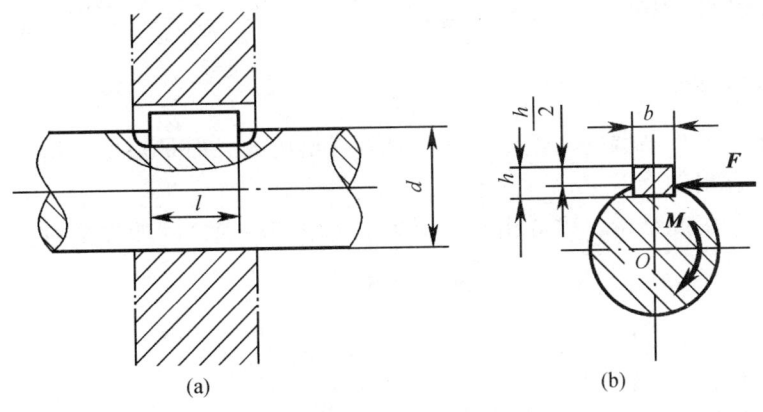

图 8-13 例 8.6 图

解：(1) 计算挤压面上所受的挤压力 F。

取轴和键为研究对象，其受力如图 8-13(b) 所示，根据力矩平衡方程

$$\sum M_O(F) = 0, F \times \frac{d}{2} - M = 0$$

得

$$F = 12 \text{ kN}$$

(2) 校核键的挤压强度。

$$\sigma_{jy} = \frac{F}{A_{jy}} = \frac{2F}{\frac{h}{2} \times l} = \frac{2 \times 12 \times 10^3}{5 \times 50} \text{MPa} = 96 \text{ MPa} < [\sigma_{jy}]$$

故该键槽满足挤压强度要求。

8.4 圆轴的扭转

8.4.1 扭转的概念

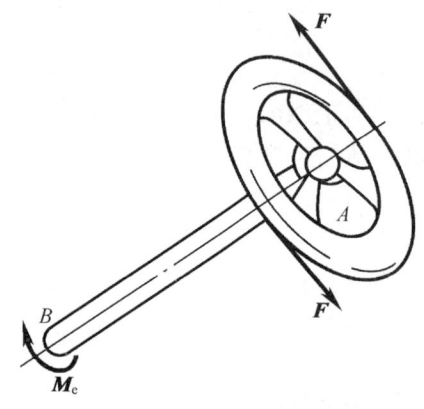

图 8-14 方向盘操纵杆

工程中许多杆件承受扭转变形。如图 8-14 所示的汽车方向盘的操纵杆，操纵杆的两端分别承受驾驶员两手加在方向盘上的外力偶和转向器反力偶的作用，使得操纵杆发生扭转变形。

其受力特点是：作用在杆件两端的一对力偶，大小相等，方向相反，且力偶的作用平面垂直于杆件的轴线，使杆件的任意横截面都绕轴线发生相对转动。杆件的这种由于转动而产生的变形称为扭转变形。本节只讨论工程中常见的圆轴扭转问题。

另外，汽车的传动轴、船舶推进器、丝攻等，工作时的主要变形都是扭转变形。

8.4.2 圆轴扭转时的外力偶矩和扭矩

1. 外力偶矩的计算

作用在圆轴上的外力偶的力偶矩往往不是直接给出的，而是根据所给定的轴传递的功率和轴的转速计算出的。

根据理论力学中的结论，可导出外力偶矩、功率和转速之间的关系为

$$m = 9550 \frac{P}{n} \tag{8-10}$$

式中 m——外力偶矩（N·m）；
P——轴传递的功率（kW）；
n——轴的转速（r/min）。

2. 轴横截面上的扭矩

如图 8-15（a）所示的等截面圆轴，在两端外力偶矩 *m* 作用下平衡。现用截面法求其横截面上的内力，即扭矩。

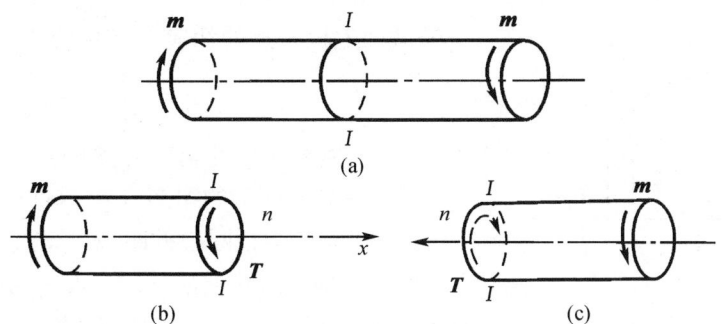

图 8-15　横截面上的扭矩

将截面沿 I—I 处截开，取左端为研究对象（如图 8-15（b）所示）。由力偶平衡条件可知，截面上必有一个内力偶矩与端面上的外力偶矩 *m* 平衡。该内力偶矩称为扭矩，用 **T** 表示，且 *T* = *m*。

若取右段为研究对象，如图 8-15（c）所示。求得的扭矩与以左段为研究对象求得的扭矩大小相等、转向相反，它们是作用与反作用的关系。

为了使取左段或右段求得的扭矩大小、转向都一致，对扭矩的正负号规定：按右手定则，右手四指顺着扭矩的转向握住轴线，大拇指的指向与横截面的外法线方向一致时，扭矩为正；反之为负。

8.4.3 圆轴扭转时的应力

1. 圆轴扭转时的平面假设

取一等截面圆轴，在圆轴表面画两条圆周线和两条与轴线平行的纵向线。然后在圆轴两端施加外力偶矩 *m*，圆轴即产生扭转变形，如图 8-16 所示。这时从圆轴表面可以观察到如下情况。

（1）两条圆周线绕轴旋转了一个小角度，但圆周线的长度、形状和两条圆周线间的距离没有发生变化。

（2）两条纵向线倾斜了同一微小的角度 γ，原来纵向线和圆周线形成的矩形变成了平行四边形，但纵向线仍近似为直线。

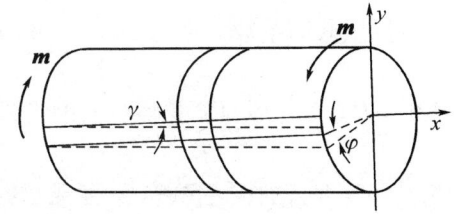

图 8-16　扭转变形

（3）轴的长度和直径都没有发生变化。

根据观察到的这些现象，可作如下假设：圆轴在扭转变形时，各个横截面在扭转变形后仍为相互平行的平面，且形状和大小不变，只是相对地转过了一个角度。此假设称为圆轴扭转时的平面假设。按照平面假设，圆轴任意两横截面之间相对转动的角度，称为扭转角，用 φ 来表示。

按照平面假设，可知圆轴扭转时的变形特点：横截面上只有切应力而无正应力。截面上某点的切应力的大小与该点到圆心的距离成正比，即圆心处切应力为零，圆周上切应力最大，如图 8-17 所示。

横截面上任一点的切应力计算公式

$$\tau = \frac{T\rho}{I_P} \qquad (8-11)$$

式中　τ——横截面上的切应力（Pa）；
　　　T——横截面上的扭矩（N·m）；
　　　ρ——横截面距圆心的距离（m）；
　　　I_P——横截面的极惯性矩，大小与横截面形状和尺寸有关，m^4。实际应用时，I_P 值可在有关手册中查到。

令 $W_P = \dfrac{I_P}{R}$，则圆轴扭转时横截面上最大切应力计算公式为

$$\tau_{max} = \frac{T}{W_P} \qquad (8-12)$$

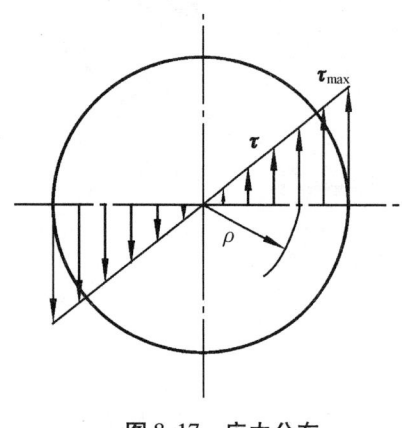

图 8-17　应力分布

式中，W_P 称为抗扭截面系数（mm^3）；R 是圆轴的半径。

2. 极惯性矩和抗扭截面系数的计算

（1）实心圆截面。

极惯性矩　　　　　　　　$I_P = \dfrac{\pi D^4}{32}$

抗扭截面系数　　　　　　$W_P = \dfrac{I_P}{R} = \dfrac{\pi D^3}{16}$

式中，D 为实心圆截面的直径。

（2）空心圆截面。

极惯性矩　　　　$I_P = \dfrac{\pi D^4}{32} - \dfrac{\pi d^4}{32} = \dfrac{\pi D^4}{32}(1-\alpha^4)$

抗扭截面系数　　$W_P = \dfrac{I_P}{R} = \dfrac{\pi D^3}{16}(1-\alpha^4)$

式中，D、d 分别为空心圆截面的外径和内径；$\alpha = \dfrac{d}{D}$。

8.4.4　圆轴扭转时的强度条件

要使受到扭转的圆轴能正常工作，必须使轴在工作时产生的最大剪应力不超过材料的许用切应力 $[\tau]$，故强度条件为

$$\tau_{max} = \left(\frac{T}{W_P}\right)_{max} \leqslant [\tau] \qquad (8-13)$$

切应力 $[\tau]$ 的值由实验测得，设计时可查手册。

例 8.7 由无缝钢管制成的汽车传动轴 AB，外径 $D=90\,\text{mm}$，内径 $d=85\,\text{mm}$，材料的许用切应力 $[\tau]=60\,\text{MPa}$，工作时最大转矩 $m=1.5\,\text{kN}\cdot\text{m}$，如图 8-18 所示。试校核其强度。

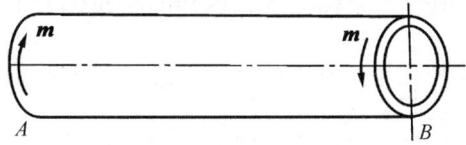

图 8-18 例 8.7 图

解：由已知可得 $T=m$，且

$$\alpha=\frac{d}{D}=\frac{85}{90}=0.944$$

因此

$$W_{\text{P}}=\frac{\pi D^3}{16}(1-\alpha^4)=2.95\times 10^4\ (\text{mm}^3)$$

$$\tau_{\max}=\frac{T}{W_{\text{P}}}=50.9\,\text{MPa}<[\tau]$$

故该传动轴满足强度要求。

8.5 直梁的弯曲

8.5.1 平面弯曲的概念

弯曲变形是工程中最常见的一种基本变形形式，如火车轮轴（如图 8-19 所示）、车削中的轴类工件（如图 8-20 所示）等。它们的特点是：作用于这些杆件上的外力垂直于杆件的轴线，使杆的轴线由直线变为曲线，这种变形称为弯曲变形。工程上把以弯曲变形为主的直杆称为直梁，简称梁。

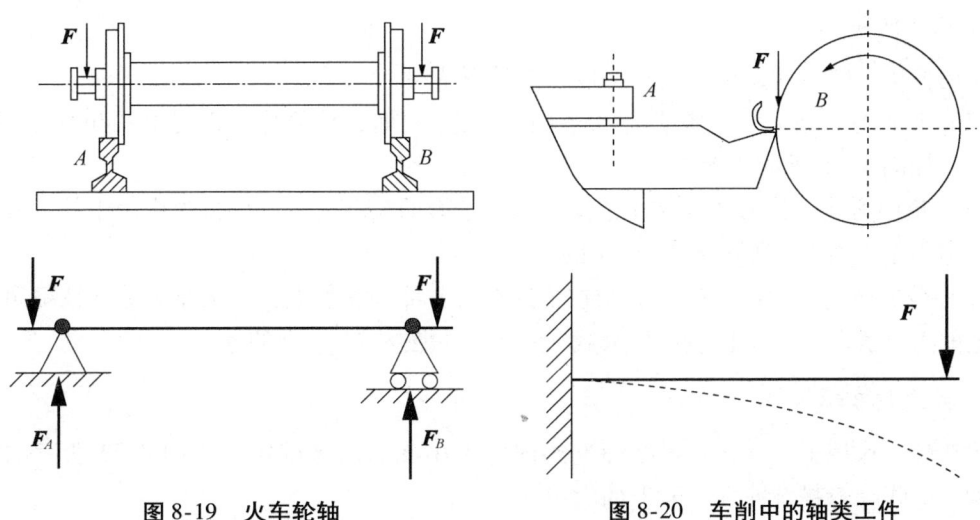

图 8-19 火车轮轴　　　图 8-20 车削中的轴类工件

工程中应用的绝大多数梁的横截面都有一根对称轴，梁的轴线和横截面的对称轴构成的平面称为纵向对称面。当梁的外载荷都作用在纵向对称面内时（如图 8-21 所示），则梁的轴线在纵向对称面内弯曲成一条平面曲线，这样的弯曲称为平面弯曲。

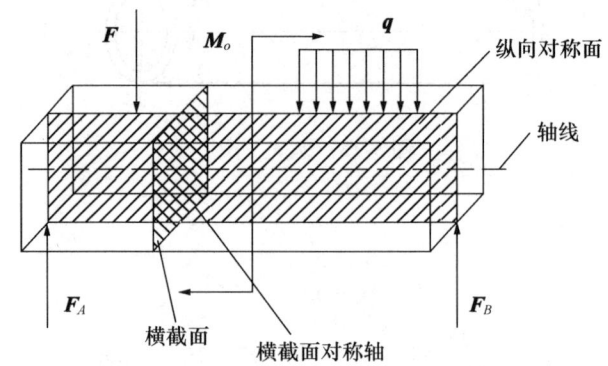

图 8-21　梁的平面弯曲

工程中实际采用的梁结构形式很多，一般可简化为三种基本形式。
（1）简支梁：一端为固定铰链支座，另一端为活动铰链支座，如图 8-22(a) 所示。
（2）外伸梁：简支梁具有一个或两个外伸端，如图 8-22(b) 所示。
（3）悬臂梁：一端为固定端，另一端为自由端，如图 8-22(c) 所示。

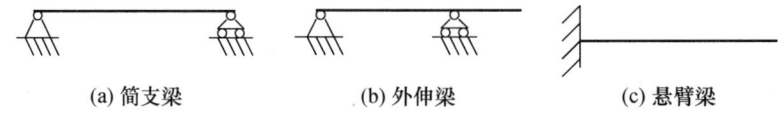

图 8-22　梁的类型

8.5.2　梁横截面上的内力

1. 载荷的简化

作用在梁上的载荷，通常简化为以下三种形式。
（1）集中力。当力的作用范围相对梁的长度很小时，可简化为作用于一点的力，称为集中力，如图 8-21 所示的 F。
（2）集中力偶。当力偶的作用范围远远小于梁的长度时，可简化为作用于某一截面的力偶，称为集中力偶，如图 8-21 所示的 M_o。
（3）分布载荷。当载荷连续分布在梁的全长或部分长度上，其大小和分布情况用单位长度上的力 q 表示时，这种载荷称为载荷集度，如图 8-21 所示的 q。

2. 剪力和弯矩

梁在外力作用下，其任一横截面上的内力可用截面法来确定。以图 8-23 所示的简支梁为例，分析任意横截面 m—m 上的内力。

设梁的长度为 l，距离 A 端 a 处受集中力 F，根据静力平衡方程可求得约束反力 F_{Ay} 和 F_{By} 的值。

假想沿截面 m—m 把梁分成两段，如果取左段为研究对象，则右段梁对左段梁的作用以截开面上的内力来代替，如图 8-23(b) 所示。为使左段梁平衡，在截面 m—m 上必存在两个内力分量：内力 F_Q 与截面相切，称为剪力；内力偶矩 M 称为弯矩，其力偶作用面垂直于横截面；若取右端为研究对象，在截面 m—m 上可得 F'_Q 和 M 两个内力分量，如图 8-23(c) 所示。两段所得剪力和弯矩大小分别相等，而方向相反。

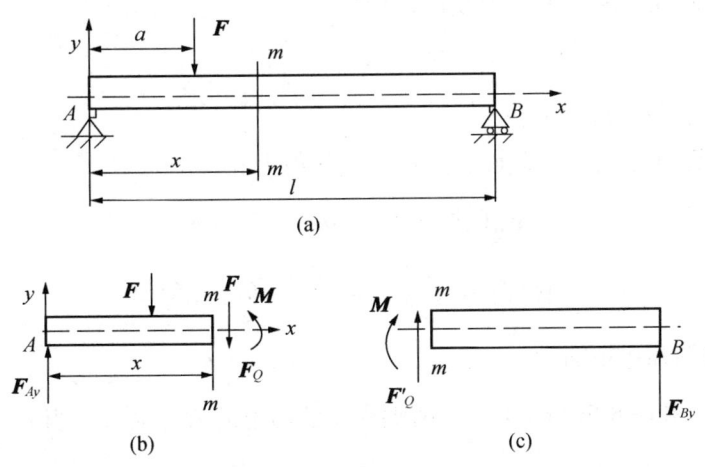

图 8-23 简支梁受力图

为了使无论取左段梁还是右段梁得到的同一截面上其剪力和弯矩不仅大小相等，而且正负号一致，通常对剪力和弯矩做如下规定。

梁截面上的剪力对所取梁段顺时针方向转动为正，反之为负，如图 8-24 所示；梁截面上的弯矩使梁段产生上部受压、下部受拉时为正，反之为负，如图 8-25 所示。

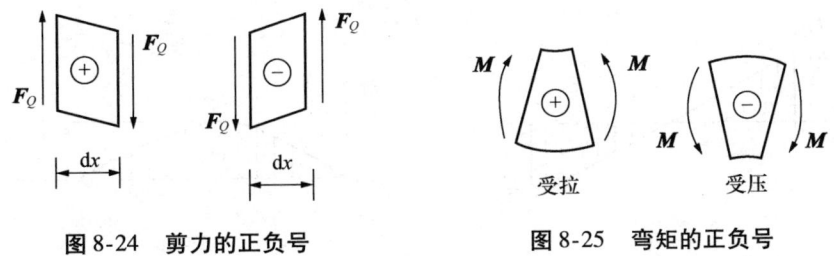

图 8-24 剪力的正负号　　　图 8-25 弯矩的正负号

根据上述正负号规定，m—m 截面两侧上的剪力和弯矩均为正号。

3．剪力图和弯矩图

一般情况下，梁横截面上的剪力和弯矩随截面位置不同而变化。若以横坐标 x 表示截面在梁轴线上的位置，则各横截面上的剪力和弯矩都可表示为 x 的函数，即

$$F_Q = F_Q(x)$$
$$M = M(x)$$

这两个表达式称为梁的剪力方程和弯矩方程。

为了直观地表示剪力和弯矩沿轴向变化情况及判断最大剪力和最大弯矩所在截面的位置，将剪力方程和弯矩方程用图线来表示，这种图线分别称为剪力图和弯矩图。

例 8.8　简支梁受到载荷集度为 q 的均布作用，如图 8-26(a)所示，画出此梁的剪力图和弯矩图。

解：(1) 求支座反力。

取整个梁为研究对象，由静力平衡方程得

$$F_A = F_B = \frac{1}{2}ql$$

(2) 列剪力方程和弯矩方程。

在梁上取一距 A 端为 x 的截面，此截面上的剪力和弯矩为

$$F_Q(x) = F_A - qx = \frac{ql}{2} - qx$$

$$M(x) = F_A x - qx\frac{x}{2} = \frac{ql}{2}x - \frac{qx^2}{2}$$

(3) 画剪力图和弯矩图。

如图 8-26(b)和图 8-26(c)所示，两端支座截面上的剪力最大；当 $x = \frac{l}{2}$ 时，弯矩最大为 $|M|_{max} = \frac{1}{8}ql^2$。

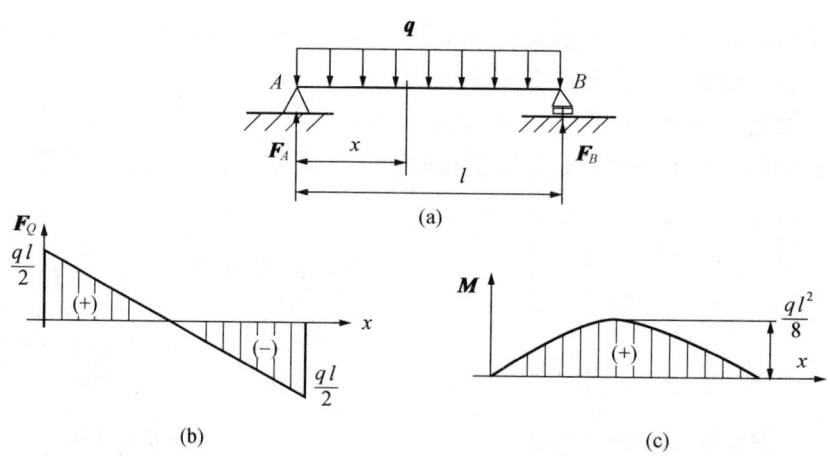

图 8-26　例 8.8 图

8.5.3　纯弯曲梁横截面上的正应力

一般的平面弯曲，若梁的横截面上既有剪力又有弯矩，这种弯曲称为横力弯曲；若梁的横截面上只有弯矩而无剪力，则梁的横截面上仅有正应力而无切应力，这种弯曲称为纯弯曲。下面通过实验来研究纯弯曲梁的变形特点及其横截面上应力的分布。

1. 梁纯弯曲时的变形特点

取一矩形截面梁，实验前，在梁的侧面上，画上垂直于梁轴的横向线及平行于梁轴的纵向线，然后在梁的纵向对称平面内两端施加集中力偶 M，使梁产生纯弯曲，如图 8-27(a) 所示。

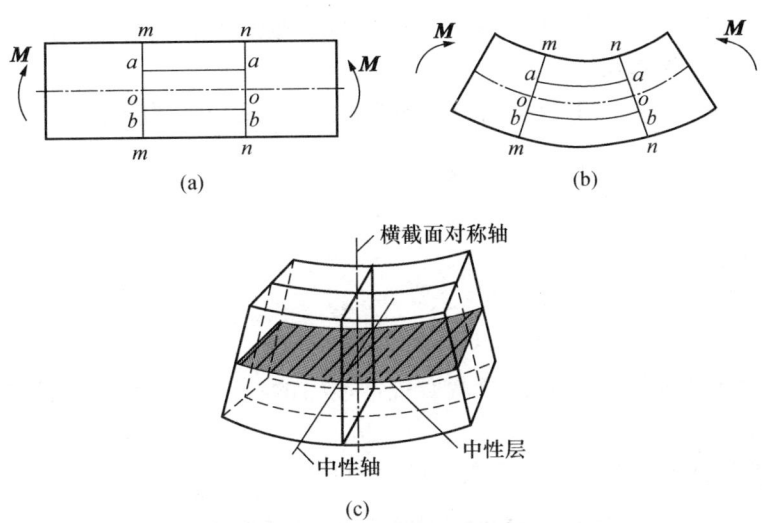

图 8-27 纯弯曲梁的变形

如图 8-27(b) 所示，梁发生弯曲变形后，可以观察到的现象如下。

（1）横向线仍是直线且仍与梁的轴线正交，只是相互倾斜了一个角度。

（2）纵向线（包括轴线）都变成了曲线，靠近凸的一边伸长，靠近凹的一边缩短。

根据上述表面现象，可对梁的内部变形作如下假设。

（1）平面假设：梁弯曲变形时，其横截面仍保持平面，且绕某轴转过了一个微小的角度。

（2）单向受力假设：设梁由无数纵向纤维组成，则这些纤维处于单向受拉或单向受压状态。

如前述假设，梁下部的纵向纤维受拉伸长，上部的纵向纤维受压缩短，其间必有一层纤维既不伸长也不缩短，这层纤维称为中性层。中性层和横截面的交线称为中性轴，如图 8-27(c) 所示。

2. 横截面上正应力分布及计算

由上述分析，可得正应力分布规律：横截面上各点正应力的大小与该点到中性轴的距离成正比。中性轴上的正应力等于零，离中性轴最远的上、下边缘正应力最大，如图 8-28 所示。

在弹性范围内，经推导可得梁纯弯曲时横截面上任

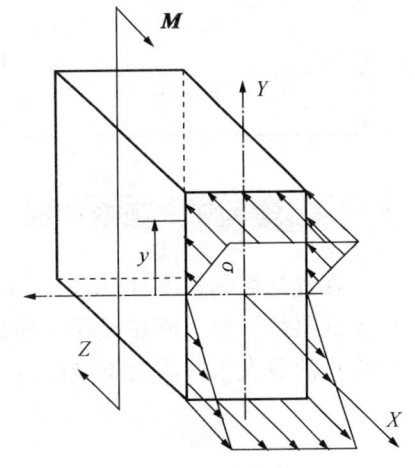

图 8-28 弯曲正应力分布

意一点的正应力为

$$\sigma = \frac{My}{I_z} \tag{8-14}$$

式中　M——横截面上的弯矩；

　　　y——横截面上所求应力点到中性轴 z 的距离；

　　　I_z——横截面对中性轴 z 的惯性矩，是仅与横截面形状和尺寸有关的几何量，可以通过理论计算来求得。

当 $y = y_{max}$，即在横截面上离中性轴最远的各点处弯曲正应力最大

$$\sigma_{max} = \frac{My_{max}}{I_z} \tag{8-15}$$

令 $\frac{I_z}{y_{max}} = W_z$，则

$$\sigma_{max} = \frac{M}{W_z} \tag{8-16}$$

W_z 称为抗弯截面系数，也是衡量截面抗弯能力的一个几何量，其值与横截面的形状和尺寸有关。

常用截面的惯性矩与抗弯截面系数参见表8-1。

表8-1　常用截面的惯性矩与抗弯截面系数

截面形状	矩形	圆形	圆环
惯性矩	$I_z = \dfrac{bh^3}{12}$	$I_z = I_y = \dfrac{\pi D^4}{64} \approx 0.05 D^4$	$I_z = I_y = \dfrac{\pi}{64}(D^4 - d^4) \approx 0.05 D^4 (1 - \alpha^4)$ 式中 $\alpha = \dfrac{d}{D}$
抗弯截面模量	$W_z = \dfrac{bh^2}{6}$ $W_y = \dfrac{hb^2}{6}$	$W_z = W_y = \dfrac{\pi D^3}{32} \approx 0.1 D^3$	$W_z = W_y = \dfrac{\pi D^3}{32}(1 - \alpha^4) \approx 0.1 D^3 (1 - \alpha^4)$ 式中 $\alpha = \dfrac{d}{D}$

8.5.4　梁的弯矩强度计算

在进行梁的强度计算时，由于梁上的应力一般是随截面位置的不同而变化的，因此应首先找出最大应力所在截面，即危险截面以及求出最大应力。为了使梁安全可靠的工作，危险点的最大工作应力不能超过梁所用材料的许用应力，强度条件为

$$\sigma_{max} = \frac{M}{W_z} \leqslant [\sigma] \tag{8-17}$$

式中，$[\sigma]$ 为弯曲许用应力。

例8.9 在例8.8中的简支梁,若选用 $D = 100\,\text{mm}$,$d = 60\,\text{mm}$ 的空心圆形截面钢制造,已知梁的跨度 $l = 3\,\text{m}$,载荷集度 $q = 10\,\text{kN/m}$,许用正应力 $[\sigma] = 200\,\text{MPa}$,不计梁的自重,试校核梁的强度。

解:(1)确定最大弯矩。

根据例8.8可知,梁在中间位置弯矩最大

$$M_{max} = \frac{1}{8}ql^2 = \frac{10 \times 10^3 \times 3^2}{8} = 1.125 \times 10^4 (\text{N}\cdot\text{m})$$

(2)确定抗弯截面系数。

$$W_z \approx 0.1D^3(1-\alpha^4) = 0.1 \times 100^3\left[1-\left(\frac{60}{100}\right)^4\right] = 8.7 \times 10^4 (\text{mm}^3)$$

(3)校核强度。

$$\sigma_{max} = \frac{M}{W_z} = \frac{1.125 \times 10^7}{8.7 \times 10^4}\text{MPa} \approx 129\,\text{MPa} < [\sigma]$$

所以该梁强度足够。

思考与复习题

1. 如图8-29所示,求出 AB、BC、CD 和 DE 段的内力。

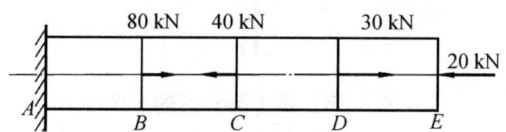

图8-29 思考与复习题1图

2. 杆件受力如图8-30所示,试分别求出1—1、2—2、3—3截面上的轴力和应力。

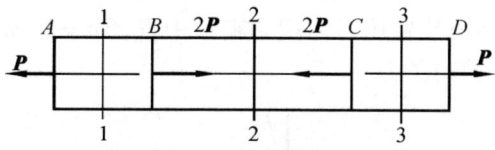

图8-30 思考与复习题2图

3. 分别计算如图8-31所示各截面的轴力和应力。

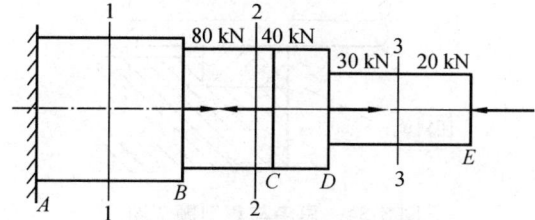

图8-31 思考与复习题3图

4. 如图 8-32 所示的空心圆截面杆，外径 $D = 20\,\text{mm}$，内径 $d = 15\,\text{mm}$，承受轴向载荷 $F = 20\,\text{kN}$ 的作用，材料的极限应力 $\sigma_0 = 245\,\text{MPa}$，安全系数 $n = 1.5$。试校核杆的强度。

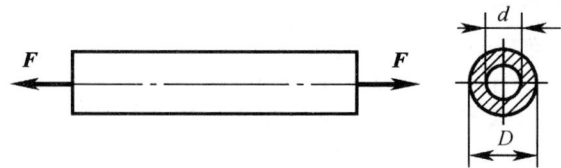

图 8-32　思考与复习题 4 图

5. 如图 8-33 所示的支架，AB 杆的许用应力 $[\sigma_1] = 100\,\text{MPa}$，$BC$ 杆的许用应力 $[\sigma_2] = 160\,\text{MPa}$，两杆横截面面积均为 $A = 100\,\text{mm}^2$。试求此结构的许可荷载 P。

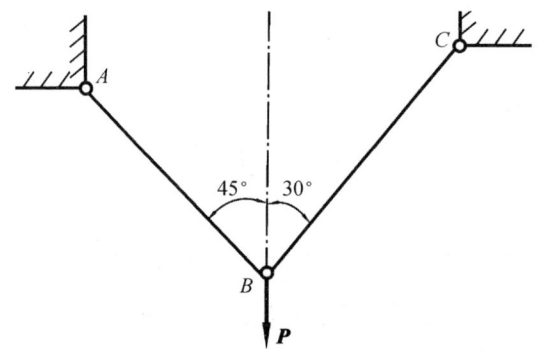

图 8-33　思考与复习题 5 图

6. 有一根由钢材制成的拉杆，已知该钢材的许用应力 $[\sigma] = 170\,\text{MPa}$，杆的横截面为直径 $d = 14\,\text{mm}$ 的圆形。若杆受有轴向拉力 $P = 30\,\text{kN}$，试校核此杆是否满足强度要求。

7. 如图 8-34 所示，切料装置用刀刃把切料模中直径 $d = 10\,\text{mm}$ 的棒料切断。棒料的抗剪强度 $\tau = 300\,\text{MPa}$，试计算切断力 F。

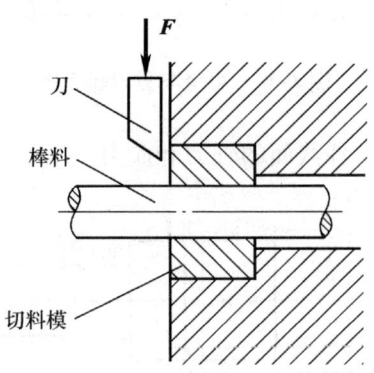

图 8-34　思考与复习题 7 图

8. 两块厚度 $t = 20$ mm 的钢板对接，通过直径 $d = 16$ mm 的铆钉连接，如图 8-35 所示。已知拉力 $P = 100$ kN，铆钉的许用剪切应力 $[\tau] = 140$ MPa，钢板的 $[\sigma_{jy}] = 320$ MPa，试校核挤压强度和剪切强度。

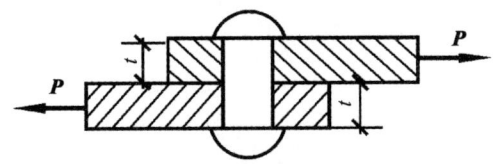

图 8-35　思考与复习题 8 图

9. 如图 8-36 所示，简支梁在 C 点处受集中荷载 P 作用，画出此梁的剪力图和弯矩图。

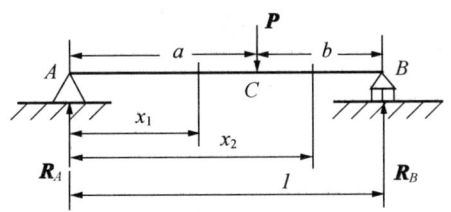

图 8-36　思考与复习题 9 图

10. 某减速箱的实心传动轴，直径 $D = 60$ mm，材料的许用切应力 $[\tau] = 50$ MPa，转速 $n = 1900$ r/min，试求轴能传递多少功率。

第三篇　汽车运用材料

第 9 章
汽车运用材料

材料是人类社会发展和经济建设的物质基础。汽车上每个零件无一不是由材料制成的。材料的种类有很多。生产中用来制作汽车工程结构、零件和工具的固体材料，分为金属材料、非金属材料和复合材料三大类。其中，金属材料是最重要的工程材料，因它具有优良的使用性能和工艺性能，易于制成性能、形状都能满足使用要求的机械零件、工具和其他制品，故应用范围最广、种类最多，占整个汽车用材的 80% 左右。

非金属材料及复合材料也各有特点，与汽车的安全性、经济性、舒适性密切相关，在汽车中的应用正在逐步增加。

金属材料之所以能够得到广泛应用，成为汽车的主要材料，主要是由于它的价格不高且具有良好的性能。了解材料的性能是弄懂各种材料用途的基础。

学习目标：
1. 掌握金属材料的性能；
2. 掌握金属材料的力学性能指标、含义、试验方法以及在实际生产中的应用；
3. 了解各种金属材料的性能特点以及它们在实际生产中的应用；
4. 掌握各种金属材料的牌号及其含义，能正确识别、选用金属材料；
5. 了解非金属材料的性能特点及其在生产中的应用。

9.1 金属材料的性能

汽车工业中使用的材料主要是金属材料,故首先介绍金属材料的性能。金属材料的性能包括使用性能和工艺性能两大类。使用性能是指金属材料在使用过程中所表现出来的性能,主要有力学性能、物理性能和化学性能;工艺性能是指金属材料在各种加工过程中表现出来的性能,主要有铸造、锻造、焊接、热处理和切削加工性能。

9.1.1 材料的力学性能

汽车是用不同的材料制成的零部件组装而成的。这些零部件在使用过程中要受到各种不同类型外力的作用,这些外力的作用对金属都有一定的破坏性,这就要求材料具有抵抗外力作用而不被破坏的能力,也就是要求材料具有一定的力学性能。

金属材料的力学性能主要有强度、塑性、硬度和韧性。

金属材料的力学性能都是通过材料的试验来测定的。

1. 材料的拉伸和压缩试验

拉伸试验是将预先制成的拉伸试样装在拉力试验机上,随后对试样缓慢施加拉力,使试样随拉力的逐渐增加而不断变形,直至拉断为止。根据试样在拉伸过程中承受的载荷和产生相应变形量的大小可以测定金属材料的强度指标,通过计算还可得出金属材料的塑性指标,如图 9-1 所示。低碳钢的拉伸图及应力应变图如图 9-2 所示。

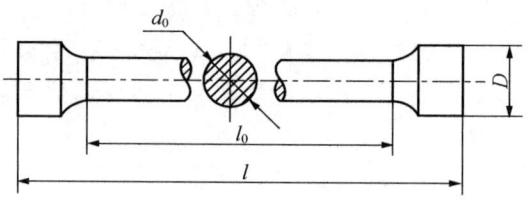

图 9-1 拉伸试样

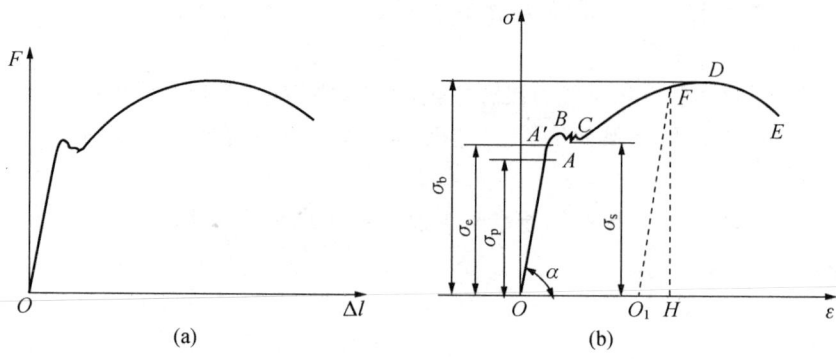

图 9-2 低碳钢的拉伸图及应力应变图

（1）低碳钢拉伸变形的过程可按图 9-2 分析如下。

① 弹性变形阶段（图 9-2（b）中 OA' 段）。这一阶段试样的变形完全是弹性的，全部卸除荷载后，试样将恢复其原长，这一阶段称为弹性变形阶段。这一阶段曲线有两个特点：一是 OA 段是一条直线，它表明在这段范围内，应力与应变成正比，即

$$\sigma = E\varepsilon$$

比例系数 E 即为弹性模量，在图 9-2 中 $E = \tan\alpha$。此式所表明的关系即胡克定律。成正比关系的最高点 A 所对应的应力值 σ_p，称为比例极限，OA 段称为线性弹性区。低碳钢的 $\sigma_p \approx 200$ MPa。

另一特点是 AA' 段为非直线段，它表明应力与应变成非线性关系。试验表明，只要应力不超过 A' 点所对应的应力 σ_e，其变形是完全弹性的，称 σ_e 为弹性极限，其值与 σ_p 接近，所以在应用上，对比例极限和弹性极限不作严格区别。

② 屈服阶段（$A'C$ 段）。在应力超过弹性极限后，试样的荷载基本不变而试样却不断伸长，好像材料暂时失去了抵抗变形的能力，这种现象称为屈服，这一阶段则称为屈服阶段。屈服阶段出现的变形，是不可恢复的塑性变形。

在屈服阶段内，应力 σ 有幅度不大的波动，将这一阶段的最低点所对应的应力 σ_s，称为屈服点或屈服强度或屈服极限。低碳钢的 $\sigma_s \approx 240$ MPa。

③ 强化阶段（CD 段）。试样经过屈服阶段后，材料的内部结构得到了重新调整。在此过程中材料不断发生强化，试样中的抗力不断增长，材料抵抗变形的能力有所提高，表现为变形曲线自 C 点开始又继续上升，直到最高点 D 为止，这一现象称为强化，这一阶段称为强化阶段。其最高点 D 所对应的应力 σ_b，称为强度极限。低碳钢的 $\sigma_b \approx 400$ MPa。

④ 缩颈断裂阶段（DE 段）。试样从开始变形到 σ-ε 曲线的最高点 D，在工作长度 l 范围内沿纵向的变形是均匀的。但自 D 点开始到 E 点断裂时为止，变形将集中在试样的某一较薄弱的区域内，该处的横截面面积显著地收缩，出现"缩颈"现象。在试样继续变形的过程中，"缩颈"部分的横截面面积急剧缩小，因此，试样的抗力反而降低，直至断裂。

（2）低碳钢压缩变形过程可按图 9-3 分析如下。图 9-3 中的实线为低碳钢压缩试验的 σ-ε

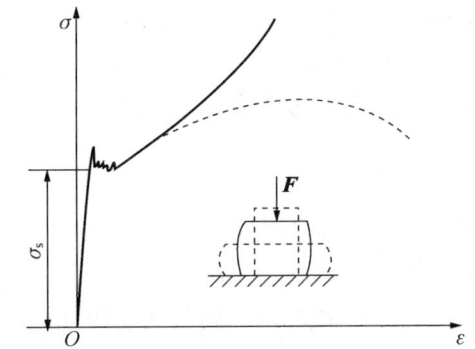

图 9-3　低碳钢压缩时的应力应变曲线

曲线，虚线表示拉伸时的 σ-ε 曲线，两条曲线的主要部分基本重合，即低碳钢压缩时的弹性变形阶段、屈服阶段与拉伸时相同。

（3）铸铁拉伸变形的过程可按图 9-4 分析如下。铸铁从受拉到断裂，变形始终很小，曲线无明显的直线部分，所以不符合胡克定律，既无弹性变形和屈服变形阶段，也无颈缩现象，破坏是突然发生的。断裂面接近垂直试件轴线的横截面。

（4）铸铁压缩变形的过程可按图9-5分析如下。铸铁压缩时的 σ-ε 仍然是一条曲线，只是在压力较小时近似符合胡克定律，与铸铁拉伸时的变形有较大的差别。铸铁压缩时，试件破坏时的断口与轴线呈 45°～50°。

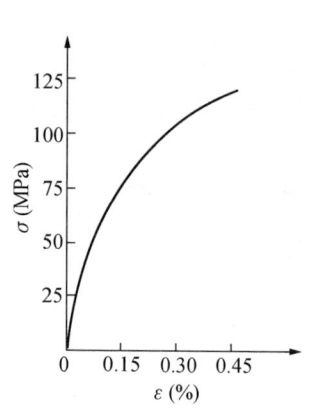

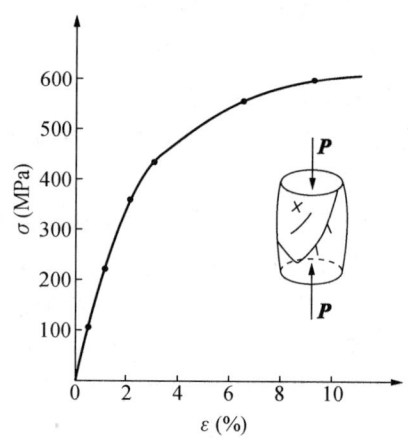

图9-4 铸铁拉伸时的应力应变曲线　　图9-5 铸铁压缩时的应力应变曲线

2. 强度

强度是金属材料在静载荷作用下抵抗永久变形和断裂的能力，强度的单位用 N/mm^2 表示。强度可分为抗拉强度、抗压强度、抗剪强度、抗弯强度和抗扭强度5种。一般情况下，多以抗拉强度作为判别金属强度高低的指标。从低碳钢的拉伸试验可知，低碳钢的强度指标有：弹性极限 σ_e、屈服极限 σ_s 和强度极限 σ_b。

（1）弹性极限 σ_e。在应力应变图中，弹性极限为弹性变形区的最高应力，即表示金属材料抵抗弹性变形的最大应力。

$$\sigma_e = \frac{P_e}{F_0}$$

式中　σ_e——应力（MPa）；

　　　P_e——载荷（N）；

　　　F_0——试样的原始截面面积（mm^2）。

（2）屈服极限 σ_s。屈服极限是指应力不增加而应变继续增加的现象，即表示金属材料抵抗塑性变形的应力。

$$\sigma_s = \frac{P_s}{F_0}$$

式中　σ_s——屈服强度（MPa）；

　　　P_s——试样屈服时的载荷（N）；

　　　F_0——试样的原始截面面积（mm^2）。

(3) 强度极限 σ_b。强度极限是使材料丧失承载能力的最大应力，即表示金属材料抵抗塑性变形不致断裂的最大应力。

$$\sigma_b = \frac{P_b}{F_0}$$

式中　σ_b——抗拉强度（MPa）；
　　　P_b——试样在断裂前的最大载荷（N）；
　　　F_0——试样的原始截面面积（mm²）。

其中，屈服极限 σ_s 和强度极限 σ_b 是衡量材料强度最重要的两个指标。

3. 塑性

金属材料断裂前发生不可逆永久变形的能力称为塑性。塑性指标也是由拉伸试验测得的，常用的指标有断后伸长率和断面收缩率。

（1）断后伸长率。试样拉断后，标距的伸长量与原始标距（用来测定试样应变或长度变化）的百分比称为断后伸长率，以 δ 表示。

$$\delta = \frac{l_1 - l}{l} \times 100\%$$

式中　l——试样原始标距；
　　　l_1——试样拉断后的标距。

δ 的大小表示材料在拉断前能发生的最大塑性变形程度，是衡量材料塑性的一个重要指标。工程上一般认为 $\delta \geq 5\%$ 的材料为塑性材料，$\delta < 5\%$ 的材料为脆性材料。

（2）断面收缩率。试样拉断后，颈缩处横截面积的最大缩减量与原始横截面积的百分比，称为断面收缩率，用 ψ 表示。

$$\psi = \frac{A - A_1}{A} \times 100\%$$

式中　A_1——试样拉断后断口处的最小横截面面积；
　　　A——试样的原始横截面面积。

δ 和 ψ 越大，表示材料的塑性越好；反之，表示材料的塑性越差，脆性越大。

4. 硬度

硬度是材料表面抵抗局部塑性变形的能力，是反映材料软硬程度的力学性能指标。常用的硬度指标有布氏硬度和洛氏硬度。其值是根据国家标准（GB/T 231.1—2009）通过试验测得的。

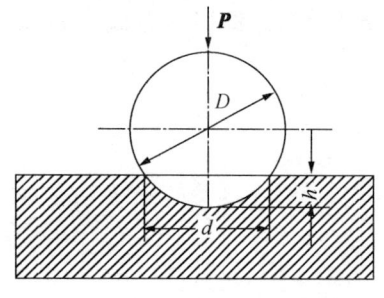

图 9-6 布氏硬度试验原理图

（1）布氏硬度 HBW。布氏硬度试验原理如图 9-6 所示。用一规定直径 D 硬质合金钢球做压头，以相应的试验力 F（单位：N）将压头压入试件表面，经规定的时间后，试验力，随即在试件表面得到一直径为 d 的压痕。用试验力 F 除以压痕表面积 A，所得值即为布氏硬度值，用符号 HBW 表示。

硬度值为

$$HBW = \frac{P}{A} = \frac{P}{\pi Dh} = 0.102 \frac{2F}{\pi D(D - \sqrt{D^2 - d^2})}$$

式中 A——压痕表面积（mm^2）；

D、d、h——压头直径、压痕平均直径、压痕深度（mm）。

上式中只要测出 d 值，即可计算出相应的硬度值。d 值越大，硬度值越小；d 值越小，硬度值越大。

布氏硬度试验法压痕面积大，能反映出较大范围内材料的平均硬度，测得结果较准确；但布氏硬度法操作不够简便，又因压痕大，故不宜测试成品件或薄壁件。

布氏硬度表达方法举例如下。

示例：600HBW1/30/20。

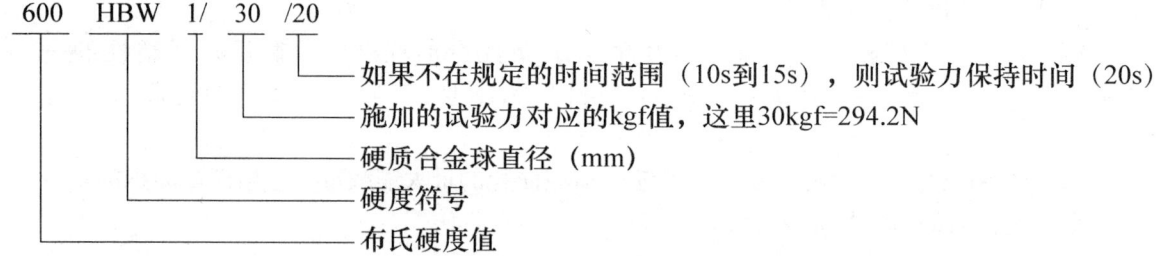

（2）洛氏硬度 HR。洛氏硬度试验法采用金刚石圆锥体或淬火钢球压入金属表面，如图 9-7 所示。用一定直径（D）的淬火钢球或硬质合金球在初载荷与主载荷的先后作用下，将压头压入试件表面。经规定的保持时间后卸除主载荷，根据压痕深度确定金属硬度值。

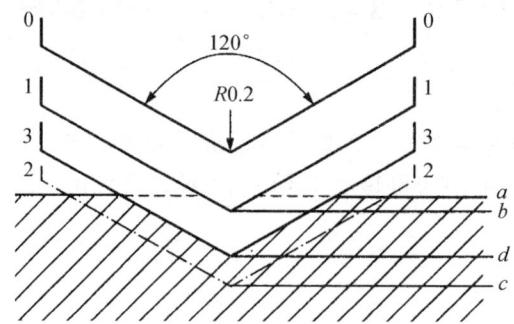

图 9-7 洛氏硬度试验原理图

$$HR = K - \frac{bd}{0.002}$$

式中,金刚石做压头,K 值为 100HR;钢球做压头,K 值为 130HR。

根据所用压头种类和所加试验力,洛氏硬度值符号分为 HRA、HRB 及 HRC 等。

洛氏硬度表达方法举例如下。

示例:70HR/30TW。

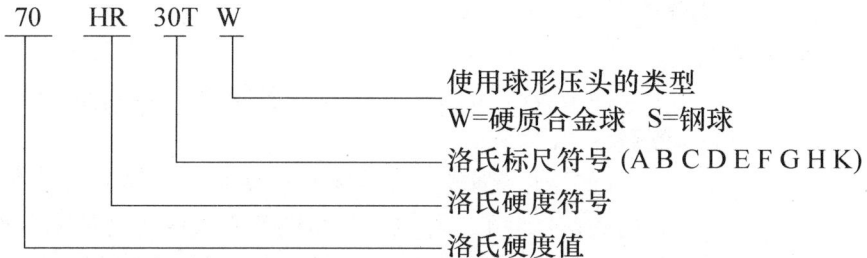

洛氏硬度试验操作简便、迅速,测量硬度范围大,压痕小,无损于试件表面,可直接测量成品件或较薄工件。但因洛氏硬度法压痕小,故对内部组织和硬度不均匀的材料所测结果不够准确,因此,需在试件不同位置测定三点取其平均值。

5. 韧性及疲劳

(1)韧性。上面所介绍的材料力学性能指标都是在静载的情况下,但许多零件是在冲击载荷作用下工作的,如汽车中的轴、传动轴、齿轮等。这类零件既要满足静力作用下的力学性能指标,又要具备受冲击载荷而不被破坏的能力,这种抵抗冲击载荷而不被破坏的能力称为韧性,其衡量指标称为冲击韧度。材料韧性的高低是通过冲击试验确定的。冲击试验原理如图 9-8 所示。

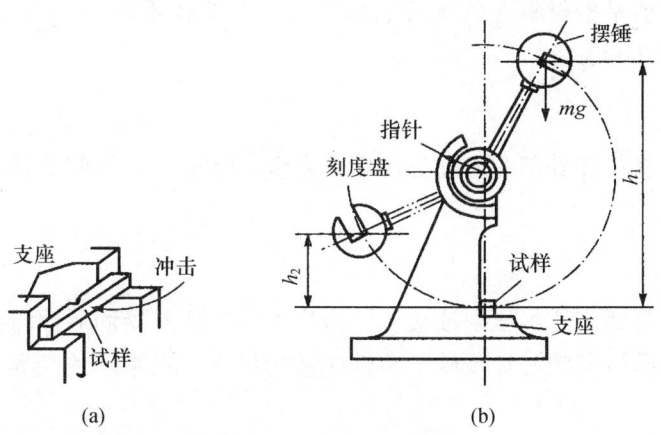

图 9-8 冲击试验原理图

试验过程:如图 9-8 所示,将被测材料应按标准制成试样放在试验机座上,缺口背向摆锤的冲击方向,将重量 mg 的摆锤抬高到高度 h_1,使其具有位能 mgh_1,然后摆锤自由落下,冲断试样后,继续升高到 h_2 的高度,此时摆锤的剩余能量为 mgh_2,摆锤冲断试样所消耗的冲击功数值为

$$A_k = mg(h_1 - h_2) \quad (N \cdot m)$$

用冲击功之力 A_k 除以试样缺口处的横截面积 S，即材料的冲击韧度值，用符号 α_k 表示。冲击韧度为

$$\alpha_k = \frac{A_k}{S}$$

式中　A_k——试样吸收的冲击功；

　　　S——试样缺口底部横截面积（cm^2）；

　　　α_k——冲击韧度。

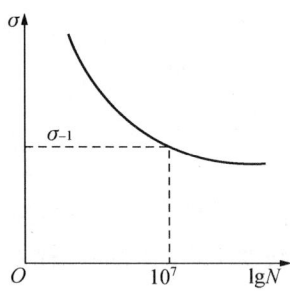

图 9-9　疲劳曲线示意图

冲击吸收功越大，材料韧性越好，在受到冲击时越不宜断裂。

（2）疲劳强度。许多零件（如轴、齿轮、弹簧等）是在变化的载荷作用下工作的。当材料所受最大应力值小于材料的 σ_s，甚至小于 σ_e，但经长时间承受载荷后虽无显著外观变化仍发生断裂的现象称为疲劳断裂。

金属材料抵抗疲劳断裂的能力用疲劳强度（疲劳极限）σ_{-1} 表示，σ_{-1} 在一定试验条件下获得，如图 9-9 所示。

工程上用的疲劳强度，是指在一定的循环基数下不发生断裂的最大应力。通常规定钢铁材料的循环基数取 10^7，有色金属取 10^8。

9.1.2　材料的其他性能

1. 物理性能

材料的物理性能是指材料在物理方面的特性，主要技术指标有熔点、密度、导电性、导热性、导磁性和热膨胀性。

2. 化学性能

化学性能是指材料在外部介质化学作用下表现的性能，包括耐腐蚀性、抗氧化性和化学稳定性。

3. 铸造性能

铸造是将熔融金属浇注、压射或吸入铸型型腔中，待其凝固后而得到一定形状和性能的零件的方法。铸造性能的好坏反映了铸件质量的优劣。在常用的金属中，灰铸铁和青铜有良好的铸造性能。

4. 锻造性能

金属材料的锻造性能是指材料在压力加工时，能改变形状而不产生裂纹的性能以及变形时变形抗力的大小。锻造性好，表明容易进行锻压加工；锻造性差，表明该金属不宜选用锻压加工成形。与高碳钢和合金钢相比，低碳钢更能承受锻造、轧制、冷拉、挤压等变形加工，表现出良好的锻造性。

5. 焊接性能

金属材料的焊接性能是指材料在通常的焊接方法和焊接工艺条件下，能否获得质量良好的焊缝的性能。焊接性能好的材料，易于用一般的焊接方法和工艺进行焊接，焊缝中不易产生气渣或裂纹等缺陷，其强度与母材接近。焊接性能差的材料要用特殊的方法和工艺进行焊接。常用材料中，低碳钢有良好的焊接性能，而高碳钢和铸铁的焊接性能较差。

6. 切削加工性能

切削加工性能是指工件材料进行切削加工的难易程度。切削加工性能好的材料易于高效获得加工表面质量好的零件，且刀具使用寿命长；而切削加工性能差的材料，不易获得高质量表面的零件，甚至不能进行切削加工。通常，可根据材料的强度和韧性对切削加工性能做大致的判断。硬度过高或过低以及韧性过大的材料，切削加工性能较差。碳钢硬度为 150～250 HBS 时，有较好的切削加工性能，灰铸铁也具有良好的切削加工性能。

7. 热处理性能

热处理性能是指将材料在固态下加热、保温、冷却，以改变其内部组织结构，从而获得所需材料性能的一种工艺。热处理最大特点是只通过改变工件的组织来改变性能，而不改变其形状。常用的热处理方法有退火、正火、淬火、回火及化学热处理、真空热处理、激光热处理、形变热处理等，通过热处理工艺可以改变材料的性能及硬度。

9.2 金属材料

工业上常用的金属材料分为黑色金属和有色金属两大类。黑色金属包括碳钢、合金钢、铸铁；有色金属包括钢铁以外的金属及其合金。在汽车行业中应用最广的金属材料是黑色金属。

9.2.1 碳钢

碳钢是指碳的含量在 2.11% 以下，并含有少量杂质（硅、锰、硫、磷）的铁碳合金。碳钢的品种多，规格全，性能好，价格低，且可用热处理的方法改善性能，所以是金属材料中应用最广的材料。

1. 碳钢的分类

（1）按含碳量的高低，碳钢可分为低碳钢、中碳钢和高碳钢。

低碳钢：含碳量小于 0.25%。

中碳钢：含碳量在 0.25%～0.6% 之间。

高碳钢：含碳量大于 0.60%。

(2) 按碳钢中有害杂质硫、磷含量的高低,可将碳钢分为普通质量钢、优质钢和高级优质钢。

普通质量钢:$S \leqslant 0.050\%$,$P \leqslant 0.045\%$。

优质钢:$S \leqslant 0.035\%$,$P \leqslant 0.035\%$。

高级优质钢:$S \leqslant 0.025\%$,$P \leqslant 0.030\%$。

(3) 按用途不同,可将碳钢分为结构钢与工具钢。

结构钢:主要用于制造各种工程构件,如桥梁、船舶、建筑用钢和机械零件如齿轮、螺钉、螺母、弹簧、曲轴及连杆等。

工具钢:主要用于制造各种刃具、量具及模具。

2. 碳钢的编号与用途

(1) 碳素结构钢。国家标准 GB/T 700—2006 中将原来的普通碳素结构钢改名为碳素结构钢。由代表钢材屈服点的指标进行编号。

以 Q235AF 为例:"Q"代表屈服点(GB/T 700—2006 中改为上屈服强度),是"屈"字汉语拼音的首写字母;"235"为上屈服强度(或屈服点)数值,单位为 MPa;"A"为冶金质量等级,共 A、B、C、D 四级,A 级硫、磷含量最高,D 级硫、磷含量最低;"F"为脱氧方法为 F,即沸腾钢"沸"字汉语拼音的首字母(脱氧不完全)。碳素结构钢的机械性能及在汽车上的应用参见表 9-1。

表 9-1　碳素结构钢的机械性能及在汽车上的应用

牌　号	机械性能	应　用
Q195、Q215	有一定强度、塑性好	制作冲压件、螺栓等
Q235	强度较高	制作百叶窗联动杠杆、传动轴中间轴承支架、油底壳、加强板等
Q275	强度高、质量好	制作摩擦离合器、主轴、刹车钢带、吊钩等

(2) 优质碳素结构钢。优质碳素结构钢的牌号用两位数字表示钢中平均含碳量的万分数。如 45 号钢表示平均含碳量为 0.45% 的优质碳素结构钢。

当钢中平均含锰量小于 0.8% 时,称为普通含锰量钢;当钢中含锰量为 0.7%～1.2% 时,称为较高含锰量钢,在钢号尾部加注元素符号以区别于普通含锰量钢。如 40Mn 表示含碳量为 0.4% 的较高含锰量钢。

优质碳素结构钢的结构性能优良,并可通过热处理进行强化,广泛应用于汽车中制作重要零件。其机械性能及应用参见表 9-2。

表 9-2　优质碳素结构钢的机械性能及在汽车上的应用

牌　号	机械性能	应　用
08F	强度低,塑性、韧性好,易于冲压加工	驾驶室、油底壳、油箱、离合器等

(续表)

牌号	机械性能	应用
15	强度低，塑性、韧性好	发动机气门头、离合器调整螺栓、曲轴箱调整螺栓、消声器前托架螺栓、曲轴箱通风阀体、气门弹簧座及旋转套、车轮螺母及螺栓
20		离合器分离杠杆、风扇叶片、驻车制动杆等
35	强度较高，塑性、韧性较好，一般经热处理后使用	曲轴正时齿轮、半轴螺栓锥型套、前后轴头螺母、车轮螺栓、机油泵轮、连杆螺母、汽缸盖定位销、拖曳钩、螺母、驻车制动蹄片臂拉扒等
45		气门推杆、同步器锁销、变速杆、凸轮轴、曲轴、变速叉轴、齿环、转向节主销、离合器踏板轴及分离叉等
50		离合器从动盘
65Mn	热处理后具有较高的弹性极限、足够的韧性、一定的强度	转向系接头弹簧、弹簧垫圈、各种卡环、锁片等

（3）碳素工具钢。碳素工具钢的含碳量为0.65%～1.35%，一般需热处理后使用。这类钢经热处理后具有较高的硬度和耐磨性，但其韧性、塑性较差，主要用于制造低速切削刃具以及对热处理变形要求低的一般模具。

碳素工具钢牌号用"T＋数字"组成。"T"表示"碳"的汉语拼音的首写字母，"数字"表示钢的平均含碳量的千分数。如T8钢，表示平均含碳量为0.8%的碳素工具钢。若牌号末尾加"A"，表示高级优质钢，如T8A。常用碳素工具钢的牌号及应用参见表9-3。

表9-3 常用碳素工具钢的牌号及应用

牌号	应用
T7	凿子、模具、锤子、木工工具等
T8	简单模具、木工工具、剪切金属用剪刀、冲头等
T8Mn	
T9	刨刀、冲模、丝锥、丝刀、手锯锯条、卡尺等
T10	

（4）铸钢。铸钢中含碳量在0.15%～0.6%，碳的含量增加，铸钢的屈服点和抗拉强度均升高，且抗拉强度比屈服点上升得更多。但碳含量增加，铸钢的塑性和韧性降低，铸钢在铸造过程中易产生裂纹等缺陷。

铸钢是一种重要的铸造合金，其应用仅次于铸铁。铸钢件的力学性能优于各类铸件，并具有优良的焊接性能，适于采用铸焊联合工艺制造重型铸件。生产上铸钢主要用于制造形状复杂、难于锻造而又需承受冲击载荷的零部件，如机车车架、火车车轮、水压机的缸和立柱、大型齿轮、轧钢机机架等。

常用的铸钢有碳素铸钢和合金铸钢两大类，其中碳素铸钢应用较广，约占铸钢件的80%。

铸钢的牌号用"ZG+两组数字"表示,"ZG"表示"铸钢"二字汉语拼音的首位字母;"两组数字"分别表示最低屈服点和最低抗拉强度的数值,单位是 MPa。如 ZG200-400,表示屈服点不小于 200 MPa、抗拉强度不小于 400 MPa 的铸钢。常见的铸钢性能及应用参见表9-4。

表9-4 常见的铸钢性能及应用

牌 号	机械性能	应 用
ZG200-400	良好的塑性、韧性和焊接性能	用于受力不大,要求韧性好的机械零件,如机座、变速箱壳体、减速器壳体等
ZG230-450	有一定的强度和较好的塑性、韧性,焊接性能良好	用于受力不大,要求韧性好的机械零件,如外壳、轴承盖、底板、阀体、箱体等
ZG270-500	有较高的强度和较好的塑性,铸造性能好,焊接性能尚好,切削性能好	用途广泛,用做轧钢机机座、轴承座、连杆、箱体、曲轴、缸体、飞轮等

9.2.2 合金钢

合金钢是指在碳钢的基础上,为了获得某些特定的性能,有目的地加入一种或多种元素的钢材。加入的元素称为合金元素,常加入的合金元素有硅、铬、锰、钼、钛及稀土等。

合金钢的牌号一般由三部分组成(低合金钢、滚动轴承钢除外),即"数字+合金元素+数字"。其中前面的"数字"由两位数字表示,表示钢的平均含碳量的万分数;中间的"合金元素"以化学元素符号表示;后面的"数字"表示该合金元素在钢中的含量,以百分数表示,当平均含量低于1.5%时,牌号中一般只标元素符号而不标明含量。如 12CrNi3A 表示平均含碳量为 0.12%,含 Cr 量小于 1.5%,含 Ni 量约3%的优质合金结构钢。

1. 合金钢的分类

(1)按合金元素含量多少分为低合金钢(含量<5%)、中合金钢(含量5%~10%)、高合金钢(含量>10%)。

(2)按质量分为优质合金钢、特质合金钢。

(3)按特性和用途不同分为合金结构钢、合金工具钢、特殊性能钢。

2. 合金结构钢

合金结构钢是指在碳素结构钢的基础上加入适量的合金元素的钢。按用途不同,合金结构钢可分为普通低合金结构钢、渗碳钢、调质钢、弹簧钢和滚动轴承钢等。

(1)普通低合金结构钢。普通低合金结构钢是在碳素结构钢的基础上加入少量的合金元素制成的,具有良好的塑变能力、焊接性能和加工工艺性能,广泛应用于船舶、桥梁、汽车纵横梁、高压容器、管道、井架、大型屋架等。常用的普通低合金结构钢有 09Mn2、16Mn、15MnV 等。

（2）合金渗碳钢。合金渗碳钢是经过渗碳、淬火、回火处理，既可获得很硬的表面层，又能保持心部有很高的塑性、韧性的材料，适于制造易磨损而又承受较大冲击载荷的零件，如汽车与拖拉机的齿轮、内燃机凸轮轴、气门顶杆等。常用的渗碳钢有 20Cr、20Mn2B、20CrMnTi、20MnVB。

（3）合金调质钢。合金调质钢是在中碳钢的基础上，加入锰、硅、铬、钼、钒等合金元素的钢材。合金调质钢的淬透性良好，经调质处理后，具有良好的综合力学性能，适于制造性能要求高、截面尺寸较大的重要零件，如机床主轴、汽车底盘半轴、连杆、曲轴等零件。常用的合金调质钢有 40Cr、40Mn2、35CrMnSi、40MnB 等。

（4）合金弹簧钢。合金弹簧钢是适合于制作弹簧的合金结构钢。弹簧是汽车中应用比较多的零件，在振动、冲击载荷及交变载荷状态下工作，因此要求弹簧钢应具有高弹性极限和疲劳强度，以及足够的韧性。重要的或大断面的弹簧都采用合金弹簧钢制造，如机车车辆、汽车与拖拉机上螺旋弹簧及钢板弹簧、阀门弹簧等。常用的合金弹簧钢有 60Si2Mn、50CrVA、55Si2Mn 等。

（5）滚动轴承钢。滚动轴承钢是制造滚动轴承的内、外圈和滚动体的专用钢。滚动轴承的工作情况要求材料必须具有高而均匀的硬度和耐磨性、高的接触疲劳强度和弹性极限，一定的塑性和足够的韧性、耐蚀性。

滚动轴承钢中，碳的含量为 0.95%～1.15%，加入硅、锰、钒等合金元素可进一步提高淬透性，便于制造大型轴承。常用的滚动轴承钢有 GCr6、GCr9、GCr15、GCr15SiMn 等。

3. 合金工具钢

合金工具钢是在碳素工具钢的基础上，加入合金元素（硅、锰、铬、钒、钼等）制成的。与碳素工具钢相比，合金工具钢具有淬透性好、热硬性高、耐磨性好和热处理变形小的优点。合金工具钢常用来制造各种量具、模具和切削刀具，可对应地分为量具钢、模具钢和刃具钢。

刃具钢又分低合金刃具钢和高速钢。低合金刃具钢主要是含铬的钢，而高速钢是一种含钨、铬、钒等合金元素较多的钢。高速钢有很高的热硬性，当切削温度高达 600℃ 左右时，其硬度仍无明显下降。此外，它还具有足够的强度、韧性和耐磨性，所以它是重要的切削刀具材料。常用的高速钢有 W18Cr4V、W6Mo5Cr4V2 和 9W18Cr4V。

4. 特殊性能钢

具有特殊用途和特殊物理、化学性能的钢，称为特殊性能钢。工业上使用的一般是不锈钢、耐热钢和耐磨钢。

（1）不锈钢。不锈钢是指在大气及弱腐蚀介质中耐腐蚀的钢。对不锈钢的性能要求，除具有良好的耐蚀性外，还要有良好的工艺性能（冷热变形、切削、焊接性能等）及力学性能。

不锈钢的性能主要是通过合金化的途径获得的，铬是不锈钢中的关键元素，其含量一般不低于 12%，此外还含有其他元素。

铬不锈钢的主要钢号有 1Cr13、2Cr13、3Cr13 和 4Cr13，主要用来制造医疗工具、量具、阀门和滚动轴承配件等。

铬镍不锈钢主要钢号有 0Cr18Ni9、1Cr18Ni9 和 2Cr18Ni9 等。这类钢不仅具有良好的抗蚀能力，而且还能耐酸，可以用来制造盛酸类的容器与管道等。

（2）耐热钢。耐热钢是指具有高温强度和高温下抗氧化的综合性能的钢，主要用于制造在高温下使用的零件。

常用的耐热钢有 15CrMo，它是典型的锅炉钢，可制造在 350℃ 以下工作的零件；4Cr9Si2 和 4Cr10Si2Mo 又称为阀门钢，用以制造在 500℃ 以下工作的排气阀。

（3）耐磨钢。耐磨钢主要用于在运转过程中承受严重磨损和强烈冲击的零件，如拖拉机履带板、挖掘机铲齿、颚式破碎机的颚板和球磨机衬板等。

耐磨钢最常用的是高锰钢，牌号为 ZGMn13（"ZG"是"铸钢"二字的汉语拼音字首）。这类钢极易产生加工硬化，使切削加工困难，大多数高锰钢零件采用铸造成形。

部分合金钢的牌号和用途参见表 9-5。

表 9-5 部分合金钢的牌号和用途

牌　号	应　用
Q390	车架前横梁、在架中横梁、前保险杠、车架角撑
20CrMnTi	用于制造承受高速、中等或重负荷以及冲击磨损等的重要零件，如滑动齿套、变速器齿轮、万向节、差速器十字轴等
40Cr	发动机支架固定螺栓、差速器壳螺栓、减速器销、齿轮、连杆、转向臂、传动轴、花键轴等
65Mn	气门弹簧、转向纵拉杆弹簧、摇臂轴回位弹簧、拖曳钩弹簧、空压机排气阀波形弹簧垫圈、风扇离合器阀片等
35SiMn	耐磨、耐疲劳，可代替 40Cr 做轴、齿轮等零件及在 430℃ 以下工作的重要紧固件等
GCr15	用于制造各种滚动轴承内、外套圈及滚动体，也可用来制造刀具及部分耐磨零部件如喷油嘴、针阀、套筒等
W18Cr4V	制造一般高速切削车刀、刨刀、钻头、铰刀、镜刀等
5CrNiMo	用于制造形状复杂、冲击载荷重的各种大中型锤锻模
4Cr5W2VSi	用于制造寿命要求高的热锻模、高速锤用模具与冲头、热挤压模具及芯棒、有色金属压铸模等

9.2.3 铸铁

铸铁是碳的含量大于 2.11% 的铁碳合金，工业上常用铸铁的碳的含量一般为 2.0%～4.0%，且比碳钢含有较多的硅、锰、硫、磷等杂质。

铸铁具有良好的铸造性、消振性、切削加工性及一定的力学性能，因此，在机械及汽车工业应用很广。按质量计算，汽车、拖拉机中铸铁零件占 50%～70%。

在铸铁中，碳的存在形式有两种：一种是化合状态的渗碳体，一种是游离状态的石墨。根据碳的存在形式不同，铸铁可分为白口铸铁、灰口铸铁、可锻铸铁和球墨铸铁等。

1. 白口铸铁

碳在铁中以渗碳体形式存在，端口呈亮白色，称为白口铸铁。由于有大量硬而脆的渗碳体，故白口铸铁硬度高、脆性大，极难加工。所以，白口铸铁一般不用来制造机械零件，而主要用作炼钢原料。

2. 灰口铸铁

灰口铸铁中的碳多以片状石墨形式存在，断口呈灰色。它的性能是软而脆，但具有良好的铸造性、耐磨性、减振性和切削加工性。

灰口铸铁常用于受力不大、冲击载荷小、需要减振或耐磨的各种零件，如机床床身、机座、箱体、阀体等。灰口铸铁是生产中使用最多的铸铁。

灰口铸铁的牌号用"HT + 数字"表示，"HT"为"灰铁"两个汉字拼音的首写字母；"数字"表示最低抗拉强度，如 HT150 表示最低抗拉强度为 150MPa 的灰口铸铁。常用的灰口铸铁在汽车上的应用参见表 9-6。

表 9-6 常用的灰口铸铁在汽车上的应用

牌　号	最小抗拉强度/MPa	应　用
HT100	100	适用于负荷小，对摩擦、磨损无特殊要求的部件，如盖、油盘、支架、手轮等
HT150	150	适用于承受中等负荷的零件，如齿轮箱、轴衬套等
HT200	200	适用于承受较大负荷的零件，如汽车发动机缸体、缸盖、制动轮、联轴器、油缸、齿轮、飞轮等
HT250	250	
HT300	300	适用于承受较高负荷的重要零件，如齿轮、凸轮、大型发动机曲轴、缸体、缸套、缸盖、高压油缸、阀体、泵体等
HT350	350	

3. 可锻铸铁

可锻铸铁是由白口铸铁经可锻化退火而获得的具有团絮状石墨的铸铁。可锻铸铁其实并不可锻造，只是具有较高的力学性能，其强度、塑性和韧性都比灰铸铁好，尤其是塑性和韧性有明显提高。

可锻铸铁又分为黑心可锻铸铁（也称为铁素体可锻铸铁）和白口可锻铸铁（也称为珠光体可锻铸铁）两种。

可锻铸铁的牌号用"KT + 两组数字"表示，"KT"为"可铁"两个汉字拼音的首写字母，黑心可锻铸铁和珠光体可锻铸铁分别用"可铁黑"和"可铁珠"3 个字汉语拼音的首写字母"KTH"和"KTZ"表示；"两组数字"中"第一组数字"表示最小抗拉强度，"第二组数字"表示最小伸长率。如 KT300-06，表示最低抗拉强度为 300 MPa，最小伸长率为 6% 的可锻铸铁。常用可锻铸铁在汽车上的应用参见表 9-7。

表9-7 常用可锻铸铁在汽车上的应用

牌号	应用
KT300-06 KT330-08 KT350-10 KT370-12	后桥壳、轮壳、转向结构壳体、弹簧钢板支座以及各种管接头、低压阀门等
KTH350-10 KTH370-12	前后轮壳、轴壳、差速器壳、弹簧钢板支座、支架、电机外壳、底座等
KTZ450-05 KTZ500-04 KTZ600-03 KTZ700-02	曲轴、连杆、齿轮、凸轮轴、摇臂、活塞环等

4. 球墨铸铁

碳在铸铁组织中以球状石墨形式存在。球墨铸铁是将熔化的铸铁液经过球化处理和孕育处理而得到的。球墨铸铁具有较好的力学性能，抗拉强度甚至优于某些碳钢。因此广泛应用于机械制造、交通、冶金等行业，如制造汽缸套、曲轴、活塞等零件。

球墨铸铁牌号用"QT+两组数字"表示，"QT"为"球铁"两个汉语拼音的首写字母；"两组数字"表示的意义与可锻铸铁相同。如QT400-18，表示最低抗拉强度为400MPa，最小伸长率为18%的球墨铸铁。常用球墨铸铁在汽车上的应用参见表9-8。

表9-8 常用球墨铸铁在汽车上的应用

牌号	应用
QT400-17 QT400-18 QT420-10	汽车、拖拉机的牵引框、轮毂、离合器、差速器及减速器的壳体等；高压阀门的阀体、阀盖及支架等
QT500-5	内燃机的机油泵齿轮等
QT600-2 QT700-2 QT800-2	发动机的曲轴、连杆、凸轮轴、汽缸套、进排气门座
QT1200-1	汽车螺旋伞齿轮、拖拉机减速齿轮、柴油机凸轮轴等

5. 合金铸铁

在灰铸铁或球墨铸铁中加入一定量的合金元素，可使铸铁具有某些特殊性能的铸铁，如耐热、耐蚀、耐磨、高强度等，这种铸铁称为合金铸铁。汽车中常用的合金铸铁有以下几种。

(1) 耐热铸铁。在铸铁中加入硅、铝、铬等合金元素，可在铸件表面形成一层致密、牢固、均匀的保护膜，如AL_2O_3、SiO_2、Cr_2O_3，使铸件在700~1000℃高温下具有抗氧化性，称为耐热铸铁。汽车的发动机排气门座即可以采用耐热合金铸铁制作。

(2) 耐磨铸铁。在铸铁中加入少量的磷、铜、钛、锰、钼等合金元素，可大大提高铸铁的耐磨性，获得耐磨铸铁。目前在汽车、拖拉机行业中汽缸套筒、排气门座圈、活塞环等件常使用耐磨铸铁。

9.2.4 有色金属及其合金

工业生产中把钢铁材料以外的所有金属材料，统称为非铁金属材料，也称为有色金属材料。与钢铁材料相比，非铁金属价格高，产量低，但由于其具有许多优良特性，容易满足汽车上某些零件的特殊要求，所以，非铁金属已成为不可缺少的工程材料。

1. 铝及其合金

纯铝显著的特点是密度小（约 $2.7\,g/cm^3$），导电、导热性优良，其强度 $\sigma_b = 80\,MPa$ 左右、硬度低，塑性好，有良好的耐腐蚀性，但强度很低，故纯铝主要用于做导电、导热材料或耐蚀零件。现在汽车加热器、散热器、蒸发器、油冷却器多用铝制作；另外，纯铝还可用做装饰件、铭牌等。

铝中加入硅、铜、镁、锌、锰等制成铝合金不仅强度提高，还可通过变形、热处理等方法进一步强化，以至有些铝合金的 σ_b 可超过 $600\,MPa$，与低碳钢相当，比强度（强度与密度之比）则胜过某些合金钢；同时还保持铝耐腐蚀性好、质量轻的优点。所以，铝合金常用来制造要求质量轻、强度高的零件，如飞机上的零件。

铝合金依其成分和工艺性能，可分为变形铝合金和铸造铝合金。

（1）变形铝合金。变形铝合金具有较高的强度和良好的塑性，可通过压力加工制成各种半成品，也可以焊接。变形铝合金主要用做各种类型的型材和结构件，如发动机机架、飞机大梁等。变形铝合金又可分为防锈铝合金（代号 LF + 顺序号）、硬铝合金（代号 LY + 顺序号）、超硬铝合金（代号 LC + 顺序号）、锻铝合金（代号 LD + 顺序号）。牌号表示方法见 GB/T 16474—1996。此类铝合金在汽车中应用不多。

（2）铸造铝合金。铸造铝合金可分为 Al-Si 系、AL-Cu 系、Al-Mg 系和 Al-Zn 系四类。它们有良好的铸造性能，可以铸成各种形状复杂的零件，但塑性低，不宜进行压力加工。应用最广的是 Al-Si 系合金，俗称铝硅明。

各类铸造铝合金的牌号用"ZAl + 合金元素符号 + 合金元素的平均含量的百分数"表示，如 ZAlSi12。

铸造铝合金的代号用"ZL + 三位数字"表示。"ZL"表示"铸铝"汉语拼音首写字母；"第一位数字"表示主要合金类别："1"表示 Al-Si 系，"2"表示 Al-Cu 系，"3"表示 Al-Mg 系，"4"表示 Al-Zn 系；"第二、三位数字"表示顺序号，如 ZL102、ZL401 等。

汽车上应用的铝合金以铸铝为主。发动机部分汽缸体是大尺寸的铝铸件，采用铝铸件的还有曲轴箱、汽缸盖、活塞、滤清器、发动机架等，尤其是活塞大多采用铝合金。我国应用铝硅合金 ZL108、ZL109、ZL111 比较多。另外底盘上采用铝铸件的零件也不少，有离合器壳、变速器壳等；车轮辋也有用铝合金铸造的。

2. 铜及其合金

纯铜又称为紫铜，纯铜的导电性、导热性优良，耐腐蚀和塑性很好，但强度低。我国工业常用的牌号有 T1、T2、T3、T4 四种，代号中数字越大，表示杂质的含量越高。T1、T2 主要用做导电材料或配制高纯度的铜合金，T3、T4 主要用于一般铜材和配制铜合金。汽车制造业主要使用铜合金。

铜合金比纯铜强度高，具有许多优良的物理、化学性能。铜合金按化学成分不同可分为黄、青铜和白铜等，按生产方法不同又可分为压力加工铜合金和铸造铜合金。常用的铜合金是黄铜和青铜。

（1）黄铜。以铜和锌为主的合金称为黄铜。黄铜的强度、硬度和塑性先随锌的含量的增加而升高，含量为 30%～32% 时，塑性达到最大值，锌的含量为 45% 时强度最高。在黄铜的基础上再加入少量的其他元素而成的铜合金称为特殊黄铜，如锡黄铜、铅黄铜、硅黄铜等。黄铜用于制造耐蚀和耐磨零件，如弹簧、阀门、管件等。

黄铜的牌号用"H+数字"表示，"H"表示"黄"的汉语拼音首写字母；"数字"表示铜平均含量的百分数。如 H68，表示平均铜的含量为 68%，其余为锌的黄铜。特殊黄铜在牌号中标出合金元素的符号及含量。如 HSn62-1，表示铜的含量为 62%、锡的含量为 1%、其余为锌的锡黄铜。

黄铜在汽车上用做转向节衬套、钢板弹簧衬套、轴套等耐磨件，也可用做散热器冷凝器、冷却，还可用做装饰件、供水排水管、油管接头、制动三通接头、垫片和垫圈。常用黄铜在汽车上的应用参见表 9-9。

表 9-9 常用黄铜在汽车上的应用

代号	主要成分/%		状态	应用
	Cu	Zn		
H96	95～97	余量	软	适于汽车中的热交换器及冷凝管等，油管接头、制动三通接头、垫片、垫圈等
H90	88～91	余量	软	
H80	79～81	余量	软	
H68	67～70	余量	软	适于制造电器零件、散热器等
H62	60.5～63.5	余量	软	用于汽车轿车中的转向节衬套、钢板弹簧衬套、轴套等
H59	57～60	余量	软	

（2）青铜。除黄铜和白铜（铜-镍合金）以外的其他铜合金称为青铜，其中含锡元素的称为锡青铜，不含锡元素的称为无锡青铜。青铜按加工方法又可分为压力加工青铜和铸造青铜。

锡青铜有良好的塑性、耐磨性及耐腐蚀性，有优良的铸造性能，主要用于耐磨损零件和耐蚀零件的制造，如蜗轮、轴瓦等。

常用的无锡青铜有铝青铜、铍青铜、铅青铜、硅青铜等。它们通常作为锡青铜的代用材料。

压力加工青铜牌号用"Q+主加元素符号及其平均含量的百分数+其他元素平均含量的百分数"表示。"Q"表示"青"的汉语拼音首写字母。如 QSn4-Zn3 表示平均含锡为 4%、含锌为 3%、其余为铜的锡青铜。

铸造青铜的牌号用"Z+铜及合金元素符号和合金元素平均含量的百分数"表示。"Z"表示"铸"字汉语拼音首写字母，如 ZCuSn10Zn2。

锡青铜用做水箱盖、出水阀、弹簧等弹性件，也可用做发动机摇臂衬套、连杆衬套等耐磨件。无锡青铜各有特点，应用也有不同，如硅青铜可做弹簧，铝青铜可做轴套、齿轮、蜗轮，铅青铜可做轴承、曲轴止推垫圈等。

3. 轴承合金

在滑动轴承中用于制造轴瓦或内衬的合金称为轴承合金。滑动轴承具有承压面积大、工作平稳、无噪声以及修理、更换方便等优点，应用广泛。常用的轴承合金主要是有色金属合金，其依据合金中含量多的元素分类，主要有锡基、铅基和铝基轴承合金等。锡基和铅基轴承合金又称为巴氏合金，是应用广泛的轴承合金。

常用的轴承合金有 ZSnSb12Pb10Cu4、ZPbSb16Sn16Cu2、ZAlSn6Cu1Ni1，另外有些铸造青铜也可做轴承合金，如 ZCuPb30、ZCuSn10P1、ZCuAl10Fe3 等。

9.3 非金属材料

在汽车制造中，一直都以使用金属材料为主，但非金属材料具有其特殊的性能，能满足汽车某些零部件的特殊需求。特别是近年来，随着非金属材料的迅速发展和汽车轻量化的要求，非金属材料已越来越多地应用在汽车上。

工程上常用的非金属材料包括高分子材料、陶瓷材料和复合材料。

9.3.1 高分子材料

高分子材料是以高分子化合物为主组成的材料。高分子化合物包括有机高分子化合物和无机高分子化合物两大类，按来源可分为天然和人工合成高分子化合物。汽车工业中主要应用的是人工合成有机高分子聚合物，简称高聚物。此类材料主要包括塑料、橡胶、合成纤维、胶黏剂等。

1. 塑料

塑料是以有机合成树脂为主要组成的高分子材料，它通常在一定温度和压力下塑造或固化，得到所需的固体制品，故称为塑料。塑料在汽车上的应用范围很广，涉及汽车的内饰件、外装件、功能件，如保险杠、散热器格栅、仪表板、燃油箱等。

（1）塑料的组成。塑料一般以合成树脂（高聚物）为基础，再加入各种添加剂而制成。它具有质量轻、耐磨、吸振、耐腐蚀、绝缘、可以着色、易于加工成形等优点。

① 合成树脂。合成树脂是指从煤、石油和天然气中提炼出来的高分子化合物，是塑料的主要组分（占40%～100%），它的种类、性质和含量决定了塑料的性能，故绝大多数塑料以合成树脂的名称命名。合成树脂受热时呈软化或熔融状态，因而塑料具有良好的成形能力。常用的合成树脂有酚醛树脂、环氧树脂、聚酯树脂、有机硅树脂、聚氯乙烯、聚苯乙烯等。

② 添加剂。添加剂是为了改善塑料的使用性能或成形能力而加入的其他辅助组分。

添加剂的种类很多，按其改善性能的目的不同，主要有填充剂、增塑剂、固化剂、稳定剂、润滑剂、抗静电剂、阻燃剂和着色剂等。

（2）塑料的分类。

① 塑料一般可分为热固性塑料和热塑性塑料两大类。

热固性塑料在常温下或受热后完成化学反应，固化成形，再加热时不能恢复成形前的化学结构。这类塑料耐热性好，不易变形，但生产周期长，废旧塑料不能回收使用。常用的热固性塑料有酚醛树脂、氨基塑料、环氧塑料等。

热塑性塑料受热后软化、熔融、冷却后固化。这一过程可以多次反复而塑料自身的化学结构基本不变。热塑性塑料耐热性相对较差，容易变形。常用的热塑性塑料有聚乙烯、聚丙烯、聚氯乙烯、ABS塑料、聚甲醛、聚酰胺、有机玻璃等。

② 按塑料的用途分类，塑料可分为通用塑料和工程塑料。

通用塑料是指用于制造日用品、农产品等的塑料。常用的塑料有聚乙烯、聚丙烯、聚氯乙烯、聚苯乙烯、氨基塑料、酚醛塑料等。这类塑料产量大，成本低，应用广。

工程塑料是指用于制造工程构件和机械零件的塑料。常用的工程塑料有聚甲醛、聚酰胺、ABS塑料、聚碳酸酯等。这类塑料强度、刚度较高，韧性、耐热性、耐腐蚀性好，可用来替代金属材料制造机械结构件。

（3）塑料在汽车上的应用。随着塑料工业的发展，塑料在汽车上的应用越来越多，常用做内、外饰件，结构零件和功能件等。目前塑料在轿车上的用量约占全车重量的9%。常用塑料的主要特性及在汽车上的应用参见表9-10。

表9-10 常用塑料的主要特性及在汽车上的用途

种类		代号	主要特性	应用
热塑性塑料	聚乙烯	PE	强度高，耐磨性、耐高温性、耐腐蚀性和绝缘性较好	汽油箱、挡泥板、门窗嵌条、保险杠等
	聚酰胺（尼龙）	PA	韧性好，强度高，耐磨性、耐疲劳性、耐油性等综合性能好，但吸水性和收缩大	车窗摇柄、风扇叶片、里程表齿轮、衬套等
	聚甲醛	POM	综合机械性能优良，尺寸稳定性好，耐磨性、耐油性、耐老化性好，吸水性小	半轴齿轮和行星齿轮垫片、汽油泵壳、转向节衬套等
	丙烯腈-丁二烯-苯乙烯共聚物	ABS	综合机械性能优良，尺寸稳定性、耐腐蚀性、耐热性好，易于加工成形；缺点是可燃，热变形温度较低，长期使用易起层	方向盘、仪表板、挡泥板、行李箱等
	有机玻璃	PMMA	透明度高，耐腐蚀性、绝缘性好，有一定的机械性能，但耐蚀性差	灯盖件、仪表壳件等
	聚碳酸酯	PC	具有较高的抗冲击性、抗拉性及耐热性，还兼有优良的尺寸稳定性、电绝缘性和阻燃性	仪表盘、分电器壳、暖风机风扇叶、保险杠灯等

（续表）

种类		代号	主要特性	应用
热固性塑料	酚醛树脂	PF	耐热性、绝缘性、化学稳定性、尺寸稳定性等性能优于热塑性塑料，但质地较脆，抗冲击性差	分电盘盖、分火头、制动摩擦片和离合器摩擦片等
	环氧树脂	EP	强度较高，塑性较好，收缩性低，绝缘性、化学稳定性、耐蚀性好	塑料量具、模具、电气和电子元件的密封等

2. 橡胶

橡胶属于黏弹性高分子材料，具有弹性模量低、弹性极限高、耐疲劳、易硫化黏结等性能；有些橡胶种类还具有耐油、耐化学介质、气密性好及耐高低温等性能。

橡胶是以生胶为基础加入适量的配合剂而组成的高分子材料。

生胶是指未加配合剂的天然橡胶或人工合成橡胶。生胶是橡胶制品的主要原料。它也是各种配合剂和骨架材料黏成一体的黏结剂。橡胶制品的性能主要取决于生胶的性能。

橡胶按其来源不同，分为天然橡胶和合成橡胶两大类；根据应用范围的宽窄程度，分为通用橡胶和特种橡胶。

（1）天然橡胶。天然橡胶是橡胶工业中应用最早的橡胶，它主要取自橡胶树上采集的白色乳胶，属于通用橡胶。

天然橡胶的综合性能好，有较好的弹性，弹性模量约为钢铁的 1/30 000，而伸长率则为其 300 倍。弹回率在 0～100℃范围内可达 70%～80% 以上，在 130℃时仍保持其正常使用性能，低于 -70℃时才失去弹性。

天然橡胶具有较好的力学性能，经硫化处理后的抗拉强度为 17～29 MPa；用炭黑配合补强的硫化胶可达 25～35 MPa。

此外，天然橡胶有较好的耐碱性能，但不耐浓强酸，在非极性溶剂中膨胀，故不耐油。耐臭氧老化性能较差，不耐高温，使用温度在 -70～110℃范围内。

天然橡胶广泛应用于制造轮胎、胶带、胶管等。

（2）合成橡胶。用石油、天然气、煤和农副产品为原料，通过有机合成方法制成单体，经聚合制成类似天然橡胶的高分子材料称为合成橡胶。

合成橡胶种类很多，常用合成橡胶的名称、性能特点和用途参见表 9-11。

表 9-11 常用合成橡胶的名称、性能特点和用途

种类	代号	主要性能	应用
天然橡胶		强度较高，耐磨性、抗撕裂性、耐寒性、气密性和加工性能良好，但耐高温性、耐油性较差，易老化	轮胎、胶带、胶管和通用橡胶制品
丁苯橡胶	SBR	耐磨性优良，耐老化性、耐热性优于天然橡胶，机械性能和天然橡胶相近，但加工性能和黏着性较天然橡胶差	轮胎、胶带、胶管、摩擦片和通用橡胶制品

(续表)

种类	代号	主要性能	应用
氯丁橡胶	CR	机械性能良好，耐老化性、耐腐蚀性、耐热性、耐油性较好，但密度大，绝缘性、耐寒性较差，加工时易粘连	广泛用于制造轮胎胎侧、耐热运输带、耐油耐蚀胶管、汽车拖拉机配件、门窗密封条
丁基橡胶	ⅡR	气密性好，吸振能力强，化学稳定性、耐老化性、耐气候性、耐酸性、耐碱橡胶性良好，但耐油性、加工性能较差	轮胎内胎、胶管、电线护套和减振元件等
丁腈橡胶	NBR	优良的耐油性、耐热性、耐磨性、耐老化性、气密性较好，但加工性能较差	广泛用于耐油橡胶制品如油封、轴封、垫圈等，还可以制造耐油胶管、输送带等
三元乙丙橡胶	EPDM	耐老化性能、耐蚀性优异，有很好的弹性，但加工性能差	制造耐热运输带、蒸汽胶管、耐腐蚀密封件以及垫片、散热器胶管等汽车零件

9.3.2 陶瓷材料

陶瓷是指以天然或人工合成的各种化合物为基本原料，经原料处理、成形、干燥、高温烧结而成的一种无机非金属固体材料。

1. 陶瓷的性能特点

（1）硬度高，抗拉强度较低，但抗压强度高。陶瓷在室温下塑性几乎为零，韧性和疲劳性能较差。

（2）具有高的熔点和高温强度，在1000℃以上仍能保持其室温下的强度。

（3）高的抗氧化能力，在室温下及在高温下都不会发生氧化，对酸、碱、盐的腐蚀有较强的抵抗能力。

（4）较好的电性能。大部分陶瓷绝缘性能良好，有的陶瓷还具有某种特殊的电性能，如压电陶瓷、磁性陶瓷、透明铁电陶瓷等。

2. 陶瓷的分类

按成分、性能和用途，陶瓷分为两种。

（1）普通陶瓷（传统陶瓷）。普通陶瓷是以天然的硅酸盐矿物为原料（如黏土、长石、石英等），经成形、烧结而成的产品。普通陶瓷又称为硅瓷，如日用陶瓷、化工陶瓷、电器绝缘陶瓷等。

（2）特种陶瓷（新型陶瓷）。特种陶瓷是采用纯度较高的人工合成原料（如氧化铝、碳化硅、氮化硅等），并采用烧结工艺制成的具有一定力学、物理或化学性能的陶瓷，如压电陶瓷、高温陶瓷、磁性陶瓷、电光陶瓷等。

特种陶瓷具有各种优异、独特的性能，应用在汽车上，可制造发动机上的废气蜗轮增压器、动力蜗轮、活塞销和活塞环、制动器中的制动碟、智能减振器、各种传感器以及汽车的喷涂技术等，特种陶瓷在这些零部件上的应用，对减轻车辆自身质量、提高发动机热效率、降低油耗、减少排气污染、提高易损件寿命、完善汽车智能性功能都具有积极意义。

9.3.3 复合材料

由两种或两种以上物理、化学性质不同的物质，经加工而成的多相固体材料，称为复合材料。

复合材料可以克服或改善单一材料的弱点，充分发挥其优点，并能得到单一材料不易具备的性能和功能。例如，混凝土性脆，但抗压强度高；钢筋韧性好又有较高的抗拉强度，为使两种材料性能上能够取长补短，人们发明了钢筋混凝土复合材料；玻璃和树脂的强度和韧性都不高，但它们组成的复合材料（玻璃钢）却有很高的强度和韧性，而且质量轻。

复合材料为多相（或组成）体系，全部相可分为两类：一类为基本相，起黏结剂作用；另一类为增强相，起提高强度（或韧性）的作用。

1. 复合材料的性能特点

（1）复合材料具有高的比强度和比模量（弹性模量/密度）。例如，碳纤维和环氧树脂组成的复合材料，其比强度是钢的 8 倍，比模量比钢大 3 倍。

（2）复合材料有好的抗疲劳性能。例如，碳纤维和聚酯树脂的疲劳强度是其抗拉强度的 70%～80%，而大多数金属的疲劳强度只有其抗拉强度 30%～50%。

（3）复合材料减振性能强。例如，用同样尺寸和形状的梁进行振动试验，金属材料制成的梁 9 s 才停止振动，而碳纤维复合材料则只需 2.5 s 就可停止振动。

（4）复合材料还有高温性能好、断裂安全性高的优点。

2. 复合材料的分类

复合材料的种类很多，常见的分类方法有以下三种。

（1）按基体分类，可分为非金属基体（如高聚物、陶瓷等）和金属基体两类。

（2）按增强相的种类和形状分类，可分为颗粒复合材料、层叠复合材料和纤维增强复合材料。

（3）按性能分类，可分为结构复合材料和功能复合材料。

3. 常用的复合材料

（1）纤维增强复合材料。纤维增强复合材料的名称、性能和用途参见表 9-12。

表 9-12 纤维增强复合材料的名称、性能和用途

纤维种类	基 体	主要特性	应 用
玻璃纤维（玻璃钢）	合成树脂（热塑性）	优良的抗拉、抗弯、抗压强度及良好的抗蠕变性能，耐冲击，电绝缘性好	制作轴承、齿轮等精密零件，汽车的仪表盘、前后灯，空气调节器叶片、照相机壳体等

（续表）

纤维种类	基体	主要特性	应用
玻璃纤维	合成树脂（热固性）	密度小，比强度高，耐蚀性好，介电性好，成形性好，但刚度较差，耐热性不高（低于200℃），易老化和蠕变	制作要求自重轻的受力构件，例如汽车车身、直升机的旋翼、耐海水腐蚀的结构件和轻型船体、石油管道等
碳纤维	合成树脂	密度小，强度比钢高，弹性模量比铝合金和钢大，疲劳强度和冲击韧性高，耐水和湿气，化学稳定性高，摩擦系数小，热导性好，性能比玻璃钢优越	制作轴承、齿轮、活塞、密封环、化工零件和容器，航天飞行器的外形材料、天线构架等
碳纤维	金属	密度小，强度比钢高，减摩性能好，高温强度高	制作高级轴承、旋转发动机壳体等
碳纤维	陶瓷	很高的高温强度和弹性模量，冲击韧性好	制作喷气发动机的蜗轮叶片等

（2）层叠复合材料。这种材料是由两层或多层不同材料复合而成的。常见的层叠复合材料有以下几种。

① 双层金属复合材料。这种材料是将性能不同的两种金属，采用胶合或熔合等方法复合一起，以满足某种性能要求。我国生产的不锈钢-碳素钢复合钢板即属于此类材料。

② 塑料-金属多层复合材料。此种材料表面层常用的塑料为聚四氟乙烯或聚甲醛。这种材料比单一的塑料提高承载能力约20倍，导热系数提高约50倍，热膨胀系数降低75%，从而改善了尺寸稳定性，可用做高应力（大于140 MPa）、高温（270℃）及低温（-195℃）和无油润滑件下的各种轴承，目前已用于汽车、化工行业等部门。

③ 夹层结构复合材料。这种材料是由两层薄而强的面板中间夹一层轻而弱的芯子组成的。面板一般为金属、玻璃钢、增强塑料等，而芯子常用泡沫、塑料、木屑、金属、玻璃钢等。

夹层结构的特点是：密度小，减轻了构件自重；有较高的刚度和抗压稳定性；可按需要选择面板、芯子的材料，得到绝热、隔声、绝缘等所需性能。

夹层结构复合材料已用于飞机上的天线罩隔板、机翼以及火车车厢等方面。

（3）颗粒复合材料。这种材料是由一种或多种材料的颗粒均匀分布在基体材料内所组成的材料。

颗粒复合材料的增强原理是利用大小适宜的增强颗粒呈高度弥散分布在基体中，以阻止基体塑性变形或分子链的运动，故增强粒子太大或太小都会降低强化效果，一般粒子直径在 $0.01 \sim 0.1\ \mu m$ 范围内增强效果最好。常见的颗粒复合材料有金属陶瓷、石墨-铝合金颗粒复合材料等。

金属陶瓷是将陶瓷微粒分散于金属基体中，使两者复合为一体的复合材料。金属陶瓷具有硬度高，耐磨损，耐高温，热膨胀系数小等优点。

石墨-铝合金颗粒复合材料是在铝液中加入颗粒状石墨并悬浮于铝合金中浇得的铸件，它具有优良的减摩、减振性和较小的密度，是一种新型轴承材料。

4. 复合材料在汽车上的应用

在汽车上应用最多的复合材料是纤维增强型复合材料,纤维增强型复合材料之所以在汽车中应用广泛,是由于它能减小汽车质量,降低能耗,提高载重能力。如增强橡胶材料制成的轮胎;玻璃纤维-塑料复合材料制作的车身、顶篷、车体结构件等;无机纤维-塑料制作的刹车离合器片、电热水箱等。

层叠复合材料在汽车中也有应用,如汽车前窗玻璃一般要求用夹层玻璃。夹层玻璃是由两层玻璃中间夹一层透明的塑料薄层制得的复合材料。

有些汽车中使用金属粉与陶瓷粉烧结所得复合材料制作刹车片。

从今后汽车发展动向来看,为减轻自重,节能和安全,复合材料在汽车上的应用会进一步增加。

思考与复习题

一、填空题

1. 衡量试样拉伸试验的强度指标有_____、_____等,它们分别用符号_____、_____表示。
2. 衡量金属的塑性指标有_____、_____,分别用符号_____、_____表示。
3. 常用的硬度指标有_____和_____,它们分别用_____和_____作为硬度值符号。
4. 合金钢按合金元素的含量多少可分为_____、_____和_____,其合金元素的总含量分别为_____、_____和_____。
5. 铸铁根据其中碳的存在形式不同可分为_____、_____、_____和_____铸铁。
6. 铜合金有黄铜和青铜两类,黄铜又可分为普通黄铜和_____。青铜可分为_____和_____。普通黄铜中,锌的含量为30%~32%时_____很好,可用深冲压方法制造汽车的散热器,当锌的含量为39%~42%时,_____最高。
7. 金属材料的使用性能包括_____、_____和_____等;工艺性能包括_____、_____、_____和_____等。
8. 材料的力学性能包括_____、_____、_____、_____和_____等。
9. 强度是指金属材料在_____作用下,抵抗_____和_____的能力。
10. 断裂前金属材料_____的能力称为塑性。金属材料的_____和_____的数值越大,表示材料的塑性越好。
11. 金属材料抵抗_____作用而不破坏的能力,称为冲击韧度。
12. 工程上通常将伸长率 $\delta \geqslant 5\%$ 的材料称为_____;伸长率 $\delta < 5\%$ 的材料称为_____。

二、选择题
1. 采用冷冲压方法制造汽车油底壳应选用（   ）。
   A. 45 钢　　　　　　B. T10A 钢　　　　　C. 08 钢
2. 20 钢按含碳量分类，属于（   ），其平均碳的质量分数为（   ），它可制造汽车的（   ）。
   A. 中碳钢　　　　　B. 低碳钢　　　　C. 高碳钢　　　　D. 0.20%　　　　E. 2.0%
   F. 20%　　　　　　G. 驾驶室　　　　H. 风扇叶片　　　I. 轴
3. 为使碳素工具钢具有高硬度和高耐磨性，碳素工具钢都是（   ）；为提高其锻压性和避免淬火开裂，对有害杂质控制较严，碳素工具钢都是（   ）。
   A. 高碳钢　　　　　B. 低碳钢　　　　C. 中碳钢　　　　D. 普通碳素钢
   E. 优质碳素钢　　　F. 高级优质碳素钢
4. 碳素结构钢有（   ），碳素工具钢有（   ），优质碳素结构钢有（   ）。
   A. Q235A　　　　　B. Q235B　　　　　C. 40　　　　　D. T8　　　　　E. T12A
5. 合金结构钢有（   ）；合金工具钢有（   ）。制造 EQ1090 和 EQ1091 气门弹簧用（   ），制造汽车变速器二轴用（   ）。
   A. 40MnB　　　　　B. 15Cr　　　　　C. 65Mn　　　　D. CrWMn　　　　E. 9SiCr
6. 低合金结构钢有（   ）。
   A. 20CrMnTi　　　B. 16Mn　　　　　C. 65Mn　　　　D. 9SiCr
7. 55Si2Mn 的碳的含量是（   ），Si 元素的含量为（   ），它属于（   ）。
   A. 0.55%　　　　　B. 5.5%　　　　　C. 2% 左右　　　D. 20% 左右
   E. 合金弹簧钢　　　F. 合金工具钢
8. 合金结构钢包括（   ）、（   ）、（   ）和（   ）。
   A. 高速钢　　　　　B. 工具钢　　　　C. 合金渗碳钢　　D. 合金调质钢
   E. 耐热钢　　　　　F. 合金弹簧钢　　G. 滚动轴承钢
9. 铸铁是含碳量大于（   ）的铁碳合金。
   A. 2.11%　　　　　B. 70.77%　　　　C. 74.3%
10. 与钢相比，铸铁工艺性能的突出优点是（   ）。
    A. 可焊性好　　　　B. 淬透性好　　　　C. 铸造性好
11. 汽车发动机缸体常用（   ）制造。
    A. 1070　　　　　　B. H70　　　　　　C. ZL102　　　　D. 2A11
12. 发动机的汽缸盖和活塞环是用（   ）制造的；排气门座是用（   ）制造的。
    A. 耐热钢　　　　　B. 耐磨铸铁　　　　C. 灰铸铁　　　　D. 耐热铸铁
    E. 可锻铸铁
13. 选择零件材料时，首先应考虑的是（   ）。
    A. 经济性　　　　　B. 切削加工性能　　C. 使用性能
14. 拉伸试验时，试样拉断前所能承受的最大应力称为材料的（   ）。
    A. 弹性极限　　　　B. 抗拉强度　　　　C. 屈服点
15. 用拉伸试验可测定材料的（   ）性能指标。

A. 强度　　　　B. 韧性　　　　C. 硬度
16. 45 钢的平均碳的质量分数为（　　）。
　　A. 0.45%　　B. 45%　　C. 0.045%　　D. 4.5%
17. 低碳钢、中碳钢、高碳钢是按（　　）分类方法分类的。
　　A. 化学成分　　　　　　B. 用途
　　C. 质量　　　　　　　　D. 其他
18. 钢所含有害杂质元素主要是（　　）。
　　A. 硅、硫　　B. 锰、硅　　C. 硅、磷　　D. 硫、磷
19. 下列材料牌号中（　　）是普通黄铜的牌号。
　　A. H68　　B. QSn4-3　　C. QSi3-1　　D. HAl77-2

三、判断题

1. 硅、锰在碳素钢中是有益元素，适当增加其含量，均能提高钢的强度。（　　）
2. 硫、磷在碳素钢中是有害元素，随着含量的增加，硫会使钢韧性降低，产生冷脆性，磷会使钢产生热脆性。（　　）
3. 碳素结构钢都是优质碳素钢。（　　）
4. 优质碳素结构钢根据含锰量可分为普通含锰量与较高含锰量两种。（　　）
5. 铸铁一般用于形状复杂、难以进行锻造、要求有较高的强度和韧性、能承受冲击载荷的零件。（　　）
6. 除含铁、碳外，还含有其他元素的钢就是合金钢。（　　）
7. 制作汽车大梁的 16Mn 钢是一种平均碳含量为 0.16% 的较高含锰量的优质碳素结构钢。（　　）
8. 纯铜具有很高的导电性和导热性，也有优良的塑性，强度不高，不宜做承受载荷的汽车零件。（　　）
9. 铸造铝合金的铸造性能好，但塑性较差，故一般不进行压力加工，只用于铸造成形。（　　）
10. 黄铜是铜锌合金，青铜是铜锡合金。（　　）
11. 可锻铸铁比灰铸铁的塑性好，因此可以进行锻压加工。（　　）
12. 工业纯铝具有较高的强度，常用作工程结构材料。（　　）
13. 疲劳断裂是指零件受到的外力超过其强度极限而发生的断裂。（　　）
14. 金属材料的硬度越大，其韧度也越高。（　　）
15. 铁碳合金是指只由铁和碳两种元素组成的合金。（　　）
16. 合金钢是指在碳钢的基础上特意加入一种或多种元素而形成的一类钢。（　　）
17. T12 钢的碳质量分数是 12%。（　　）
18. 紫铜是纯铜。（　　）
19. 由铜和锌组成的二元合金，称为黄铜。（　　）
20. 防锈铝合金、超硬铝合金都属于铸造铝合金。（　　）

四、问答题

1. 金属材料常用的力学性能指标有哪些？各代表什么意义？

2. 与碳钢相比，合金钢有哪些优点？
3. 根据用途，下列钢属于哪类钢？其中的数字和符号各代表什么意义？
Q235-A　45　T10A　40Cr　60Si2Mn　W18Cr4V　5CrMnMo　1Cr18Ni9Ti　ZG200-400
4. 机床床身、变速箱壳体常用灰铸铁而不用钢，为什么？

第四篇　汽车常用的传动机构

第 10 章
平面连杆机构

机器即机械，都是由各种各样的机构组成而实现不同的运动形式或能量转换。在不同的机构中，连杆机构的应用最为广泛。本章着重讨论平面连杆机构的有关问题。

学习目标：
1. 了解机构及运动副的概念，知道平面机构运动简图的绘制；
2. 熟练掌握铰链四杆机构基本形式、演化及应用；
3. 掌握平面四杆机构的基本特性；
4. 了解凸轮机构的应用和分类；
5. 掌握凸轮机构的工作过程及从动件的运动规律。

10.1 平面机构的组成及运动分析

10.1.1 机器

日常生活和工作中接触到的缝纫机、洗衣机、自行车、汽车，工业生产中的机床、纺织机、起重机、机器人等都是机器。机器的种类繁多，其结构、功用各异，但从机器的组成分析，它们有着共同之处：① 都是人为的实体组合；② 各实体之间具有确定的相对运动；③ 能实现能量的转换或完成有用的机械功。凡同时具备上述三个特征的实体组合就称为机器。常见机器的类型和应用举例参见表 10-1。

表 10-1　常见机器的类型和应用举例

类　型	应用举例
变换能量的机器	电动机、内燃机等
变换物料的机器	各类机床、起重机、缝纫机、运输车辆等
变换信息的机器	计算机、手机、照相机等

10.1.2 机构

机构是具有确定相对运动的构件的组合，它是用来传递运动和力的构件系统。如图 10-1 所示的单缸内燃机，是由活塞、连杆、曲轴、齿轮、凸轮、顶杆及汽缸体等组成的，它们组成了曲柄滑块机构、齿轮机构、凸轮机构等。

机器和机构是有区别的，主要体现在以下两个方面。

（1）机构只是一个构件系统，而机器除构件系统外，还包含电气、液压等其他系统。

（2）机构只用来传递运动和力，而机器除传递运动和力外，还具有变换或传递能量、物料和信息的功能。

在图 10-1 所示的单缸内燃机中，曲柄滑块机构将活塞的往复直线运动转换为曲轴的转动，而凸轮机构则将凸轮轴的转动转换为气阀杆的往复直线运动，确保了内燃机能够有规律的进气、排气。

由此可见，机器是由机构组成的，而机构

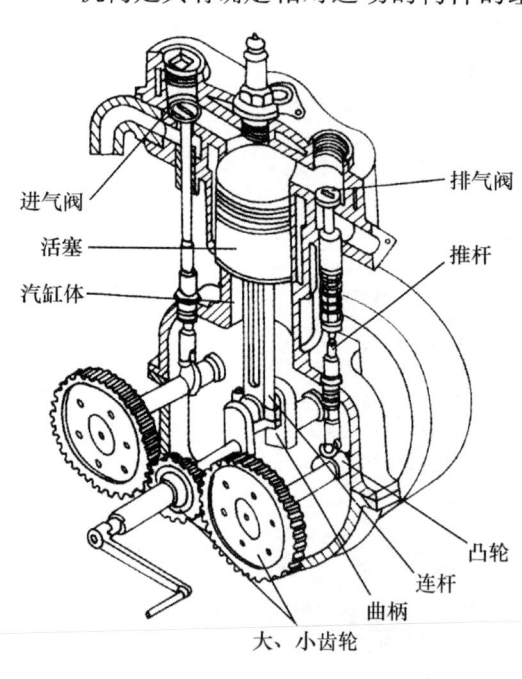

图 10-1　单缸内燃机

却不能像机器一样实现能量转换。如果不考虑做功或实现能量转换，只从结构和运动的观点来看，机器和机构二者之间并无差别，工程上统称为机械。

10.1.3 零件与构件

1. 零件

零件是指机器中不可拆的制造单元，如图 10-2 所示的内燃机连杆上的螺栓、连杆体、连杆盖等。

2. 构件

构件是机构中的运动单元体，如图 10-2 所示的内燃机的连杆构件。

构件可以是单一的零件，如图 10-3 所示的内燃机的曲轴，也可以是由多个零件组成的一个刚性整体，如内燃机的连杆。由此可见，构件是机械中的运动单元，零件是机械中的制造单元。

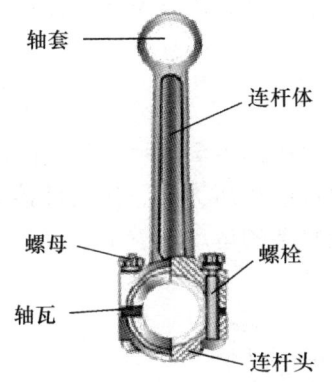

图 10-2 内燃机的连杆构件

图 10-3 内燃机的曲轴

10.1.4 运动副及其分类

组成机构的所有构件都应有确定的相对运动。为此，各构件之间必须以某种方式连接起来，但这种连接不同于焊接、铆接之类的刚性连接，它既要对彼此连接的两构件加以限制，又要允许两构件之间产生相对运动。这种两个构件直接接触又能产生一定相对运动的可动连接称为运动副。

运动副中的两构件接触形式不同，其限制的运动也不同，其接触形式不外乎有点、线、面三种形式。

1. 低副

两构件通过面接触而组成的运动副称为低副。按两构件的相对运动形式的不同，低副又可分为转动副和移动副。

（1）转动副。组成运动副的两构件只能绕某一轴线作相对转动的运动副称为转动副，又称为铰链。如图 10-4 所示，构件 1 与构件 2 之间通过圆柱面接触而组成转动副。

（2）移动副。组成运动副的两个构件只能沿某个方向作相对直线运动的运动副称为移动副，如图 10-5 所示。

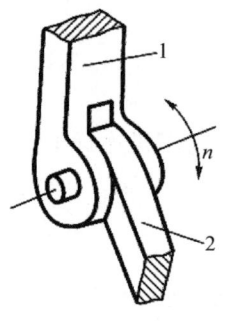

图 10-4　转动副

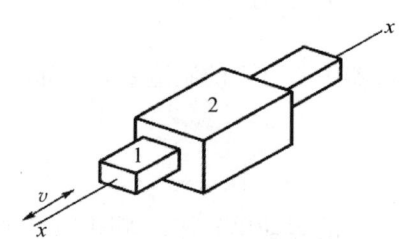

图 10-5　移动副

由于低副中两构件之间的接触为面接触，因此，承受相同载荷时，单位面积压力较低，承载能力大，不易磨损。但低副属于滑动摩擦，摩擦损失大，因而效率低。此外低副不能传递较复杂的运动。

2. 高副

通过点或线的形式相接触而组成的运动副称为高副。如图 10-6 所示的凸轮副和齿轮副都是高副。高副是点或线接触的运动副，承受载荷时单位面积压力高，两构件接触处容易磨损，寿命短，制造和维修也较困难，但高副能传递较复杂的运动。

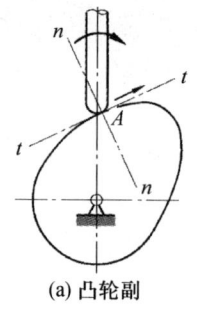

(a) 凸轮副

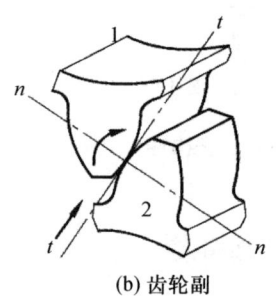

(b) 齿轮副

图 10-6　高副

上述常见的运动副都属于平面运动副，除此之外，常用的运动副还有螺旋副和球面副，这些称为空间运动副。螺旋副如图 10-7 所示。

图 10-7　螺旋副

10.1.5 机构的组成

根据机构工作时构件的运动情况不同,可将构件分为机架、主动件和从动件三类。机构中相对固定不动的构件称为机架,用来支承其他活动构件;机构中接受外部给定运动规律的活动构件称为主动件或原动件,一般与机架相连;机构中随主动件而运动的其他全部活动构件称为从动件。

10.1.6 机构运动简图

由于机构的运动特性只与构件的数目、运动副的类型和数目以及它们之间相对位置的尺寸有关,而与构件的形状、截面尺寸及运动副的具体结构无关。所以,在分析机构运动时,为了简化问题,便于研究,常常可以不考虑与运动无关的因素,而用一些规定的简单线条和符号表示构件和运动副,并按一定比例确定运动副的相对位置,这种用规定的简化画法简明表达机构中各构件运动关系的图形称为机构运动简图。

1. 构件的表示方法

如图 10-8 所示,构件均用直线或小方块等来表示,画有斜线的表示机架。

2. 转动副的表示方法

如图 10-9 所示,小圆圈表示转动副,线段表示构件,阴影线的构件表示机架(固定不动)。

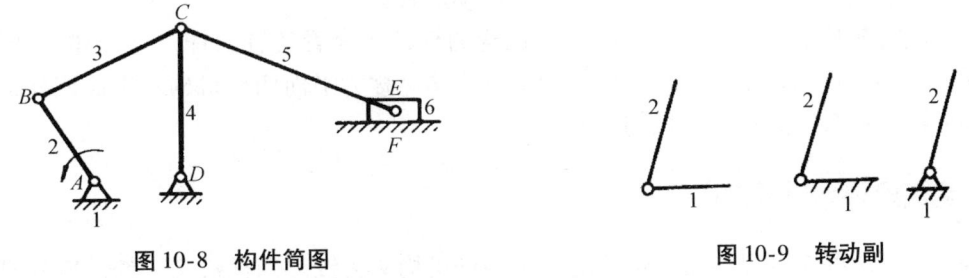

图 10-8　构件简图　　　　　　　　图 10-9　转动副

3. 移动副的表示方法

两构件组成移动副,其导路必须与相对移动方向一致,如图 10-10 所示。

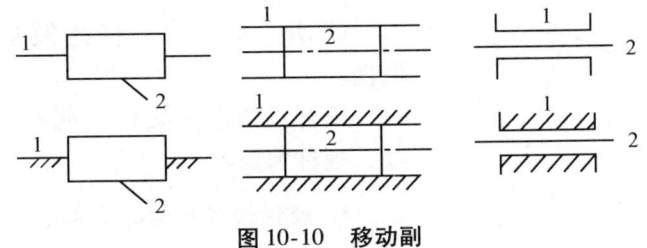

图 10-10　移动副

4. 高副的表示方法

如图 10-11 所示,两构件组成平面高副时,其运动简图中应画出两构件接触处的曲线轮廓。

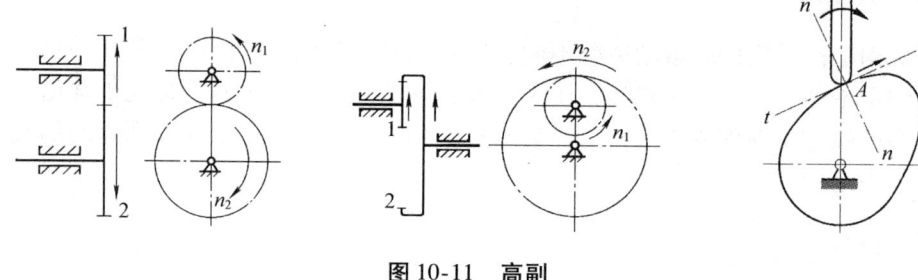

图 10-11　高副

10.2　平面连杆机构

10.2.1　平面连杆机构的特点及应用

平面连杆机构是由若干个刚性零件用低副（转动副和移动副）相互连接而组成的，并在同一个平面或相互平行的平面内运动的机构。低副是面接触，便于制造，容易获得较高的制造精度，并且压强低、磨损小、承载能力大。但是，低副中存在难以消除的间隙，从而产生运动误差，不易准确地实现复杂的运动，不宜用于高速场合。平面连杆机构广泛用于各种机械和仪器中，用以传递动力、改变运动形式。

平面连杆机构的类型很多，单从组成机构的杆件数来看就有四杆、五杆和多杆机构。最常用的平面连杆机构是具有 4 个构件的低副机构，称为平面四杆机构。平面四杆机构不仅应用广泛，而且是其他多杆机构的基础。

10.2.2　铰链四杆机构

各个构件之间全部以转动副连接的平面四杆机构称为铰链四杆机构。铰链四杆机构是平面四杆机构的基础。如图 10-12 所示，在铰链四杆机构中，固定不动的构件 4 称为机架；与机架以转动副相连的构件 1、3 称为连架杆；构件 2 连接两连架杆称为连杆。连架杆根据其运动特征可分为曲柄和摇杆。

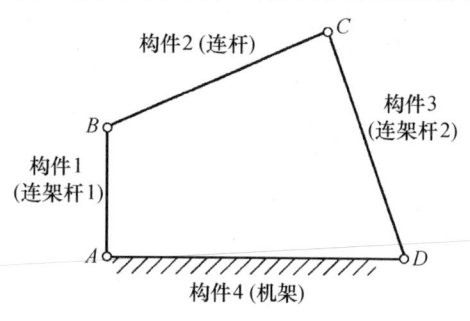

图 10-12　铰链四杆机构

曲柄：如果连架杆能做整周旋转，则称为曲柄。

摇杆：如果连架杆只能在某一角度范围内摇摆，则称为摇杆。

1. 铰链四杆机构的基本形式及应用

铰链四杆机构按两连架杆的运动形式不同，分为曲柄摇杆机构、双曲柄机构、双摇杆机构三种基本类型。

(1) 曲柄摇杆机构。在铰链四杆机构的两个连架杆中，若一个连架杆为曲柄，另一个连架杆为摇杆，则该机构称为曲柄摇杆机构，如图 10-13 所示。

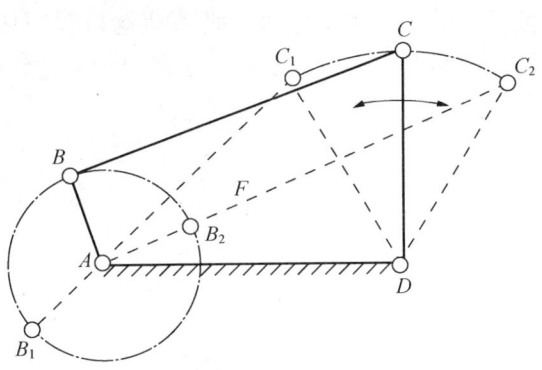

取曲柄为主动件，当曲柄做连续等速整周转动时，从动摇杆将在一定角度内做往复摆动。由此可见，曲柄摇杆机构可实现曲柄整周旋转运动与摇杆往复摆动的互相转换。

如图 10-14 所示为汽车前窗的雨刮器。当主动曲柄转动时，从动摇杆做往复摆动，利用摇杆的延长部分实现刮雨动作。

图 10-13 曲柄摇杆机构

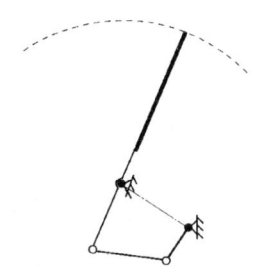 

图 10-14 汽车雨刮器

在曲柄摇杆机构中，当摇杆为主动件时，可将摇杆的往复摆动经连杆转换为曲柄的连续旋转运动。在生产中应用很广泛。如图 10-15 所示的缝纫机的踏板机构，当脚踏板（相当于摇杆）做往复摆动时，通过连杆带动曲轴（相当于曲柄）做连续运动，使缝纫机实现缝纫工作。

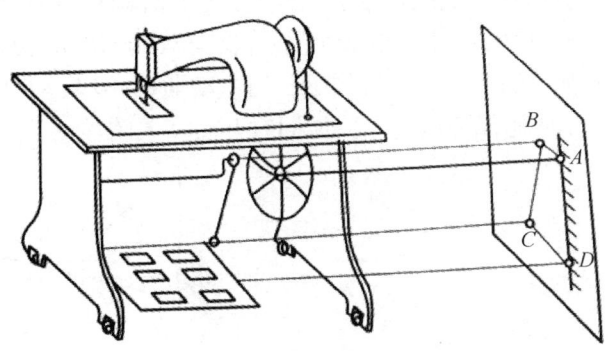

图 10-15 缝纫机踏板机构

(2) 双曲柄机构。两个连架杆都是曲柄的铰链四杆机构称为双曲柄机构，如图 10-16 所示。通常其主动曲柄做等速转动时，从动曲柄做变速转动。

如图 10-17 所示的惯性筛机构中，$ABCD$ 为双曲柄机构，工作时以曲柄 AB 为主动件，并做等速转动，通过连杆 BC 带动从动曲柄 CD 做周期性的变速运动，再通过 E 点的连接，使筛子做变速往复运动。惯性筛就是利用从动曲柄的变速转动，使筛子具有一定的加速度，筛面上的物料由于惯性来回抖动，达到筛分物料的目的。

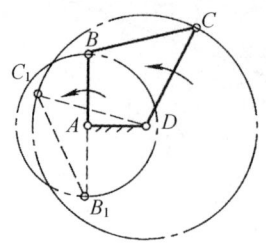 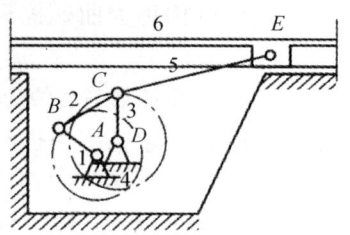

图 10-16　双曲柄机构　　　　　图 10-17　惯性筛机构

在双曲柄机构中，当连杆与机架的长度相等且两个曲柄长度相等时，若曲柄转向相同，称为平行双曲柄机构，如图 10-18 所示。平行双曲柄机构的两曲柄的旋转方向相同，角速度也相等。平行双曲柄机构应用很广，在如图 10-19 所示的机车主动轮联动装置中，车轮相当于曲柄，保证了各车轮同速同向转动。此机车联动装置中还增设一个曲柄作辅助构件，以防止平行双曲柄机构 ABCD 变成反向双曲柄机构。

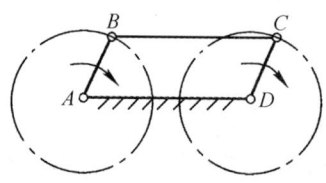 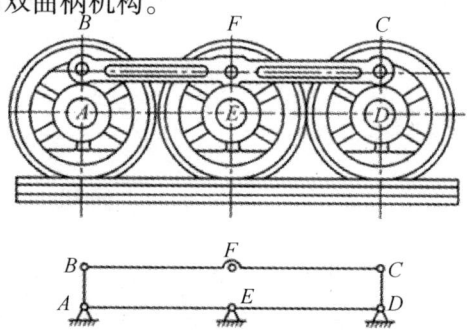

图 10-18　平行双曲柄机构　　　　　图 10-19　机车主动轮联动装置

在双曲柄机构中，当连杆与机架的长度相等且两个曲柄长度相等时，若曲柄转向相反，则称其为反向双曲柄机构，如图 10-20 所示。反向双曲柄的旋转方向相反，且角速度也不相等。如图 10-21 所示的车门启闭机构中，当主动曲柄 AB 转动时，通过连杆 BC 使从动曲柄 CD 朝反向转动，从而保证两扇车门能同时开启和关闭。

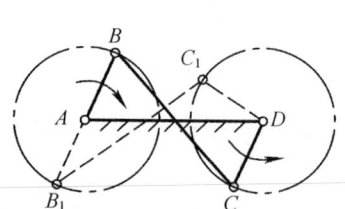 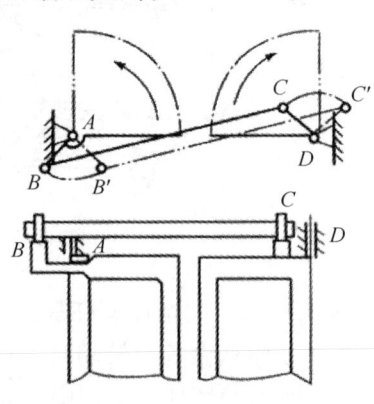

图 10-20　反向双曲柄机构　　　　　图 10-21　车门启闭机构

(3) 双摇杆机构。两个连架杆都为摇杆的铰链四杆机构称为双摇杆机构，如图 10-22 所示。在双摇杆机构中，两摇杆均可作为主动件。主动摇杆往复摆动时，通过连杆带动从动摇杆往复摆动。

双摇杆机构在机械工程上应用也不少。如图 10-23 所示的汽车离合器操纵机构，当驾驶员踩下踏板时，主动摇杆 AB 往右摆动，由连杆 BC 带动从动杆 CD 也向右摆动，从而对离合器产生作用。

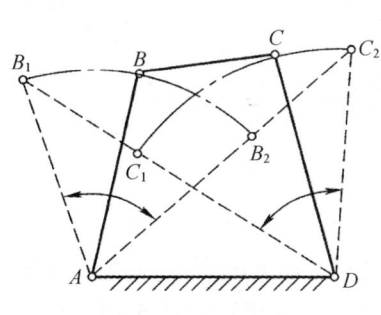

图 10-22　双摇杆机构

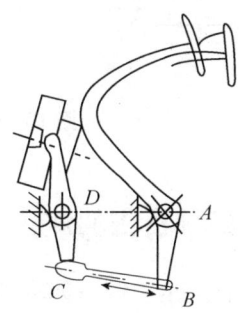

图 10-23　汽车离合器操纵机构

又如图 10-24 所示的载重车自卸翻斗装置中，当液压缸活塞向右伸出时，可带动双摇杆 AB 和 CD 向右摆动，从而使翻斗车内的货物滑下。再如图 10-25 所示的起重机中，在双摇杆 AB 和 CD 的配合下，起重机能将起吊的重物沿水平方向移动，以省时省力。

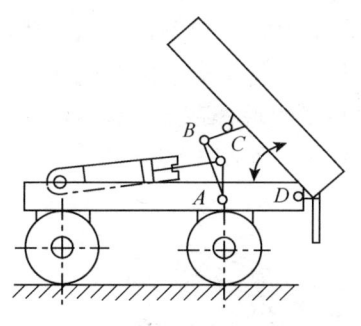

图 10-24　自卸翻斗机构

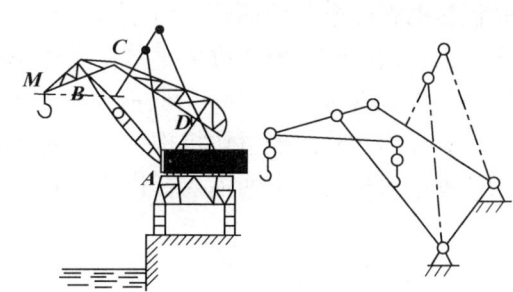

图 10-25　起重机

2. 铰链四杆机构类型的判别

铰链四杆机构的类型与机构中是否存在曲柄有关。可以论证，铰链四杆机构存在曲柄的条件是：

(1) 最短杆与最长杆的长度之和小于或等于其他两杆长度之和；

(2) 连架杆和机架中必有一杆是最短杆。

由此可得如下结论：铰链四杆机构中，如果最短杆与最长杆长度之和小于或等于其他两杆长度之和，则：

(1) 取于最短杆相邻的杆做机架时，该机构为曲柄摇杆机构，如图 10-26(a) 所示；

(2) 取最短杆为机架时，该机构为双曲柄机构，如图 10-26(b) 所示；

（3）取与最短杆相对的杆做机架时，该机构为双摇杆机构，如图 10-26(c)所示。

铰链四杆机构中，如果最短杆与最长杆长度之和大于其他两杆长度之和时，则该机构为双摇杆机构。

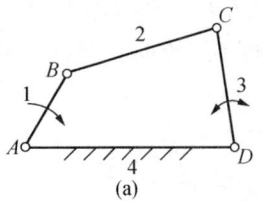
(a)

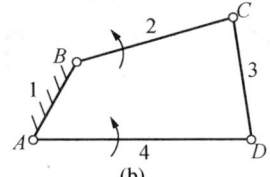
(b)

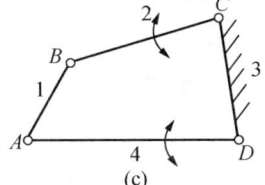
(c)

图 10-26　铰链四杆机构类型的判别

10.2.3　铰链四杆机构的演化

在实际生产中，除了铰链四杆机构的上述三种形式外，人们还广泛采用其他形式的平面四杆机构。分析、研究这些平面四杆机构的运动特性可以发现：这些平面四杆机构是由铰链四杆机构通过一定途径演化而来的。

1. 曲柄滑块机构

在如图 10-27(a)所示的曲柄摇杆机构中，杆 1 为曲柄，杆 3 为摇杆，若在机架上作一弧形槽，槽的曲率半径等于摇杆 3 的长度，把摇杆 3 改成弧形滑块，如图 10-27(b)所示，这样尽管把转动副改成了移动副，但相对运动的性质却完全相同。如果将圆弧形槽的半径增加到无穷大，则圆弧形槽变成了直槽，这样曲柄摇杆机构就演化成了偏置的曲柄滑块机构，如图 10-27(c)所示，图中 e 为曲柄中心 A 至直槽中心线的垂直距离，称偏心距。当偏心距为零时，称为对心曲柄滑块机构，常简称曲柄滑块机构，如图 10-27(d)所示。因此，可以认为曲柄滑块机构是由曲柄摇杆机构演化而来的。

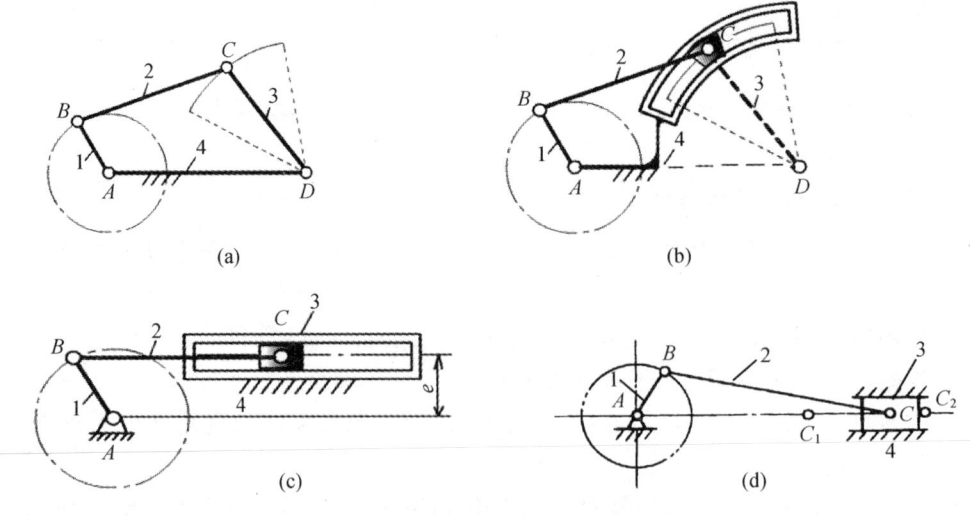

图 10-27　曲柄摇杆机构的演化

曲柄滑块机构在机械中应用十分广泛，如内燃机、搓丝机、自动送料装置以及压力机都应用到曲柄滑块机构。如图 10-28 所示的内燃机，滑块为主动件，滑块的往复直线运动经连杆转换为曲柄的连续旋转运动。又如图 10-29 所示的压力机，当曲柄连续旋转运动时，经连杆带动滑块实现加压工作。

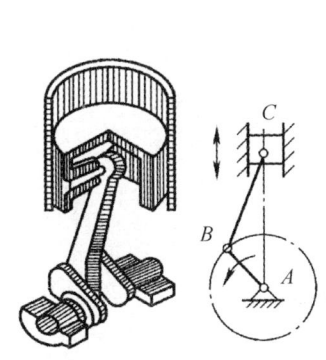

图 10-28 内燃机

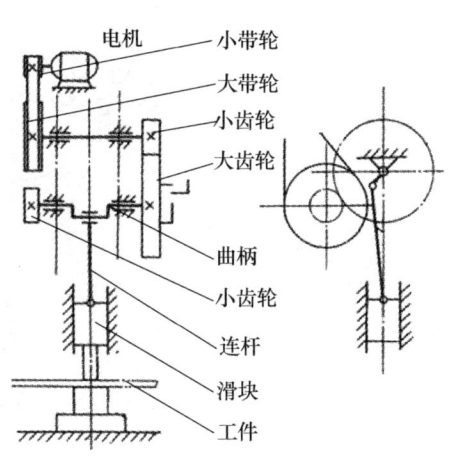

图 10-29 压力机

2. 导杆机构

导杆机构可以看做在曲柄滑块机构中选取不同的构件为机架演化而来的。

如图 10-30（a）所示的曲柄滑块机构，选取构件 1 为机架可得导杆机构，如图 10-30（b）所示，当机架 1 的长度小于构件 2 的长度，主动件 2 与从动件（导杆）4 均可做整周回转，即为转动导杆机构；当机架 1 的长度大于构件 2 的长度时，主动件做整周回转，从动件只能做往复摆动，即为摆动导杆机构。当选取构件 2 为机架时，即可得到图 10-30（c）所示的曲柄摇块机构；当选取构件 3 为机架时，即可得到图 10-30（d）所示的移动导杆机构（又称为定块机构）。

如图 10-31 所示，当 BC 杆绕 B 点做等速转动时，AD 杆绕 A 点做变速转动，DE 杆驱动刨刀做变速往返运动。图 10-32 为牛头刨床的摆动导杆机构。

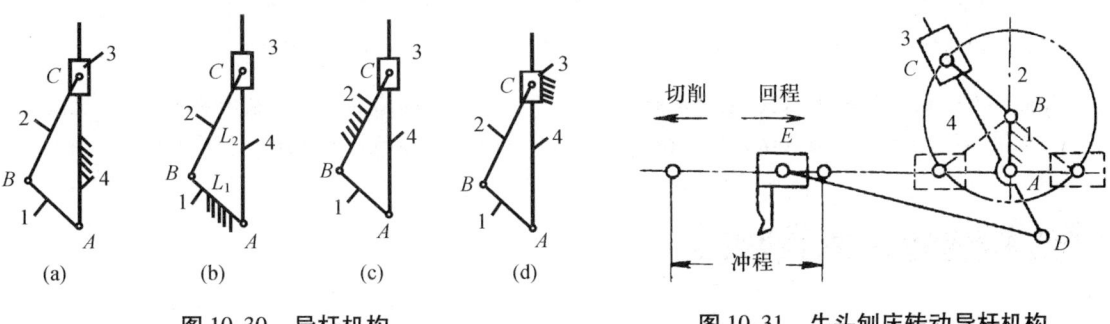

图 10-30 导杆机构　　　　　　　　图 10-31 牛头刨床转动导杆机构

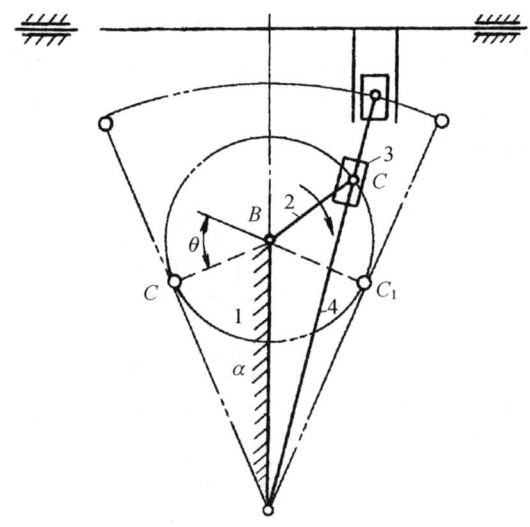

图 10-32　牛头刨床的摆动导杆机构

如图 10-33 所示的自卸翻斗装置，应用了曲柄摇块机构。杆 1（车厢）可绕车架 2 上的 B 点摆动。杆 4（活塞杆）、液压缸 3（摇块）可绕车架上 C 点摆动，当液压缸中的压力油推动活塞杆运动时，迫使车厢绕 B 点转动，转到一定角度时，车厢的物料便自动卸下。

又如图 10-34 所示的抽水机中的移动导杆机构，当转动手柄 1 时，在构件 2 的支撑下，活塞杆 4 在固定滑块 3 内做上下往复移动，达到抽水的目的。它是移动导杆机构的应用。

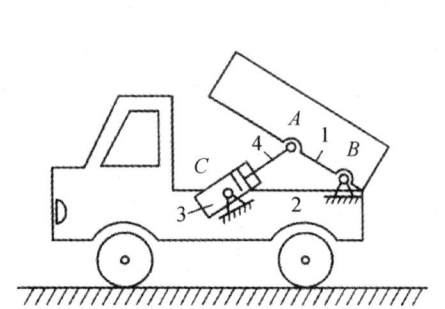

图 10-33　自卸汽车卸料机构运动简图
1—车厢；2—车架；3—液压缸；4—活塞杆

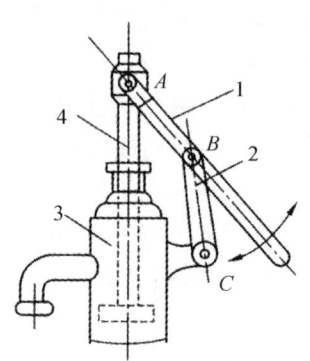

图 10-34　抽水机中的移动导杆机构
1—转动手柄；2—构件；3—固定滑块；4—活塞杆

10.2.4　平面四杆机构的特性

1. 急回特性

如图 10-35 所示为曲柄摇杆机构，取曲柄 AB 为主动件，摇杆 CD 为从动件。在主动曲柄 AB 转动一周的过程中，曲柄 AB 与连杆 BC 有两次共线位置 AB_1 和 AB_2，此时摇杆 CD

分别位于左、右两个极限位置 C_1D 和 C_2D，其夹角 ψ 称为摇杆的摆角。在摇杆位于两极限位置时，曲柄对应的两位置 AB_1 和 AB_2 所夹的锐角 θ，称为极位夹角。

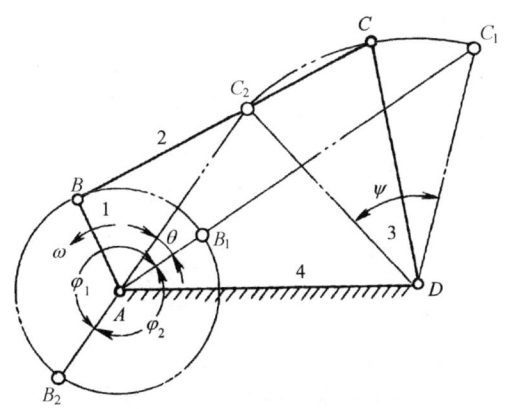

图 10-35　曲柄摇杆机构的急回特性

当曲柄沿逆时针以等角速度 ω 从 AB_1 转到 AB_2 时，其转角 $\varphi_1 = 180° + \theta$，所需时间为 $t_1 = (180° + \theta)/\omega$；此时摇杆从 C_1D 摆到 C_2D，取此过程为做功的工作行程，平均速度为 v_1；当曲柄继续由 AB_2 转到 AB_1 时，其转角 $\varphi_2 = 180° - \theta$，所需时间为 $t_2 = (180° - \theta)/\omega$，此时摇杆从 C_2D 摆到 C_1D，取此过程为不做功的空回行程，平均速度为 v_2。由于 $\varphi_1 > \varphi_2$，则 $t_1 > t_2$。又因摇杆在两行程中的摆角都是 ψ，故空回行程的平均速度 v_2 大于工作行程的平均速度 v_1，说明摇杆具有急回运动的特性。曲柄 AB 虽做等速转动，而摇杆 CD 空回行程的平均速度却大于工作行程的平均速度，这种性质称为机构的急回特性。

为表明急回特性的程度，常用 v_2 与 v_1 的比值 K 来衡量，K 称为行程速比系数。即

$$K = \frac{v_2}{v_1} = \frac{t_1}{t_2} = \frac{180° + \theta}{180° - \theta}$$

由上式可知，K 与 θ 有关，当 $\theta = 0$ 时，$K = 1$，说明该机构无急回特性；当 $\theta > 0$，$K > 1$，则机构具有急回特性。θ 值越大，K 值越大，急回特性越明显。

在某些机器中（牛头刨床、往复式运输机），常利用机构的急回特性来缩短非生产时间，提高生产效率。

2. 压力角和传动角

作用于从动件上的力与该力作用点的速度方向所夹的锐角 α 称为压力角。压力角的余角 γ 称为传动角。

如图 10-36 所示的曲柄摇杆机构中，取曲柄 AB 为主动件，摇杆 CD 为从动件。若不计构件质量和转动副中的摩擦力，则连杆 BC 为二力杆。因此，连杆 BC 传递到摇杆上的力 F 必沿连杆的轴线而作用于 C 点。因摇杆绕 D 点作摆动，故其上 C 点的速度 v_C 方向垂直于摇杆 CD。力 F 与速度 v_C 方向所夹锐角即为压力角 α。将力 F 分解为沿 v_C 方向的分力 $F_t = F\cos\alpha$ 和沿 CD 方向的分力 $F_n = F\sin\alpha$。F_t 是推动摇杆的有效分力；显然，压力角 α 越小，传动角 γ 越大，有效分力 F_t 越大，机构的传力性能越好。因此，压力角 α、传动角 γ 是判断机构传力性能的重要参数。机构在运行时，其压力角、传动角都随从动件的位置变化而

变化，为保证机构有较好的传力性能，必须限制工作行程的最大压力角 α_{max} 或最小传动角 γ_{min}。对于一般机械，$\alpha_{max} \leq 50°$ 或 $\gamma_{min} \geq 40°$；对于高速重载机械，$\alpha_{max} \leq 40°$，$\gamma_{min} \geq 50°$。

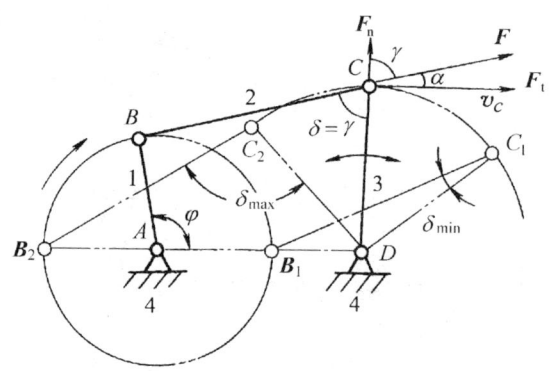

图 10-36　压力角和传动角

3. 死点位置

对于如图 10-35 所示的曲柄摇杆机构，若取摇杆 CD 为主动件，当摇杆在两极限位置时，连杆 BC 与曲柄 AB 共线。若不计各杆的质量，则这时摇杆通过连杆施加于曲柄的力将通过铰链中心 A，该力对 A 点的力矩为零，故不能推动曲柄转动，机构的这种位置称为死点位置。当四杆机构的从动件与连杆共线时，机构一般都处于死点位置。

对机构传递运动来说，死点是有害的，因为死点位置常使机构从动件无法运动或出现运动不确定现象。如图 10-37 所示的缝纫机踏板机构（曲柄摇杆机构），当踏板为主动件做往复摆动时，机构在两处有可能出现死点位置，致使曲柄不转或出现倒转现象。为了保证机构正常运转，可在曲柄轴上装飞轮，利用其惯性作用使机构顺利地通过死点位置。

在工程中，有时也利用死点进行工作，如图 10-38 所示的夹具机构中，就是应用死点的性质来夹紧工件的一个实例。当夹具通过手柄 2，施加外力 F 使铰链的中心 B、C、D 处于同一条直线上时，工件 1 被夹紧，此时如将外力 F 去掉，夹具仍能可靠地夹紧工件，当需要松开工件时，则必须向上扳动手柄 2，才能松开夹紧的工件。

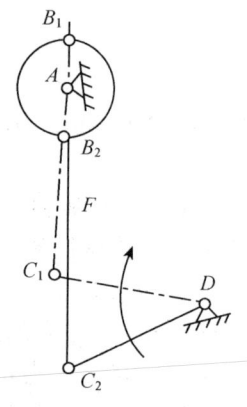

图 10-37　死点位置

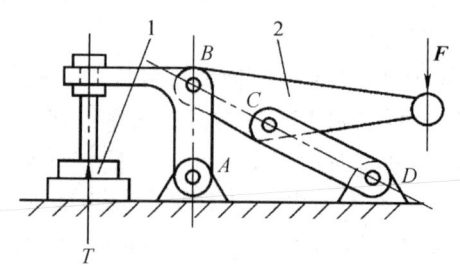

图 10-38　夹具机构
1—工件；2—手柄

10.3 凸轮机构

10.3.1 凸轮机构的组成及特点

1. 凸轮机构的组成

如图 10-39 所示为内燃机的配气机构。当凸轮 1 等速回转时,迫使从动杆(气门)2 上、下移动,从而按时开启或关闭气阀,也就是说,凸轮轮廓曲线的形状决定了气门的开闭时间、速度和加速度的变化规律。

如图 10-40 所示为自动车床的走刀机构。当具有曲线凹槽的圆柱凸轮回转时,其曲线凹槽的侧面与从动件末端的滚子接触并驱使从动件绕 O 点摆动,从动件另一端的扇形齿轮与刀架下部的齿条相啮合,使刀架实现进刀运动和退刀运动。

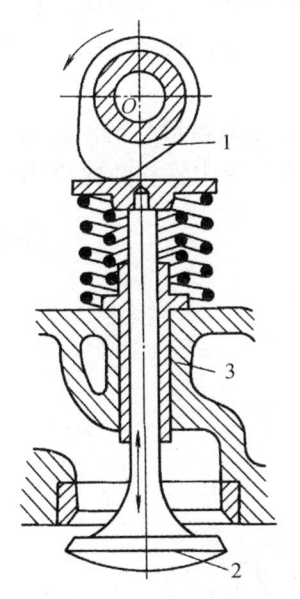

图 10-39 内燃机的配气机构
1—凸轮;2—气门;3—气门导管

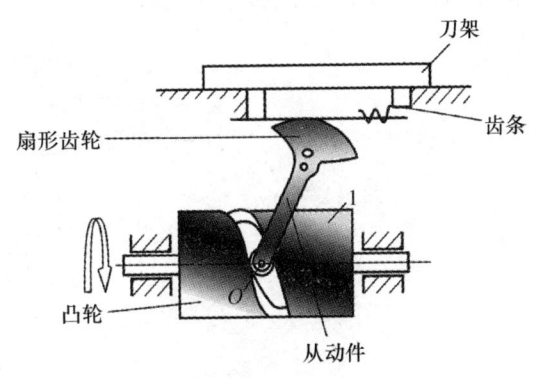

图 10-40 自动车床的走刀机构

由以上两例可知,凸轮是一个具有曲线轮廓或凹槽的构件,一般以凸轮作为主动件,它通常做等速转动或移动。被凸轮直接推动的构件称为从动件。当凸轮运动时,借助它的曲线轮廓(或凹槽),可使从动件做预期的运动。

凸轮机构是由凸轮、从动件和机架三个主要构件组成的高副机构。只要适当地设计凸轮轮廓曲线,就可以使从动件获得预定的运动规律,因此凸轮机构广泛应用于各种自动化机械、自动控制装置和仪表中。

2. 凸轮机构的特点

（1）便于准确地实现给定的运动规律。

（2）结构简单紧凑，易于设计。

（3）凸轮机构可以高速启动，动作准确可靠。

（4）凸轮与从动件为高副接触，不便润滑，容易磨损，为延长使用寿命，传递动力不宜过大。

（5）凸轮轮廓曲线不易加工。

10.3.2 凸轮机构的分类

凸轮机构按凸轮的形状与从动件形式可分为不同类型。

1. 按凸轮形状分类

（1）盘形凸轮。盘形凸轮是一个绕固定轴线转动并具有变化向径的盘形构件，其从动件在垂直于凸轮的轴线的平面内运动，如图10-39所示的内燃机配气机构。盘形凸轮是凸轮的最基本形式，应用最广，但从动件的行程不能太大，否则，其结构庞大。所以盘形凸轮一般应用于行程较短的场合。

（2）移动凸轮。移动凸轮可视为回转中心趋向于无穷远的盘形凸轮，它相对于机架做直线往复移动。如图10-41所示，用于车制手柄的靠模就是采用移动凸轮机构。移动凸轮机构在靠模仿形加工机械中应用较广。

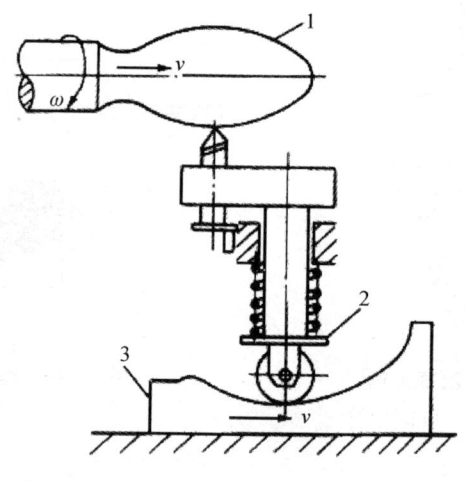

图10-41 移动凸轮

（3）圆柱凸轮。圆柱凸轮是在圆柱面上开有曲线凹槽或在圆柱端面上制出曲线轮廓的构件，如图10-40所示的自动车床走刀机构。圆柱凸轮可使从动件得到较大的行程。

2. 按从动件的形式分类

根据从动件的运动形式和端部形状，凸轮机构分为尖顶、滚子、平底和曲面（包括球面）4种类型。每种类型中从动件的运动形式又分为移动和摆动两种。凸轮机构从动件的基本类型及特点参见表 10-2。

表 10-2 凸轮机构从动件的基本类型及特点

接触形式	运动形式		主要特点
	移动	摆动	
尖顶	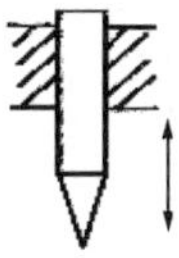		结构简单、紧凑，可准确地实现任意运动规律。但易磨损，适用于低速、传力小和要求动作灵敏的场合，如仪表机构中
滚子	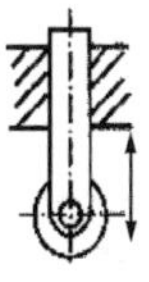	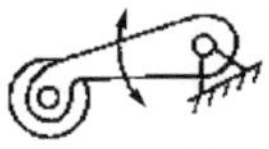	滚子接触，摩擦阻力小，不易磨损，承载能力较大，但运动规律有局限性，不宜于高速，故可用于传递较大的动力
平底	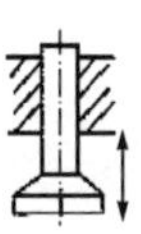	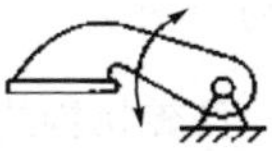	结构紧凑，润滑性能好，摩擦阻力小，适用于高速。但不能与内凹的轮廓接触，因此运动规律受到一定限制
曲面	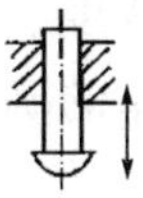		介于滚子和平底之间

10.3.3　凸轮机构的运动过程

凸轮机构中最常用的运动形式是凸轮做等速回转运动，从动件做往复移动。如图 10-42(a) 所示为对心外轮廓盘形凸轮机构。凸轮轮廓由 AB、BC、CD、DA 四段曲线组成，其中 BC、DA 两段为圆弧。r_0 为凸轮轮廓曲线的最小半径，以凸轮的回转轴心为圆心，以凸轮的最小半径 r_0 为半径所作的圆，称为凸轮的基圆，r_0 为基圆半径。图示从动件与凸轮在 A 点接触，从动件处于最低位置。当凸轮以等角速度 ω 逆时针方向回转一个角度 δ_0 时，凸轮轮廓 AB 段推动从动件以一定的运动规律由最低位置 A 上升到最高位置 B'。从动件自最低位置上升到最高位置的过程称为推程，所对应的凸轮转角 δ_0 称为推程角。凸轮继续回转 δ_{01} 时，凸轮轮廓 BC 段与从动件接触，由于 BC 段为圆弧，所以从动件在最高位置静止不动，此过程称为远停程或远休止，所对应的凸轮转角 δ_{01} 称为远停角或远休止角。凸轮继续回转 δ_0' 时，凸轮轮廓 CD 段与从动件接触，从动件以一定的运动规律由最高位置下降到最低位置，此过程称为回程，所对应的凸轮转角 δ_0' 称为回程角。

凸轮继续回转 δ_{02} 时，凸轮轮廓 DA 段与从动件接触，从动件在最低位置静止不动，此过程称为近停程或近休止，所对应的凸轮转角 δ_{02} 称为近停角或近休止角。当凸轮继续回转时，从动件重复上述运动。从动件在推程或回程过程中移动的最大距离 h 称为行程。如图 10-42(b) 所示为从动件的位移曲线，纵坐标代表从动件的位移，横坐标代表凸轮的转角。

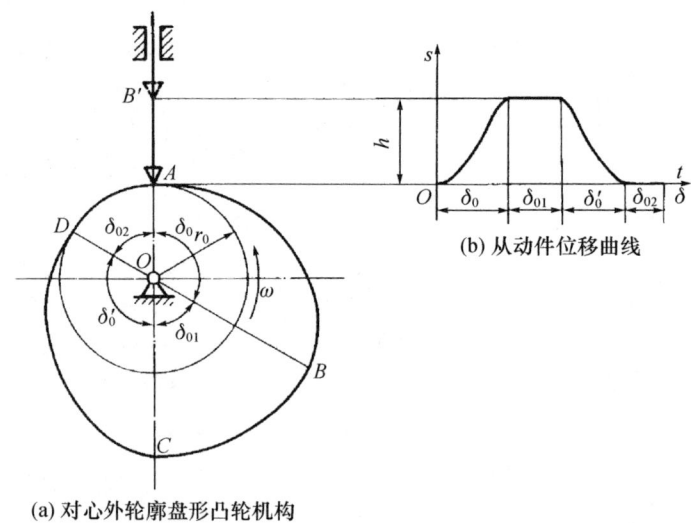

图 10-42　凸轮机构的运动过程

行程以及各阶段的转角 δ_0、δ_{01}、δ_0'、δ_{02} 是描述凸轮机构运动的重要参数。

从上述凸轮机构的运动过程分析可知，从动件运动的位移、速度、加速度随凸轮转角而变化，这种变化关系称为从动件的运动规律。从动件的运动规律的确定取决于机器的工作要求，因此是多种多样的。

综上所述，从动件的运动规律取决于凸轮的轮廓曲线形状。反之，不同的从动件运动规律要求凸轮具有不同的轮廓形状。

10.3.4　从动件的常用运动规律

常用从动件的运动规律有等速运动规律和等加速等减速运动规律。

1. 等速运动规律

在凸轮机构中，当凸轮以等角速度回转时，若从动件上升或下降的速度为一常数，这种运动规律称为等速运动规律。

如图 10-43 所示为从动件做等速运动规律的运动线图。由运动线图可知，从动件做等速运动时，会使凸轮机构产生强烈的刚性冲击，因此等速运动规律只适用于凸轮机构做低速回转、轻载的场合。

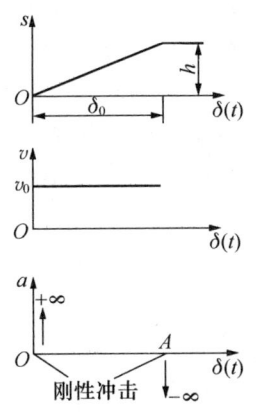

位移方程为 $s = vt$，等速运动时位移曲线为一条倾斜直线

从动件运动过程中，速度 v 为恒值

从动件在推程的起始与终止速度有突变，使 O、A 位置加速度达到无穷大，产生刚性冲击

图 10-43　等速运动规律推程运动线图

2. 等加速等减速运动规律

从动件在推程或回程中，前半个做等加速运动，后半个做等减速运动的运动规律称为等加速等减速运动规律。通常，加速段和减速段的时间相等、位移相等，加速度的绝对值也相等。

等加速等减速运动规律的运动线图如图 10-44 所示。

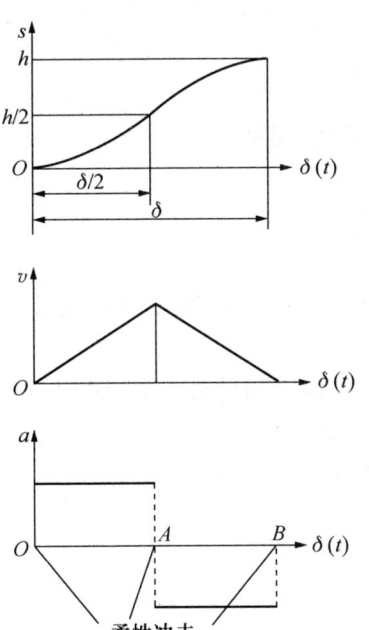

位移线图由两段抛物线组成。推程的前 $h/2$ 的位移方程为 $s = at^2/2$，位移 s 是时间 t（或凸轮转角）的二次函数

初速度 $v = 0$，推程的前 $h/2$ 的速度方程为 $v = at$

推程的前 $h/2$ 等加速，后 $h/2$ 等减速；推程的 O、A、B 点有加速度的突变，将产生柔性冲击

图 10-44　等加速等减速运动规律推程运动线图

由图 10-44 可知，从动件做等加速等减速运动时，会使凸轮机构产生柔性冲击，这种柔性冲击虽然比刚性冲击要小得多，但也会对机器有一定的破坏作用。因此，等加速等减速运动规律只适用于凸轮机构做中速回转、轻载的场合。

如图 10-45 所示为等加速等减速运动规律的位移曲线画法：在纵坐标上将行程 h 两等分，在横坐标上将凸轮的转角也两等分。再将前 $h/2$、$\delta_0/2$ 分为若干等份（如图为四等份），等分点 1、2、3、4 和 $1'$、$2'$、$3'$、$4'$；将坐标原点 O 与 1、2、3、4 点连接，得连线 $O1$、$O2$、$O3$、$O4$，它们分别与经点 $1'$、$2'$、$3'$、$4'$ 所作的横坐标的垂线相交，将交点以光滑曲线连接，即可得到等加速段的位移曲线。等减速段的位移曲线可用相同的方法画出，但弯曲的方向相反。

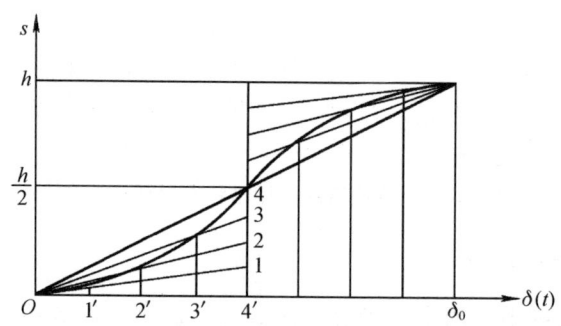

图 10-45　等加速等减速运动规律的位移曲线画法

思考与复习题

1. 零件、构件、机构和机器之间有什么联系？它们的区别是什么？
2. 什么是运动副？运动副如何分类？
3. 运动副中的高副和低副如何区分？各有什么特点？
4. 什么是平面连杆机构？它有哪些特点？
5. 铰链四杆机构的基本形式有哪几种？并举例说明它们在机器中或日常生活中的应用。
6. 四杆机构的演化机构有哪几种？并举例说明它在机器中和日常生活中的应用。
7. 什么是平面四杆机构的急回特性？有何实用意义？
8. 什么是平面四杆机构的死点？如何克服和利用死点？
9. 凸轮机构有哪些类型？举例说明凸轮机构的应用。
10. 从动件常用的运动规律有哪几种？各适用什么场合？

第 11 章

汽车常用机械零件

汽车（机器）工作时，是靠其内部的各种传动机构和与各种零部件（如轴、轴承、联轴器、螺栓及弹簧等）配合来传递动力和运动的，其中的零部件基本可归属为轴系零部件。机械零件是机械的重要组成部分，其结构、设计、使用是否合理将影响到整台机器的工作性能。本章着重讨论汽车中常用零部件的工作原理、性能特点、选用方法等问题。

学习目标：
1. 了解汽车常用零部件类型、结构原理及材料组成；
2. 认识各类汽车常用零部件实物；
3. 掌握常用零部件在汽车上的连接关系；
4. 掌握常用零部件的拆卸与装配工作。

11.1 轴

轴是组成机械的重要零件之一，它主要用来支承旋转零件（如齿轮、带轮、凸轮、车轮等），以实现旋转运动并传递动力。

11.1.1 轴的分类

根据轴的功用和承载情况的不同，轴可分为心轴、转轴和传动轴。

1. 心轴

心轴是指用来支撑转动零件，只承受弯矩而不传递转矩的轴。弯矩是受力构件截面上的内力矩的一种，其大小为该截面截取的构件部分上所有外力对该截面形心矩的代数和。按轴是否转动，心轴又分为转动心轴和固定心轴两种。如图 11-1(a) 所示的铁路机车轮轴为转动心轴，图 11-1(b) 所示的滑轮支撑轴为固定心轴。

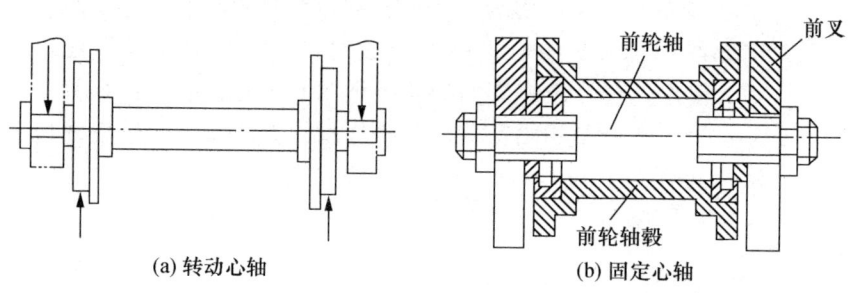

图 11-1 心轴

2. 转轴

转轴是工作时既传递弯矩又传递转矩的轴。转轴是机器中最常见的轴，通常简称轴。如图 11-2 所示的单级齿轮减速器中电动机的输出轴、减速器的输入轴和输出轴都是转轴。

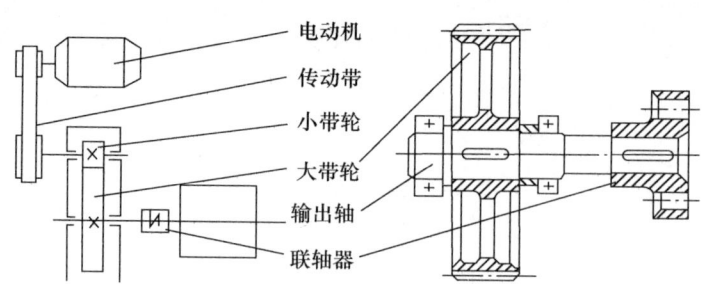

图 11-2 转轴

3. 传动轴

以传递转矩为主，不承受弯矩或承受很小弯矩的轴称为传动轴。如图 11-3 所示的汽车中连接变速箱与后桥之间的轴。

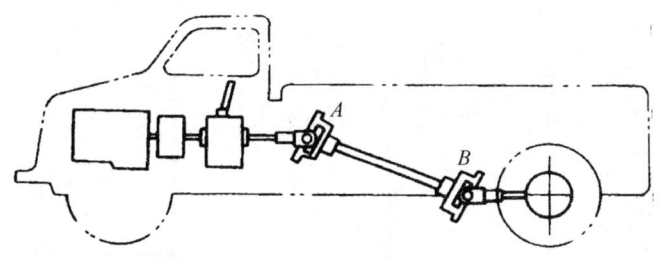

图 11-3　传动轴

此外，按轴线几何形状，轴还可分为直轴（如图 11-4 所示）和曲轴（如图 11-5 所示）。直轴还可分为光轴（如图 11-4(a)所示）和阶梯轴（如图 11-4(b)所示）两种。光轴结构简单，易加工，主要用作传动轴。阶梯轴各轴段直径不同，可使各轴段的强度接近，同时便于轴上零件的装拆和定位。阶梯轴在工程中用得最多。

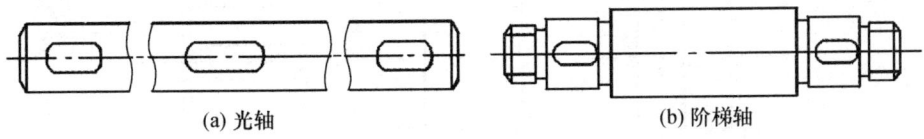

(a) 光轴　　　　　　　　　　(b) 阶梯轴

图 11-4　直轴

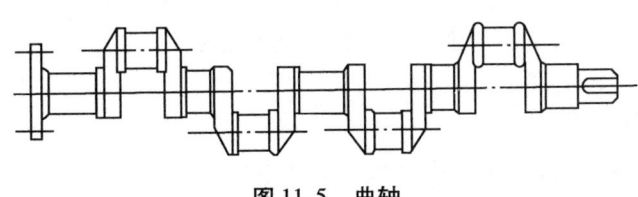

图 11-5　曲轴

轴一般都制成实心的，但为减轻重量（如大型水轮机轴、航空发动机轴）或满足工作要求（如需在轴中心穿过其他零件或润滑油），则可用空心轴。

11.1.2　轴的结构设计

轴的结构设计的目的，主要是确定轴的合理外形和全部结构尺寸。

1. 对轴的结构的基本要求

如图 11-6 所示的减速器输出轴代表了轴的典型结构。其中，轴与轴承配合的部分称为轴颈；与其他回转零件配合的部分称为轴头；连接轴头和轴颈的部分称为轴身。在设计轴的结构时，主要应考虑以下几个方面。

(1) 轴和轴上的零件有准确定位和固定。
(2) 轴上零件便于调整和装拆。
(3) 轴的结构要有良好的工艺性。

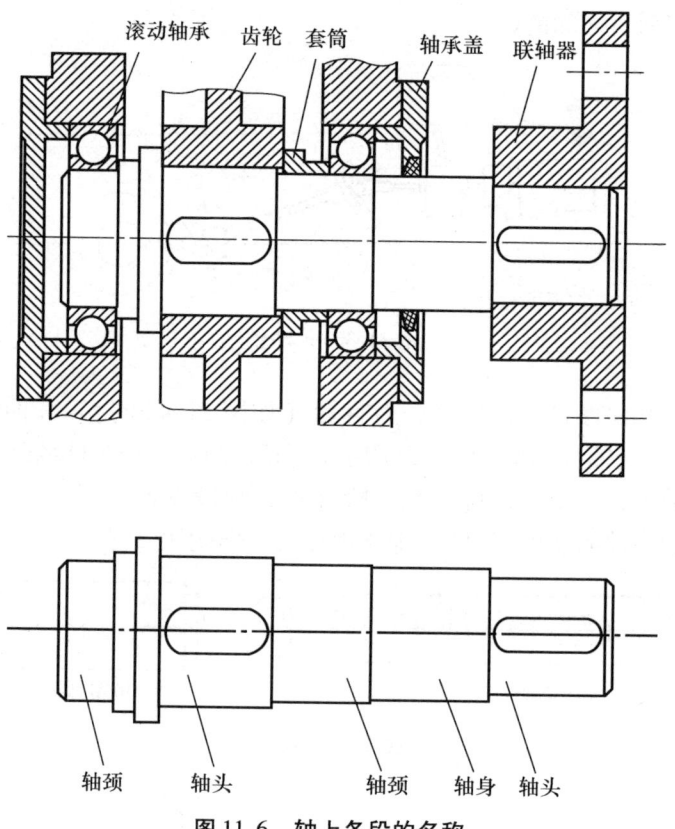

图 11-6 轴上各段的名称

2. 轴上零件的固定

（1）轴向固定。轴向固定的目的是为了保证零件在轴上有确定的轴向位置，防止零件做轴向移动，并能承受轴向力。常用的方法有利用轴肩、轴环、轴套、圆螺母和轴端挡圈（也称为压板）等局部结构或零件进行轴向固定。

① 用轴肩和轴环固定。轴肩和轴环是阶梯轴上截面变化的部位，如图11-7所示。用轴肩和轴环轴向固定轴上零件，具有结构简单、定位可靠和能承受较大的轴向力的特点，是一种最常用的固定方法，常用于齿轮、带轮、轴承和联轴器等传动零件的轴向固定。为了使轴上零件的端面能贴紧定位面，轴肩和轴环的内圆角半径 r 必须小于零件的外圆角半径 R 或倒角 c，其大小要符合标准。轴环的高度通常取 $h = (0.07d + 5) \sim (0.1d + 5)$ mm。轴环的宽度 $b = 1.4h$。安装滚动轴承处的定位轴肩或轴环高度必须低于轴承内圈端面高度。非定位轴肩高度无严格规定一般可取 $1.5 \sim 10$ mm。

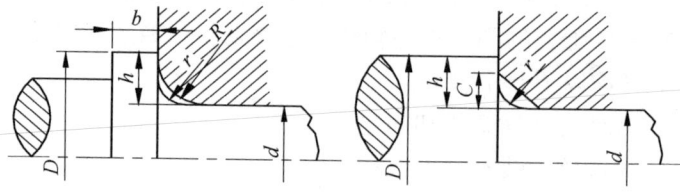

图 11-7 用轴肩和轴环固定

② 用轴端挡圈和圆锥面固定。轴端挡圈与轴肩（如图 11-8 所示）、轴端挡圈与圆锥面（如图 11-9 所示）联合使用，常用于轴端起到双向固定。装拆方便，多用于承受剧烈振动和冲击的场合。

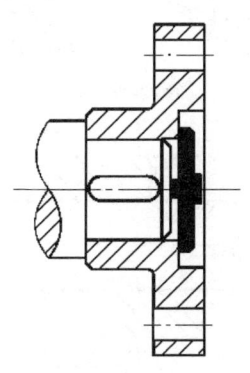

图 11-8　用轴端挡圈固定

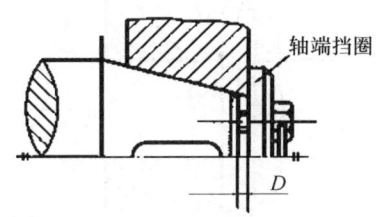

图 11-9　用圆锥面固定

③ 用轴套固定。轴套又称为套筒。当传递的轴向力较大且两零件相隔距离不大时可采用套筒作轴向固定，但不适用于转速很高的轴，如图 11-10 所示。

④ 用圆螺母固定。轴上两零件距离较大，不宜采用套筒固定时，可用圆螺母作轴向固定。圆螺母固定需在轴上切制螺纹，对轴的强度影响较大，如图 11-11 所示。

⑤ 用弹性挡圈固定。如图 11-12 所示，采用弹性挡圈固定，结构紧凑简单、装拆方便，但只能承受很小的轴向力，且轴上切槽将引起应力集中。常用于滚动轴承的固定。

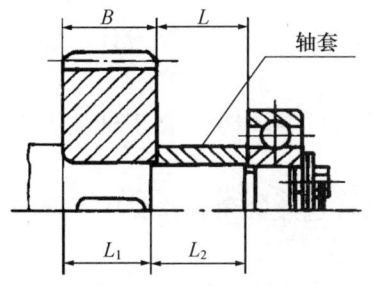
图 11-10　用轴套固定

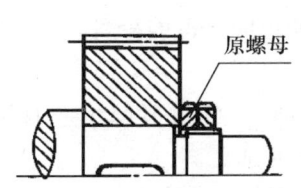
图 11-11　用圆螺母固定

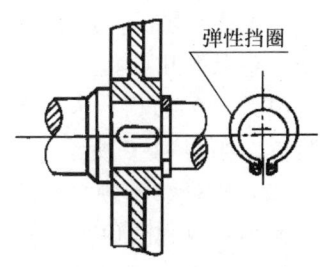
图 11-12　用弹性挡圈固定

（2）轴上零件的周向固定。周向固定的目的是为了保证轴能够可靠地传递运动和转矩，防止轴上零件与轴产生相对转动。轴上零件的周向固定常用键连接、销连接、螺钉连接和过盈配合连接等。一般齿轮与轴通常采用过盈配合或键连接；滚动轴承则采用较紧的过渡配合；受力较小或光轴上的零件可采用紧定螺钉或圆锥销做周向固定，这两种方法同时兼有轴向固定的作用。常用轴上零件的周向固定方法，如图 11-13 所示。

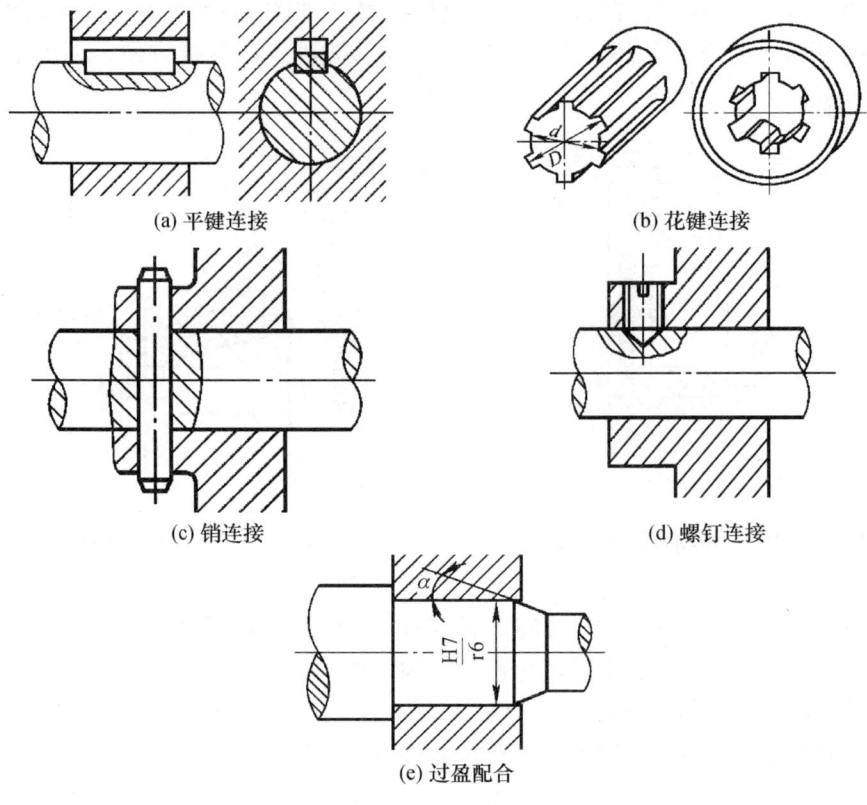

图 11-13 轴上零件的周向固定方法

3. 轴的结构工艺性

为了便于轴的制造、轴上零件的装配和使用维修，轴的结构应进行工艺性设计。设计时须注意以下几点。

（1）轴的形状力求简单，阶梯数应尽可能少且直径应中间大、两端小，便于轴上零件的装拆，如图 11-6 所示。

（2）轴端、轴颈与轴肩（或轴环）的过渡部位应有倒角或过渡圆角，并应尽可能使倒角大小一致和圆角半径相同，以便加工。

（3）轴端若需要磨削或切制螺纹时，需留出砂轮越程槽或螺纹退刀槽，如图 11-14 所示。

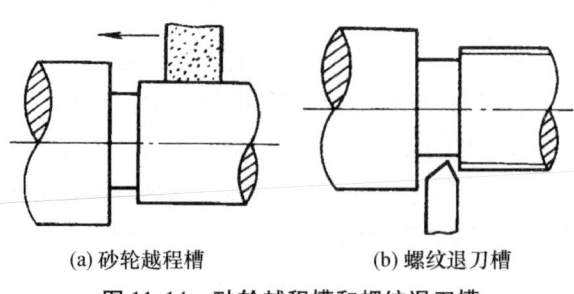

图 11-14 砂轮越程槽和螺纹退刀槽

(4) 当轴上零件与轴采用过盈配合时,为便于装配,轴的装入端应加工出导向锥面,如图 11-13(e)所示。

11.1.3 轴的常用材料

多数轴在工作时要同时承受弯曲应力和扭转切应力作用,因此轴的材料应具有足够的强度和韧性,高的硬度和耐磨性,以及良好的加工性。

轴的材料主要是碳素结构钢和合金结构钢。碳素结构钢比合金结构钢价廉,对应力集中敏感性较小,应用较为广泛。常用的碳素钢有 35、40、45 和 50 钢,其中最常用的是 45 钢。为保证轴的材料机械性能,可进行正火或调质处理。

合金钢具有较高的机械性能和更好的淬火性能,但价格较贵。多用于要求减轻重量、提高轴颈耐磨性以及在高温或低温条件下工作的轴。对于形状复杂的轴(如曲轴、凸轮轴等)也常用铸钢或球墨铸铁制作。球墨铸铁吸振性好,对应力集中不敏感,耐磨,价格低廉;但其铸造品质不易控制,韧性差。轴的常用材料及机械性能参见表 11-1。

表 11-1 轴的常用材料及机械性能

材料牌号	热处理	毛坯直径 /mm	硬度 /HBS	抗拉强度 σ_b /MPa	屈服点 σ_s /MPa	弯曲疲劳极限 σ_{-1} /MPa	应用说明
35	正火	≤100	149~187	520	270	210	用于一般轴
		>100~300	143~187	500	260	205	
45	正火	≤100	170~217	600	300	240	用于较重要的轴,应用广泛
		>100~300	162~217	580	290	235	
	调质	≤200	217~255	650	360	270	
40Cr	调质	≤100	241~286	750	550	350	用于载荷较大而无很大冲击的轴
		>100~300		700	500	320	
40MnB	调质	25	≤207	1 000	800	485	性能接近 40Cr,用于重要的轴
		≤200	241~286	750	500	335	
35CrMo	调质	≤100	207~269	750	550	335	用于重载荷的轴
		>100~300		700	500	350	
20Cr	渗碳淬火回火	15	表面 56~62 HRC	850	550	375	用于要求强度及韧性均较高的轴
		30		650	400	280	
		≤60		650	400	280	

11.2 轴 承

轴承的功用是支承轴及轴上零件,保持轴的旋转精度,减少轴与支承间的摩擦和磨损。根据轴与轴承间的摩擦性质，轴承可分为滑动轴承和滚动轴承两大类。滚动轴承适用范围广泛，一般载荷和一般速度的场合都可采用。滑动轴承适用于高速、高精度、重载和有大冲击、尺寸有特别要求等的场合及不重要的低速机器中。

11.2.1 滑动轴承

1. 滑动轴承的类型、特点和应用

（1）滑动轴承的类型与特点。按其承受载荷的方向，滑动轴承可分为径向滑动轴承（承受径向载荷）和止推滑动轴承（承受轴向载荷）两类。

按润滑和摩擦状态的不同，滑动轴承可分为液体摩擦滑动轴承和非液体摩擦滑动轴承两类。液体摩擦滑动轴承，轴颈与轴承表面间有一层润滑油膜，两金属表面不直接接触，可以大大降低摩擦损失和表面磨损。非液体摩擦滑动轴承，轴颈与轴承表面之间虽然有一层油膜，但油膜很薄，不能完全避免两金属表面凸起部分的直接接触，因此摩擦损失较大，轴承表面容易磨损。

（2）滑动轴承的应用。滑动轴承适用于以下几种情况。

① 转速极高、承载特重、回转精度要求特别高。

② 承受巨大冲击和振动。

③ 必须采用剖分结构的轴承。

④ 要求径向尺寸较小。

滑动轴承在汽车发动机、汽轮机、内燃机、仪表、机床及铁路机车等机械上被广泛应用，如发动机中的连杆轴承。此外，在低速、精度要求不高的机械中，如水泥搅拌机、破碎机中也常被使用。

2. 滑动轴承的结构

滑动轴承一般由轴承座、轴瓦、润滑装置和密封装置等部分组成。

（1）径向滑动轴承的结构。常用的径向滑动轴承按其结构可分为整体式、剖分式和调心式三种。

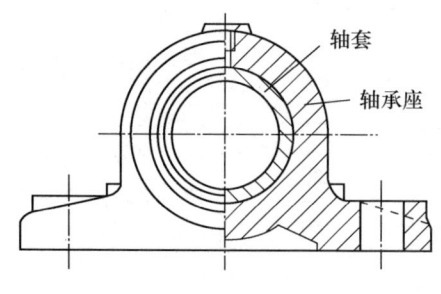

图 11-15　整体式滑动轴承

① 整体式滑动轴承。如图 11-15 所示，整体式滑动轴承主要由轴承座、轴套等组成。轴承座用螺栓与机座相连，轴承座上部有油孔，轴套内有油槽，分别用于加油和引油，进行润滑。

这种轴承结构简单，成本低廉，但装拆时轴或轴承必须做轴向移动，很不方便，且轴瓦磨损后，轴承孔与轴的径向间隙无法调整。它多适用于低速、轻载或间歇工作的机械。

② 剖分式滑动轴承。剖分式滑动轴承又分为对开式滑动轴承和斜式滑动轴承。如图 11-16 所示为对开式滑动轴承，由轴承座、轴承盖、对开轴瓦和双头螺柱等组成。轴瓦和轴承座均为剖分式结构，在轴承盖与轴承座接合处做成

阶梯形定位止口，是为了便于对中。上、下两片轴瓦直接与轴接触，装配后应适度压紧，使其不能随轴转动。轴承盖上有螺纹孔，可安装油杯或油管，轴瓦上有油孔和油槽。

对开式滑动轴承克服了整体式轴承装拆不方便的缺点，磨损后易于调整间隙，应用广泛，如汽车发动机中的曲轴就采用对开式滑动轴承支承。

③ 调心式滑动轴承。如图 11-17(a) 所示为调心式滑动轴承。其特点是轴瓦与轴承座以球面接触，能自动适应轴或机架的变形，以避免如图 11-17(b) 所示的轴承边缘过度磨损。这种轴承适用于轴承宽度 L 与轴颈直径 d 之比大于 1.5 的场合。

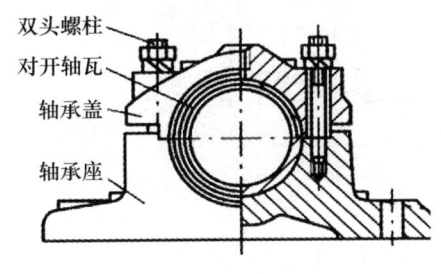

图 11-16 对开式滑动轴承

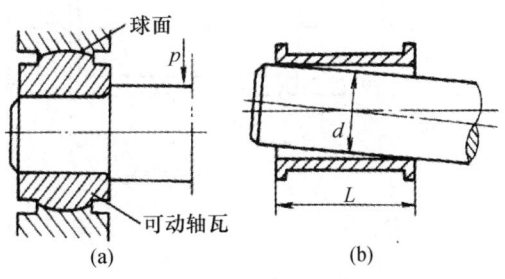

图 11-17 调心式滑动轴承

（2）止推滑动轴承的结构。如图 11-18 所示为常见的立式止推滑动轴承，它由轴承座 1、衬套 2、径向轴瓦 3 和止推轴瓦 4 组成。止推轴瓦的底部制成球面，以便于对中，并用销钉 5 与轴承座固定，用来防止止推轴瓦随轴转动。工作润滑油用压力从底部注入，从上部油管导出进行润滑。推力滑动轴承和径向轴承联合使用时可以承受复合载荷作用。

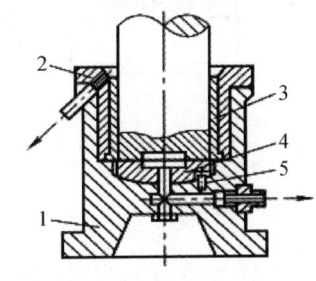

图 11-18 立式止推滑动轴承
1—轴承座；2—衬套；3—径向轴瓦；4—止推轴瓦；5—销钉

常见的推力滑动轴承的结构如图 11-19 所示。实心端面轴颈由于工作时轴心与边缘磨损不均匀，以致轴心部分压强极高，润滑油容易被挤出，所以很少使用。一般机器上多使用空心端面止推轴颈和环形轴颈。载荷较大时采用多环止推轴颈。环状轴颈还能承受双向轴向载荷。轴颈的结构尺寸可查有关手册。

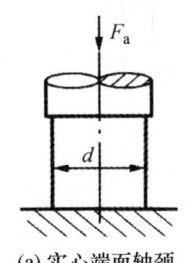

(a) 实心端面轴颈　　(b) 空心端面推力滑动轴颈　　(c) 环形推力滑动轴颈　　(d) 多环推力滑动轴颈

图 11-19 推力滑动轴承的结构

3. 轴瓦结构

轴瓦是滑动轴承中直接与轴颈接触的零件，其结构是否合理对轴承性能有较大影响。常见的轴瓦分为整体式和剖分式两种结构。如图 11-20 所示为整体式轴瓦，图 11-21 所示为剖分式轴瓦。剖分式轴瓦两端的凸缘可以防止轴向窜动，并能承受一定的轴向力。

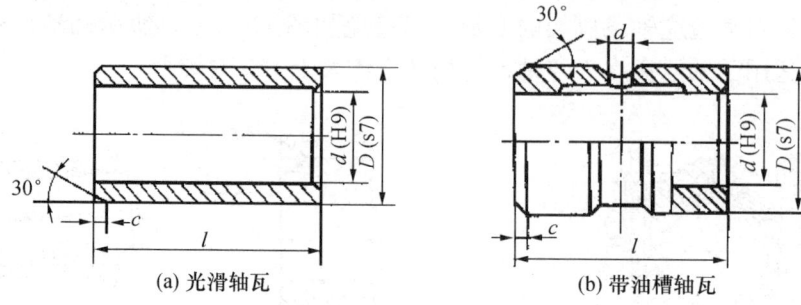

(a) 光滑轴瓦　　　　　　　　(b) 带油槽轴瓦

图 11-20　整体式轴瓦

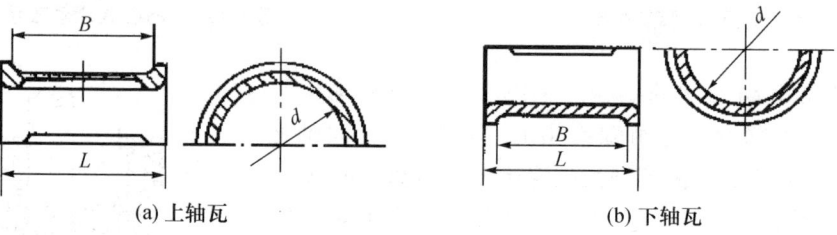

(a) 上轴瓦　　　　　　　　(b) 下轴瓦

图 11-21　剖分式轴瓦

为了保证润滑油的引入和均布在轴瓦工作表面，在轴瓦的非承载部分开设油孔和油槽，如图 11-22 所示。油槽应以进油口为中心沿横向、纵向或斜向开设，但不应开至端部，以减少端部泄漏。

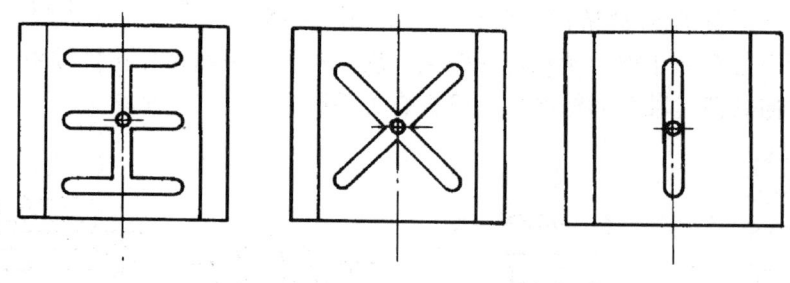

图 11-22　油孔和油槽

4. 轴瓦的常用材料

轴瓦是滑动轴承的主要组成部分，它与轴颈直接接触，承受载荷，由于轴瓦与轴颈的工作表面之间有一定的相对滑动，因而产生摩擦和磨损。所以轴瓦的材料应具有足够的强度、减摩性、耐磨性。轴承在使用时还会因摩擦、磨损而产生发热等问题，因此，要求轴承材料具有良好的耐腐蚀性、抗胶合性、导热性以及易跑合、易加工等。常用的轴瓦材料有轴承合金、铜合金、粉末冶金材料、铸铁及某些非金属材料。

5. 滑动轴承的润滑

滑动轴承润滑的目的主要是降低摩擦和减少磨损，提高轴承的效率，同时还可起到冷却、吸振、防锈的作用。

（1）润滑剂及其选择。常用的润滑剂有润滑油、润滑脂。滑动轴承最常用的是润滑油。对于轻载、高速、低温的场合应选用黏度小的润滑油；对于重载、低速、高温的场合应选用黏度较大的润滑油。润滑脂黏度大，不易流失，适用于低速、载荷大、不经常加油的场合。

（2）润滑方式和润滑装置。滑动轴承常用的润滑装置和方法，可分为间歇式供油和连续式供油两大类。间歇式供油（如用油壶定期加油）只能用于低速、轻载轴承。对重要的滑动轴承应采用连续式供油。常用的供油装置有以下几种。

① 滴油润滑。如图11-23所示，当手柄平放时，针阀杆可由弹簧的推压将底部的输油孔堵住；当手柄向上提起时，底部的输油孔便打开，使润滑油流到轴承工作表面。旋转螺母可以调节滴油量的大小，滴油量的大小和输油情况可由油窗（玻璃制成）中观察到。

② 油环润滑。如图11-24所示，在轴颈上套有油环与下面油池中的润滑油相接触，当轴旋转时，油环也随着转动，因此可把润滑油带到轴颈和轴承上去。采用油环润滑时，如轴的转速过低则油环无力把油带起，而转速过高则带起的油易被甩掉，因此一般适用的转速为100～200 r/min。

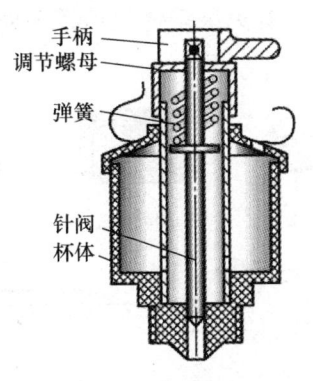

图11-23 滴油润滑

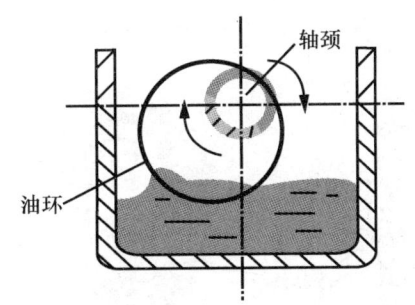

图11-24 油环润滑

③ 飞溅润滑。飞溅润滑是利用轴上的旋转零件（如齿轮、曲轴或装在轴上的甩油盘等）浸入油池中，在旋转时将润滑油带起飞溅到轴承中去的方法。这种方法简单可靠，但应注意带油的旋转零件，其旋转速度不宜太高，浸入油池的深度也不宜太深。

④ 压力润滑。压力润滑是用液压泵把油液压进轴承中去。这种润滑能保证连续供油，且供油量可以调节，即使在高速重载下也能取得良好的润滑效果，但需要有一套供油设备，所以一般仅用于重要的高速重载的机械中。

⑤ 润滑脂润滑。润滑脂润滑属间歇供油，如图 11-25、图 11-26 所示为常用的润滑脂用压力润滑装置。图 11-25 所示为旋盖式注油杯，润滑脂装满在杯体中，每间隔一定时间，旋紧一下旋盖便可将润滑脂压送到轴承中去。图 11-26 所示为压注油杯，可以定期将润滑脂用油枪压注入油杯，并送到轴承中去。压注油杯也可用油枪压注润滑油。

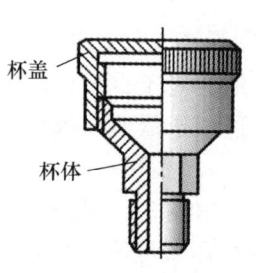

图 11-25 旋盖式注油杯

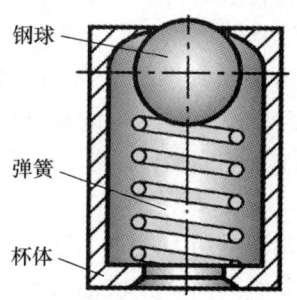

图 11-26 压注油杯

11.2.2 滚动轴承

1. 滚动轴承的结构

如图 11-27 所示为滚动轴承的典型结构，它由外圈、内圈、滚动体和保持架组成。内圈装在轴颈上，外圈装在机座或零件的轴承孔中。工作时内圈与轴一起转动，外圈不动，滚动体在内、外圈间的滚道（凹槽）上滚动，形成滚动摩擦。常见的滚动体形状如图 11-28 所示。保持架的作用是使滚动体均匀分布，并避免滚动体直接接触而增加摩擦和磨损。

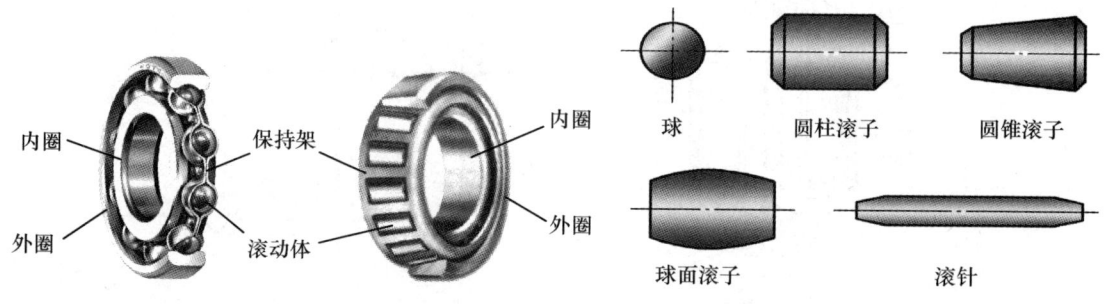

图 11-27 滚动轴承的结构　　　　图 11-28 滚动体的种类

滚动轴承已标准化，由专业工厂进行大批量生产，因此使用者只需根据工作条件和使用要求，正确选用轴承类型和尺寸。

2. 滚动轴承的类型

（1）按滚动体的形状，滚动轴承分为球轴承和滚子轴承两大类。

① 球轴承。球轴承的滚动体为球形。球形滚动体和内、外圈滚道都为点接触，摩擦小，故其承载能力、耐冲击能力都较低，但允许的极限转速高，价格低廉。

② 滚子轴承。滚子轴承的滚动体为圆柱体或圆锥体等形状。滚动体与内、外圈滚道为线接触，摩擦大，其承载能力和耐冲击能力较高，但极限转速较低，价格较贵。

（2）按承受载荷方向和公称接触角（如图 11-29 所示）的不同，滚动轴承可分为向心轴承和推力轴承两大类。

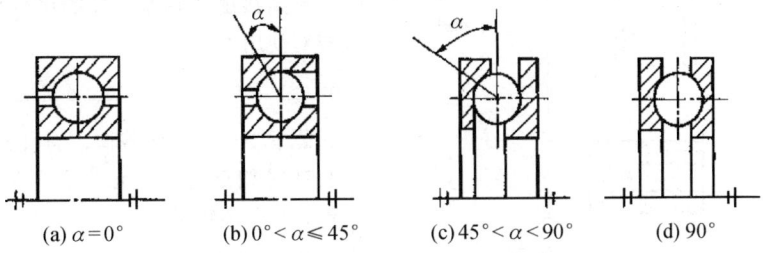

(a) $\alpha = 0°$　　(b) $0° < \alpha \leq 45°$　　(c) $45° < \alpha < 90°$　　(d) $90°$

图 11-29　各类轴承的公称接触角

滚动体与外圈滚道接触点的法线与垂直于轴承轴心线的径向平面之间所夹的锐角，称为滚动轴承的公称接触角。

① 向心轴承。向心轴承主要承受径向载荷，公称接触角 $0° \leq \alpha \leq 45°$，分为径向接触轴承和向心角接触轴承。径向接触轴承的公称接触角 $\alpha = 0°$，除深沟球轴承外，只能承受径向载荷；向心角接触轴承的公称接触角 $0° < \alpha \leq 45°$，能同时承受径向载荷和有限的轴向载荷。

② 推力轴承。推力轴承主要承受轴向载荷，公称接触角 $45° < \alpha \leq 90°$，又可分为轴向接触轴承和推力角接触轴承。轴向接触轴承的公称接触角 $\alpha = 90°$，只能承受轴向载荷（也称为推力轴承）；推力角接触轴承的公称接触角 $45° < \alpha < 90°$，能同时承受轴向载荷和有限的径向载荷，α 越小，承受径向载荷的能力越大。常用滚动轴承类型及主要性能参见表 11-2。

表 11-2　常用滚动轴承类型及主要性能

类型及代号	结构简图	载荷方向	主要性能及应用
调心球轴承（1）		↕	其外圈的内表面是球面，内外圈轴线间允许角偏位为 2°～3°，极限转速低深沟球轴承。可承受径向载荷及较小的双向轴向载荷。用于轴变形较大及不能精确对中的支承处
调心滚子轴承（2）		↕	轴承外圈的内表面是球面，主要承受径向载荷及一定的双向轴向载荷，但不能承受纯轴向载荷，允许角偏位为 0.5°～2°，常用在长轴或受载荷作用后轴有较大的弯曲变形及多支点的轴上

（续表）

类型及代号	结构简图	载荷方向	主要性能及应用
圆锥滚子轴承（3）	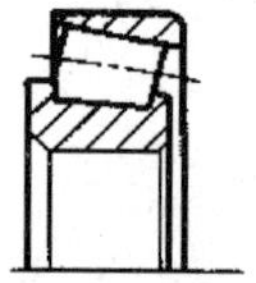		可同时承受较大的径向及轴向载荷。承载能力大于角接触球轴承，外圈可分离，装拆方便，成对使用
推力球轴承（4）	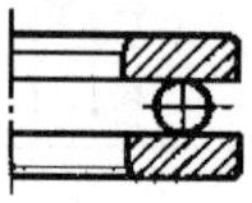		只能承受单向轴向载荷，而且载荷作用线必须与轴线相重合，不允许有角偏差。极限转速低，是分离轴承
双向推力球轴承（5）	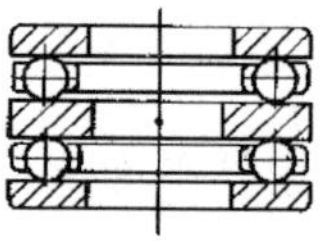		能承受双向轴向载荷，其余与推力球轴承相同
深沟球轴承（6）	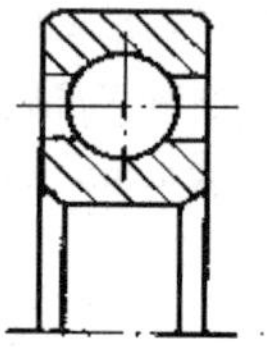		可承受径向载荷及一定的双向轴向载荷，内外圈轴线间允许角偏位为8′～16′
角接触球轴承（7）	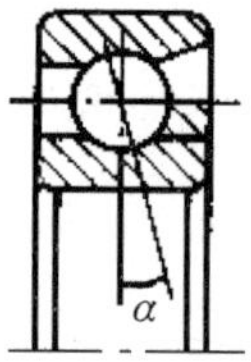		可同时承受径向及轴向载荷。也可用来承受纯轴向载荷，承受轴向载荷的能力由接触角α的大小决定，α大，承受轴向载荷的能力高。由于存在接触角α，承受纯径向载荷时，会产生内部轴向力，使内外圈有分离趋势。因此这类轴承都成对使用，可以分装于两个支点或同装于一个支点。极限转速较高
圆柱滚子轴承（N）	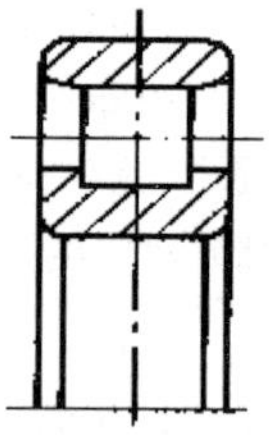		能承受较大的径向载荷，不能承受轴向载荷，极限转速也较高，但允许的角偏位很小约2′～4′。设计时，要求的刚度大，对中性好

3. 滚动轴承的代号

滚动轴承的类型很多，为了便于生产、设计和使用，国家标准中规定了滚动轴承代号，用于表征滚动轴承的结构、尺寸、类型、精度等。滚动轴承的代号通常刻印在轴承的端面上。

滚动轴承的代号由基本代号、前置代号和后置代号三部分组成,用数字和字母表示。其中基本代号是滚动轴承代号的核心,前置代号和后置代号是轴承在结构形状、尺寸、公差、技术要求等有改变时,在其基本代号左右添加的补充代号。其具体内容参见表 11-3。

表 11-3 滚动轴承代号的构成

前置代号	基本代号					后置代号							
	五	四	三		二	一	1	2	3	4	5	6	7	8
成套轴承分部件代号	类型代号	尺寸系列代号		内径代号	内部结构代号	密封、防尘与外部形状变化代号	保持架及其材料代号	轴承材料代号	公差等级代号	游隙代号	配置代号	其他代号
		宽(高)系列代号	直径系列代号									
		组合代号										

注:基本代号下面的一~五表示代号自右向左的位置序数。

(1) 基本代号。基本代号表示轴承的基本类型、结构和尺寸,由轴承类型代号、尺寸系列代号和内径代号组成。基本代号一般用 5 个数字或字母加 4 个数字表示,参见表 11-3。

① 轴承类型代号。轴承类型代号由数字或字母表示,具体参见表 11-4。

表 11-4 轴承类型代号

类型代号	轴承类型	类型代号	轴承类型
0	双列角接触球轴承	6	深沟球轴承
1	调心球轴承	7	角接触球轴承
2	调心滚子轴承和推力调心滚子轴承	8	推力圆柱滚子轴承
3	圆锥滚子轴承	N	圆柱滚子轴承
4	双列深沟轴承	U	外球面球轴承
5	推力球轴承	QJ	四点接触球轴承

② 尺寸系列代号。尺寸系列代号由两位数字组成,前一位数字为宽(高)度系列代号,后一位数字为直径系列代号。

宽(高)度系列代号:表示内、外径相同而宽(高)度不同的轴承系列。对于向心轴承用宽度系列代号,代号有 8、0、1、2、3、4、5 和 6,宽度尺寸依次递增;对于推力轴承用高度系列代号,代号有 7、9、1 和 2,高度尺寸依次递增。以圆锥滚子轴承为例的宽度系列示意图如图 11-30 所示。

当宽度系列为"0"系列时，对大多数轴承在代号中可不标出宽度系列，但对于调心滚子轴承和圆锥滚子轴承，则不可省略。

直径系列代号：表示内径相同而具有不同外径的轴承系列。直径系列代号有 7、8、9、0、1、2、3、4 和 5，其外径尺寸按序由小到大排列。以深沟球轴承为例的直径系列示意图如图 11-31 所示。

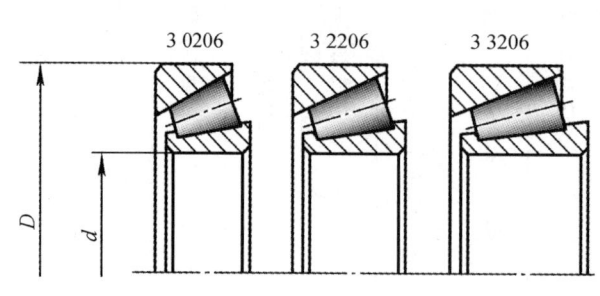

图 11-30　宽度系列示意图

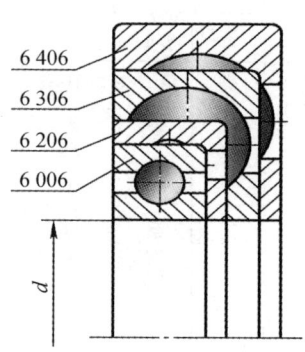

图 11-31　直径系列示意图

③ 内径代号。内径代号一般由两位数字表示，在尺寸系列代号之后标写，对于滚动轴承内径大于 10 mm 和小于 500 mm 时，其内径代号的表示方法参见表 11-5。

表 11-5　内径 $d \geqslant 10$ mm 的滚动轴承内径代号

内径代号（两位数）	00	01	02	03	04-96
轴承内径（mm）	10	12	15	17	代号×5

注：内径为 22 mm、28 mm、32 mm 的轴承，内径代号直接用内径毫米数表示，但在标注时与尺寸系列代号之间要用"/"分开。例如，深沟球轴承 62/22 的内径 $d = 2$ mm。

（2）前置代号和后置代号。前置代号和后置代号是轴承代号的补充，只有在轴承的结构形状、尺寸、公差、技术要求等有所改变时才使用，一般情况下可部分或全部省略，其详细内容请查阅《机械设计手册》中相关标准规定。这里仅对后置代号中的部分内容进行介绍。

轴承后置代号用字母和数字表示，用于表达轴承的结构、公差及材料的特殊要求等。

① 内部结构代号。内部结构代号表示同一类型轴承的不同内部结构，用字母表示。如以 C、AC、B 分别表示公称接触角为 15°、25°、40° 的角接触球轴承（参见表 11-2）。

② 公差等级代号。滚动轴承的公差等级共六级，其代号和精度顺序为/P0、/P6、/P6x、/P5、/P4、/P2，依次由低级到高级，/P0 级为常用的普通级，在轴承代号中不标出。P6x 级仅适用于圆锥滚子轴承。

③ 游隙代号。游隙的代号为/C1、/C2、/C0、/C3、/C4、/C5，游隙依次增大，/C0

为常用的基本游隙，在轴承代号中可不标出。

当公差代号与游隙代号同时标注时，可省去后者字母，如/P6、/C3，标注为/P63。

(3) 滚动轴承代号示例。

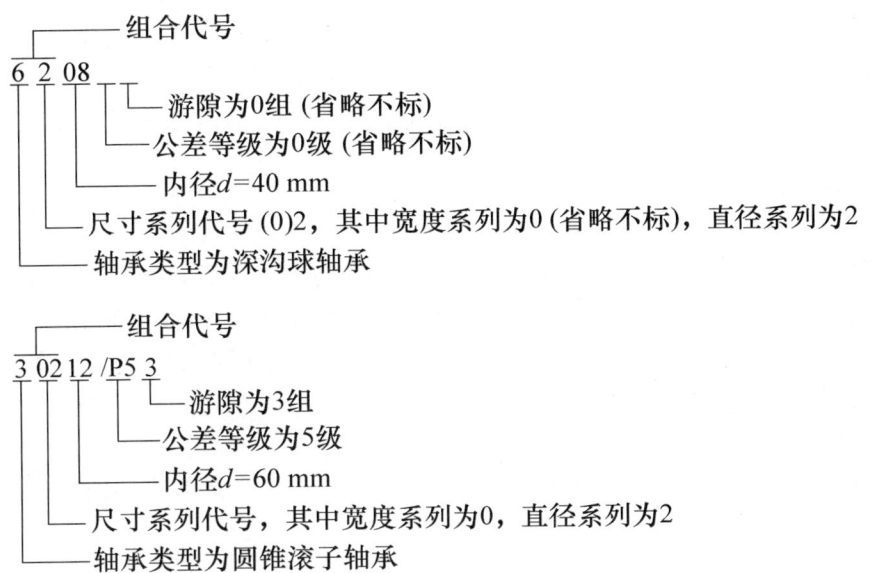

4. 滚动轴承类型的选择

选择轴承类型时应根据表 11-2 各类轴承的特性，并考虑下列各因素。

(1) 载荷的大小、方向和性质。轴承承受载荷的大小、方向和性质是选择轴承类型的主要依据。当载荷小而平稳时，可选用球轴承；载荷大或有冲击时，宜选用滚子轴承。当轴承只承受径向载荷时，应选用向心轴承；当仅承受轴向载荷时，则应选用推力轴承。当轴承同时承受径向载荷和轴向载荷，但轴向载荷比径向载荷较小时，可选用深沟球轴承或公称接触角较小的角接触球轴承；如轴向载荷较大时，则应选用公称接触角较大的角接触球轴承或圆锥滚子轴承；也可选用深沟球轴承或圆柱滚子轴承与推力球轴承的组合结构，同时承受径向和轴向载荷。

(2) 转速条件。球轴承的极限转速比滚子轴承高，故高速时宜用球轴承，低速时可用滚子轴承。推力轴承极限转速低，不宜用于高速。如转速较高又受不大的轴向载荷时，可选用深沟球轴承或角接触球轴承。

(3) 调心性能。跨距较大或难以保证两轴承孔的同轴度的轴及多支点轴，应使用调心轴承。但调心轴承须成对使用，否则将失去调心作用；轴弯曲变形较大或两轴承座孔的同轴度较差时，要求轴承的内、外圈有一定的角位移，应选用调心球轴承或调心滚子轴承。

(4) 装调性能。在需要经常装拆或装拆有困难的场合，可选用内、外圈分离的轴承。如圆锥滚子轴承和圆柱滚子轴承的内、外圈可分离，便于装拆。

(5) 经济性。在满足使用要求的情况下应优先选用普通结构的轴承。滚动轴承的公差等级分/P0、/P6、/P6x、/P5、/P4、/P2 六级，轴承精度依次由低到高，其价格也依次升高。此外，选用轴承还应考虑轴承装拆是否方便、市场供应是否充足等因素。

11.3 离合器、联轴器和万向节

在机器中使用联轴器和离合器，是为了把两轴连接起来，共同回转并传递动力。联轴器与离合器的类型很多，大多已标准化。万向节则用于需改变传动轴线方向的场合。

11.3.1 离合器

离合器主要用来连接两轴，使其一起转动并传递转矩，在机器的运转过程中可以随时进行接合或分离；有时也可作为一种安全装置来防止被连接的机械零件不因过载而损坏，起安全保护作用。离合器通常用于机械传动的启动、停止、换向及变速等操作。

对离合器的基本要求是：操纵方便且省力，结合和分离迅速平稳，动作准确，结构简单，维修方便，使用寿命长等。

离合器按其工作原理可分为牙嵌式、摩擦式两种类型。常用离合器的类型有牙嵌式离合器、摩擦式离合器和超越式离合器。

1. 牙嵌式离合器

如图 11-32 所示，牙嵌式离合器是用爪牙状零件组成嵌合副的离合器，其常用牙型有正三角形、正梯形、锯齿形、矩形。牙嵌式离合器结构简单，外廓尺寸小，两轴结合后不会发生相对移动，但结合时有冲击，只能在低速或停车时结合，否则凸牙容易损坏。

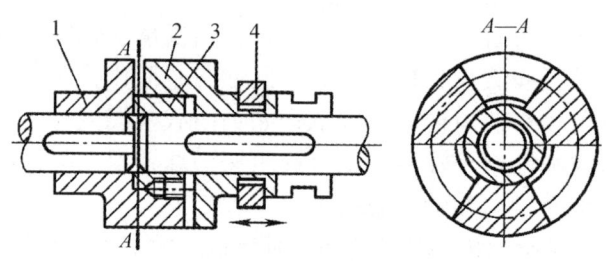

图 11-32　牙嵌式离合器
1，2—半离合器；3—对中环；4—滑环

2. 摩擦式离合器

如图 11-33 所示，摩擦式离合器通过操纵机构可使摩擦片紧紧贴合在一起，利用摩擦力的作用，使主、从动轴连接。这种离合器需要较大的轴向力，传递的转矩较小，但在任何转速条件下，两轴均可以分离或接合，且接合平稳，冲击和振动小，过载时摩擦片之间可以打滑，能起一定的保护作用。为了提高离合器传递转矩的能力，可适当增加摩擦片的数量。

3. 超越式离合器

如图 11-34 所示,超越式离合器是通过主、从动部分的速度变化或旋转方向的变化而具有离合功能的离合器。超越式离合器属于自控离合器,有单向和双向之分。

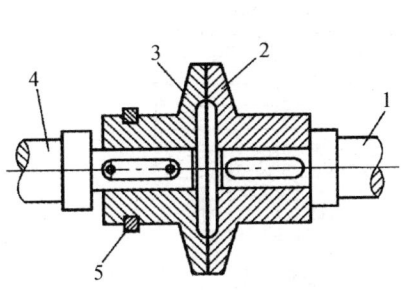

图 11-33　摩擦式离合器
1—主动轴;2—主动盘;3—从动盘;
4—从动轴;5—滑环

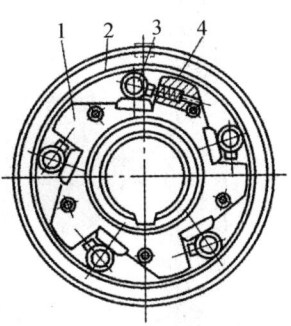

图 11-34　超越式离合器
1—星轮;2—外圈;
3—滚柱;4—弹簧

11.3.2　联轴器

联轴器的功用与离合器一样,主要用于轴与轴之间的连接,使它们一起回转,传递运动和转矩。但与离合器不同的是,通过联轴器连接的两轴,只有在机器停止运转后,经过拆卸才能使两轴分离或结合。

联轴器所连接的两轴,由于制造及安装误差、承载后的变形以及温度变化的影响等,往往不能保证严格的对中,而是存在着某种程度的相对位移或偏斜,如图 11-35 所示。这就要求设计联轴器时,要从结构上采取各种不同的措施,使之具有适应一定范围的相对位移和偏斜的性能。

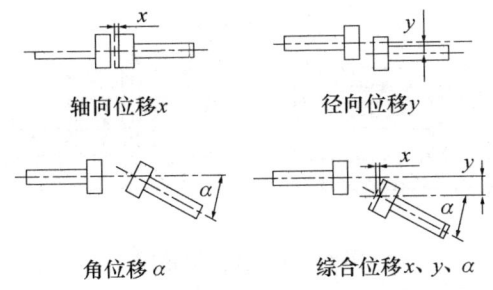

轴向位移 x　　径向位移 y

角位移 α　　综合位移 x、y、α

图 11-35　联轴器连接两轴的位移与偏斜

根据联轴器补偿两轴相对位移能力的不同可将其分为两大类:刚性联轴器和挠性联轴器。

1. 刚性联轴器

（1）凸缘联轴器。凸缘联轴器利用两个半联轴器上的凸肩和凹槽相嵌合而对中，以实现两轴的连接。如图11-36所示是其基本的结构形式。

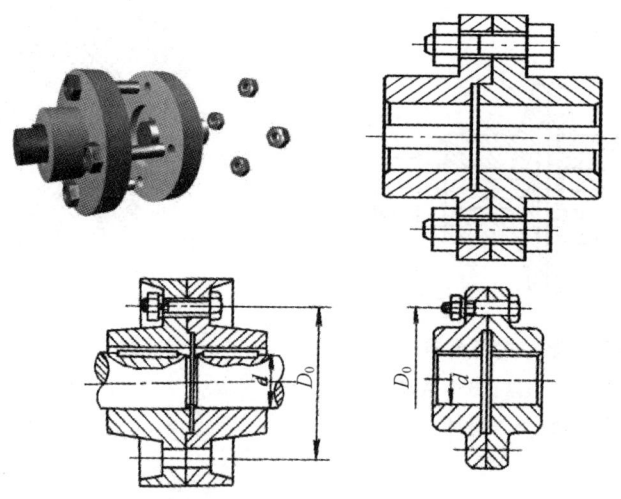

图 11-36　凸缘联轴器

凸缘联轴器结构简单，维护方便，能传递较大的转矩，但对两轴之间的相对位移不能补偿，因此对轴的对中性要求较高。凸缘联轴器广泛应用于低速、大转矩、载荷平稳、短而刚性好的轴的连接。

（2）套筒联轴器。套筒联轴器通过公用套筒以某种方式连接两轴。公用套筒与两轴连接的方式常采用键连接或销连接，如图11-37所示。套筒联轴器结构简单，径向尺寸小，装拆时被连接的两根轴需做轴向移动，常用于两轴直径较小、两轴对中精度高、工作平稳的场合。

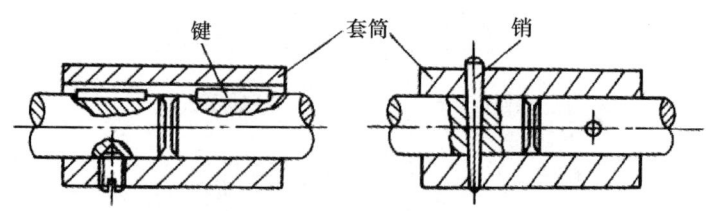

图 11-37　套筒联轴器

2. 挠性联轴器

（1）无弹性元件联轴器。常用的无弹性元件联轴器有十字滑块联轴器、齿式联轴器等。

① 十字滑块联轴器。如图11-38所示，十字滑块联轴器属于无弹性元件挠性联轴器，结构简单、径向尺寸小，但耐冲击性差，易磨损。转速较高时，由于十字滑块联轴器的偏

心将会产生较大的离心惯性力，而给轴和轴承带来附加载荷。因此，十字滑块联轴器适用于刚性大、转速低、冲击小的场合。

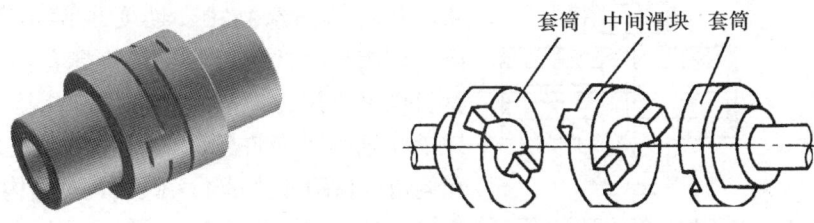

图 11-38　十字滑块联轴器

② 齿式联轴器。如图 11-39 所示，齿式联轴器通过内、外齿啮合，实现两半联轴器的连接。它的优点是转速高，能传递很大的转矩，并能补偿较大的综合位移，工作可靠，对安装精度要求不高。其缺点是质量大，制造较困难，成本高，因此多用在重型机械中。

图 11-39　齿式联轴器

（2）弹性联轴器。常用的弹性联轴器有弹性套柱销联轴器、弹性柱销联轴器等。

① 弹性套柱销联轴器。如图 11-40 所示，弹性套柱销联轴器的构造与图 11-36 所示的凸缘联轴器相似，只是用套有弹性套的柱销代替了连接螺纹，利用弹性套的弹性变形来补偿两轴的相对位移。这种联轴器重量轻、结构简单，但弹性套易磨损、寿命较短，用于冲击载荷小、启动频繁的中、小功率传动中。弹性套柱销联轴器已标准化，标准号为 GB/T 4323—2002。

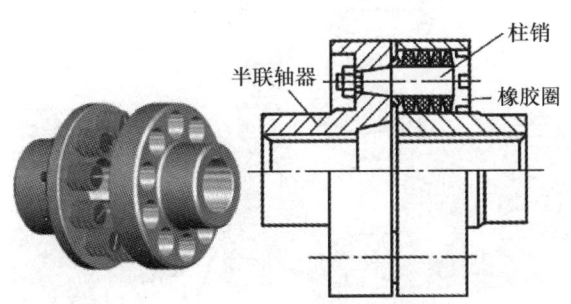

图 11-40　弹性套柱销联轴器

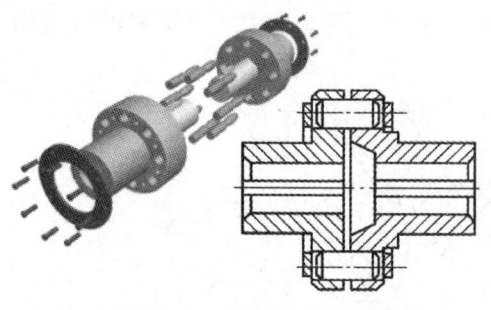

图 11-41　弹性柱销联轴器

② 弹性柱销联轴器。如图 11-41 所示，弹性柱销联轴器将若干非金属材料制成的柱销，置于两半联轴器凸缘孔中，而实现两半联轴器的连接。柱销材料常用尼龙，其他具有弹性的非金属材料也可应用，如酚醛、榆木、胡桃木等。弹性柱销联轴器可允许较大的轴向窜动，但径向位移和偏角位移的补偿量不大。其具有结构简单，制造容易和维护方便等优点，一般多用于轻载的场合。

11.3.3　万向节

万向节其实也是一种联轴器，它是实现变角度动力传递的机件，用于需要改变传动轴线方向的场合。

按万向节在扭转方向上是否有明显的弹性可分为刚性万向节和挠性万向节。本节只讨论刚性万向节。刚性万向节按其速度特性又可分为不等速万向节（常用十字轴式）、准等速万向节和等速万向节（如球叉式和球笼式）三种。目前在汽车上应用较多的是十字轴式刚性万向节和等角速万向节。

1. 不等速万向节

十字轴式刚性万向节为汽车上广泛使用的不等速万向节，允许相邻两轴的最大交角为 15°～20°。

如图 11-42 所示为汽车中常用的十字轴式刚性万向节。两万向节叉上的孔分别活套在十字轴的两对轴径上。当主动轴转动时，从动轴既能随之转动，又可绕十字轴中心在任意方向摆动。在十字轴轴颈和万向节叉孔间装有由滚针和套筒组成的轴承，并用带锁片的螺钉和轴承盖使之轴向定位，为了润滑轴承，十字轴内钻有互相贯通的油道，油道与润滑脂盅及安全阀相通。十字轴端面上制有凹槽，使从油盅注入的润滑脂能通过该槽到达轴承的工作面上。轴承内端面的轴颈上套有带金属壳的毛毡油封。安全阀的作用是当十字轴内腔润滑脂压力超过允许值时，使润滑脂外泄，防止因油压过高而损坏油封。

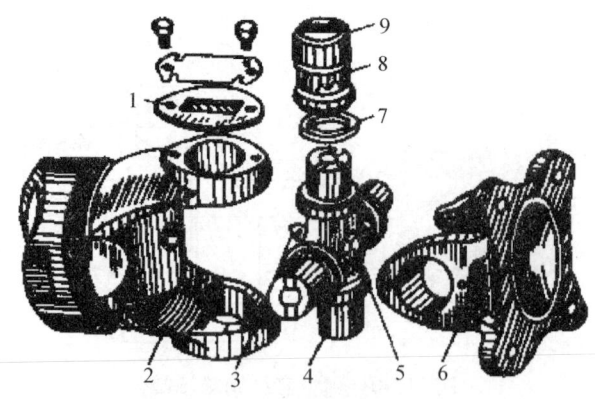

图 11-42　十字轴式刚性万向节

1—轴承盖；2，6—万向节叉；3—润滑脂盅；4—十字轴；5—安全阀；7—油封；8—滚针；9—套筒上述刚性万向节传动可靠，结构简单，并有较高的传动效率；其缺点是单个万向节在输入轴和输出轴不共线时，两轴的角速度不相等，使与其相连的各零件承受因加速或减速所产生的附加载荷。

为了实现等速传动，可将两个万向节按图 11-43 所示的排列方式串联安装，即第一个万向节的从动叉与第二个万向节的主动叉用传动轴相连，并且传动轴两端的万向节叉在同一平面内，输入轴和输出轴与传动轴的夹角相等，即 $\alpha_1 = \alpha_2$，这样就可使输出轴与输入轴的角速度相等。

2. 等速万向节

等速万向节的基本原理是保证万向节在工作过程中，其传力点总是位于两轴线交点夹角的平分面上。

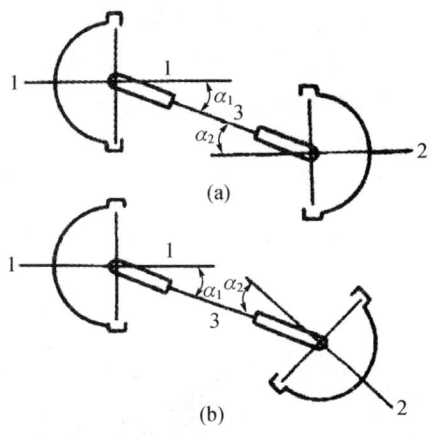

图 11-43　双万向节等速传动示意图
1—输入轴；2—输出轴；3—传动轴

如图 11-44 所示为等速万向节的工作原理图。一对大小相同锥齿轮的接触点 P 位于两齿轮轴线交角的平分面上，由 P 点到两轴的垂直距离都等于 r。P 点处两齿轮的圆周速度相等，两齿轮的角速度也相等。可见，若万向节的传力点在其交角变化时，始终位于两轴夹角的平分面上，就能保证等速传动。

目前采用的等速万向节还有球叉式和球笼式万向节。球叉式万向节的结构如图 11-45 所示。主动叉 5 和从动叉 1 上各有 4 个曲面凹槽，装合后形成两个相交的环形槽，作为钢球的滚道，4 个传动钢球 4 放在凹槽中，中心钢球 6 放在两叉中心的凹槽内，用以定心，并用锁止销和定位销保证中心钢球的正确位置。

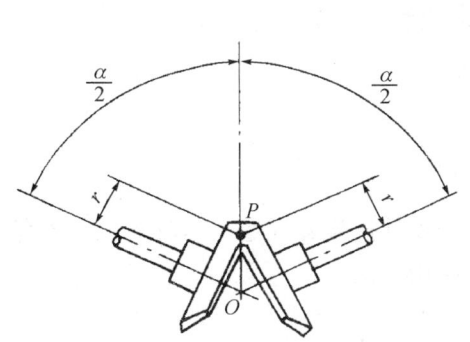

图 11-44　等速万向节的工作原理

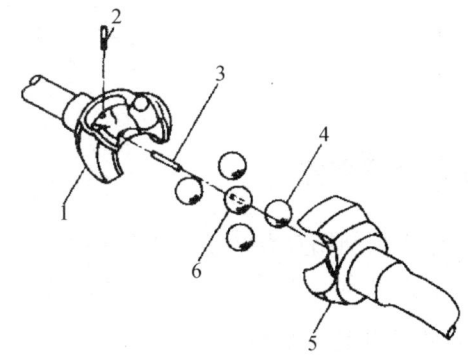

图 11-45　球叉式万向节
1—从动叉；2—锁止销；3—定位销；4—传动钢球；
5—主动叉；6—中心钢球

球叉式万向节结构简单，允许最大交角为 32°～33°，一般应用于转向驱动桥中。球叉式万向节在工作时（正反转）只有两个钢球传递动力，因此，钢球与滚道的压力大、易磨损。

球笼式万向节的结构如图11-46所示。星形套与主动轴用花键连接。星形套外表面有六条凹槽，形成内滚道，球形壳的内表面有相应的六条凹槽形成外滚道。六个钢球分别装在各条凹槽中，并由保持架（球笼）使之在一个平面内。动力由主动轴经钢球、球形壳输出。

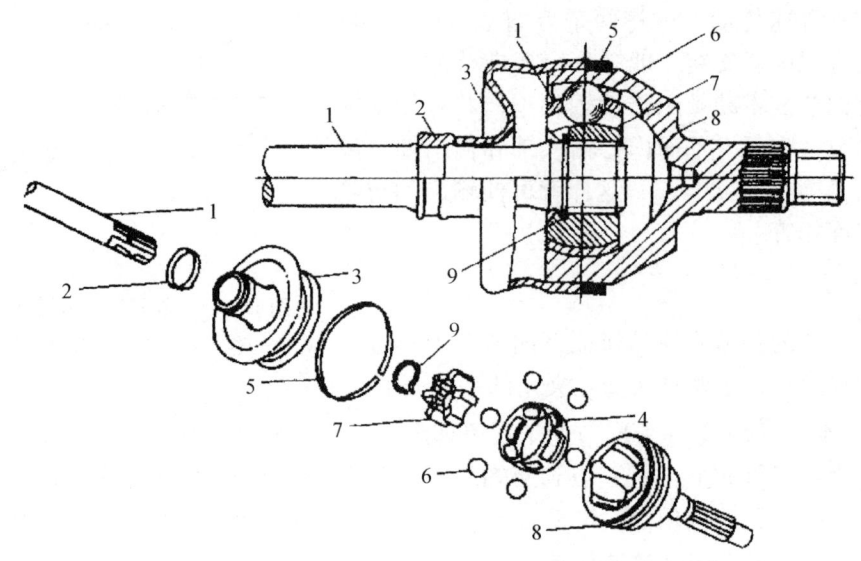

图 11-46 球笼式万向节

1—主动轴；2，5—钢带箍；3—外罩；4—保持架（球笼）；6—钢球；
7—星形套（内滚道）；8—星形壳（外滚道）；9—卡环

11.4 常用连接件

11.4.1 螺纹连接

螺纹连接是利用具有螺纹的零件将需要相对固定的零件连接在一起。这种连接具有结构简单、工作可靠、装拆方便、成本低等优点，因此应用广泛。

1. 螺纹的种类和应用

（1）螺纹的种类。螺纹是指在圆柱或锥面上，沿着螺旋线所形成的具有相同剖面的连续凸起和沟槽。螺纹的分类方法很多：按旋向不同分为右旋螺纹和左旋螺纹；按螺旋线的数目多少分为单线螺纹和多线螺纹；按螺纹附着在零件的内、外表面分为内螺纹和外螺纹；按截面的牙型分为三角形、梯形、锯齿形、矩形螺纹等，如图11-47所示；按用途不同分为连接螺纹和传动螺纹。

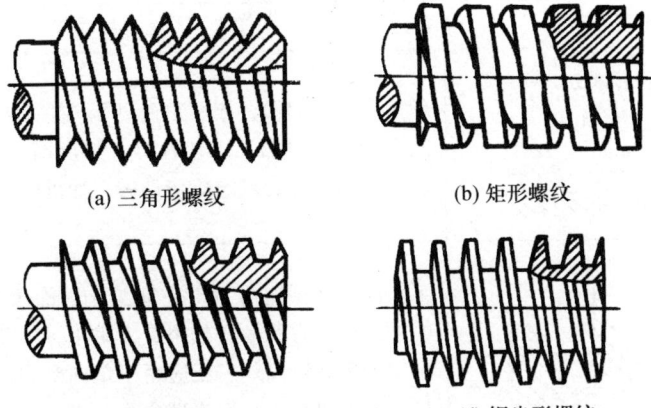

图 11-47 按螺纹的牙型分类

(2) 螺纹的应用。螺纹（除矩形螺纹）均已标准化，都采用公制（除管螺纹采用英制），其应用参见表 11-6。

表 11-6 常用螺纹的种类和应用

种 类	截面牙型	特点与应用
连接螺纹	普通螺纹 60°	牙型为等边三角形，牙型角为 60°，螺纹牙的根部削弱较小，强度大；螺纹面间的摩擦力大，自锁性能好，适用作连接螺纹。同一公称直径，按螺距大小，可分为粗牙与细牙两类，粗牙应用最广。一般连接多用粗牙，细牙用于薄壁零件，也常用于受冲击、振动和微调机构
	圆柱管螺纹 55°	牙型角为 55°，牙顶有较大的圆角，内、外螺纹旋合后无径向间隙。该螺纹为英制细牙螺纹，公称直径近似为管子内径，紧密性好，用于压力在 1.5MPa 以下的管路连接
	圆锥管螺纹 55°	牙型角为 55°，螺纹分布在 1∶16 的圆锥管上，内、外螺纹公称牙间没有间隙，依靠螺纹牙的变形就可以保证连接的紧密性。适用于管子、管接头、旋塞、阀门和其他螺纹连接的附件，多用于高温、高压和润滑系统

（续表）

种类	截面牙型	特点与应用
传动螺纹	梯形螺纹 30°	牙型为等腰梯形，牙型角为30°，内径与外径处有相等间隙，效率较低，但加工工艺性好，强度高，螺旋副的对中性好。广泛应用于传力或螺旋传动中，如机床丝杠等
	锯齿形螺纹 30° 3°	工作面的牙型侧角为3°，非工作面的牙型侧角为30°，外螺纹的牙根处有圆角，减小应力集中，其牙根强度和传动效率都比梯形螺纹高。广泛应用于单向受力的传动机构，如轧钢机、压力机和机车架修理台等
	矩形螺纹	牙型为正方形，牙型角为0°，牙厚为螺距的一半，螺纹牙根部削弱大，强度小；螺旋副磨损后，间隙难以修复和补偿，使传动精度降低，已逐渐被梯形螺纹所代替。多应用于传力或螺旋传动中，传动效率高，对中性精度低

2. 螺纹连接件

常用的螺纹连接件包括螺栓、双头螺柱、螺钉、紧定螺钉、螺母、垫圈等，如图11-48所示。这些零件的结构和尺寸大多已标准化，标准的螺纹紧固件均有规定的标记，标记的内容有名称、标准编号、螺纹规格×公称长度，可从有关手册中查得。

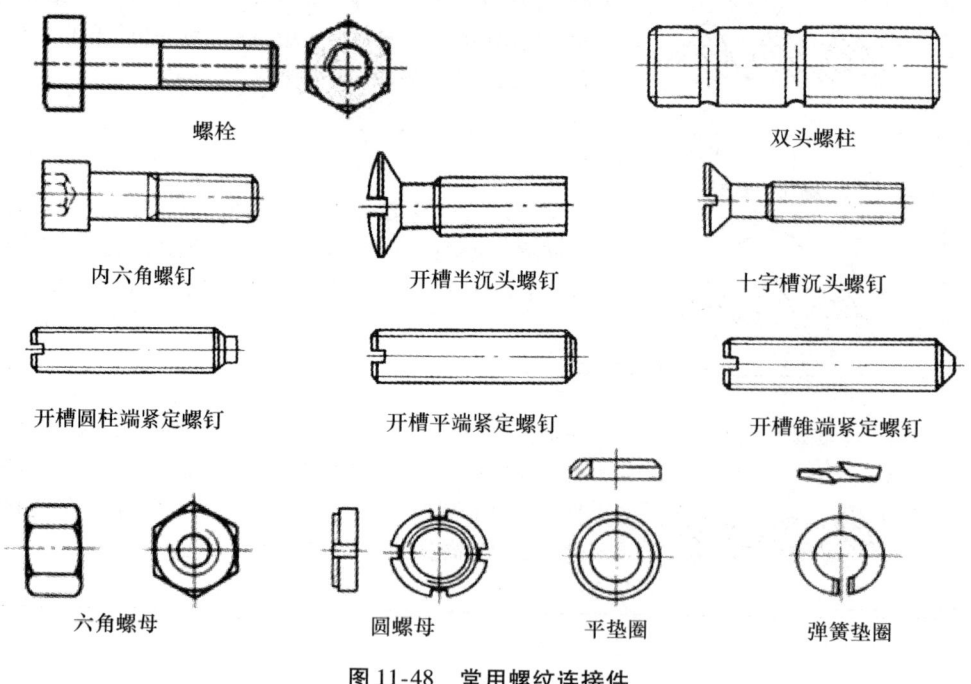

图11-48　常用螺纹连接件

3. 螺纹连接的基本形式及特点

螺纹连接的基本形式有螺栓连接、双头螺柱连接和螺钉连接三种。

（1）螺栓连接。如图 11-49 所示，螺栓连接是将螺栓一端穿过被连接件的孔，套上垫圈再拧紧螺母，从而将机件连接起来，主要用于被连接件厚度不大且能从两边进行装配的场合。这种形式具有结构简单、装拆方便的特点。

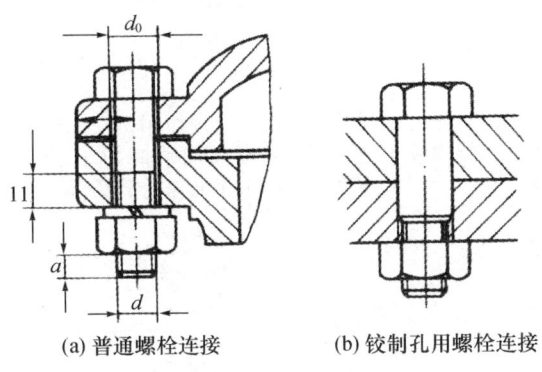

(a) 普通螺栓连接　　(b) 铰制孔用螺栓连接

图 11-49　螺栓连接

（2）双头螺柱连接。如图 11-50 所示，双头螺柱两端均有螺纹。在连接时将螺纹较短的一端旋入被连接件的螺孔内拧紧，然后放上第二个被连接件，套上垫圈并拧紧螺母，从而将两个被连接件连成一体。这种连接主要用于被连接件之一太厚，不便穿孔且需经常拆卸或因结构限制不易采用螺栓连接的场合。

（3）螺钉连接。如图 11-51(a) 所示，这种连接不用螺母、而是用螺钉穿过被连接件之一后直接拧入另一个被连接件的螺孔内，也常用于被连接件之一太厚且不经常拆卸的场合，螺钉连接通常比螺栓或双头螺栓的连接强度要低。如图 11-51(b) 所示是紧定螺钉连接，常用于轴和孔的轴向定位，且不需传递力和转矩的场合。

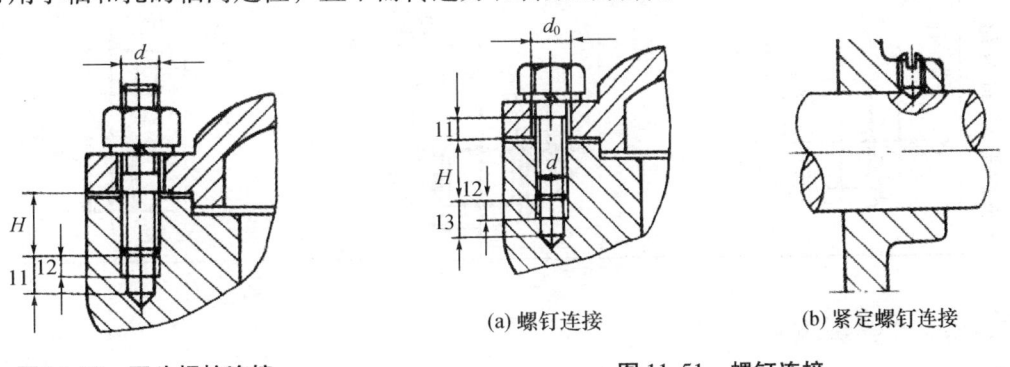

图 11-50　双头螺柱连接　　　　(a) 螺钉连接　　(b) 紧定螺钉连接

图 11-51　螺钉连接

4. 螺纹连接的防松装置

（1）防松原理。防松原理即选用某种零件或利用机械约束或改变连接性质来防止螺旋副的相对转动。

（2）防松方法。根据防松原理，螺纹连接的防松分为摩擦防松、机械防松、破坏螺纹副关系三类。常用的防松方法参见表 11-7。

表 11-7 螺纹连接常用的防松方法

摩擦防松	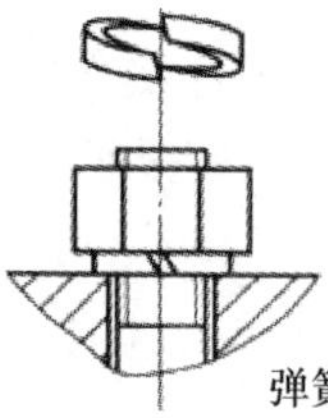 弹簧垫圈	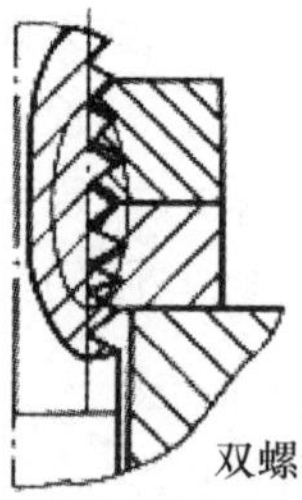 双螺母	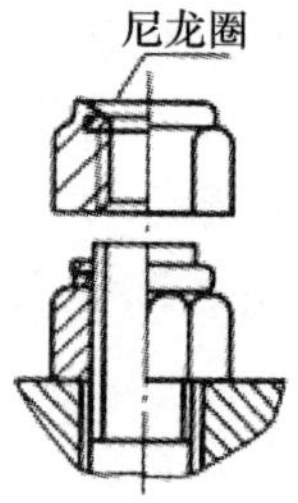 尼龙圈
	弹簧垫圈材料为弹簧钢，装配后垫圈被压平，其反弹力能使螺纹间保持压紧力和摩擦力	利用两螺母的对顶作用，使螺栓始终受到附加的拉力和附加的摩擦力。结构简单，可用于低速重载场合	螺母中嵌有尼龙圈，拧上后尼龙圈内孔被胀大，箍紧螺栓
机械防松	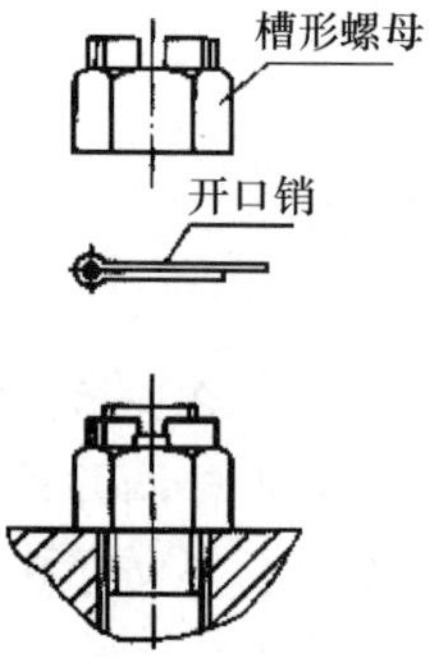 槽形螺母、开口销	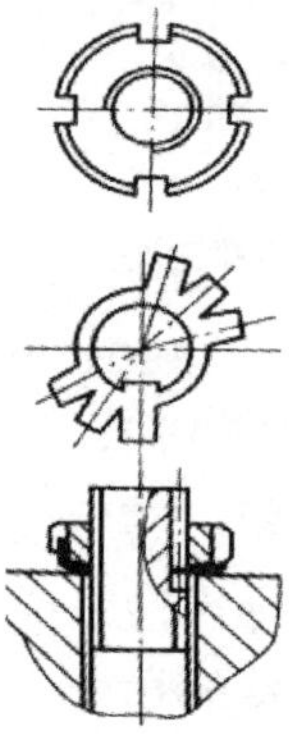	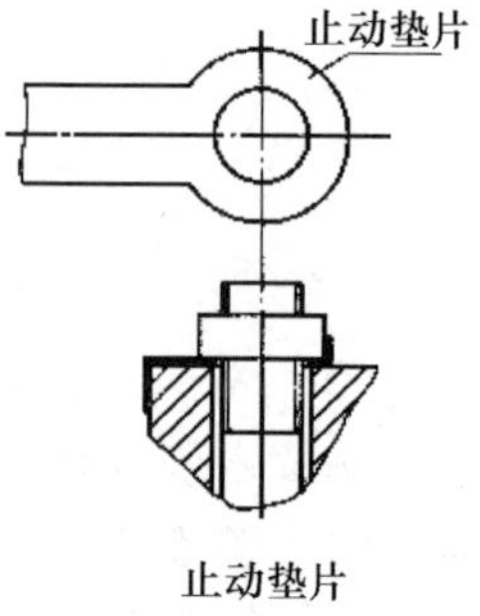 止动垫片
	槽形螺母拧紧后，用开口销穿过螺栓尾部小孔和螺母的槽，也可以用普通螺母拧紧后再配钻开口销孔	使垫片内翘嵌入螺栓（轴）的槽内，拧紧螺母后将垫片外翘之一褶嵌入螺母的一个槽内	将垫片褶边以固定螺母和被连接件的相对位置
破坏螺纹副关系	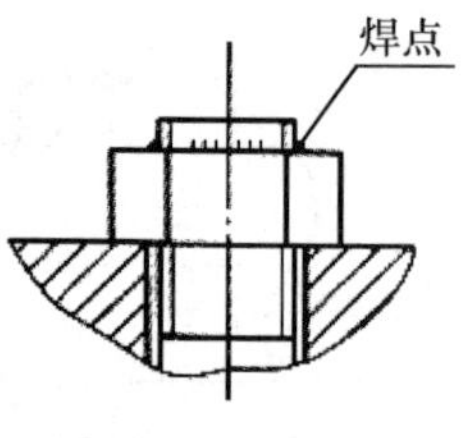 焊点	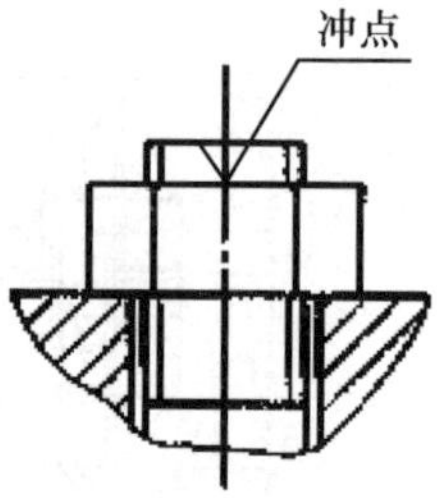 冲点	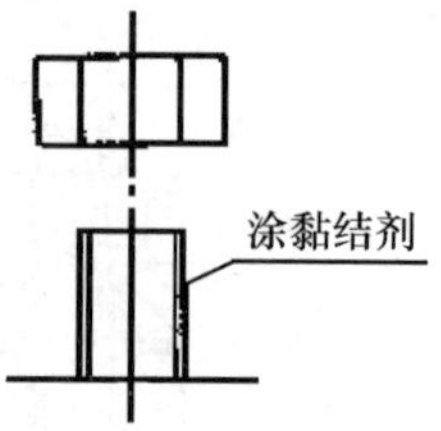 涂黏结剂

11.4.2 键连接

键连接主要用于轴和轴上的零件之间的周向固定，并传递转矩，有的键也可同时用来实现轴向固定或轴向移动。因键连接的结构简单，工作可靠，装拆方便，因此应用较广。

键是标准件，键连接根据键在连接时的松紧状态不同，可分为松键连接和紧键连接两类。

1. 松键连接

松键连接以键的两侧面为工作面，故键宽与键槽需紧密配合，而键的顶面与轴上零件之间有一定的间隙。因此松键连接时轴与轴上零件连接时的对中性好，特别在高速精密传动中应用更多。但松键连接不能承受轴向力，所以轴上零件需要轴向固定时，则需应用其他固定方法。

常用的松键连接有平键、半圆键、花键连接。

（1）平键连接。平键分为普通平键、导向平键和滑键三种。

① 普通平键。如图11-52所示，这种键应用最广。根据端部结构不同，分为圆头（A型）、方头（B型）和单圆头（C型）三种，如图11-53所示。A型平键用于端铣刀加工的轴槽，常用于轴的中部；B型平键用于盘铣刀加工的轴槽，常用于轴端或轴的中部；C型平键一般用于轴端的连接，轴上键槽常用端铣刀加工。

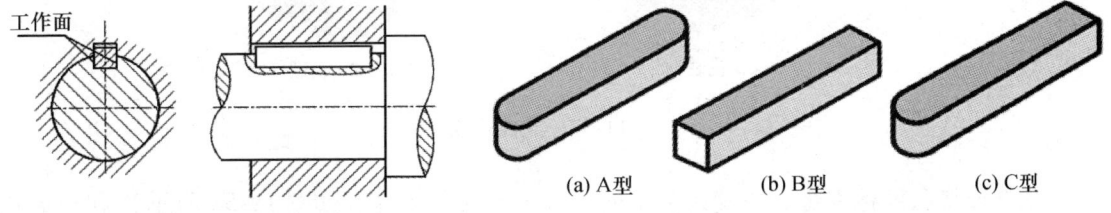

图 11-52　普通平键连接　　　　图 11-53　普通平键的类型

② 导向平键和滑键。当轴上零件在工作过程中需做轴向移动时，则需采用由导向平键或滑键组成的动连接。导向平键（如图11-54所示）用螺钉固定在轴上的键槽中，工作时键对轴上滑动零件起导向作用，其端部有圆头（A型）和平头（B型）两种。当零件滑移距离较大时，宜采用滑键连接，如图11-55所示。滑键是将键固定在轮毂上，并可与轮毂一起在轴上的键槽中滑动。

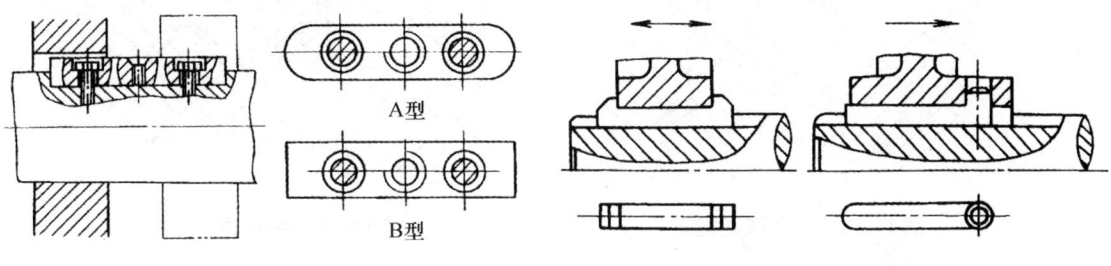

图 11-54　导向平键连接　　　　图 11-55　滑键连接

（2）半圆键连接。如图11-56所示，半圆键呈半圆形，键槽也是相应的半圆形，轮毂槽开通。半圆键能绕槽底圆弧摆动，这样能自动适应轮毂的装配。半圆键工作时靠其侧面来传递转矩。这种键连接的优点是工艺性较好，装配方便；缺点是轴上键槽较深，对轴的强度削弱较

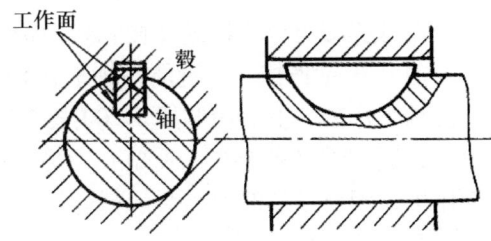

图 11-56　半圆键连接

大,主要用于轻载或辅助性连接中,尤其适用于锥形轴与轮毂的连接。

(3)花键连接。如图 11-57 所示,花键连接是由带键齿的花键轴和带键齿的轮毂所组成的。应用特点是:工作时依靠键齿的侧面来传递转矩,由于连接的键齿较多,因此能传递较大的载荷,且轴上零件与轴的对中性和沿轴向移动的导向性都较好。同时由于键槽较浅,故对轴的削弱较小。但花键连接加工复杂,成本较高,故多用于载荷较大和定心精度要求较高的场合或轮毂经常做轴向滑移的场合。

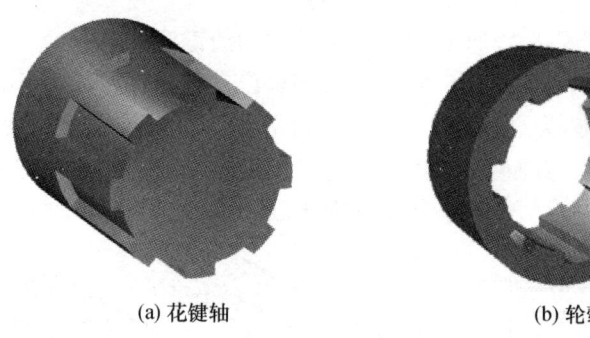

(a)花键轴　　　　　　　　(b)轮毂

图 11-57　花键连接

花键连接已经标准化。按其齿形不同,分为渐开线花键(如图 11-58 所示)和矩形花键(如图 11-59 所示)。其中以矩形花键应用最广。矩形花键定心精度高,定心稳定性好,齿侧面为两平行面,轴和孔的花键齿在热处理后引起的变形可用磨削的方法消除,加工容易,应用广泛。渐开线花键的齿廓为渐开线,应力集中比矩形花键小,齿根处齿厚增加,强度高。工作时齿面上有径向力,起自动定心作用,使各齿均匀受载,寿命长;可用加工齿轮的方法和设备加工,工艺性好,常用于载荷较大、轴径较大、定心精度高的场合。

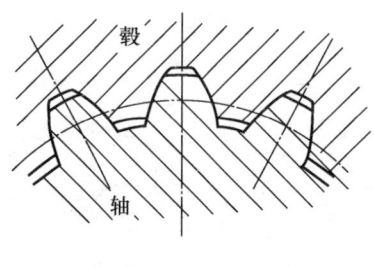　　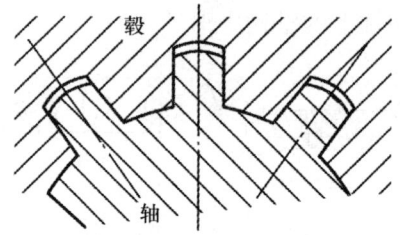

图 11-58　渐开线花键　　　　　　图 11-59　矩形花键

2. 紧键连接

紧键连接可分为楔键连接和切向键连接。

(1)楔键连接。楔键能在轴上作轴向固定零件,可承受不大的单向轴向力,键的上、下面为工作面,上表面制成 1:100 的斜度。楔键分为普通楔键及钩头楔键,如图 11-60 所示。普通楔键又有圆头(A 型)及方头(B 型)两种形式。钩头楔键的钩头是为了便于拆卸用的,因此设计时要为装配留有拆装位置。楔键连接多用于承受单向轴向力、对精度要求不高的低速机械上。

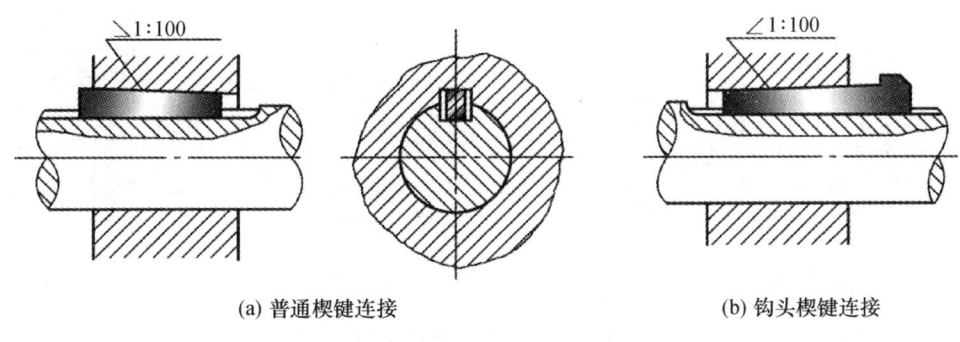

(a) 普通楔键连接　　　　　　(b) 钩头楔键连接

图 11-60　楔键连接

（2）切向键连接。切向键由两个单边楔键组成一个切向键，其上、下面（窄面）为工作面。装配时，两个键分别从轮毂两端楔入。工作时靠工作面的挤压传递转矩。一个切向键只能传递单向转矩；传递双向转矩时，必须用两个切向键，两键应错开120°～135°，如图 11-61 所示。切向键连接用于载荷较大、对同心精度要求不高的重型机械上。

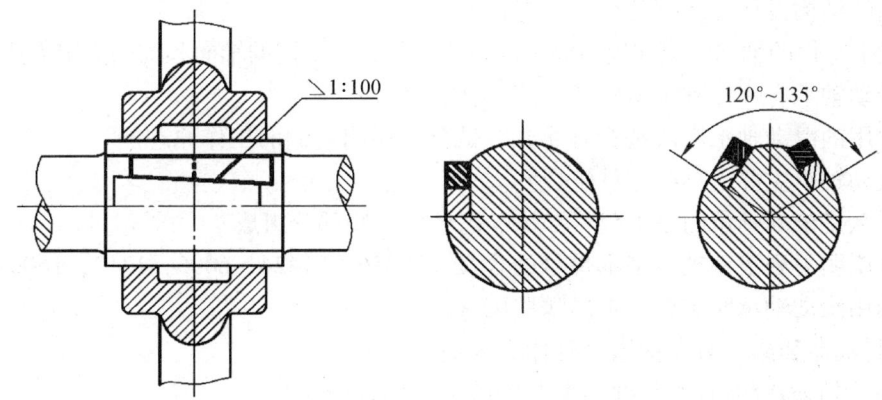

图 11-61　切向键连接

11.4.3　销连接

销连接通常用于确定零件之间的相对位置，如图 11-62（a）所示，是组合加工和装配时的重要辅助零件；也用于轮毂之间或其他零件间的连接，如图 11-62（b）所示；还可以作为安全装置中的过载剪断零件，如图 11-62（c）所示。

销主要有圆柱形销和圆锥形销两种，其他形式是由此演化而来的。圆柱销靠过盈与销孔配合，适用于不常拆卸的场合。圆锥销具有 1∶50 的锥度，适用于经常拆卸的场合。销的具体参数已经标准化，选用时可查阅有关手册。

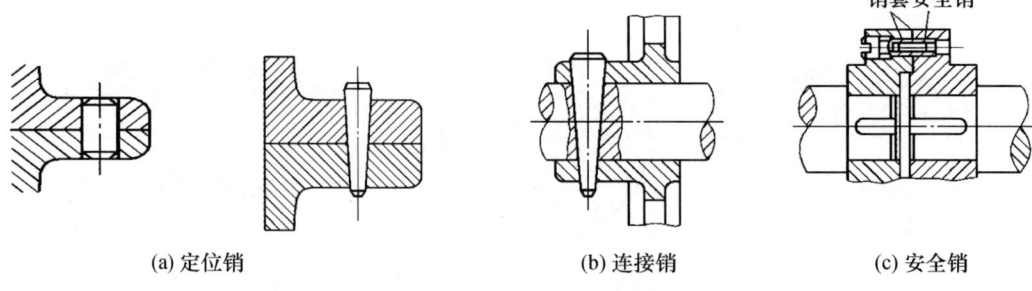

(a) 定位销　　　　　(b) 连接销　　　　　(c) 安全销

图 11-62　销连接的类型

思考与复习题

1. 轴按功用与所受载荷的不同可分哪几种？常见的轴大多属于哪一种？
2. 轴的结构设计应从哪几个方面考虑？
3. 轴上零件的轴向固定和周向固定的目的是什么？常用的轴向和周向固定方法有哪些？
4. 滑动轴承有哪几种类型？各适用于什么场合？
5. 常用的滑动轴承润滑装置有哪些？试分别说明它们的工作原理。
6. 滚动轴承主要由哪些零件组成？
7. 什么是滚动轴承的基本代号？基本代号由哪些部分组成？
8. 试说明下列滚动轴承基本带号的含义：30316，51424，6005，1312，16002。
9. 选用滚动轴承时主要应考虑哪些因素？
10. 联轴器和离合器在功用上有什么区别？
11. 常用的离合器有哪几种类型？各适用于什么场合？
12. 凸缘联轴器适用于什么场合？有什么优缺点？
13. 刚性万向节有哪几种类型？各有什么特点？
14. 螺纹的分类方法有哪些？按这些方法螺纹可分为哪些种类？
15. 试述普通螺纹的大径、中径、小径和螺距的含义，画出普通螺纹的基本牙型，并在图上标注上述参数。
16. 普通螺纹的公称直径是指哪个直径？牙型角为多少？
17. 螺纹连接的基本形式有哪几种？在结构和应用上各有什么特点？
18. 什么是键连接？常用的键连接有哪些类型？
19. 什么是花键连接？常用的花键有哪两类？
20. 销连接有哪些作用？常用的销有哪几种？

第 12 章

带传动及链传动

机构以运动传递和转换为主要目的,而各种机械传动的主要目的是传递动力。本章主要介绍在汽车、机械中常用的两种适用于远距离传递动力和运动的机械传动——带传动和链传动。

学习目标:
1. 了解带传动和链传动的类型、特点及应用;
2. 掌握带传动的受力分析;
3. 掌握带传动和链传动的传动比计算;
4. 能够正确使用和安装 V 带及链条。

12.1 带传动

带传动是利用张紧在带轮上的柔性带进行运动或动力传递的一种机械传动形式。根据传动原理的不同，有依靠带与带轮间的摩擦力传动的摩擦型带传动，也有依靠带与带轮上的齿相互啮合传动的同步带传动。

12.1.1 带传动的特点

1. 带传动的优点

（1）适用于两轴中心距较大，以及多轮轴之间的传动。
（2）带具有良好的挠性，能缓和冲击、吸收振动。
（3）摩擦带传动在过载时会打滑，尽管打滑导致传动失效，但可以有效防止过载损坏其他传动零部件，具有过载保护作用。
（4）结构简单，造价低廉，不需润滑，容易维护。

2. 带传动的缺点

（1）传动的外廓尺寸较大，结构不够紧凑。
（2）为了保证正常的传动能力，摩擦带传动需要较大的预紧力，轮轴与轴承之间的压力较大，使轴颈和轴承的磨损加剧。
（3）摩擦带传动由于存在弹性滑动现象，使传动比不准确，而同步带传动能够获得准确的传动比，但高速运转时有一定的噪声。
（4）带的使用寿命较短。
（5）摩擦带传动的效率较低。

12.1.2 带传动的分类及应用

带传动按照带的截面形状可以分为圆带、平带、V带、联组V带、多楔带和齿形带（即同步带）等，参见表12-1。

表12-1 带传动的类型、特点及应用

带的名称	图示	特点	应用
圆带	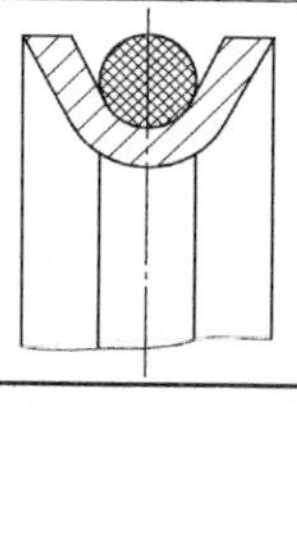	柔韧性好，但传动能力低	常用于手动机械或传力较小的场合

（续表）

带的名称	图示	特点	应用
平带	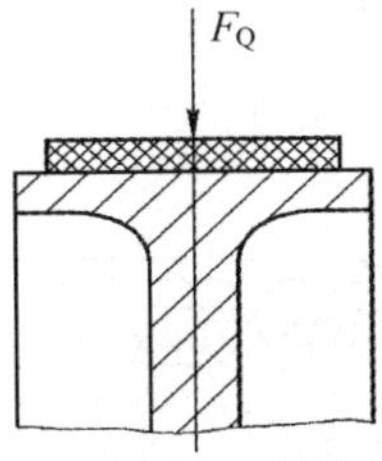	截面的厚度尺寸小，承受反向弯曲的能力较强。但宽度尺寸较大，使传动的结构不够紧凑。另外，其传动能力不高	传递中心距较大的场合
V带	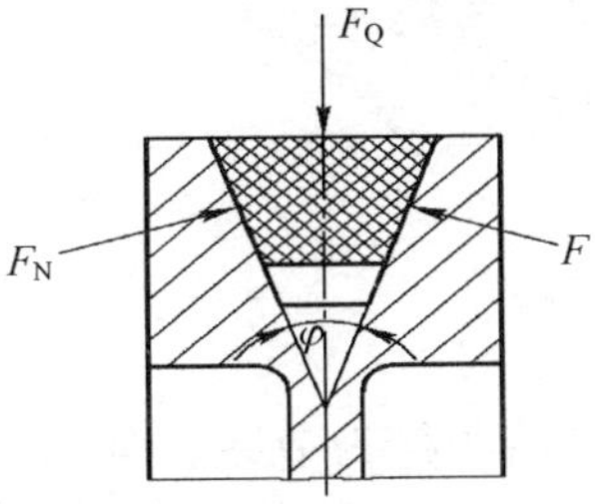	在相同的条件下，其传动能力高于平带，由于宽度尺寸小，结构紧凑。但其高度尺寸较大，承受反向弯曲的能力较差	V带传动是目前应用非常广泛的一种带传动，在机械中经常多根V带成组使用
联组V带	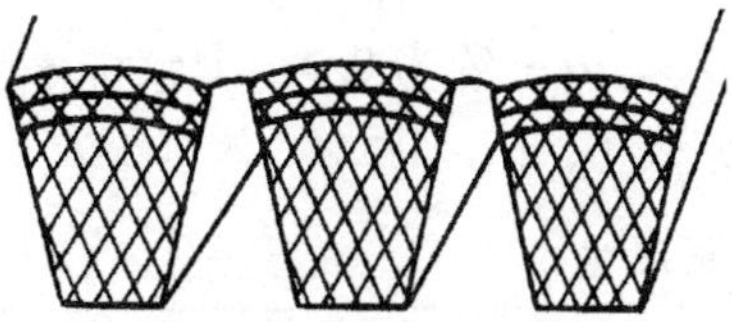	一般为多根窄V带在带的顶面连成一体，与多根V带成组使用相比，各带的受力更均衡，具有更高的传动效率和使用寿命	广泛应用于机械中
多楔带	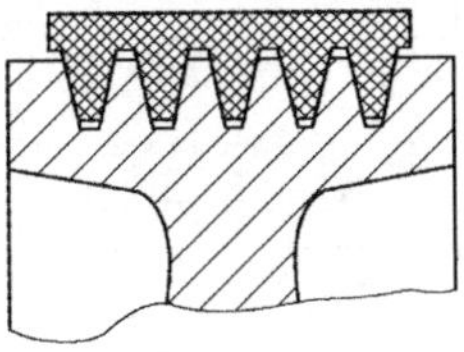	可以看成是平带与V带的组合体，兼具平带良好的柔韧性和V带传动能力高的优点	结构要求紧凑、承受变载荷或冲击的场合
同步带	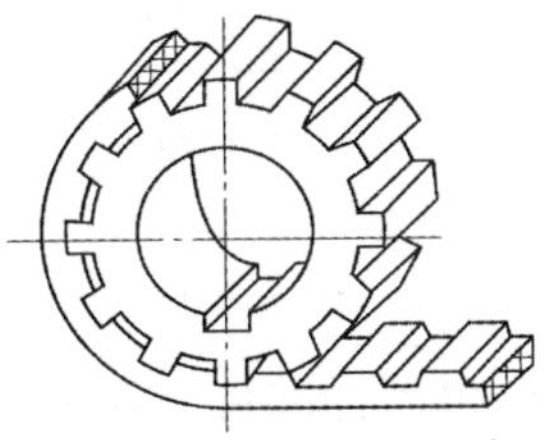	属于啮合带传动，具有准确的传动比，但高速运转时有一定的噪声	广泛应用于汽车发动机的正时传动中

12.1.3 普通V带与带轮的结构及材料

1. 普通V带的结构和标准

普通V带共有Y、Z、A、B、C、D和E七种型号，从Y型到E型，其截面尺寸依次增大，承载能力也依次提高。

V带的截面形状近似为等腰梯形，其左、右两个侧面为工作面。与平带相比，在相同的张紧力下，V带的两个侧面与带轮轮槽侧面间的压力较大，能够提供较大的摩擦力，因此 V 带比平带传动能力高。各种型号的 V 带截面（如图 12-1 所示）均有 4 个组成部分，即包布、顶胶、底胶和承载层。其中，承载层是主要承受工作拉力的部分，按其结构分为帘布芯结构（如图 12-1(a) 所示）和绳芯结构（如图 12-1(b) 所示）两种。前者制造方便，后者柔韧性较好。

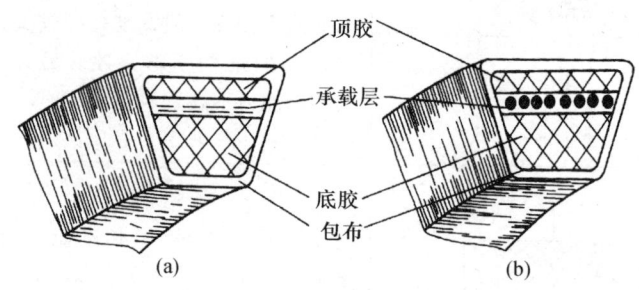

图 12-1　V 带截面的结构

当 V 带在带轮上弯曲时，带中保持其长度不变的周线称为节线，全部节线组成 V 带的节面。带的节面宽度称为节宽 b_p，当 V 带弯曲时，节宽尺寸保持不变。

普通 V 带已标准化，其两侧楔角为 40°，相对高度 h/b_p 约为 0.7。国家标准 GB 1171—2006 对七种型号的 V 带截面尺寸都做了规定，参见表 12-2。

表 12-2　V 带的截面尺寸　　　　　　　　　　　　　　　　　　　　单位：mm

截面	Y	Z	A	B	C	D	E
顶宽 b	6.0	10.0	0	17.0	22.0	32.0	38.0
节宽 b_p	5.3	8.5	11.0	0	19.0	27.0	32.0
高度 h	4.0	6.0	8.0	11.0	0	19.0	23.0
楔角 θ	40°						
基准长度 L_d	200～500	400～1 600	630～2 800	900～5 600	1 800～10 000	2 800～14 000	4 500～6 000

V 带的节线长度为 V 带的基准长度 L_d，其长度系列也已标准化，参见表 12-2。

普通 V 带的标记由带型、基准长度和标准号组成。例如，A 型普通 V 带，基准长度为 1 600 mm，其标记为：

A-1600　GB/T 1171—2006

带的标记通常压印在带的外表面上，以便选用识别。

2. 普通 V 带轮的材料和结构

由于带的传动能力所限，带传动一般安装在传动系统的高速级，带轮转速较高，因此要求带轮具有足够的强度。

带轮常用材料为灰铸铁，有时也采用铸钢、铝合金或非金属材料。当带轮圆周速度 $v<25$ m/s 时，采用 HT150；当 $v=25\sim30$ m/s 时，采用 HT200；当速度更高时，可采用铸

钢或钢板冲压后焊接；传递功率较小时，带轮材料可选用铝合金或工程塑料。

带轮的结构一般由轮缘、轮毂和轮辐等部分组成。轮缘是带轮具有轮槽的部分。轮槽的形状和尺寸应与相应型号的 V 带截面尺寸相适应。由于带在带轮上弯曲时，截面变形将使其两侧楔角变小，为了使各种型号的带和带轮两侧相互贴紧，规定轮槽的槽角 φ 分别为 32°、34°、36°和 38°，均小于 V 带的楔角 θ（40°）。带轮直径小，带弯曲严重，槽角 φ 应取小值。

在 V 带轮上，与所配用 V 带的节宽 b_p 相对应的带轮直径，称为带轮的基准直径 d_d。带轮的基准直径 $d_d \leq 200$ mm 时，可采用实心式；带轮直径 $d_d < 400$ mm 时，可采用腹板式或孔板式；带轮直径 $d_d > 400$ mm 时，一般采用轮辐式，如图 12-2 所示。

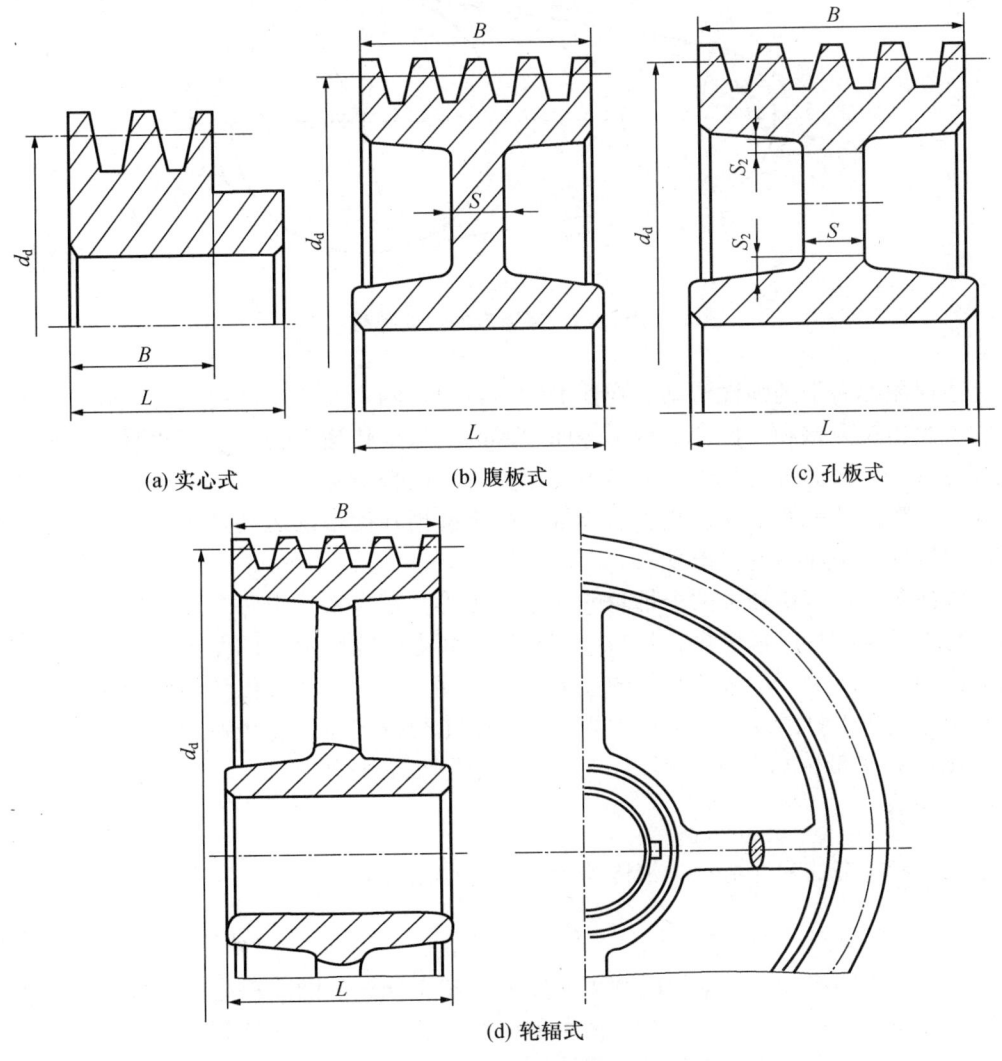

(a) 实心式　　(b) 腹板式　　(c) 孔板式

(d) 轮辐式

图 12-2　V 带轮的结构

12.1.4 带传动的弹性滑动及传动比

1. 带的弹性滑动

由于带是弹性体，受拉后将产生弹性变形。如图 12-3 所示，带在绕过主动轮时，所受的拉力由 F_1 降低到 F_2，带的长度将逐渐缩短，带的速度 v 低于主动轮的圆周速度 v_1，带与带轮之间必将产生相对滑动。同样的现象也会发生在从动轮上，但情况相反，带在绕过从动轮时，将逐渐伸长，带速 v 高于从动轮的圆周速度 v_2，导致带在带轮上向前滑动。

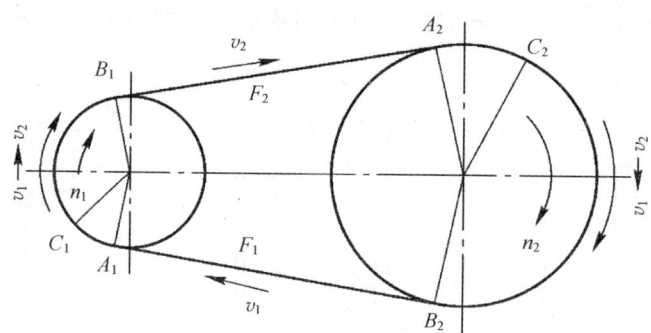

图 12-3　摩擦带的弹性滑动

上述现象称为带的弹性滑动。弹性滑动与打滑是两个完全不同的概念。弹性滑动是由于带的松紧边拉力差和弹性变形量不等而引起的。只要传递动力，出现松紧边，就一定会产生弹性滑动，因而带的弹性滑动是不可避免的。而打滑是由于带传动过载引起的带与带轮之间产生整体的相对滑动，它会造成带的严重磨损并使带的运动处于不稳定状态，故正常使用中带传动不应出现打滑现象。

一般情况下，带传动中两个带轮的大小不相等。带与大、小两个带轮的接触弧长度不相等，与小带轮的接触弧较短，带与小带轮接触面之间能够提供的摩擦力较小。因此，带传动的传动能力取决于小带轮与带的接触弧的长度。为了保证带传动的传动能力、避免带与小带轮之间产生打滑现象，工程中规定了小带轮与带之间的接触弧所对的圆心角，即小轮包角 α_1，在平带传动中 $\alpha_1 \geq 150°$，在 V 带传动中 $\alpha_1 \geq 120°$。

2. 传动比

如果不考虑带的弹性滑动，带传动的理论传动比应为

$$i = \frac{n_1}{n_2} = \frac{d_2}{d_1} \tag{12-1}$$

由于带的弹性滑动，从动轮的圆周速度 v_2 低于主动轮的圆周速度 v_1，因此，导致从动轮的实际转速 n_2 下降，实际传动比 i 稍大于理论传动比。在一般计算中，由于带的弹性滑动量较小，可以不予考虑，其传动比仍按照理论传动比计算。

12.1.5 带传动的主要失效形式

由带传动的工作情况可知，带传动的主要失效形式有过载打滑和带在周期性交替变化

的弯曲、拉伸载荷作用下的疲劳破坏（如脱层、撕裂或拉断）；另外，还有带与带轮之间相对滑动引起的带的工作面的磨损。

12.1.6 带传动的张紧、安装和维护

1. 带传动的张紧

带传动工作一段时间后会由于带产生永久性伸长而松弛，影响带传动的正常工作。为了保证带传动具有正常的工作能力，应采用合适的方式调整带的张紧力。

带的张紧方式主要有调整中心距和采用张紧轮两种。具体张紧装置和张紧方式参见表12-3。

表 12-3 带传动的主要张紧方式和张紧装置

张紧方式		张紧装置	应用特点
调整中心距	滑道式	（图：滑轨、调节螺钉）	定期张紧装置，用于水平或接近水平的传动
	摆架式	（图：调整螺母）	定期张紧装置，用于垂直或接近垂直的传动
	浮动式	（图：浮动架）	利用带轮和浮动架自重张紧的自动张紧装置，用于中、小功率传动

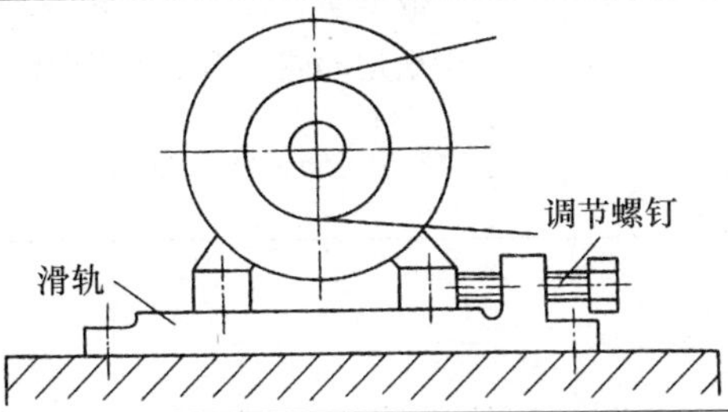

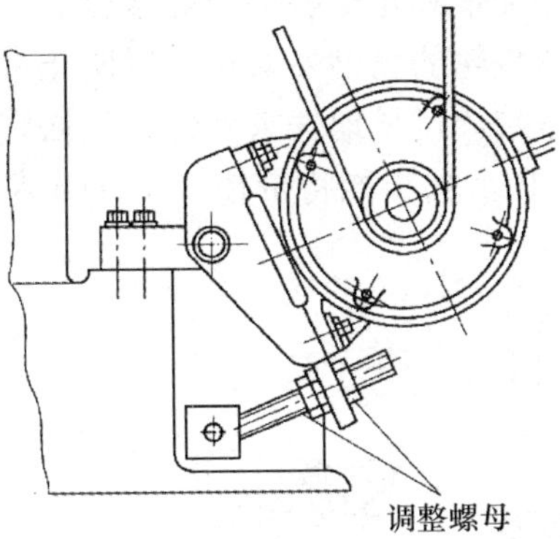

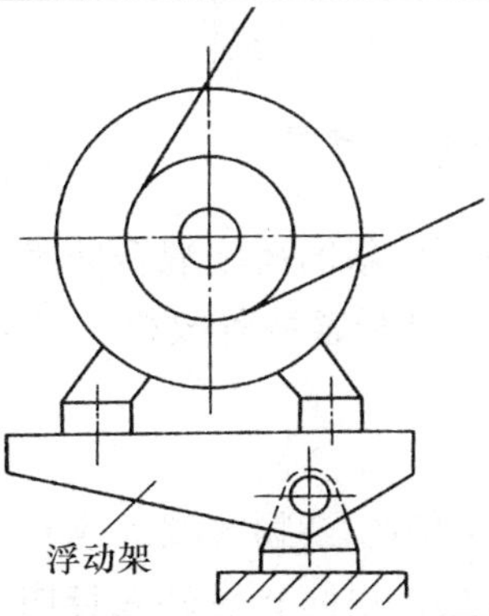

(续表)

张紧方式		张紧装置	应用特点
采用张紧轮	调位式		用于 V 带的固定中心距传动，张紧轮安装在带的松边内侧靠近大带轮处
	摆锤式		利用摆锤重力张紧的自动张紧装置，用于 V 带传动。若为平带转动，张紧轮应安装于松边外侧，靠近小带轮处

2. 带的安装和维护

（1）带的型号和轮槽的型号要一致，保证带和轮槽能够很好接触。

（2）安装时，两带轮的轴线要平行，两带轮的轮槽要对正，以防止带扭曲。

（3）安装时，带不可过紧或过松，过紧带会过早地失去弹性，过松则容易打滑。实践经验表明，在中等中心距下，V 带安装后，用大拇指能将带按下 15 mm 左右，则张紧程度合适，如图 12-4 所示。

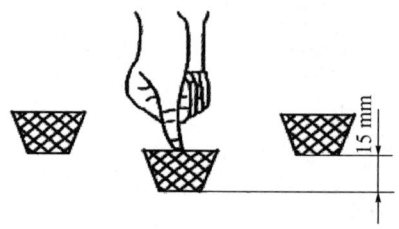

图 12-4　V 带的张紧程度

（4）带出现疲劳损坏时，要整组更换，不可以新旧搭配混合使用。更换下来的，可以配弹力相近的再组成一组使用。安装带时，要先将张紧装置放松，然后逐一安装，不可用撬杠将带撬入槽内。

（5）为防止打滑，带传动要定期张紧。

（6）为了安全，带传动要有防护罩，避免油污、杂物等溅入或卷入带中；带的使用温度不宜超过 60℃，带不可在易燃、易爆场合使用，以防止意外人身伤害的发生。

（7）若长时间不用机械，应将带放松取下，以避免带的变形与老化。

12.2 链传动

链传动是一种具有中间挠性件（链条）的啮合传动，依靠链与链轮的啮合来传递运动和动力。如图 12-5 所示，链传动主要由主动链轮、从动链轮和链条组成。它同时具有刚、柔的特点，是一种应用十分广泛的机械传动形式，在汽车发动机中也得到了广泛应用。

传动链主要有套筒滚子链（如图 12-5 所示）和齿形链（如图 12-6 所示）两种。前者在轻工机械、农业机械、石油化工机械、机床、汽车、摩托车和自行车等机械中应用广泛；而齿形链因高速运转平稳、承受冲击的性能好、噪声小（又称无声链），目前已逐渐在汽车发动机正时传动中代替同步带传动。本节仅介绍套筒滚子链。

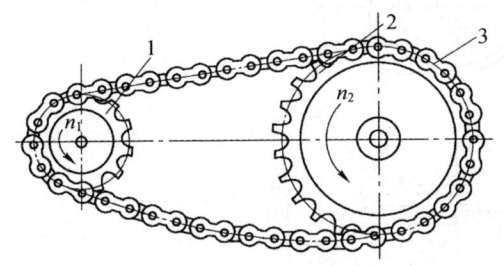

图 12-5 链传动

1—主动链轮；2—链条；3—从动链轮

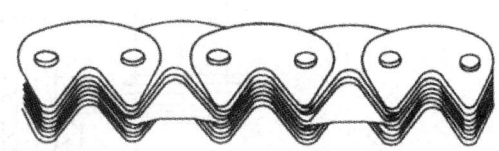

图 12-6 齿形链

12.2.1 链传动的特点和应用

1. 链传动的特点

（1）链传动没有带传动的打滑和弹性滑动现象，因此能保持准确的平均传动比。

（2）不需要较大的张紧力，可以减小轴与轴承的摩擦损失，传动效率较高。

（3）能够适应高温、油污等恶劣的工作环境。

（4）能够较远距离传递动力，并可通过一根链条带动多个平行轮轴同时转动。

（5）传动能力高于带传动。

2. 链传动的缺点

（1）链传动的瞬时传动比呈周期性波动，链速的变化会产生附加动载荷和冲击，不宜用在急速反向的传动中，也不宜用于要求精密传动的机械中。

（2）传动的平稳性较差，滚子链工作时有较大的振动和噪声。

（3）由于磨损造成链节距增大或两链轮错位较大时，高速运转容易脱链。

因此，链传动用于两轴平行、中心距较远、传递功率较大且平均传动比要求比较准确、不宜采用带传动的场合，一般安装在机械传动系统的低速级。

12.2.2 滚子链的结构及标记

1. 滚子链的结构

滚子链即套筒滚子链，如图 12-7 所示。它是由内链板、外链板、销轴、套筒和滚子所组成的。内链板与套筒、外链板与销轴分别采用过盈配合，而滚子与套筒、套筒与销轴均为间隙配合，这样，链条与链轮啮合传动时，滚子和链轮轮齿之间为滚动摩擦，因而磨损较小。

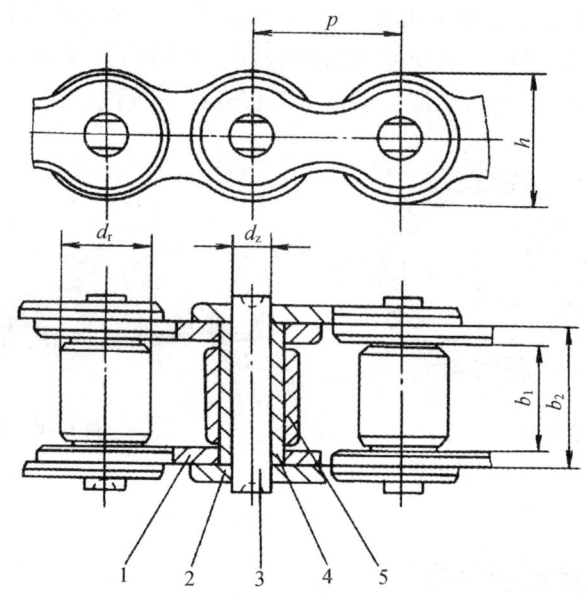

图 12-7 套筒滚子链的结构

1—内链板；2—外链板；3—销轴；4—套筒；5—滚子

链条的两个相邻销轴之间的内、外链板和滚子组成一个链节，相邻两个销轴中心线之间的距离称为节距 p，链节是链条的基本结构单元。链条的接头处通常采用连接链节和过渡链节两种结构。当链条的一端是内链节，另一端是由销轴和外链板组成的可拆卸的外链节时，可用开口销或弹性锁片连接两端的内、外链节，如图 12-8(a)、(b)所示，连接后链条的链节数为偶数。当链条的两端均为内链板或外链板时，需要使用过渡链节来连接，如图 12-8(c)所示，连接后链节数为奇数。由于过渡链节是弯曲的，抗拉强度较低，应尽量不用，因此链节数一般取偶数。

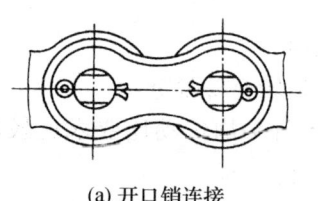
(a) 开口销连接

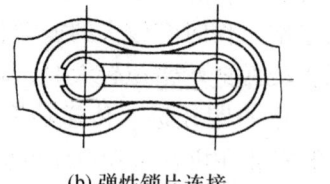
(b) 弹性锁片连接

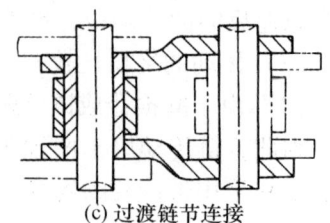
(c) 过渡链节连接

图 12-8 套筒滚子链的接头形式

2. 滚子链的标记

国家标准对传动用精密滚子链的基本参数和尺寸做了具体规定。标准中分了 A、B 两个系列，A 系列为优先选用系列，共有 08A，10A，12A，…，48A 等 11 个链号。A 系列精密滚子链的链号和主要参数可查阅 GB/T 1243—2006。

滚子链的标记格式为：链号 – 排数 × 节数　标准编号

例如，A 系列、节距 31.75 mm、双排、60 节的滚子链，其标记为

$$20A\text{-}2\times 60 \quad GB/T\ 1243—2006$$

链传动的平均传动比为主动链轮齿数 z_1 和从动链轮齿数 z_2 的反比。

$$i = \frac{n_1}{n_2} = \frac{z_2}{z_1} \tag{12-2}$$

12.2.3　链传动的布置

为使链传动能工作正常，应注意其合理布置。布置的原则主要有以下几点。

（1）两链轮的回转平面应在同一垂直平面内，否则易使链条脱落和产生不正常的磨损。

（2）链条应使主动边（紧边）在上，从动边（松边）在下，以免松边垂度过大时链与轮齿相干涉或紧、松边相碰。

（3）两链轮中心连线最好是水平的，或与水平面成 45°以下的倾角，应尽量避免垂直传动，以免与下方链轮啮合不良或脱离啮合。

另外，为避免链条垂度过大而引起啮合不良和链条振动，链传动需要适当张紧。一般情况下链传动设计成中心距可调整的形式，通过调整中心距来张紧链轮。也可采用张紧轮张紧，张紧轮应设在松边，靠近小链轮处，如图 12-9 所示。对于使用后因磨损和变形而变长的链条，也可以拆除链条的 1～2 个链节。

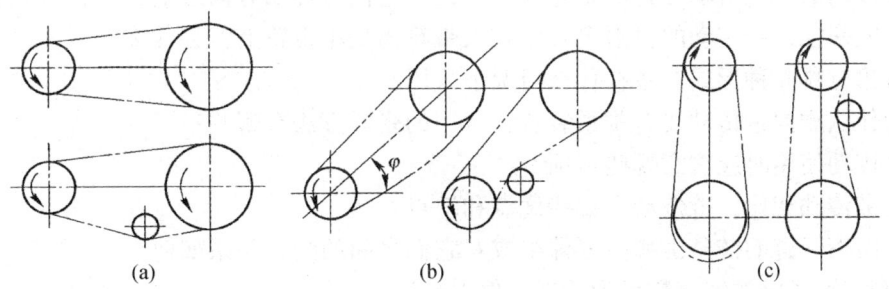

图 12-9　链传动的张紧

12.2.4　链传动的润滑

链传动的润滑可以缓和冲击，减轻磨损，延长使用寿命。采用的润滑油要有较大的运动黏度，通常选用牌号为 L-AN32、L-AN46 和 L-AN68 的全损耗系统用油；润滑方式根据链速和节距选定，一般根据链速由低到高，依次采用人工定期润滑、滴油润滑、油浴或飞

溅润滑和压力喷油润滑等方式。各种润滑方式如图 12-10 所示。在不方便采用油润滑的场合，也可以用脂润滑，但应定期涂抹，并定期清洗链轮和链条。

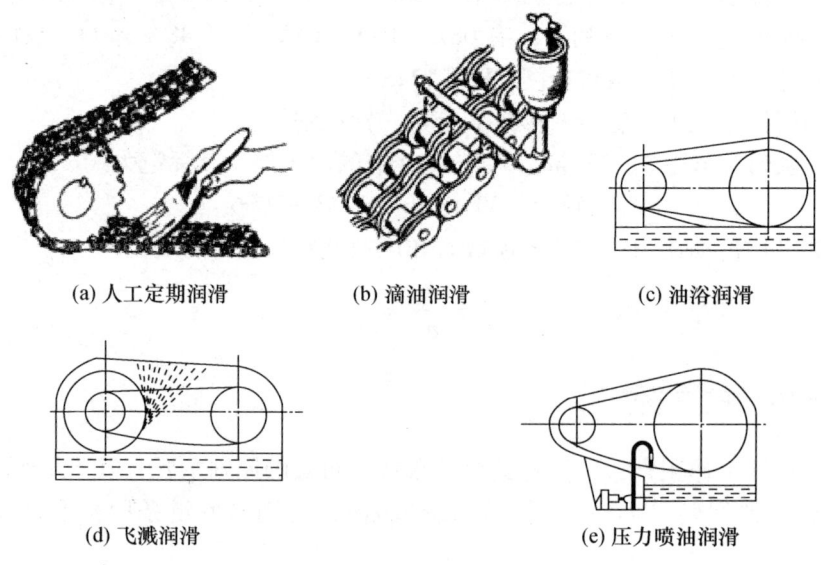

(a) 人工定期润滑　　(b) 滴油润滑　　(c) 油浴润滑

(d) 飞溅润滑　　(e) 压力喷油润滑

图 12-10　链传动的润滑

思考与复习题

1. 带传动的主要类型有哪些？各有何特点？
2. 普通 V 带有哪几种结构和型号？不同结构的 V 带各有何特点？
3. 带传动的弹性滑动和打滑是怎样产生的？它们对传动有何影响？是否可以避免？
4. 一般来说，带传动的打滑多发生在大带轮还是小带轮上？为什么？
5. 带轮有哪几种形式？各在什么情况下采用？
6. 为什么摩擦带传动要有张紧装置？常用的张紧方法有哪些？
7. 带传动使用时应注意哪些事项？
8. 与带传动相比，链传动有哪些优点和缺点？
9. 套筒滚子链的链条由哪些零件组成？它们之间的配合关系如何？
10. 套筒滚子链的链节数目为什么一般取偶数？
11. 链传动的润滑方式有哪些？应根据什么选择润滑方式？
12. 在汽车中应用逐渐广泛的齿形链有何优点？

第 13 章

齿轮传动

齿轮传动可以实现任意两轴间运动和动力的传递。由于其在运动和动力传递方面的突出优点，齿轮传动是现代汽车、机器中应用最广泛的一种机械传动。

学习目标：

1. 了解齿轮传动的特点与类型；
2. 掌握渐开线直齿圆柱齿轮主要参数及啮合特性；
3. 掌握斜齿圆柱齿轮传动的特点；
4. 了解直齿圆锥齿轮传动的特点；
5. 了解蜗杆传动的特点；
6. 掌握轮系的类型、定轴轮系传动比的计算、转向的判断方法；
7. 了解行星轮系传动比的计算；
8. 了解轮系的各种应用。

13.1 齿轮传动的特点与类型

13.1.1 齿轮传动的特点

1. 齿轮传动的优点

（1）传递功率和圆周速度的范围很大。
（2）传动效率高。
（3）瞬时传动比准确、恒定。
（4）使用寿命长，工作可靠。

2. 齿轮传动的缺点

（1）制造和安装精度要求较高，成本较高。
（2）低精度的齿轮在工作时会产生振动和噪声。
（3）只适宜于两轴间距较小的传动。

13.1.2 齿轮传动的类型

齿轮传动的类型很多，主要可分为平面齿轮传动和空间齿轮传动两大类。

平面齿轮传动即轴线平行的齿轮传动，又称圆柱齿轮传动。根据齿形的不同，平面齿轮传动可分为直齿、斜齿和人字齿三类，其中直齿又可分为外啮合、内啮合、齿轮齿条三种，如图13-1(a)～(e)所示。

空间齿轮传动即轴线不平行的齿轮传动。根据轴线的相互关系，空间齿轮传动可分为轴线相交的齿轮传动（又称锥齿轮传动）和轴线交错的齿轮传动。其中，锥齿轮传动又根据齿形分为直齿和曲齿两类，如图13-1(f)、(g)所示；轴线交错的齿轮传动又分为交错轴斜齿轮和蜗杆蜗轮两类，如图13-1(h)、(i)所示。

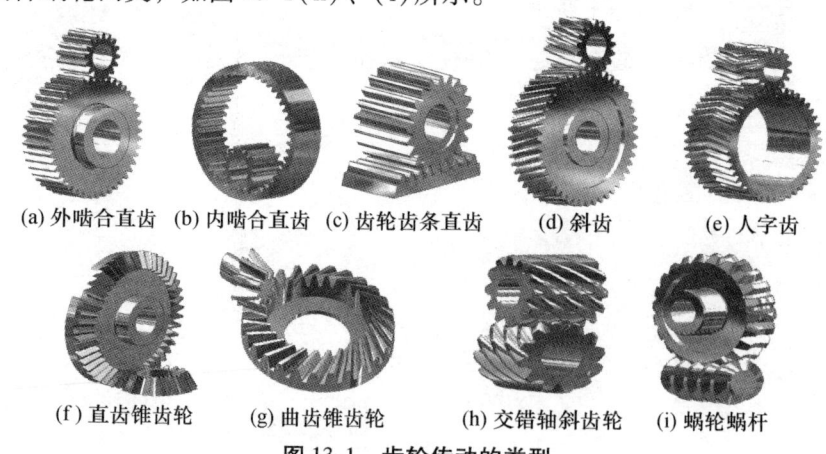

(a) 外啮合直齿　(b) 内啮合直齿　(c) 齿轮齿条直齿　(d) 斜齿　(e) 人字齿
(f) 直齿锥齿轮　(g) 曲齿锥齿轮　(h) 交错轴斜齿轮　(i) 蜗轮蜗杆

图 13-1　齿轮传动的类型

13.2 渐开线直齿圆柱齿轮

13.2.1 渐开线的形成及其性质

1. 渐开线的形成

如图 13-2 所示,当直线 NK 沿圆周做纯滚动时,直线上任一点 K 的轨迹就是该圆的渐开线。这个圆称为渐开线的基圆,其半径用 r_b 表示;直线 NK 称为渐开线的发生线;角 θ_K 称为渐开线 NK 段的展角;r_K 是渐开线上 K 点到基圆圆心的向径。

2. 渐开线的性质

(1) 发生线在基圆上滚过的长度,等于基圆上被滚过的弧长,即 $\overline{NK} = \widehat{NA}$。

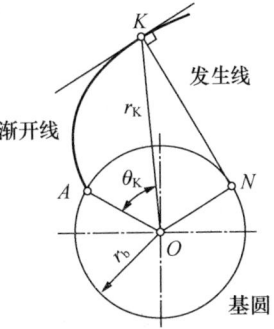

图 13-2 基圆与渐开线

(2) 发生线 NK 是渐开线上任意一点 K 的法线。因发生线恒切于基圆,其切点 N 为渐开线上 K 点的曲率中心,线段 NK 即为 K 点的曲率半径。由此可见,渐开线上离基圆越近的点,其曲率半径越小,渐开线越弯曲。渐开线在基圆上 A 点(起始点)的曲率半径为零。

(3) 渐开线上各点的齿形角不同,离基圆越近,齿形角越小,基圆上 A 点的齿形角为零。齿形角 α_K 是渐开线上任意点 K 的切线与该点到基圆圆心的向径线 r_K 所夹的锐角。从图 13-3 可以看出齿形角 α_K 与渐开线在 K 点的压力角 α_K' 相等。压力角是指两个渐开线齿廓在 K 点啮合时,其相互的啮合力 F_a 的作用线与 K 点绕基圆圆心 O 转动的线速度 v_K 的方向所夹的锐角。

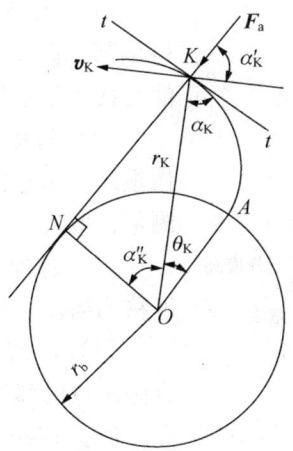

图 13-3 渐开线的齿形角与压力角

需要注意的是，渐开线齿廓上各点的齿形角等于同一点的压力角，但两者定义不同。一对齿轮啮合成为齿轮机构时，才有压力角；齿形角存在于单一齿轮中。

（4）渐开线的形状取决于基圆的大小。基圆大小相同，渐开线形状相同；基圆越小，渐开线越弯曲；基圆越大，渐开线越平直，如图 13-4 所示。当基圆半径无穷大时，渐开线为直线。齿条的齿廓便是直线。

（5）基圆之内无渐开线。

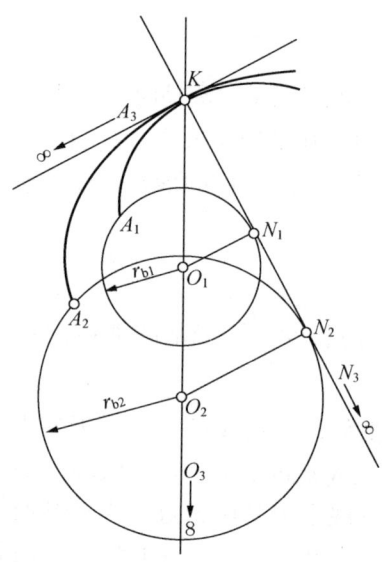

图 13-4　基圆大小与渐开线的关系

13.2.2　齿轮各部分的名称

如图 13-5 所示为直齿圆柱齿轮的一部分，其主要几何要素如下。

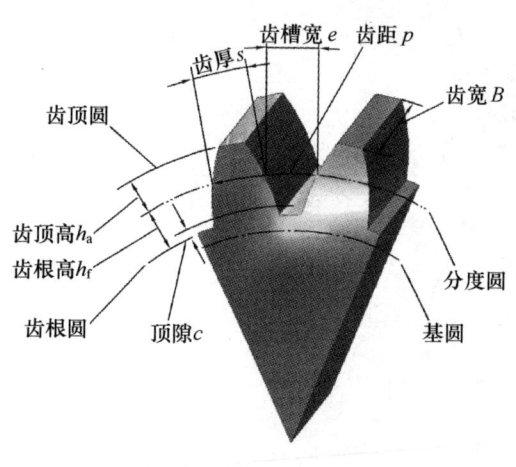

图 13-5　齿轮各部位的名称

（1）齿顶圆。所有轮齿顶部所在的圆称为齿顶圆。齿顶圆直径的代号为 d_a，它是齿轮上能直接测量的圆。

（2）齿根圆。所有轮齿底部所在的圆称为齿根圆。齿根圆直径的代号为 d_f。它能否直接测量，取决于齿数的奇偶。

（3）齿厚。沿任意圆所量的轮齿的弧线厚度称为齿厚，代号为 s。

（4）齿槽宽。相邻两轮齿之间的齿槽沿任意圆所量的弧线宽度称为齿槽宽，代号为 e。

（5）齿距。沿任意圆所量得的相邻两齿上同侧齿廓之间的弧长称为齿距，代号为 p。它是齿厚和齿槽宽之和。

（6）分度圆。分度圆是一个人为规定的圆，它介于齿顶圆和齿根圆之间，是不能直接测量的圆，齿轮轮齿尺寸均以此圆为基准加以确定。分度圆直径的代号为 d。标准齿轮中为齿槽宽和齿厚相等的那个圆（不考虑齿侧间隙）为分度圆。

（7）齿顶高。齿顶圆与分度圆之间的径向距离称为齿顶高，代号为 h_a。

（8）齿根高。齿根圆与分度圆之间的径向距离称为齿根高，代号为 h_f。

（9）全齿高。齿顶高和齿根高之和为全齿高，代号为 h。

13.2.3 齿轮的基本参数

直齿圆柱齿轮的基本参数有齿数 z、模数 m、齿形角 α、齿顶高系数 h_a^* 和顶隙系数 c^* 5 个。基本参数是齿轮各部位几何尺寸计算的依据。

1. 齿数

一个齿轮的轮齿总数称为齿数，代号为 z。当齿轮的模数相同时，齿数越多，齿轮的几何尺寸越大，轮齿的渐开线齿廓越平直。

2. 模数

齿距除以圆周率 π 所得的商称为模数，代号为 m，单位为毫米（mm）。模数是齿轮几何尺寸计算中最基本的一个参数。

由齿距的定义可知，齿距与齿数的乘积等于分度圆周长，即 $pz = \pi d$。由于式中有无理数 π，而齿数 z 又是自然数，所以无论由齿距求分度圆直径，还是由分度圆直径求齿距，都无法求出准确的数值。为了使分度圆直径成为一个有理数，以便于齿轮几何尺寸的计算和制造，人为地规定 $p/\pi = m$ 为有理数，称为模数。由模数的定义式和式 $pz = \pi d$ 可得分度圆直径的计算式为

$$d = mz \tag{13-1}$$

模数 m 的大小反映了齿距 p 的大小，也就反映了轮齿的大小。模数越大，轮齿越大，轮齿的承载能力越高；反之，模数越小，齿轮轮齿的承载能力越低。模数大小与轮齿尺寸大小的关系如图 13-6 所示。

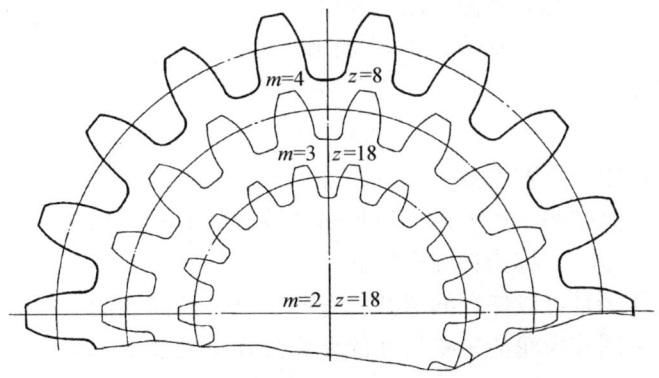

图 13-6　齿轮模数与轮齿大小的关系

我国已制定了标准模数系列，参见表 13-1。

表 13-1　部分标准模数系列（摘自 GB/T 1357—1987）　　　　　　单位：mm

第一系列	1	1.25	1.5	2	2.5	3	4	5	6
	8	10	12	16	20	25	32	40	50
第二系列	1.75	2.25	2.75	(3.25)	3.5	(3.75)	4.5	5.5	(6.5)
	7	9	(11)	14	18	22	28	36	45

注：1. 在选取时优先采用第一系列，括号内的模数尽可能不用。
　　2. 本表适用于渐开线圆柱齿轮，对于斜齿轮是指法向模数。

3. 齿形角

根据渐开线的性质可知，渐开线上各点的齿形角均不相同。我国标准规定渐开线圆柱齿轮分度圆上的齿形角 $\alpha = 20°$，即采用渐开线上齿形角为 20°左右的一段作为齿轮的齿廓曲线，而不是任意段的渐开线。

分度圆齿形角越大，轮齿根部越厚，齿顶变尖，轮齿承载能力越高，但传动费力；齿形角越小，齿顶越宽，根部变瘦，轮齿承载能力下降，但传动省力。

4. 齿顶高系数

齿顶高与模数之比称为齿顶高系数，用 h_a^* 表示，即

$$h_a = h_a^* m \tag{13-2}$$

标准直齿圆柱齿轮的齿顶高系数 $h_a^* = 1$。

5. 顶隙系数

一对齿轮啮合时，为使一个齿轮的齿顶面不致与另一个齿轮的齿槽底面相抵触，轮齿的齿根高 h_f 应大于齿顶高 h_a，这样可以保证两齿轮啮合时，一齿轮的齿顶与另一齿轮的槽底间有一定的径向间隙，称为顶隙，用 c 表示。

顶隙与模数之比称为顶隙系数，用 c^* 表示，即

$$c = c^* m \tag{13-3}$$

所以　　　　　　　　　　　　$h_f = h_a + c = (h_a^* + c^*) m$

标准直齿圆柱齿轮的顶隙系数 $c^* = 0.25$。

当齿轮的模数、分度圆上齿形角、齿顶高系数、顶隙系数均为标准值，且分度圆上的齿厚等于齿槽宽时的齿轮，称为标准齿轮。

顶隙的另一个作用是可以储存润滑油，有利于改善齿面的润滑状况。

渐开线标准直齿圆柱齿轮的主要尺寸的计算公式参见表 13-2。

表 13-2 渐开线标准直齿圆柱齿轮的几何尺寸计算公式

序号	名称	符号	计算公式
1	分度圆直径	d	$d_1 = mz_1$, $d_2 = mz_2$
2	齿顶圆直径	d_a	$d_{a1} = m(z_1 + 2)$, $d_{a2} = m(z_2 + 2)$
3	齿根圆直径	d_f	$d_{f1} = m(z_1 - 2.5)$, $d_{f2} = m(z_2 - 2.5)$
4	基圆直径	d_b	$d_{b1} = mz_1\cos\alpha$, $d_{b2} = mz_2\cos\alpha$
5	全齿高	h	$h = 2.25m$
6	径向间隙	c	$c = 0.25m$
7	分度圆齿距	p	$p = \pi m$
8	分度圆齿厚	s	$s = \dfrac{\pi m}{2}$
9	分度圆齿槽宽	e	$e = \dfrac{\pi m}{2}$
10	基圆齿距	p_b	$p_b = \pi m \cdot \cos\alpha$
11	标准中心距	a	$a = \dfrac{m}{2}(z_1 + z_2)$

例 13.1 已知一标准圆柱齿轮的齿数 $z = 36$,齿顶圆直径 $d_a = 304$ mm,试求 d、d_f、p、h。

解:根据 $d_a = m(z + 2) = 304$ (mm)

可得:$m = \dfrac{304}{z+2} = \dfrac{304}{36+2} = 8$ (mm)

$d = mz = 8 \times 36 = 288$ (mm)

$d_f = m(z - 2.5) = 8(36 - 2.5) = 268$ (mm)

$p = \pi m = 3.14 \times 8 = 25.12$ (mm)

$h = 2.25m = 2.25 \times 8 = 18$ (mm)

例 13.2 一标准直齿圆柱齿轮,已知齿数 $z = 40$,模数 $m = 2.5$ mm。试计算该齿轮的分度圆直径 d、齿顶圆直径 d_a、齿根圆直径 d_f、基圆直径 d_b、齿距 p、齿槽宽 e、齿厚 s、齿顶高 h_a、齿根高 h_f 和齿高 h。

解:分度圆直径 $d = mz = 2.5 \times 40 = 100$ (mm)

齿顶圆直径 $d_a = m(z + 2) = 2.5(40 + 2) = 105$ (mm)

齿根圆直径 $d_f = m(z - 2.5) = 2.5(40 - 2.5) = 93.75$ (mm)

基圆直径 $d_b = d\cos\alpha = d\cos 20° = 100 \times 0.9397 = 93.979$ (mm)

齿距 $p = \pi m = 3.14 \times 2.5 = 7.85$ (mm)

$e = s = p/2 = 3.925$ (mm)

齿顶高 $h_a = m = 2.5$ (mm)

齿根高 $h_f = 1.25m = 3.125$ (mm)

齿高 $h = h_a + h_f = 2.25m = 5.625$ (mm)

13.2.4 渐开线齿轮的啮合特点

1. 瞬时传动比恒定

根据渐开线的性质，可以证明一对渐开线齿轮啮合时，各个瞬时的传动比均为定值。

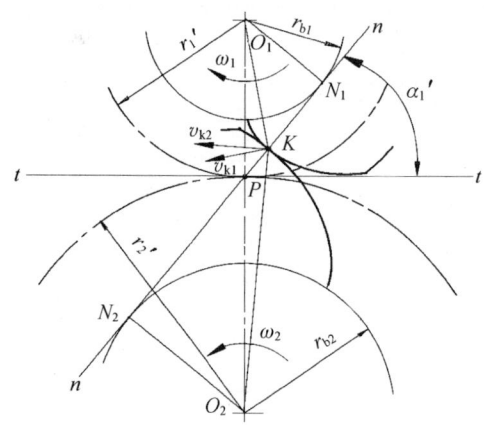

图 13-7 渐开线齿廓的啮合传动

如图 13-7 所示的是一对啮合的渐开线齿廓，两齿轮的基圆半径分别为 r_{b1}、r_{b2}。当两齿廓在任意一点 K 啮合时，过 K 点作两齿廓的公法线，根据渐开线的性质可知，此公法线必同时与两齿轮的基圆相切，切点分别为 N_1、N_2 点，即 N_1、N_2 两点的连线 N_1N_2 既是两齿廓的公法线，又是两齿轮基圆的内公切线。

公法线（或内公切线）N_1N_2 与两齿轮的连心线 O_1O_2 相交于 P 点，P 点称为节点。由于齿轮啮合时，两基圆位置不会变化，因此，节点 P 为定点。分别以 O_1、O_2 为圆心、以 O_1P 和 O_2P 为半径作的圆称为两个齿轮的节圆，两节圆的半径分别为 r'_1、r'_2。可以看出，相互啮合的两齿轮的节圆总是相切，节点 P 处的线速度相同，即

$$\omega_1 r'_1 = \omega_2 r'_2$$

得

$$i = \frac{n_1}{n_2} = \frac{\omega_1}{\omega_2} = \frac{r'_2}{r'_1}$$

因为

$$\triangle O_1N_1P \backsim \triangle O_2N_2P$$

所以

$$\frac{O_2P}{O_1P} = \frac{O_2N_2}{O_1N_1}$$

即

$$\frac{r'_2}{r'_1} = \frac{r_{b2}}{r_{b1}}$$

因基圆半径 r_{b1}、r_{b2} 两者均为定值，因此其比值即传动比必为定值。即

$$i = \frac{n_1}{n_2} = \frac{\omega_1}{\omega_2} = \frac{r'_2}{r'_1} = \frac{r_{b2}}{r_{b1}} = 常数$$

2. 中心距可分性

由于齿轮传动的传动比只与两轮的基圆半径有关，而与两轮的中心距无关，所以对基圆半径已确定的一对啮合齿轮，其传动比不受两轮安装、使用时中心距误差或变化的影响，这一啮合特性称为渐开线齿轮传动的中心距可分性。这一特性给齿轮的制造、安装和使用带来了很大的方便。

尽管中心距的误差或变化不会影响传动比，但齿轮设计时的基本尺寸是按照无侧隙啮合计算的，正确安装时，理论上应达到无齿侧间隙，此时的中心距为标准中心距。当中心距误差过大，两齿轮啮合时会出现侧隙，齿轮反向转动将产生冲击，所以对中心距误差也有一定的规定。

3. 啮合力的方向不变

由前述可知,两齿轮的一对轮齿进入啮合后,两齿廓无论在何处啮合,其啮合点总在两轮基圆的内公切线,也是齿廓接触点的公法线上。各啮合点的连线称为啮合线,啮合线、基圆内公切线和齿廓接触点的公法线三线合一。在不计摩擦时,由于啮合点产生的啮合力总沿齿廓接触点的公法线方向,所以其相互的啮合力一定沿两轮基圆的内公切线,只要基圆位置不发生变化,啮合力的方向就不会发生变化,这是齿轮传动平稳的主要原因。

4. 齿廓间存在相对滑动

一对齿轮啮合时,通过对啮合点的速度分析可知,除节点以外,两轮啮合点的速度在齿廓接触点的公切线方向上的分速度大小不同,这样必然会导致齿面之间产生相对滑动。因此,渐开线齿廓在啮合传动时,齿面之间不是纯滚动,在齿面接触处的切线方向存在相对滑动,这是渐开线齿轮产生齿面磨损的根本原因。

13.2.5 渐开线齿轮的正确啮合条件

如图 13-8 所示,一对渐开线齿轮传动时,两轮齿廓的啮合点是沿啮合线 N_1N_2 移动的。当前一对轮齿在 K 点啮合、后一对轮齿同时在 K' 点啮合时,为保证两齿轮正确啮合,而不发生轮齿干涉或后一对轮齿齿廓间存在间隙无法在啮合线上接触,必须使两齿轮的法向齿距 p_{n1} 和 p_{n2} 相等,即 $p_{n1} = p_{n2}$。

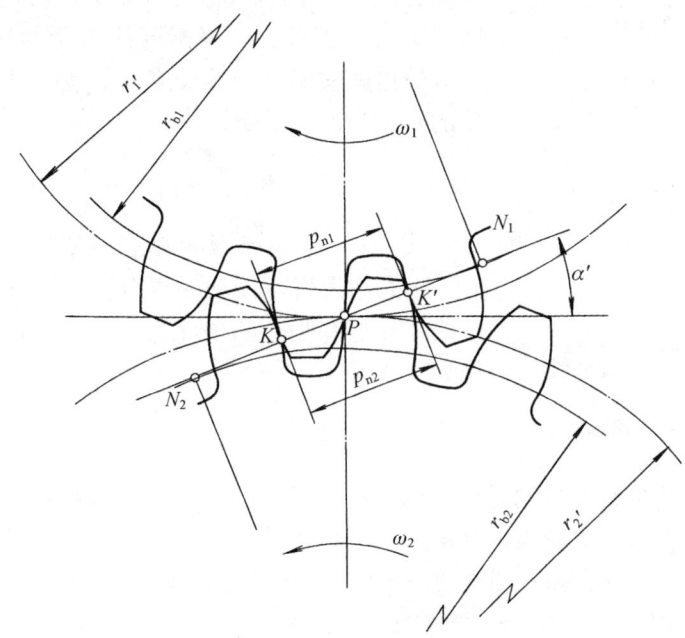

图 13-8 齿轮的正确啮合条件

根据渐开线的性质可知,齿轮的法向齿距 p_n 应等于基圆齿距 p_b,因此有

$$p_{b1} = p_{b2}$$

若两齿轮的模数和齿形角分别为 m_1、α_1 和 m_2、α_2，由于

$$p_b = \frac{2\pi r_b}{z} = \frac{2\pi r}{z}\cos\alpha = p\cos\alpha$$

而（分度圆）齿距

$$p = \pi m$$

因此

$$p_{b1} = \pi m_1 \cos\alpha_1 \text{、} p_{b2} = \pi m_2 \cos\alpha_2$$

若使

$$p_{b1} = p_{b2}$$

即

$$\pi m_1 \cos\alpha_1 = \pi m_2 \cos\alpha_2$$

必须

$$m_1 \cos\alpha_1 = m_2 \cos\alpha_2$$

由于齿轮的模数和齿形角均已标准化，所以一对齿轮的正确啮合条件为：

（1）两齿轮的模数必须相等，即 $m_1 = m_2$；

（2）两齿轮分度圆上的齿形角必须相等，即 $\alpha_1 = \alpha_2$。

13.2.6 渐开线齿轮连续啮合条件

为了保证一对齿轮在传动中能够连续平稳地传递动力，避免动力传递的中断和冲击，要求前一对轮齿在尚未脱离啮合前，后一对轮齿必须进入啮合状态，如图 13-9 所示；或者，至少要求前一对轮齿到达啮合终点 B_1 即将脱离的瞬时，后一对轮齿同时进入啮合的起点 B_2 开始啮合（如图 13-9 所示），此时，实际啮合线 B_1B_2 的长度刚好等于法向齿距 p_n，也即等于基圆齿距 p_b。因此，一对渐开线齿轮的连续啮合条件是：一对轮齿的实际啮合线长度 B_1B_2 必须大于或至少等于齿轮的基圆齿距 p_b，即

$$B_1B_2 \geq p_b \text{ 或 } \frac{B_1B_2}{p_b} \geq 1 \quad (13-4)$$

式（13-4）中，实际啮合线的长度 B_1B_2 与基圆齿距 p_b 的比值称为齿轮传动的重合度，用 ε 表示。因此，渐开线齿轮连续啮合的条件为：一对齿轮传动的重合度必须大于或等于 1。即

$$\varepsilon = \frac{B_1B_2}{p_b} \geq 1 \quad (13-5)$$

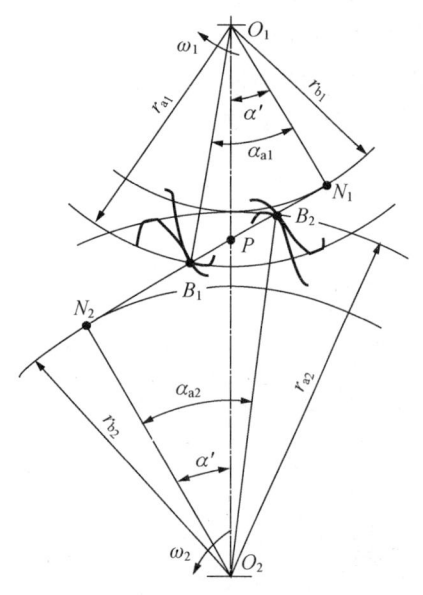

图 13-9　齿轮传动的连续啮合

重合度越大，意味着多对轮齿同时啮合的时间越长，或者一对轮齿独自承受传动力的时间越少。因此，重合度大，对轮齿的强度和传动的平稳性都是有利的。

渐开线直齿圆柱齿轮的最大重合度 $\varepsilon = 1.982$。其含义是：当一对轮齿的齿廓沿实际啮合线 B_1B_2 逐点啮合时，在啮合点位置移动一个法向齿距，即齿轮转过一个基圆齿距的范围内，有 98.2% 的"路段"是和另一对轮齿同时啮合，另外 0.8% 的"路段"仅有该对轮齿单独啮合。因此，直齿圆柱齿轮传动不可能保证始终有两对轮齿同时啮合。

理论上，只要重合度 $\varepsilon = 1$ 就能保证一对齿轮的连续传动，考虑到齿轮的制造和安装的误差，以及使用后的正常磨损，实际应使重合度 $\varepsilon > 1$。

13.2.7 齿轮的失效形式及常用材料

1. 齿轮的失效形式

正常情况下，齿轮的失效都集中在轮齿部位。齿轮轮齿的主要失效形式有以下几种。

（1）轮齿折断，如图 13-10 所示。整体折断，一般发生在齿根，这是因为轮齿相当于一个悬臂梁，受力后其齿根部位弯曲应力最大，并受应力集中影响。

局部折断，主要由载荷集中造成的，通常发生于轮齿的一端。在齿轮制造安装不良或轴的变形过大时，载荷集中于轮齿的一端，容易引起轮齿的局部折断。

齿轮经长期使用，在载荷多次重复作用下引起的轮齿折断，称疲劳折断；由于短时超过额定载荷（包括一次作用的尖峰载荷）而引起的轮齿折断，称为过载折断。二者损伤机理不同，断口形态各异，设计计算方法也不尽相同。

图 13-10　轮齿的疲劳折断

一般而言，为防止轮齿折断，齿轮必须具有足够大的模数。其次，增大齿根过渡圆角半径、降低表面粗糙度值、进行齿面强化处理、减轻轮齿加工过程中的损伤，均有利于提高轮齿抗疲劳折断的能力。而且尽可能消除载荷分布不均现象，则有利于避免轮齿的局部折断。

（2）齿面点蚀，如图 13-11 所示。轮齿工作时，其工作齿面上的接触应力是随时间而变化的脉动循环应力。齿面长时间在这种循环接触应力作用下，可能会出现微小的金属剥落而形成一些浅坑（麻点），这种现象称为齿面点蚀。

齿面点蚀通常发生在润滑良好的闭式齿轮传动中。实践证明，点蚀的部位多发生在轮齿节线附近靠齿根的一侧。这主要是由于该处通常只有一对轮齿啮合，接触应力较高的缘故。

提高齿面硬度，降低齿面粗糙度值，采用黏度较高的润滑油以及进行合理的变位等，都能提高齿面抗疲劳点蚀的能力。

（3）齿面胶合，如图 13-12 所示。齿面胶合是相啮合轮齿的表面，在一定压力下直接接触发生黏着，并随着齿轮的相对运动，发生齿面金属撕脱或转移的一种黏着磨损现象。胶合通常是在重载条件下发生。按其形成的条件又可分为热胶合和冷胶合。

图 13-11　齿面点蚀

图 13-12　齿面胶合

热胶合发生于高速、重载的齿轮传动中。由于重载和较大的相对滑动速度，在轮齿间引起局部瞬时高温，导致油膜破裂，从而使两接触齿面金属间产生局部"焊合"而形成胶合。冷胶合则发生于低速、重载的齿轮传动中。它是由于齿面接触压力过大，直接导致油膜压溃而产生的胶合。

采用极压型润滑油、提高齿面硬度、降低齿面粗糙度值、合理选择齿轮参数并进行变位等，均有利于提高齿轮的抗胶合能力。

（4）齿面磨损，如图 13-13 所示。当铁屑、粉尘等微粒进入齿轮的啮合部位时，将引起齿面的磨粒磨损。闭式齿轮传动，只要经常注意润滑油的更换和清洁，一般不会发生磨粒磨损。开式齿轮传动，由于齿轮外露，其主要失效形式为磨粒磨损。磨粒磨损不仅导致轮齿失去正确的齿形，还会由于齿厚不断减薄而最终引起断齿。

图 13-13　齿面磨损

与闭式齿轮传动不同，一般认为，开式齿轮传动不会出现齿面点蚀现象。这是因为磨损速度比较快，齿面还来不及达到点蚀的程度，其表层材料就已经被磨掉的缘故。

（5）齿面塑性变形。齿面较软的齿轮轮齿重载时，在摩擦力的作用下，可能产生齿面塑性变形（也称为齿面塑性流动），从而使轮齿原有的正确齿形遭受破坏。如图 13-14 和图 13-15 所示，在主、从动齿轮上由于齿面摩擦力方向不同，其齿面变形的表现形式也不同。对于主动齿轮，在节线附近形成凹槽；对于从动齿轮，在节线附近形成凸脊。

图 13-14　主动轮齿面塑性变形　　　　图 13-15　从动轮齿面塑性变形

提高齿面硬度，采用黏度较大的润滑油，可减轻或防止齿面产生塑性变形。

2. 齿轮的材料

根据齿轮轮齿的主要失效形式可知，齿轮的齿面应具有较高的耐磨损、抗点蚀、抗胶合及抗塑性变形的能力，而齿根要有较高的抗折断的能力。因此，对轮齿材料性能的基本要求为齿面要硬、齿芯要韧。

常用的齿轮材料是钢、铸铁和非金属材料。

（1）锻钢。钢材的韧性好，耐冲击，还可以通过热处理或化学热处理改善其力学性能及提高齿面硬度，故最适应于用来制造齿轮。常用的是含碳量在 0.15%～0.6% 的碳钢或合金钢。制造齿轮的锻钢可分为以下两种。

① 软齿面齿轮用钢（硬度≤350 HBS）：对于强度、速度及精度都要求不高的齿轮，应采用以便于切齿经热处理后的锻钢，以便刀具不致迅速磨损变钝。这类齿轮制造简便，经济，生产效率高。

② 硬齿面齿轮用钢（硬度 >350 HBS）：高速、重载及精密机器（如精密机床、航空发动机）所用的主要齿轮传动，除要求材料性能优良，轮齿具有高强度及齿面具有高硬度（如58～65 HRC）外，还应进行磨齿等精加工。

合金钢根据所含金属的成分及性能，可分别使材料的韧性、耐冲击、耐磨及抗胶合的性能等获得提高，也可通过热处理或化学热处理改善材料的力学性能及提高齿面的硬度。所以对于既是高速、重载又要求尺寸小、质量小的航空用齿轮，宜采用性能优良的合金钢（如 20CrMnTi，20Cr2Ni4A 等）来制造。

（2）铸钢。铸钢的耐磨性及强度均较好，但应经退火及正火处理，必要时也可进行调质。铸钢常用于尺寸较大的齿轮。

（3）灰铸铁。灰铸铁性质较脆，抗冲击及耐磨性都较差，但抗胶合及抗点蚀的能力较好。灰铸铁齿轮常用于工作平稳、速度较低、传递扭矩不大的场合。

（4）非金属材料。对高速轻载及精度不高的齿轮传动，为了降低噪声，常用非金属材料（如夹布胶木、尼龙等）做小齿轮，大齿轮仍用钢或铸铁制造。为使大齿轮具有足够的抗磨损及抗点蚀的能力，齿面的硬度应为 250～350 HBS。

13.2.8 齿轮的结构

1. 齿轮轴

当齿轮的齿根圆至键槽底部的距离过小时，应将齿轮与轴制成一体，称为齿轮轴，如图 13-16 所示。齿轮轴一般采用圆钢或锻造毛坯加工制成。

2. 实体式齿轮

当齿轮的齿顶圆直径 d_a≤200 mm 时，可采用实体结构如图 13-17 所示。实体式齿轮常采用锻钢制造。

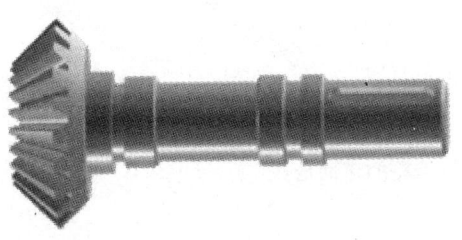

图 13-16　齿轮轴

图 13-17　实体式齿轮

3. 腹板式齿轮

当齿轮的齿顶圆直径 d_a = (200～500) mm 时，为减轻重量，并便于加工时装夹，常采用腹板式结构,如图 13-18 所示。腹板式结构的齿轮多用锻钢制造,当齿轮顶圆直径 $d_a > 300$ mm 时,也可采用铸造毛坯。

4. 轮辐式齿轮

当齿轮的齿顶圆直径 $d_a > 500$ mm 时,可采用轮辐式结构,如图 13-19 所示。轮辐式齿轮常采用铸钢或铸铁制造。

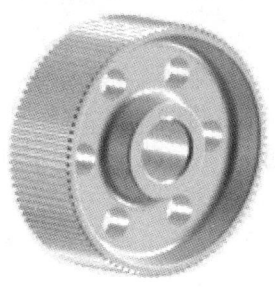

图 13-18　腹板式齿轮

图 13-19　轮辐式齿轮

13.3　斜齿圆柱齿轮

在讨论直齿圆柱齿轮时,轮齿的齿廓被认为是在平面内发生线绕基圆做纯滚动时,其上任意点 K 所形成的渐开线。但实际齿轮有一定的宽度,考虑到齿轮的宽度时,上述的基圆就成为基圆柱,发生线成为发生面 S,如图 13-20(a)所示。因此,直齿圆柱齿轮的齿面是发生面绕基圆柱做纯滚动时,发生面上一条与基圆柱轴线平行的直线 $\overline{KK'}$ 在空间形成的渐开面。

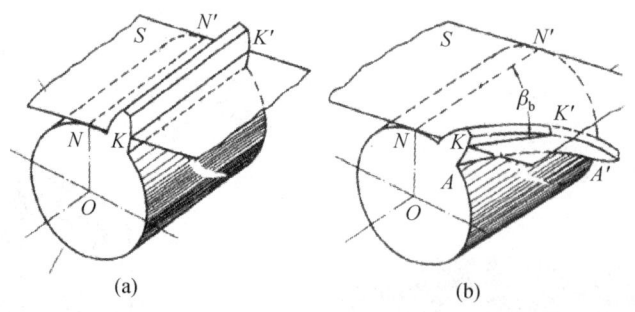

图 13-20　斜齿圆柱齿轮的齿面形成

斜齿圆柱齿轮的齿面形成原理与直齿圆柱齿轮相同,只是形成齿面的直线 $\overline{KK'}$ 不再与基圆柱的轴线平行,而是与其轴线有一夹角 β_b,如图 13-20(b)所示。当发生面绕基圆柱做纯滚动时,斜直线 $\overline{KK'}$ 上每一点的轨迹都是一条渐开线,这些渐开线在基圆柱上的起始点组成一条螺旋线 AA',其 β_b 称为斜齿轮基圆柱上的螺旋角。这些渐开线的集合组成了斜齿轮的齿廓曲面。β_b越大，轮齿越偏斜；$\beta_b = 0$时，即为直齿轮。因此，直齿圆柱齿轮可视为斜齿圆柱齿轮的特例。

13.3.1 斜齿轮传动的特点及应用

由上述直齿轮和斜齿轮的齿面形成过程可知，直齿圆柱齿轮由于轮齿齿向与轴线平行，在与另一个齿轮啮合时，沿齿宽方向的瞬时接触线是与轴线平行的直线。当一对轮齿沿齿宽方向同时进入或脱离接触时，其受力和变形突然发生或突然消失，会导致冲击、振动和噪声，尤其是在高速齿轮传动中。而斜齿圆柱齿轮传动时，齿面瞬时接触线与齿轮轴线相倾斜，一对轮齿的齿面接触线由短到长，又由长到短逐渐变化，故斜齿轮传动平稳、噪声较小；斜齿轮的螺旋角越大，轮齿越倾斜，一对轮齿的啮合时间越长，齿轮的重合度越大，因此，斜齿轮承载能力高于直齿轮。

综上所述，斜齿轮传动平稳、噪声小、重合度大、承载能力强，故适用于高速和重载的传动。但斜齿轮由于啮合力存在轴向分力，需要较复杂的轴承支承结构。

13.3.2 斜齿圆柱齿轮的主要参数及几何尺寸

1. 螺旋角 β_b 和齿距

如图13-21所示，把斜齿圆柱齿轮的分度圆柱面展开成一个矩形，其中的阴影部分表示轮齿剖面，空白部分表示齿槽，b为斜齿轮的齿宽。图中的β_b是分度圆柱面上齿廓螺旋线的切线与齿轮轴线的夹角，称为斜齿轮的（分度圆柱面上的）螺旋角，其值一般为$8° \sim 20°$。

由图中的几何关系可知，法向齿距p_n和端面齿距p_t的关系为

$$p_n = p_t \cos\beta_b \tag{13-6}$$

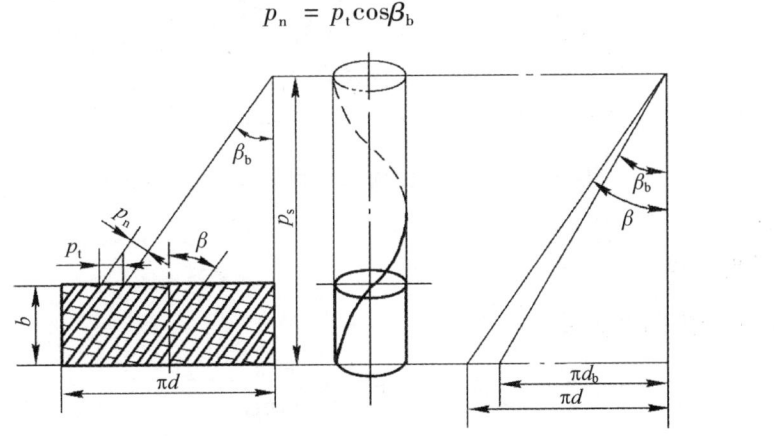

图13-21 斜齿轮沿分度圆柱的展开图

2. 模数

根据模数的定义式$m = \dfrac{p}{\pi}$和式（13-6）可得，法面模数m_n和端面模数m_t的关系为

$$m_n = m_t \cos\beta \tag{13-7}$$

由于斜齿轮通常用滚刀或铣刀切齿加工,切削时沿螺旋线方向进给,所以斜齿轮的法面参数应与刀具相同,均为标准值。其中,法面模数与直齿圆柱齿轮相同(参见表13-1);法面分度圆齿形角 $\alpha_n = 20°$,法面齿顶高系数 $h_{an}^* = 1$,法面顶隙系数 $c_n^* = 0.25$。

3. 端面齿顶高系数和顶隙系数

因为轮齿的径向尺寸无论从端面还是从法面看都是相同的,所以端面和法面的齿顶高、顶隙应相等,即:

$$h_a = h_{an}^* m_n = h_{at}^* m_t, \quad c = c_n^* m_n = c_t^* m_t$$

因此,端面和法面齿顶高系数和顶隙系数的关系为:

$$h_{at}^* = h_{an}^* \cos\beta, \quad c_t^* = c_n^* \cos\beta \tag{13-8}$$

4. 齿形角

如图13-22所示是斜齿条(斜齿轮直径无穷大时)的一个齿。由图中的几何关系不难推证,法面齿形角 α_n 和端面齿形角 α_t 的关系为

$$\tan\alpha_n = \tan\alpha_t \cos\beta \tag{13-9}$$

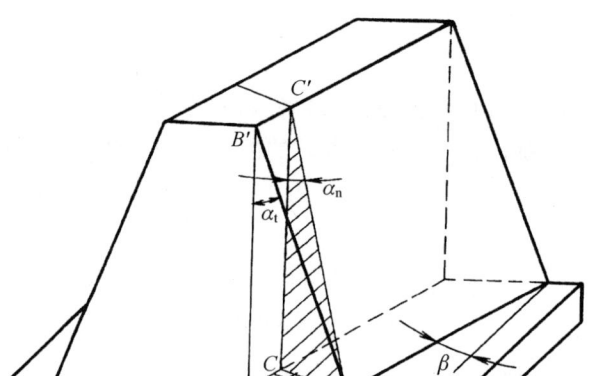

图13-22 斜齿条的端面齿形角和压力角的关系

5. 分度圆直径

斜齿轮的分度圆直径为

$$d = m_t z = \frac{m_n z}{\cos\beta} \tag{13-10}$$

6. 标准中心距

一对斜齿圆柱齿轮正确安装(无齿侧间隙)时的标准中心距为

$$a = \frac{1}{2}(d_1 + d_2) = \frac{m_t(z_1 + z_2)}{2} = \frac{m_n(z_1 + z_2)}{2\cos\beta} \tag{13-11}$$

由中心距计算公式可以看出,斜齿圆柱齿轮的中心距可以通过改变螺旋角 β 的大小来

调整。

标准斜齿圆柱齿轮的几何尺寸计算公式参见表 13-3。

表 13-3 渐开线标准斜齿圆柱齿轮的几何尺寸计算公式

名　称	符　号	计算公式
端面模数	m_t	$m_t = \dfrac{m_n}{\cos\beta}$
螺旋角	β	一般取 $\beta = 8° \sim 20°$
端面齿形角	α_t	$\alpha_t = \arctan\dfrac{\tan\alpha_n}{\cos\beta}$
分度圆直径	d	$d = m_t z = \dfrac{m_n z}{\cos\beta}$
齿顶高	h_a	$h_a = m_n$
齿根高	h_f	$h_f = 1.25 m_n$
全齿高	h	$h = h_a + h_f = 2.25 m_n$
顶隙	c	$c = 0.25 m_n$
齿顶圆直径	d_a	$d_a = d + 2h_a$
齿根圆直径	d_f	$d_f = d - 2h_f$
标准中心距	a	$a = \dfrac{1}{2}(d_1 + d_2) = \dfrac{m_t}{2}(z_1 + z_2) = \dfrac{m_n(z_1 + z_2)}{2\cos\beta}$

13.3.3 斜齿轮传动的正确啮合条件

由于一对平行轴斜齿圆柱齿轮在端面内的啮合相当于一对直齿圆柱齿轮，所以支持圆柱齿轮的正确啮合条件，对斜齿轮也完全适用。但一对斜齿轮的螺旋角还必须相匹配，否则仍无法正确啮合。外啮合时，两轮螺旋角应大小相等，旋向相反，即 $\beta_1 = -\beta_2$；内啮合时，则旋向相同，即 $\beta_1 = \beta_2$。因此，一对斜齿圆柱齿轮的正确啮合条件为：

（1）$m_{n1} = m_{n2}$；
（2）$\alpha_{n1} = \alpha_{n2}$；
（3）$\beta_1 = \pm\beta_2$（+ 为内啮合，- 为外啮合）。

13.4 直齿圆锥齿轮

圆锥齿轮的轮齿分布在一截锥体上，如图 13-23 所示，用于两轴相交，尤其是垂直相交的轴间传动。

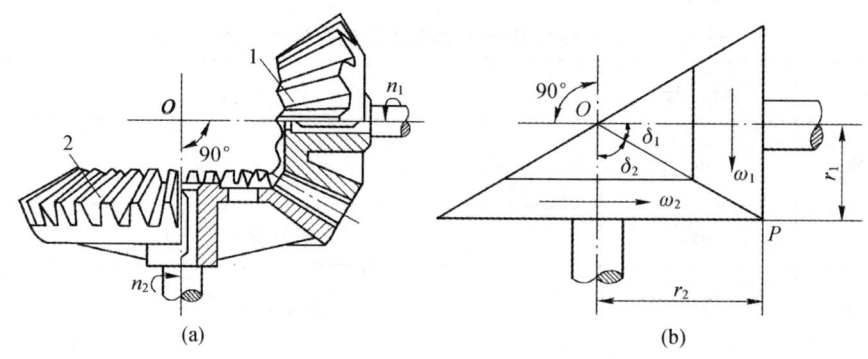

图 13-23　直齿圆锥齿轮

13.4.1　圆锥齿轮传动的特点

一对圆锥齿轮的轴间夹角 Σ 是根据机构传动的需要确定的，在一般机械中，多取 $\Sigma = 90°$。

圆锥齿轮的齿形由大端到小端逐渐变小，为了计算和检测的方便，通常取锥齿轮的大端参数为标准值。在圆柱齿轮中的各种圆柱，在锥齿轮中均相应地变成圆锥，如分度圆锥、齿顶圆锥、齿根圆锥等。

锥齿轮的轮齿有直齿和曲齿等多种形式，由于直齿锥齿轮机构的设计、制造和安装均较简单，故应用最广泛。曲齿与直齿相比传动平稳、承载能力高，常用于高速重载传动，但设计和制造比较复杂。这里只讨论直齿锥齿轮机构。

13.4.2　圆锥齿轮的传动比

在图 13-23(b) 的锥齿轮机构中，δ_1、δ_2 分别为两齿轮的分度圆锥角，由几何关系可知

$$r_1 = OP\sin\delta_1 \qquad r_2 = OP\sin\delta_2$$

故其传动比为

$$i_{12} = \frac{n_1}{n_2} = \frac{\omega_1}{\omega_2} = \frac{z_2}{z_1} = \frac{d_2}{d_1} = \frac{\sin\delta_2}{\sin\delta_1} \tag{13-12}$$

当两轴间夹角 $\Sigma = 90°$，即 $\delta_1 + \delta_2 = 90°$ 时，式（13-12）可变为

$$i_{12} = \frac{\sin\delta_2}{\sin\delta_1} = \frac{\sin(90° - \delta_1)}{\sin\delta_1} = \frac{\cos\delta_1}{\sin\delta_1} = \cot\delta_1 = \tan\delta_2 \tag{13-13}$$

13.4.3　直齿圆锥齿轮的正确啮合条件

直齿圆锥齿轮的正确啮合条件为：两锥齿轮的大端模数和齿形角分别相等，且等于标准值。即

$$m_1 = m_2 = m$$
$$\alpha_1 = \alpha_2 = 20°$$

13.5 蜗杆传动

蜗杆传动用于传递两交错轴之间的运动和动力,如图 13-24 所示。两轴的交角通常为 90°。蜗杆传动由蜗杆和蜗轮组成,蜗杆通常为主动件。蜗杆传动属于齿轮传动。

根据蜗杆的形状,蜗杆传动可以分为圆柱蜗杆、环面蜗杆和锥面蜗杆传动等,如图 13-25 所示。普通圆柱蜗杆根据齿廓曲线或加工方法的不同,又分为阿基米德蜗杆、渐开线蜗杆和法向直廓蜗杆等。其中,阿基米德蜗杆由于加工方便,应用最广泛。

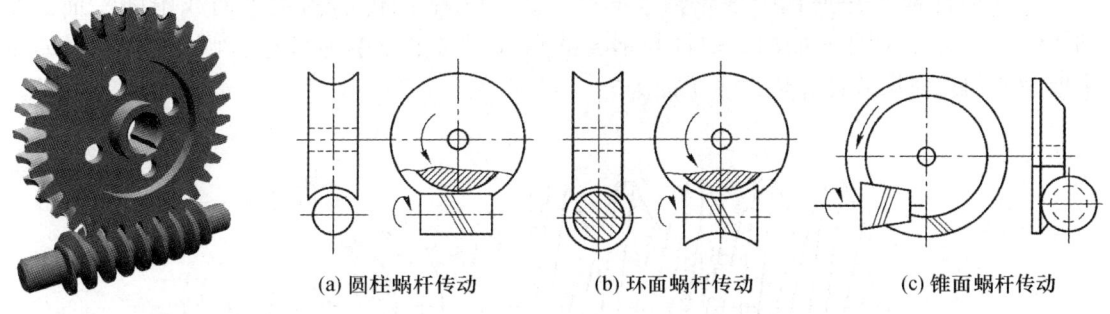

图 13-24 蜗杆传动　　　　图 13-25 蜗杆传动的类型

蜗杆的齿是沿螺旋线连续不断的螺旋齿,因此和螺纹类似,也有左旋和右旋之分,一般采用右旋。

蜗杆齿数即轮齿螺旋线的头数很少,有单头和多头之分。

13.5.1 蜗杆传动的特点

与其他齿轮传动相比,蜗杆传动有如下特点。

1. 蜗杆传动的优点

(1) 传动比大,结构紧凑。由于主动件蜗杆的齿数 z_1(头数)很少,因此蜗杆传动的传动比 $i_{12} = \dfrac{n_1}{n_2} = \dfrac{z_2}{z_1}$ 可以很大。一般的传动中,$i = 8 \sim 80$;在分度机构中,传动比最大可达 1000。由于单级传动比大,零件数目少,因而结构紧凑。

(2) 传动平稳,噪声小。蜗杆的齿是连续的螺旋齿,传动时,蜗杆和蜗轮的齿逐渐进入啮合、逐渐退出啮合,同时参与啮合的齿数较多,故冲击载荷小。

(3) 可以实现自锁。在满足一定的条件时,蜗轮作为主动构件驱动蜗杆会出现自锁现象。

2. 蜗杆传动的缺点

（1）易磨损、发热，传动效率低。由于齿面间的相对滑动速度较大，因此摩擦损失大，效率低。蜗杆传动的传动效率一般为70%～80%，具有自锁性的蜗杆蜗轮传动的效率通常低于50%。

（2）成本高。为了减少摩擦，提高效率和避免出现胶合等，蜗轮常需要采用青铜等价格较贵的减摩材料制造。

由于蜗杆传动具有上述特点，故常用于传动比较大，且要求结构紧凑的场合；或者需要机构具有自锁性能的场合。

13.5.2 蜗杆传动的主要参数

通过蜗杆轴线并垂直于蜗轮轴线的平面，称为蜗杆传动的主平面或中间平面，如图 13-26 所示。在此平面内，蜗杆与蜗轮的啮合相当于齿条和齿轮的啮合，蜗杆传动的主要参数和几何尺寸计算均以主平面为准。

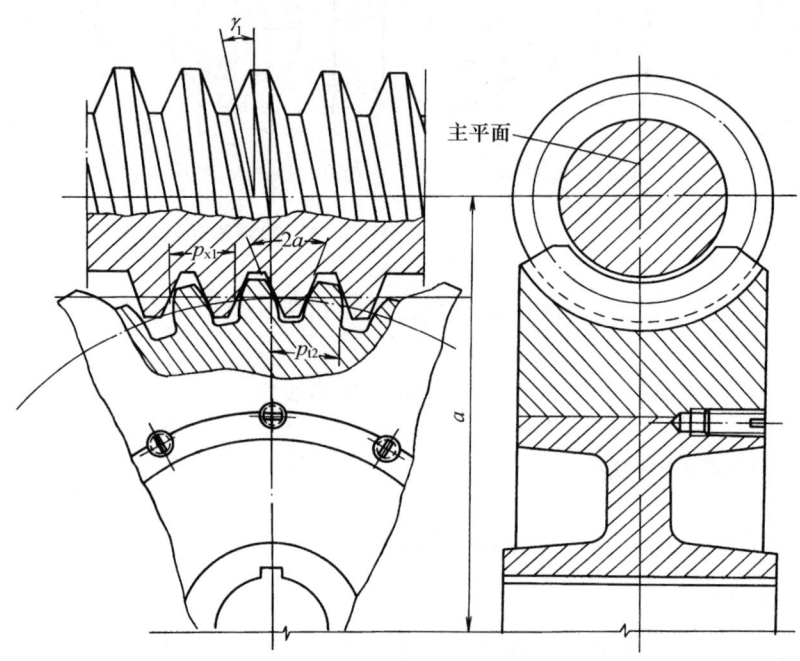

图 13-26 蜗杆传动的主平面

1. 模数和齿形角

国家标准（GB/T 10085—1988）规定，在中间平面内蜗杆的轴面模数 m_{t1} 和蜗轮的端面模数 m_{a2} 为标准值；蜗杆的轴面齿形角 α_{t1} 和蜗轮的端面齿形角 α_{a2} 为标准值（20°）。

蜗杆传动的标准模数系列与直齿圆柱齿轮的模数系列有所不同，需要时可查阅有关标准。

2. 蜗杆分度圆直径 d_1 和蜗杆直径系数 q

由于蜗轮常用与蜗杆形状相仿的滚刀切齿，为了限制滚刀的数量，使滚刀规格标准化，对每一个模数的蜗杆，规定了 1～4 个蜗杆分度圆直径 d_1，并把 d_1 与模数 m 的比值称为蜗杆的直径系数 q。即

$$q = d_1/m \tag{13-14}$$

3. 蜗杆的头数 z_1 和蜗轮的齿数 z_2

蜗杆的头数 z_1 少时，易得到大的传动比，但传动效率低；蜗杆的头数多，传动效率高，但加工困难。常用的蜗杆头数为 1、2、4 和 6。

蜗轮的齿数 z_2 由蜗杆的头数和传动比确定。蜗轮齿数越多，蜗轮尺寸越大，蜗杆轴也相应增长而刚度减小，故蜗轮齿数不宜多于 100；同时，为了避免根切，蜗轮的齿数应不少于 28 齿。

4. 蜗杆的导程角 γ_1 和蜗轮的螺旋角 β_2

蜗杆的齿廓曲面与分度圆柱面的交线是螺旋线，此螺旋线沿分度圆柱展开后的直线与蜗杆轴线的垂直平面之间的夹角，称为蜗杆的导程角 γ_1，如图 13-27 所示。

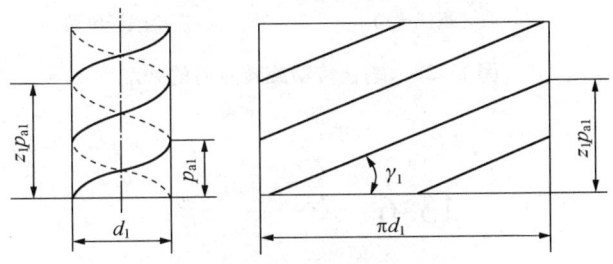

图 13-27　蜗杆的导程角

根据图 13-27 中的几何关系可以得到

$$\tan\gamma_1 = \frac{z_1 p_{a1}}{\pi d_1} = \frac{z_1 \pi m}{\pi d_1} = \frac{mz_1}{d_1} = \frac{mz_1}{mq} = \frac{z_1}{q} \tag{13-15}$$

与斜齿轮类似，蜗轮在分度圆柱面上的螺旋角用 β_2 表示。

5. 齿顶高系数 h_a^* 和顶隙系数 c^*

齿顶高系数一般取 $h_a^* = 1$，顶隙系数一般取 $c^* = 0.2$。

蜗杆和蜗轮正确啮合条件为：在中间平面内，蜗杆的轴面模数 m_{t1} 和蜗轮的端面模数 m_{a2} 相等，且为标准值；蜗杆的轴面齿形角 α_{t1} 和蜗轮的端面齿形角 α_{a2} 相等，且为 20°；蜗杆分度圆柱面导程角 γ_1 和蜗轮分度圆柱面上的螺旋角 β_2 相等，且旋向一致。即

$$m_{t1} = m_{a2} = m$$
$$\alpha_{t1} = \alpha_{t2} = \alpha = 20°$$
$$\gamma_1 = \beta_2$$

6. 传动比

蜗杆为主动构件的蜗杆蜗轮传动的传动比为

$$i = \frac{n_1}{n_2} = \frac{z_2}{z_1} \tag{13-16}$$

与齿轮传动不同，由于蜗杆的分度圆直径 $d_1 = mq \neq mz_1$，因此，蜗杆传动的传动比 $i \neq d_2/d_1$。

在蜗杆传动中，若已知蜗杆（或蜗轮）的转向，可以运用左（右）手定则确定从动构件的旋转方向：左旋用左手、右旋用右手，四指旋向与主动构件的转向一致，大拇指的反方向即为从动构件在啮合点处的运动速度方向。根据该速度的方向，可以确定从动构件的旋转方向，如图 13-28 所示。

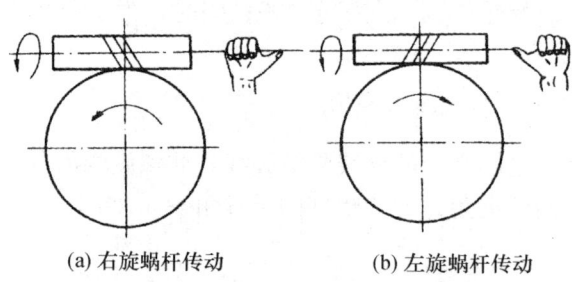

(a) 右旋蜗杆传动　　　　　(b) 左旋蜗杆传动

图 13-28　蜗杆传动旋转方向的判定

13.6　轮　　系

本章前述内容主要介绍了一对齿轮组成的齿轮传动。但在实际机械中，为了满足工作需要，往往采用由两个以上的齿轮相互啮合组成的传动系统，这种系统称为齿轮系，简称轮系。在汽车中，变速箱和差速器都采用了轮系。

13.6.1　轮系的类型

轮系通常按下述两种方法分类。

1. 根据齿轮的轴线位置是否变动分类

根据轮系中各个齿轮的几何轴线的位置是否变动，轮系可以分为定轴轮系和周转轮系两种基本类型。

如图 13-29 所示的轮系，在轮系运转时，每个齿轮的几何轴线的位置相对于机架都是固定不变的，这种轮系称为定轴轮系。

如图 13-30 所示的轮系，在轮系运转时，齿轮 1 和齿轮 3 的几何轴线的位置固定不变，而双联齿轮 2-2′ 的几何轴线可绕着齿轮 1 和齿轮 3 的固定轴线转动。这种至少有一个齿轮的几何轴线绕着其他齿轮的固定轴线转动的轮系，称为周转轮系。

如果轮系中既含有定轴轮系，又含有周转轮系，或者轮系中含有多个单一的周转轮系，则轮系称为混合轮系。

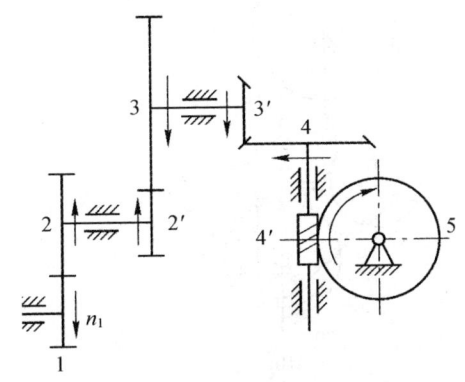

图 13-29　空间定轴轮系

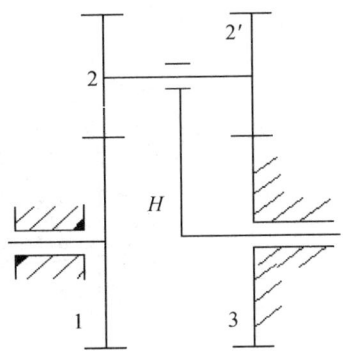

图 13-30　平面周转轮系

2. 根据齿轮的轴线是否平行分类

按照轮系中各个齿轮的轴线是否平行，可将轮系分为平面轮系和空间轮系。若组成轮系的所有齿轮的轴线都相互平行或重合，则称该轮系为平面轮系（如图 13-30 所示），否则称为空间轮系（如图 13-29 所示）。

13.6.2　轮系的功用

1. 实现距离较远的两个轴之间的传动

在齿轮传动中，当主、从动轴间的距离较远时，如果只用一对齿轮来传动，齿轮的尺寸势必很大。这样，既增大机器的结构尺寸和重量，又浪费材料，而且制造安装都不方便。若改用轮系来传动，就可使齿轮尺寸小得多，制造安装也较方便。

2. 获得较大的传动比

采用定轴轮系或同转轮系均可获得大的传动比。

若用定轴轮系来获得大传动比，需要多级齿轮传动，致使传动装置的结构复杂和庞大。而采用同转轮系，只需很少几个齿轮，就可获得很大的传动比。

3. 实现运动的变速和换向

当主动轴的转速不变时，利用轮系可以使从动轴获得多种工作转速，这种传动称为变速传动。如汽车变速器的轮系一般可以实现 4～7 挡变速。

当主动轴的转向不变时，利用轮系可以使从动轴获得两种不同的转向，这种传动称为换向传动。如图 13-31 所示的三星轮换向机构，转动手柄可以使主动轮和从动轮之间的两个齿轮同时参与啮合或者只有一个参与啮合，从而改变从动轮的旋转方向。

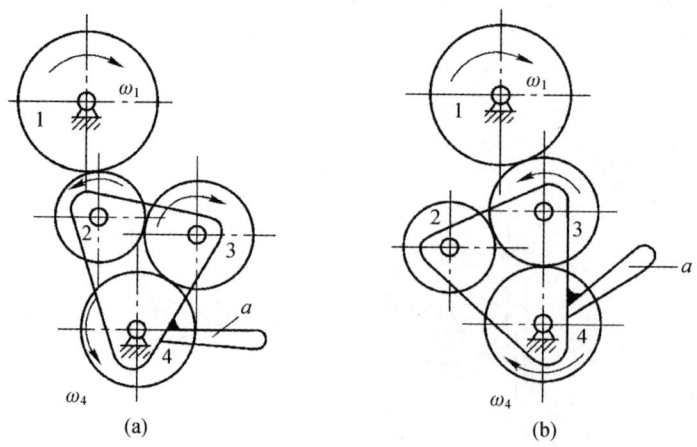

图 13-31　三星轮换向机构

4. 实现分路传动

如图 13-32 所示为滚齿机工作台分路传动系统，主动轴的动力一路通过锥齿轮 1、2 传给单线滚刀，另一路通过齿轮 3、4、5、6、7 和蜗杆 8、蜗轮 9 传给轮坯，使单线滚刀和被加工轮坯之间具有准确的相对运动。

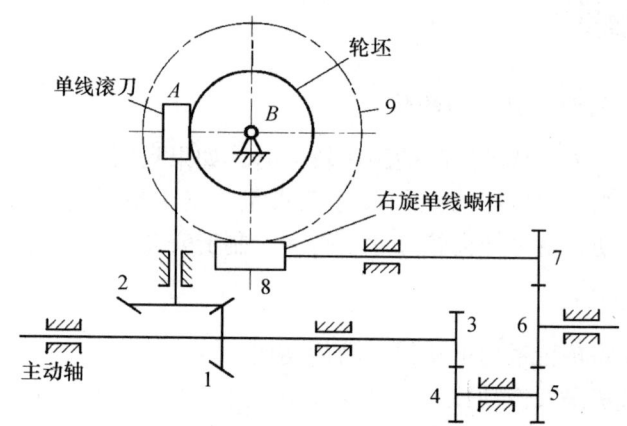

图 13-32　滚齿机工作台分路传动系统

1, 2—锥齿轮；3, 4, 5, 6, 7—齿轮；8—蜗杆；9—蜗轮

5. 实现运动的合成与分解

机械中采用具有两个自由度的差动同转轮系来实现运动的合成和分解，这是同转轮系独特的功用。差动轮系的运动分解功能，详见后续的汽车差速器的分析实例。

13.6.3 定轴轮系传动比的计算

1. 齿轮副的传动比

如前所述,一对齿轮的传动比是主动齿轮转速与从动齿轮转速之比,应等于两轮齿数的反比,即:

$$i_{12} = \frac{n_1}{n_2} = \pm \frac{z_2}{z_1} \tag{13-17}$$

由于一对齿轮啮合时,有内啮合与外啮合之分。外啮合时,从动齿轮的转向与主动齿轮的转向相反,内啮合时转向相同。为了表达从动齿轮与主动齿轮转向之间的关系,规定两轮转向相同时,传动比为正;两轮转向相反时,传动比为负。

2. 定轴轮系的传动比

轮系的传动比是指轮系中的输入轴与输出轴的角速度或转速之比,即

$$i_{AB} = \frac{\omega_A}{\omega_B} = \frac{n_A}{n_B} \tag{13-18}$$

式(13-18)中,下标 A、B 分别为输入轴和输出轴。轮系传动比的计算,包含传动比的大小计算和确定输出轴的转向两个方面的内容。

如图 13-33 所示为平面定轴轮系,若齿轮 1 为主动轮,齿轮 5 为最末的从动轮,各轮的齿数分别为 z_1、z_2、z_3、$z_{3'}$、z_4、$z_{4'}$ 和 z_5,根据齿轮副的传动比计算公式可知,各对齿轮传动比的大小为

$$i_{12} = \frac{\omega_1}{\omega_2} = \frac{n_1}{n_2} = \frac{z_2}{z_1}$$

$$i_{23} = \frac{\omega_2}{\omega_3} = \frac{n_2}{n_3} = \frac{z_3}{z_2}$$

$$i_{3'4} = \frac{\omega_{3'}}{\omega_4} = \frac{n_{3'}}{n_4} = \frac{z_4}{z_{3'}}$$

$$i_{4'5} = \frac{\omega_{4'}}{\omega_5} = \frac{n_{4'}}{n_5} = \frac{z_5}{z_{4'}}$$

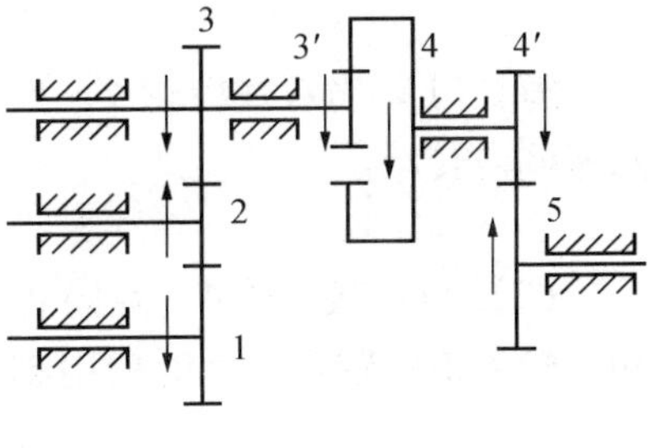

图 13-33 平面定轴轮系

由于 $\omega_3 = \omega_{3'}(n_3 = n_{3'})$、$\omega_4 = \omega_{4'}(n_4 = n_{4'})$,将各式两边分别相乘可得

$$i_{15} = i_{12}i_{23}i_{3'4}i_{4'5} = \frac{\omega_1}{\omega_5} = \frac{n_1}{n_5} = \frac{z_2 z_3 z_4 z_5}{z_1 z_2 z_{3'} z_{4'}} = \frac{z_3 z_4 z_5}{z_1 z_{3'} z_{4'}}$$

上式表明:定轴轮系的传动比等于组成该轮系的各齿轮副传动比的连乘积,其大小等于各齿轮副中所有从动轮齿数的连乘积与所有主动齿数的连乘积之比。

上述结论可以推广到定轴轮系的一般情形。设 A、B 分别为轮系的第一主动轮(称为首轮)和最末从动轮(称为末轮),则定轴轮系传动比的一般计算式为

$$i_{AB} = \frac{\omega_A}{\omega_B} = \frac{n_A}{n_B} = (-1)^m \frac{\text{所有从动轮齿数的连乘积}}{\text{所有主动轮齿数的连乘积}} \tag{13-19}$$

式(13-19)中,$(-1)^m$ 仅适用于图 13-33 一类的平面定轴轮系,m 为轮系中所有外

啮合齿轮副的数目。若计算结果为正，则首末两轮的转向相同；若计算结果为负，则首末两轮的转向相反。

若轮系为含有锥齿轮、蜗杆蜗轮等传动类型的空间定轴轮系，由于齿轮不在同一平面内转动，不存在转向相同或相反的问题，所以不能用 $(-1)^m$ 来确定首末两轮的转向关系，各轮的转向可用画箭头的方法确定，如图 13-33 所示。

例 13.3 如图 13-34 所示的汽车变速箱中，发动机的动力从输入轴 I 传入，从输出轴 III 输出动力至汽车驱动桥。半联轴器 A 和齿轮 1 固连在输入轴 I 上，半联轴器 B 和双联滑移齿轮 4～6 通过滑键与输出轴 III 连接。已知 $z_1 = 19$，$z_2 = 38$，$z_3 = 31$，$z_4 = 26$，$z_5 = 21$，$z_6 = 36$，$z_7 = 14$，$z_8 = 12$。若输入轴 I 的转速 $n_1 = 2000$ r/min，求输出轴 III 的四挡转速。

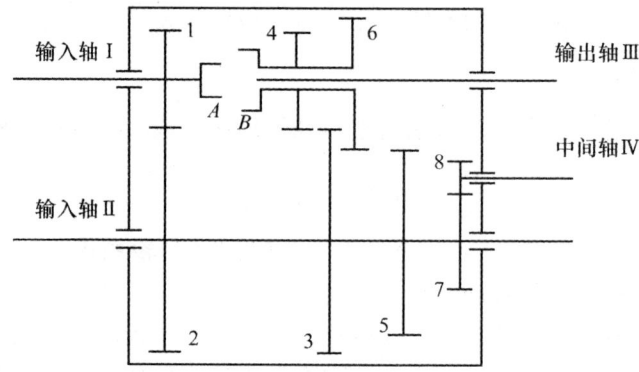

图 13-34　汽车变速箱轮系传动比计算

解：（1）当双联齿轮 4～6 向左滑移使半联轴器 B 与 A 接合时，输出轴 III 与输入轴 I 同速同向转动。

$$n_{III} = n_I = 2000 \text{（r/min）}$$

（2）当双联齿轮 4～6 向右滑移，使齿轮 4 和齿轮 3 啮合时，动力经由齿轮 1、2、3 和齿轮 4 传到轴 III，此时输出轴 III 转速与齿轮 4 转速相同。即

$$i_{14} = \frac{n_1}{n_4} = (-1)^2 \frac{z_2 z_4}{z_1 z_3} = \frac{38 \times 26}{19 \times 31} = \frac{52}{31} = 1.677$$

$$n_4 = n_1/i_{14} = 2000/1.677 = 1192.6 \text{（r/min）}$$

（3）当双联齿轮 4 和齿轮 6 再向右滑移，使齿轮 6 和齿轮 5 啮合时，动力经由齿轮 1、2、5 和齿轮 6 传到轴 III，此时输出轴 III 转速与齿轮 6 转速相同。即

$$i_{16} = \frac{n_1}{n_6} = (-1)^2 \frac{z_2 z_6}{z_1 z_5} = \frac{38 \times 36}{19 \times 21} = 3.429$$

$$n_6 = n_1/i_{16} = 2000/3.429 = 583.26 \text{（r/min）}$$

（4）当双联齿轮 4 和齿轮 6 进一步向右滑移，使齿轮 6 和齿轮 8 啮合时，动力经由齿轮 1、2、7、8 和齿轮 6 传到轴 III，此时输出轴 III 转速与齿轮 6 转速相同。即

$$i_{16} = \frac{n_1}{n_6} = (-1)^3 \frac{z_2 z_8 z_6}{z_1 z_7 z_8} = -\frac{38 \times 12 \times 36}{19 \times 14 \times 12} = -5.143$$

$$n_6 = n_1/i_{16} = 2000/(-5.143) = -388.9 \text{（r/min）}$$

负号"-"说明此时齿轮6（输出轴Ⅲ）的转向与齿轮1（输入轴）的转向相反，汽车低速倒车。

例 13.4 图 13-35 所示的定轴轮系中，若已知 $z_1=18$，$z_2=18$，$z_3=80$，$z_{3'}=18$，$z_4=36$，$z_{4'}=2$，$z_5=50$，主动轮转速 $n_1=1000$ r/min。求蜗轮5的转速和转向。

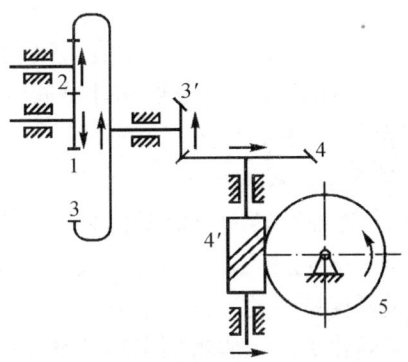

图 13-35　空间定轴轮系传动比的计算

解： 根据轮系的分类可知，该轮系为空间定轴轮系。因此式（13-19）中的 $(-1)^m$ 不能使用。根据式（13-19）可得

$$i_{15}=\frac{n_1}{n_5}=\frac{z_2 z_3 z_4 z_5}{z_1 z_2 z_{3'} z_{4'}}=\frac{18\times80\times36\times50}{18\times18\times18\times2}=222.2$$

$$n_5=\frac{n_1}{i_{15}}=\frac{1\,000}{222.2}=4.5\ (\text{r/min})$$

运用箭头法确定轮系中各轮的实际转向，如图 13-35 所示。

13.6.4　周转轮系传动比的计算

1. 周转轮系的组成及分类

如图 13-36(a) 所示的同转轮系中，齿轮1、齿轮3和构件H的几何轴线的位置 OO 都是固定不动的，并且相互重合；齿轮2安装在构件H的销轴 O_1O_1 上，并能绕销轴转动。当轮系运转时，齿轮1、齿轮3和构件H均绕各自的固定轴线转动，而齿轮2一方面绕自身的几何轴线 O_1O_1 转动，称为自转，另一方面还随着构件H绕固定轴线 OO 转动，称为公转。齿轮2的运动是上述两种运动的合成运动，如同太阳系中的行星，比如地球一样，地球既绕自身的地轴转动（自转），又绕着太阳转动（公转）。因此齿轮2称为行星轮；两个与行星轮2啮合的齿轮1和齿轮3因其轴线位置固定不动而称为太阳轮或中心轮；构件H支撑行星齿轮2运动，称为行星架或系杆，也称为转臂。

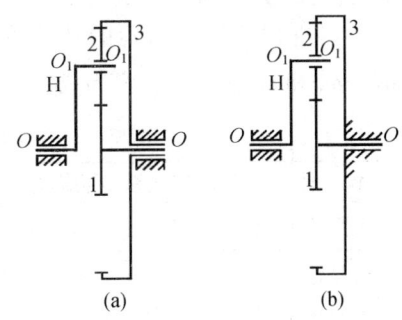

图 13-36　周转轮系
1，2，3—齿轮；H—构件

一个完整独立的周转轮系一般包含一个行星轮、一个行星架和两个太阳轮。如果两个太阳轮都能够转动，称为差动轮系，如图13-36(a)所示；如果只有一个太阳轮能够转动，则称为行星轮系，如图13-36(b)所示。两者的主要区别是，差动轮系需要两个主动构件，机构中的每个构件才会具有确定的运动；而行星轮系只需要一个主动构件。

2. 周转轮系的传动比分析

周转轮系与定轴轮系的本质区别在于周转轮系中有行星轮存在。由于行星轮的轴线不固定，因此要采用定轴轮系的传动比计算方法分析和计算周转轮系的传动比，必须将行星轮的轴线假想地固定，即让行星架H固定不动。

在图13-37(a)所示的周转轮系中，设太阳轮1、3，行星轮2及行星架H的绝对角速度分别为ω_1、ω_3、ω_2和ω_H，且都是逆时针转向。根据相对运动的原理，若给整个轮系加上一个与行星架H的角速度大小相等、转向相反的公共角速度"$-\omega_H$"，如图13-37(b)所示。此时，机构中各构件的相对运动关系保持不变，行星架H相对固定不动，轮系中所有齿轮的轴线位置不再发生变化，周转轮系转化为一个假想的定轴轮系。这一假想的定轴轮系称为原周转轮系的转化轮系或转化机构。通过运用定轴轮系传动比的分析计算方法研究分析该转化轮系，可以求得周转轮系中任意两个齿轮的传动比和各个构件的实际转速或角速度。

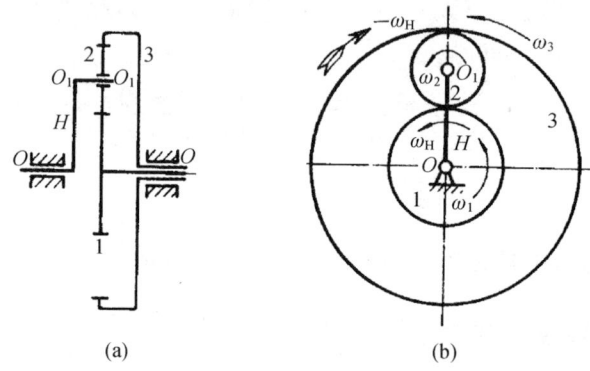

图13-37 周转轮系与转化轮系
1, 3—太阳轮；2—行星轮；H—行星架

上述运用定轴轮系传动比的分析计算方法研究周转轮系的转化轮系，从而求得周转轮系传动比的方法称为反转法，又称为转化机构法。

在图13-37(b)所示的转化轮系中，若各个构件相对于行星架H的角速度分别用ω_1^H、ω_2^H、ω_3^H和ω_H^H表示，它们与周转轮系中各个构件的绝对角速度之间的对应关系参见表13-4。

表13-4 周转轮系与转化轮系角速度（转速）的对应关系

构　件	周转轮系中的绝对角速度（转速）	转化轮系中的相对角速度（转速）
太阳轮1	ω_1（n_1）	$\omega_1^H = \omega_1 - \omega_H$（$n_1^H = n_1 - n_H$）
行星轮2	ω_2（n_2）	$\omega_2^H = \omega_2 - \omega_H$（$n_2^H = n_2 - n_H$）
太阳轮3	ω_3（n_3）	$\omega_3^H = \omega_3 - \omega_H$（$n_3^H = n_3 - n_H$）
行星架H	ω_H（n_H）	$\omega_H^H = 0$（$n_H^H = 0$）

由表 13-4 可见，在转化轮系中，行星架 H 的角速度 $\omega_H^H = 0$ 或转速 $n_H^H = 0$，表明行星架相对静止不动，转化轮系为定轴轮系。根据定轴轮系的传动比计算公式，求得图 13-37(b) 转化轮系中齿轮 1 对齿轮 3 的传动比 i_{13}^H 为

$$i_{13}^H = \frac{\omega_1^H}{\omega_3^H} = \frac{\omega_1 - \omega_H}{\omega_3 - \omega_H} = -\frac{z_2 z_3}{z_1 z_2} = -\frac{z_3}{z_1}$$

推广到一般情况，设周转轮系任意两个齿轮 A、K 的绝对角速度（转速）分别为 $\omega_A(n_A)$ 和 $\omega_B(n_B)$，它们与行星架 H 的角速度（转速）$\omega_H(n_H)$ 之间的关系为

$$i_{AK}^H = \frac{n_A^H}{n_K^H} = \frac{\omega_A^H}{\omega_K^H} = \frac{\omega_A - \omega_H}{\omega_K - \omega_H} = \frac{n_A - n_H}{n_K - n_H}$$

$$= (-1)^m \frac{\text{从齿轮 } A \text{ 到 } K \text{ 之间所有从动轮齿数的连乘积}}{\text{从齿轮 } A \text{ 到 } K \text{ 之间所有主动轮齿数的连乘积}} \quad (13\text{-}20)$$

在运用式（13-20）分析求解周转轮系的传动比时，应注意以下几个问题。

（1）i_{KA}^H 是转化轮系的传动比，与周转轮系的传动比 i_{AK} 意义不同。

（2）A、K 和 H 三个构件的轴线应相互平行或重合。

（3）角速度 ω_A、ω_K 和 ω_H 为代数值，可以假设某一转向为正，则与其相反的转向为负值。一般假设某一个已知构件的转动方向为正。

（4）式中 $(-1)^m$ 仅用于转化轮系为平面定轴轮系；若转化轮系为空间定轴轮系，应运用"箭头法"确定传动比 i_{KA}^H 的正负号。

例 13.5 已知图 13-38 所示的行星轮系各轮齿数为 $z_1 = 15$，$z_2 = 25$，$z_{2'} = 20$，$z_3 = 60$。试求传动比 i_{1H} 和 i_{H1}。并判断若系杆 H 为输入构件，则该轮系是减速还是增速？

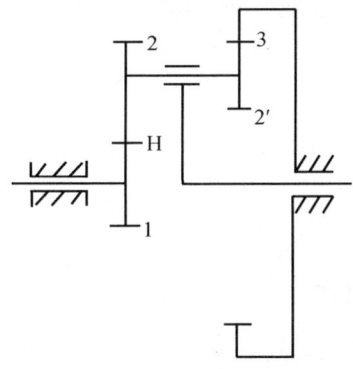

图 13-38 行星轮系传动比的计算
1，2，2'，3—齿轮；H—系杆

解：将整个轮系加 $(-\omega_H)$ 后，写出转化轮系两中心轮间的传动比关系为

$$i_{13}^H = \frac{\omega_1^H}{\omega_3^H} = \frac{\omega_1 - \omega_H}{\omega_3 - \omega_H} = -\frac{z_2 z_3}{z_1 z_{2'}}$$

因为 $\omega_3 = 0$，所以 $\dfrac{\omega_1 - \omega_H}{0 - \omega_H} = -\dfrac{z_2 z_3}{z_1 z_{2'}}$

解得:$i_{1H} = \dfrac{\omega_1}{\omega_H} = 1 - \left(-\dfrac{z_2 z_3}{z_1 z_{2'}}\right) = 1 + \dfrac{25 \times 60}{15 \times 20} = 6$

因此,$i_{H1} = \dfrac{\omega_H}{\omega_1} = \dfrac{1}{i_{1H}} = \dfrac{1}{6}$

此式表明,若 H 为输入构件,则轮系是增速。由此可推知:传动比大于 1 为减速,小于 1 为增速。

例 13.6 图 13-39 是汽车差速机构的结构简图。若齿轮 1、2、3、4 和齿轮 5 的齿数分别为 z_1、z_2、z_3、z_4 和 z_5,其中,$z_1 = z_3$。图中 2L 为左右轮距,r 为汽车转弯半径。试分析汽车直线行驶和左转弯时差速器的工作情况。

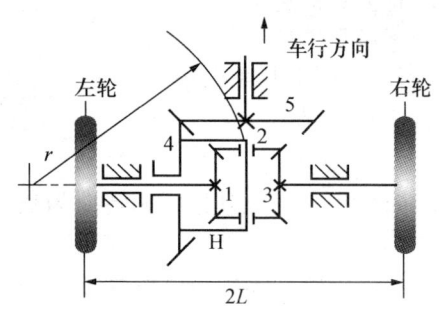

图 13-39 汽车差速器

解:(1)轮系分析。轮系由两部分组成。

① 齿轮 2 在绕自身轴线转动(自转)的同时,其轴线还随转臂 H 和锥齿轮 4 转动而转动(公转),因此,齿轮 2 为行星轮。与齿轮 2 啮合的 1、3 两轮轴线固定,为两个太阳轮。因此行星轮 2、太阳轮 1、3 和行星架 H 组成一个完整的周转轮系。

② 锥齿轮 5、4 组成定轴轮系。

两个轮系的相互联系是锥齿轮 4 与行星架 H 固结为一体,其转速相同,即 $n_4 = n_H$。

(2)汽车直线行驶时。若从发动机输入给锥齿轮 5 的转速为 n_5。由于汽车直线行驶,左、右两车轮保持阻力最小的纯滚动(轮胎与地面无相对滑动)状态时,两车轮转速必须相同,即

$$n_1 = n_3$$

① 4、5 组成的定轴轮系。

由传动比:$i_{54} = \dfrac{n_5}{n_4} = \dfrac{z_4}{z_5}$

可得:$n_4 = \dfrac{z_5}{z_4} n_5$

② 1、2、3 和 H 组成的周转轮系。

由传动比:$i_{13}^H = \dfrac{\omega_1 - \omega_H}{\omega_3 - \omega_H} = \dfrac{n_1 - n_H}{n_3 - n_H} = -\dfrac{z_2 z_3}{z_1 z_2} = -1$

可得:$n_1 + n_3 = 2n_H = 2n_4$

式中的"−"是把 1、2、3 和 H 组成的轮系转化为定轴轮系时,运用箭头法确定 1、3 两轮转向相反,所以 i_{13}^H 为负值。

因此,直线行驶、两车轮与地面之间纯滚动时的两轮转速为

$$n_1 = n_3 = n_4 = \dfrac{z_5}{z_4} n_5$$

(3) 汽车左转弯时。以 r 为半径左转弯时，为保持车轮与地面之间的纯滚动，右轮应比左轮转速高，其合适的转速之比应等于两车轮的转弯半径之比，即

$$\frac{n_1}{n_3} = \frac{r-L}{r+L}$$

根据直线行驶时对两个轮系的分析可知

$$n_1 + n_3 = 2n_4 = 2\frac{z_5}{z_4}n_5$$

上述两式联立求解可得

$$n_1 = \frac{r-L}{r}n_4 = \frac{r-L}{r} \cdot \frac{z_5}{z_4} \cdot n_5$$

$$n_3 = \frac{r+L}{r}n_4 = \frac{r+L}{r} \cdot \frac{z_5}{z_4} \cdot n_5$$

由上述分析可知，若汽车直线行驶，因 $n_1 = n_3$，所以行星轮 2 没有自转运动，此时的齿轮 1、2、3、4 和行星架 H 相当于一个刚体做同速运动。若汽车转弯行驶，因 $n_1 \neq n_3$，行星轮 2 将产生自转运动，两车轮转速尽管不同，但两轮转速之和仍须满足 $n_1 + n_3 = 2n_4$。

由此可知，差动齿轮系可以将输入转速分解为两个相同或不同输出转速。

思考与复习题

1. 齿轮传动有哪些优点和缺点？
2. 根据齿轮副中的两个齿轮的轴线之间的相对位置不同，齿轮传动可分为哪些类型？
3. 渐开线的形状与基圆的大小有什么关系？
4. 什么是齿形角？渐开线上各点的齿形角是否相同？
5. 直齿圆柱齿轮的基本参数有哪些？
6. 什么是标准直齿圆柱齿轮？
7. 渐开线齿廓啮合时有哪些特点？
8. 标准直齿圆柱齿轮的正确啮合条件是什么？连续传动条件是什么？
9. 齿轮轮齿失效的主要形式有哪些？
10. 齿轮常用的材料有哪些？各适用于何种工作要求？
11. 斜齿圆柱齿轮与直齿圆柱齿轮传动相比有何特点？
12. 斜齿轮的螺旋角 β 的大小对齿轮传动有何影响？
13. 斜齿圆柱齿轮的正确啮合条件是什么？
14. 圆锥齿轮传动的主要特点是什么？
15. 根据顶隙的变化情况，直齿圆锥齿轮可以分为哪些类型？各有何特点？
16. 直齿圆锥齿轮传动的正确啮合条件是什么？
17. 蜗杆传动有哪些优点和缺点？
18. 为什么要规定蜗杆的直径系数？

19. 蜗杆头数和蜗轮齿数的大小分别对蜗杆传动有何影响？
20. 蜗杆传动的正确啮合条件是什么？
21. 根据左、右手定则判定图13-40中蜗杆或蜗轮的旋转方向。

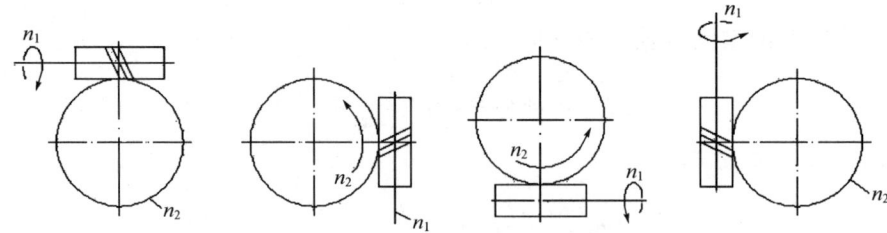

图13-40　蜗杆传动转动方向的判定

22. 一标准的直齿圆柱齿轮已经失效，其齿数 $z = 36$，测量其齿顶圆直径 $d_a = 304$ mm，为了绘制该齿轮的零件图以便于加工新齿轮，试计算其分度圆直径 d、齿根圆直径 d_f、齿距 p 和齿高 h。

23. 试根据标准直齿圆柱齿轮的几何尺寸计算公式，分析当齿轮齿数 z 为多少时齿根圆小于基圆？

24. 有一对外啮合直齿圆柱齿轮，实测两轮轴孔中心距 $a = 112.5$ mm，小齿轮齿数 $z_1 = 38$，齿顶圆直径 $d_{a1} = 100$ mm。试配一大齿轮，确定大齿轮的齿数 z_2、模数 m 和主要几何尺寸。

25. 已知一对斜齿轮传动，$z_1 = 30$，$z_2 = 100$，$m_n = 6$ mm。为了满足标准中心距 $a = 400$ mm，试确定其螺旋角 β。

26. 手动齿轮系如图13-41所示，已知各轮齿数为 $z_1 = 35$，$z_2 = 17$，$z_{2'} = 35$，$z_3 = 17$，$z_{3'} = 1$（右旋），$z_4 = 27$，$z_{4'} = 20$，$z_5 = 224$。设圆锥齿轮1的转向如图中箭头所示，试求传动比 i_{15} 及齿轮5的转向。

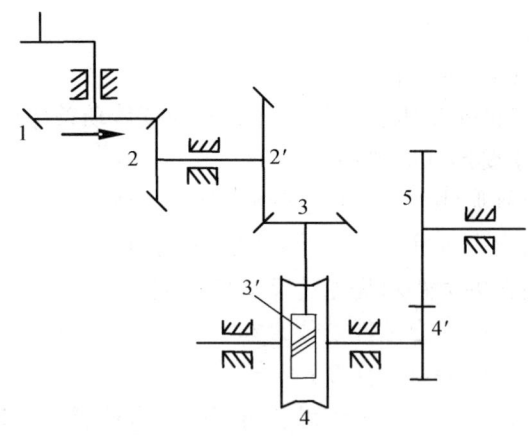

图13-41　手动齿轮系

27. 如图 13-42 所示的周转轮系，已知 $z_1=15$，$z_2=25$，$z_3=20$，$z_4=60$，$n_1=200\,\text{rpm}$，$n_4=50\,\text{rpm}$，且两太阳轮 1、4 转向相反，试求行星架转速 n_H 和行星轮转速 n_3。

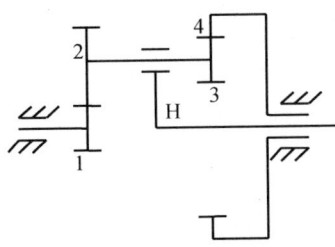

图 13-42　周转轮系

28. 如图 13-43 所示的汽车差速机构，已知锥齿轮 5、4 的齿数分别为 $z_5=24$、$z_4=48$，齿轮 1、2 和齿轮 3 的齿数 $z_1=z_2=z_3=18$。若锥齿轮 5 的转速为 $n_5=1200\,\text{r/min}$，轮距 $2L=1.6\,\text{m}$，求转弯半径 $r=20\,\text{m}$ 时左、右两轮的转速。

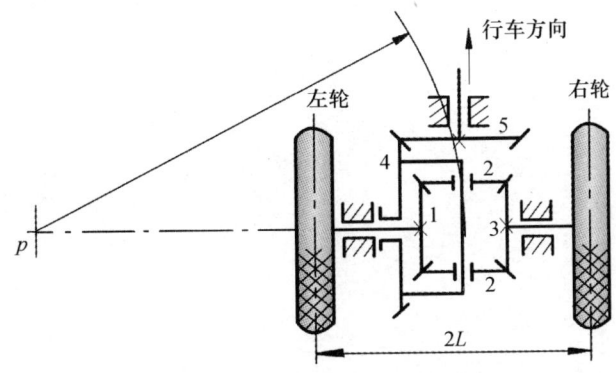

图 13-43　汽车差速机构

第 14 章 液压传动

液压传动是以液体作为工作介质，利用液体压力来传递动力和进行控制的一种传动方式。相对于机械传动来说，液压传动是一门新的学科。近年来，随着机电一体化技术的发展，以及与微电子、计算机技术相结合，液压传动技术进入了一个崭新的发展阶段。

学习目标：
1. 了解主要液压元件，熟悉其工作原理；
2. 掌握液压基本回路的工作原理；
3. 能够识读基础液压传动系统图；
4. 熟悉液压传动在汽车中的应用。

14.1　液压传动基础知识

液压传动是以液体作为工作介质，利用液体压力来传递动力和进行控制的一种传动方式。液压传动相对于机械传动来说是一门新的学科。液压传动技术是机械制造行业中发展速度最快的技术之一，特别是近年来，随着机电一体化技术的发展，以及与微电子、计算机等技术的结合，使液压进入了一个崭新的发展阶段。

与机械传动、电气传动相比，液压传动具有以下特点。

1. 液压传动的优点

（1）无级调速，调速范围可达 2000∶1。
（2）传动平稳，易于实现快速启动、制动和频繁换向。
（3）在相同输出功率的情况下质量轻、体积小、结构紧凑。
（4）操作控制方便，易于实现自动控制、中远距离控制和过载保护。
（5）标准化、系列化、通用化程度高，有利于缩短设计周期、制造周期和降低成本。

2. 液压传动的缺点

（1）由于泄漏及液体的可压缩性，无法保证严格的传动比。
（2）油液的黏度随温度而变化，当温度变化时，会直接影响传动机构的工作性能。
（3）传动效率不高，维护要求较高。
（4）系统的故障原因有时不易查明。
（5）为了减少泄漏，液压元件制造精度要求较高，制造成本较高。

14.1.1　液压传动的工作原理

现以液压千斤顶为例，简述液压传动的工作原理。如图 14-1 所示为液压千斤顶的工作原理图，它由杠杆 1、液压缸 2、活塞 3、单向阀 4 和 7 组成的手动液压泵与活塞 11、液压缸 12 等组成的举升液压缸构成，工作过程如下。

吸油：提起杠杆 1，小活塞 3 上升，液压缸 2 下腔的工作容积增大，形成局部真空，油箱中的油液在大气压的作用下，打开单向阀 4，通过油路 5 从油箱 6 中吸油。

压油：用力压下杠杆 1，活塞 3 下移油腔压力升高，单向阀 4 关闭，单向阀 7 打开，油腔的油液经管道 10 进入液压缸 12 的下腔，迫使活塞 11 向上移动，顶起重物。不断地反复提压杠杆，就能不断地把油液压入举升液压缸下腔，使重物逐渐地升起。如果打开截止阀 8，液压缸下腔的油液流回油箱，重物就向下移动。

由液压千斤顶的工作过程可知，液压缸 2 与单向阀 4 和 7 一起完成吸油与压油，液压缸 12 和 2 组成了最简单的液压传动系统，实现了力和运动的传递。

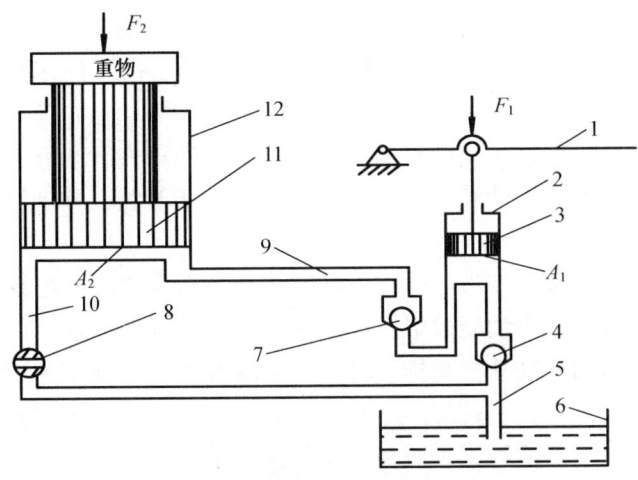

图 14-1 液压千斤顶的工作原理

1—杠杆；2，12—液压缸；3，11—活塞；4，7—单向阀；5—油路；
6—油箱；8—截止阀；9，10—管道；11—活塞；12—液压缸

从其工作过程可以看出，液压千斤顶的特点是：①用具有一定压力的液体来传动；②传动过程中必须经过两次能量转换；③传动必须在密封容器内进行，而且容积要发生变化。

液压传动的工作原理是：以液体作为工作介质，通过密封容积的变化来传递运动，通过油液内部的压力来传递动力。液压传动装置实际上是一种能量转换装置。

它先将机械能转换为便于输送的液压能，随后再将液压能转换为机械能做功。

14.1.2 液压传动系统的组成及图形符号

1. 液压系统的组成

下面以东风 EQ340 型自卸汽车车厢举倾机构为例，说明液压传动系统的组成，如图 14-2 所示。

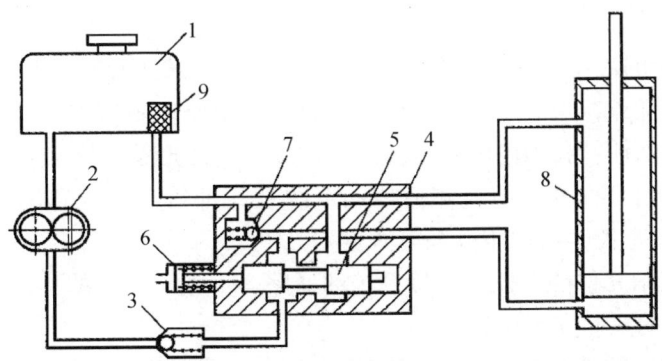

图 14-2 东风 EQ340 型自卸汽车车厢举倾机构简图

1—油箱；2—油泵；3—单向阀；4—换向阀；5—阀芯；
6—气动缸；7—限压阀；8—液压缸；9—滤油器

263

当油泵 2 运转，车厢举倾机构不工作时，换向阀 4 中的阀芯处于图示位置。此时，油缸所输出的压力油经单向阀 3、换向阀 4 及油管返回油箱。由于液压缸 8 活塞上、下腔均与油箱连通，此时，液压缸处于不工作状态。

当压缩空气通过操纵阀进入气动缸 6 时，压缩空气推动汽缸活塞右移，换向阀阀芯也随之右移。从油泵输出的压力油经换向阀进入液压缸活塞下腔，推动液压缸活塞上移，通过活塞杆将车厢举升。

为了防止液压系统过载，在液压缸的进油路上装有限压阀 7。当系统油压超过一定值时，限压阀开启，一部分压力油通过限压阀返回油箱，系统油压则不再升高。

当压缩空气经操纵阀从气动缸 6 排出时，气动缸 6 活塞在弹簧作用下回位，换向阀阀芯也返回到原来位置（图中所示位置）。此时，液压缸活塞下腔通过分配阀与回油管连通。液压缸活塞下腔压力油返回油箱，车厢在自重作用下下降。

从上面的例子可以看出，一个完整的液压传动系统由以下五部分组成，参见表 14-1。

表 14-1　液压传动系统的五个组成部分

组成部分	液压元件	功　用
动力元件	液压泵	将原动机输入的机械能转换为液体压力能，输出高压油液
执行元件	液压缸（或马达）	将液体压力能转换为机械能，去驱动负载做功，实现往复直线运动、连续转动或摆动
控制元件	液压控制阀	控制油液的流动方向、压力和流量，从而控制执行元件所输出的力、速度和方向
辅助元件	油管、油箱、过滤器、压力表、热交换器、管件、管接头、各种信号转换器等	创造必要条件，保证系统正常工作
工作介质	液压油	液压油不仅起传递能量和运动的作用，而且对元件及装置起润滑作用

2. 液压传动的图形符号

如图 14-2 所示的液压系统是一种半结构式的液压系统工作原理图。原理图具有直观性强、容易理解的优点，当液压系统发生故障时，根据原理图检查十分方便，但它图形比较复杂，绘制比较麻烦。我国已经制定了一种用规定的图形符号来表示液压原理图中的各元件和连接管路的国家标准，即《流体传动系统及元件符号和回路图》（GB/T 786.1—2009），对于这些图形符号有以下几条基本规定。

（1）符号只表示元件的职能，连接系统的通路，不表示元件的具体结构和参数，也不表示元件在机器中的实际安装位置。

（2）元件符号内的油液流动方向用箭头表示，线段两端都有箭头的，表示流动方向可逆。

（3）符号均以元件的静止位置或中间零位置表示，当系统的动作另有说明时，可作例外。

如图 14-3 所示为图 14-2 系统采用 GB/T 786.1—2009 绘制的工作原理图。使用这些图形符号可使液压系统图简单明了，且便于绘图。随着今后的学习，将逐一介绍这些符号。

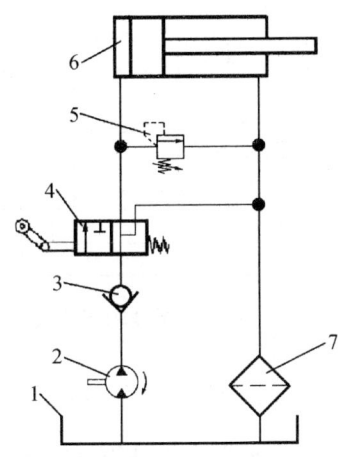

图 14-3　东风 EQ340 型自卸汽车车厢符号图
1—油箱；2—液压泵；3—单向阀；4—换向阀；5—限压阀；6—液压缸；7—过滤器

14.1.3　液压传动的基本概念

1. 压力

（1）液体的静压力。液体的静压力是指液体处于静止状态时，单位面积上所受的法向作用力。压强与压力概念相同，是同义词，在物理学中称为压强，液压传动中称为压力。即

$$P = \frac{F}{A}$$

压力的法定计量单位为 Pa（帕）或 MPa（兆帕），$1\text{ MPa} = 10^6\text{ Pa}$。

液体压力的方向总是沿着内法线方向作用于承压表面的。因为静止液体内任一质点的压力在各个方向上都相等，所以其内部的任何质点都是受平衡压力作用的。

液压传动的压力分级参见表 14-2。

表 14-2　液压传动的压力分级　　　　　　　　　　　　　　　　　　　　单位：MPa

压力分级	低　压	中　压	中高压	高　压	超高压
压力范围	≤2.5	>2.5～8.0	>8.0～16.0	>16.0～32.0	>32.0

额定压力是指液压系统按试验标准能连续工作的最高压力。它是液压元件的基本参数之一，额定压力应符合公称压力系列。

（2）压力的传递（帕斯卡原理）。在密闭的容器内施加于静止液体上的压力，将以等值传递到液体的各点。这就是静压传递的基本原理，即帕斯卡原理。它表明在一个较小的

面积上作用较小的力可以在较大的面积上得到较大的作用力。如图 14-4 所示，由帕斯卡原理可知：$P_1 = P_2$。

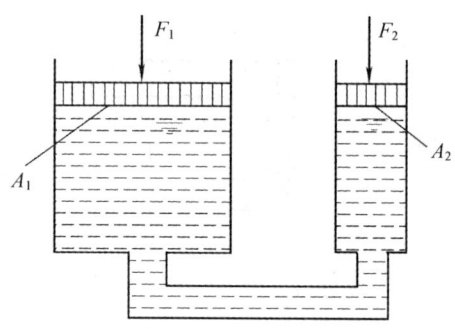

图 14-4　帕斯卡原理的应用实例

如在小活塞上施加一个力 F_2，则小液压缸中油液的压力 P 为：$P = \dfrac{F_2}{A_2}$。

根据帕斯卡原理，这一压力将以等值传递到液体的各点，也传递到大液压缸上。由 $P_1 = P_2$ 可知，这时大活塞也受到一个压力 P 的作用而产生一个向上的作用力 F_1，得：$F_1 = PA_1$。

将压力的值 $P = \dfrac{F_2}{A_2}$ 代入，则得

$$F_1 = F_2 \dfrac{A_1}{A_2}$$

由此可见，当两活塞的面积之比 $\dfrac{A_1}{A_2}$ 越大，大活塞升起重物的能力也越大，面积与力成正比。这就是液压千斤顶能顶起重物的原因所在。

2．流量与平均流速

（1）流量。流量是指在单位时间内，流过其通流截面的液体体积，用 q 表示，即

$$q = \dfrac{V}{t}$$

流量的法定计量单位为 m^3/s，常用单位为 L/min。

额定流量：液压泵在额定转速和额定压力下工作时，实际输出的流量。泵的铭牌上或产品样本标出的流量为泵的额定流量，它是液压元件基本参数之一，用 q_s 表示。有的泵上标出排量 v，即液压泵轴每转一转，由其密封容积几何变化所算出的排出油液的体积，单位为 cm^3/r。

（2）平均流速。流速是指流动液体内的质点在单位时间内流过的距离，以 v 表示，单位为 m/s。由于实际液体都具有黏性，所以液体在管道中流动时，在同一截面上各点的实际流速不相等。在一般场合下，都以平均流速进行计算，即

$$v = \dfrac{q}{A}$$

（3）液压缸运动速度。液压缸运动速度是指液压缸内油液的平均流速，即液压缸的运

动速度与活塞的有效面积和流入液压缸中的油液的流量有关，与油液的压力无关。

当活塞的有效面积一定时，活塞的运动速度决定于流入液压缸中油液的流量，与油液的压力无关。

因此，在液压传动中，执行元件的运动速度决定于进入执行元件的油液流量，改变流量就改变了运动速度。这是一条基本原则。

（4）液流连续性原理。理想液体在无分支管道内做稳定流动时，单位时间内通过管道中每一横截面的流量是相等的，这就是液流连续性原理。它是质量守恒在流体力学中的表现形式。如图 14-5 所示，单位时间内通过 A_1 截面的流量与通过 A_2 截面的流量是相同的，用公式表示为 $q_1 = q_2$，即 $v_1 A_1 = v_2 A_2$。

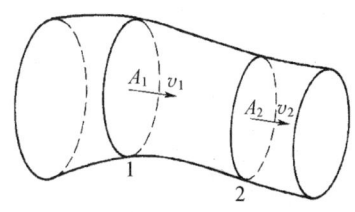

图 14-5　连续方程简图

推论：当流量一定时，管子细的地方流速大，流速与截面积成反比。

14.2　液压元件

液压系统是由各种元件组成的，每种元件完成不同的作用，同时组成不同功能的基本回路，再由若干基本回路有机地组合成具有一定控制功能的传动系统。

14.2.1　液压动力元件

在液压系统中，液压泵俗称油泵，它是动力元件，是液压系统的重要组成部分，是将电动机输出的机械能转换为液压能的能量转换装置。

1. 液压泵的工作原理

液压系统中常用的液压泵都是容积式的，其工作原理都是利用密封容积的变化进行吸油和压油的。

液压泵实现吸油、压油的工作过程必须具备下列条件。

（1）应具备密封容积。

（2）密封容积的大小能交替变化。

（3）应有配流装置。

（4）在吸油过程中，必须使油箱与大气接通（这是吸油的必要条件）。

2. 液压泵的类型和符号

液压泵的种类很多，按其结构不同可分为齿轮泵、叶片泵、柱塞泵等；按其输油方向能否改变可分为单向泵和双向泵；按其输出的流量能否调节可分为定量泵和变量泵，按其额定压力的高低可分为低压泵、中压泵、高压泵等。不同液压泵图形符号参见表 14-3。

表 14-3　液压泵的图形符号

单向旋转的定量泵或马达	变量泵	双向流动，带外泄油路单向旋转的变量泵	双向变量泵或马达单元，双向流动，带外泄油路，双向旋转
![]	![]	![]	![]
操纵杆控制，限制转盘角度的泵	限制摆动角度，双向流动的摆动执行器或旋转驱动	单作用的半摆动执行器或旋转驱动	
![]	![]	![]	

3. 齿轮泵

齿轮泵分为外啮合齿轮泵和内啮合齿轮泵两类。常用的为外啮合齿轮泵。

外啮合齿轮泵的工作原理如下。

如图 14-6 所示，泵体内装有一对完全相同的外啮合齿轮，齿轮两侧靠端盖密封。泵体、端盖和齿轮的各个齿间槽组成了许多密封的工作腔。当齿轮按图示方向回转时，泵的右侧由于齿轮的轮齿逐渐脱开啮合，使密封容积逐渐增大，形成局部真空，油箱中的油液被吸入齿间，实现吸油；而左侧的轮齿逐渐进入啮合，密封容积不断减少，齿间的油液被压出泵外，实现压油。

齿轮泵由于结构简单紧凑、体积小、质量轻、工艺性好、价格便宜、自吸能力强、对油液污染不灵敏、维修方便及工作可靠等优点，在汽车上得到了广泛的

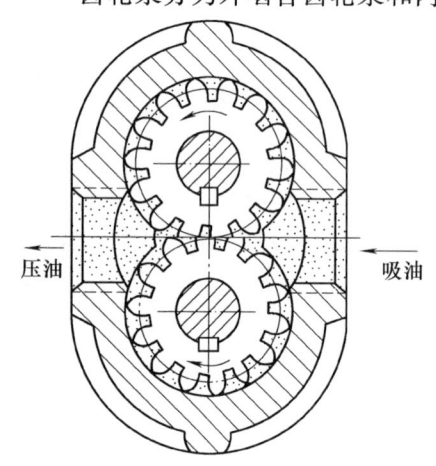

图 14-6　外啮合齿轮泵工作原理

应用。其缺点是泄漏较大，流量脉动大，噪声较高，径向不平衡力大，所达到的额定压力还不够高。但通过结构上的改进后，也可以达到较高的工作压力，目前其最高工作压力可达 30 MPa。

由于齿轮泵的密封容积变化范围不能改变，故流量不可调，是定量泵。

4. 叶片泵

叶片泵分为单作用式和双作用式两种。单作用式可做成各种定量泵和变量泵，但工作

条件较差。双作用式一般不能变量泵,但工作情况较好,应用较广。

(1) 双作用式叶片泵的工作原理及结构。如图 14-7 所示,由定子内环、转子外圆和左、右配流盘组成的密闭工作容积被叶片分割为四部分。传动轴带动转子旋转,叶片在离心力作用下紧贴于定子内表面。因定子内环由 2 段大半径圆弧、2 段小半径圆弧和 4 段过渡曲线组成,故有两部分密闭容积将减小,受挤压的油液经配流窗口排出;两部分密闭容积将增大形成真空,经配流窗口从油箱吸油。

这种泵的转子每转一转,每个密封工作腔完成吸油和压油动作各两次,所以称为双作用式叶片泵,是定量泵。

(2) 单作用叶片泵的工作原理及结构。如图 14-8 所示,由定子内环、转子外圆和左、右配流盘组成的密闭工作容积被叶片分割为两部分。传动轴带动转子旋转,叶片在离心力作用下紧贴定子内表面。因定子与转子之间有偏心,故有一部分密闭容积将减小,受挤压的油液经配流窗口排出,一部分密闭容积将增大形成真空,经配流窗口从油箱吸油。

这种泵的转子每转一转,每个密封工作腔完成一次吸油和压油动作,故称为单作用式叶片泵,因偏心量是可以调整的,为变量泵。

叶片泵具有结构紧凑、运动平稳、噪声小、输油均匀、寿命长等优点,广泛应用于中、低压液压系统中,其工作压力为 $6\sim21$ MPa。

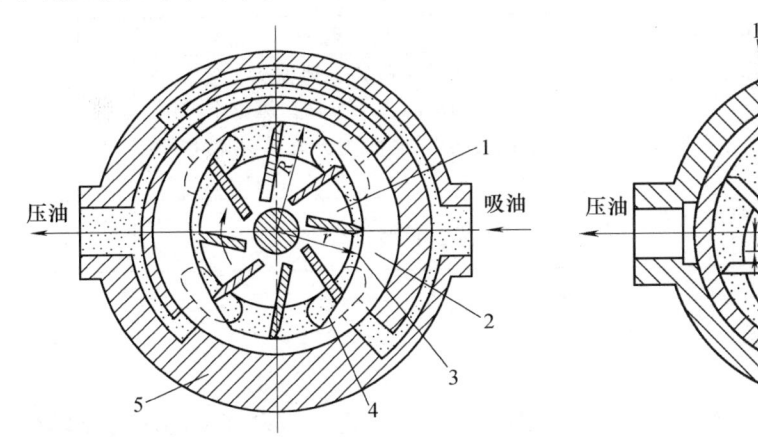

图 14-7 双作用式叶片泵的工作原理
1—转子;2—定子;3—叶片;4—配流盘;5—泵体

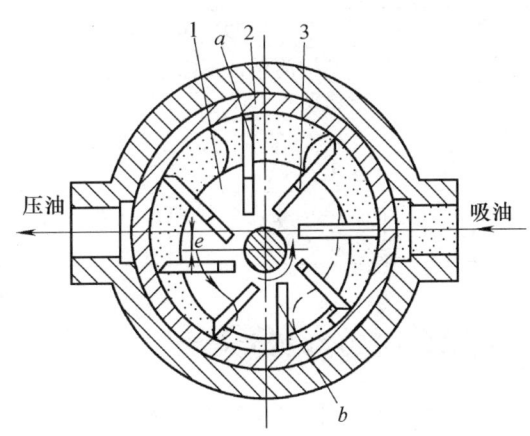

图 14-8 单作用式叶片泵的工作原理
1—转子;2—定子;3—叶片

5. 柱塞泵

柱塞泵分为轴向和径向两类。轴向柱塞泵又分为直轴式(斜盘式)和斜轴式两种。其中,直轴式应用较广。

斜盘式轴向柱塞泵的工作原理如图 14-9 所示,它主要由斜盘 4、柱塞 3、缸体 2、配流盘 1 等组成,斜盘与缸体间倾斜了一个角度 γ,缸体由传动轴带动旋转,斜盘和配流盘固定不动,柱塞在底部弹簧的作用下,头部始终紧贴斜盘。当缸体转动时,由于斜盘和压板的作用,迫使柱塞在缸体内做往复运动,通过配油盘的配油窗口进行吸油和压油。

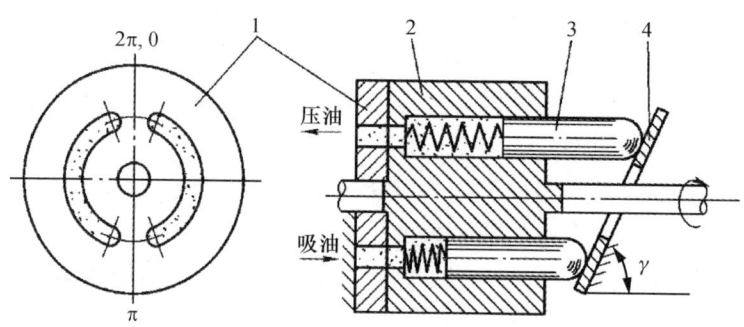

图 14-9 斜盘式轴向柱塞泵的工作原理
1—配流盘；2—缸体；3—柱塞；4—斜盘

柱塞泵具有结构紧凑、加工方便、单位功率体积小、容积效率高、工作压力高、易实现变量等优点，故可在高压系统中使用；其缺点是结构复杂、造价高、对油液的污染敏感、使用和维修要求严格。柱塞泵在起重运输车辆、工程机械的液压系统中应用广泛。

各种液压泵的比较参见表 14-4。

表 14-4　各种液压泵的比较

类　型	优　点	缺　点	工作压力
齿轮泵	结构简单，不需要配流装置，价格低，工作可靠，维护方便	易产生振动和噪声，泄漏大，容积效率低，径向液压力不平衡；流量不可调	低压
叶片泵	输油量均匀，压力脉动小，容积效率高	结构复杂，难加工，叶片易被脏物卡死	中压
轴向柱塞泵	结构紧凑，径向尺寸小，容积效率高	结构复杂，价格较贵	高压

14.2.2　液压执行元件

在液压系统中，液压缸和液压马达同属于执行元件，是将液压系统中的压力能转化为机械能的能量转换装置，它们的区别是：液压缸将液压能转换成直线运动（或往复直线运动）的机械能，而液压马达则是将液压能转换成旋转运动的机械能。

按结构特点可将液压缸分为活塞式液压缸、柱塞式液压缸和摆动式液压缸三类。其中活塞式的使用最为广泛。

按供油方式可将液压缸分为单作用式和双作用式。其中单作用式液压缸中液压力只能使活塞（或柱塞）单方向运动，而反向运动必须靠外力（如弹簧力或自重等）实现；双作用式液压缸可由液压力实现两个方向的运动。

1. 活塞式液压缸

活塞式液压缸又可分为双活塞杆式和单活塞杆式两种结构。

（1）双活塞杆式液压缸。双活塞杆式液压缸结构如图 14-10 所示，它具有以下工作特点。

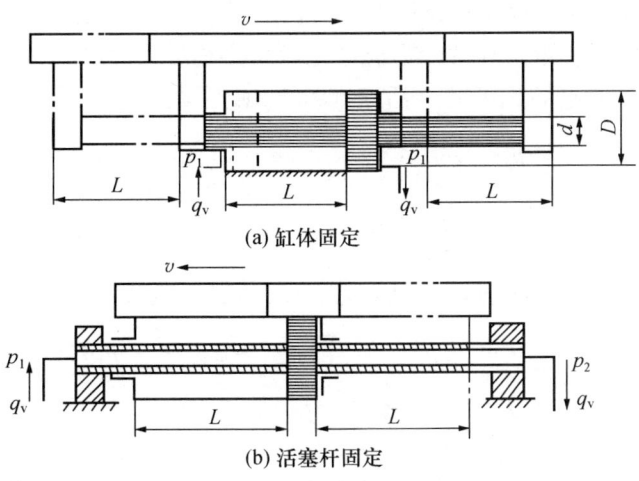

(a) 缸体固定

(b) 活塞杆固定

图 14-10 双活塞杆式液压缸结构

当两活塞杆直径相同、缸两腔的供油压力和流量都相等时,活塞(或缸体)两个方向的推力和运动速度也都相等。其值为

$$F_1 = F_2 = (p_1 - p_2)A = (p_1 - p_2)\frac{\pi}{4}(D^2 - d^2)$$

$$v_1 = v_2 = \frac{4q}{\pi(D^2 - d^2)}$$

式中 A——缸的有效工作面积;

D——活塞的直径;

d——活塞杆的直径;

p_1——进油腔压力;

p_2——回油腔压力。

缸体固定的工作台往复运动范围为活塞有效行程的 3 倍,占地面积较大,常用于中小型设备;活塞杆固定的工作台往复运动的范围为活塞有效行程的 2 倍,占地面积较小,常用于大中型设备。

(2) 单活塞杆式液压缸。单活塞杆式液压缸结构如图 14-11 所示,它具有以下工作特点。

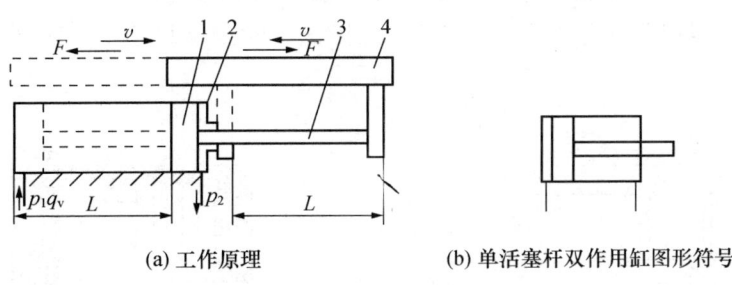

(a) 工作原理   (b) 单活塞杆双作用缸图形符号

图 14-11 单活塞杆式液压缸

由于仅一端有活塞杆,所以两腔的工作面积不同。当分别向缸两腔供油,且供油压力和流量相同时,活塞(缸体)在两个方向产生的推力和运动速度不相等。

① 无杆腔进油、有杆腔回油时,活塞推力 F_1 和运动速度 v_1 分别为

$$F_1 = p_1 A_1 - p_2 A_2 = \frac{\pi}{4}[(p_1 - p_2)D^2 + p_2 d^2]$$

$$v_1 = \frac{q}{A_1} = \frac{4q}{\pi D^2}$$

② 有杆腔进油、无杆腔回油时,活塞推力 F_2 和运动速度 v_2 分别为

$$F_2 = p_1 A_2 - p_2 A_1 = \frac{\pi}{4}[(p_1 - p_2)D^2 - p_1 d^2]$$

$$v_2 = \frac{q}{A_2} = \frac{4q}{\pi(D^2 - d^2)}$$

由上可知:$F_1 > F_2$,$v_2 > v_1$,即无杆腔进油工作时,推力大,速度低;有杆腔进油工作时,推力小,速度高。因此,单活塞杆式液压缸常用于一个方向有较大负载,但运行速度较低,另一个方向为空载要求快速退回的设备,这样可以提高工作效率,节省时间。例如,各种金属切削机床、压力机、注塑机、起重机的液压系统都是这样设计的。

③ 液压缸差动连接。如图 14-12 所示,单活塞杆式液压缸的两腔同时通压力油的连接方式,称为差动连接。在忽略两腔连通油路压力损失的情况下,两腔的油液压力相等。但由于无杆腔受力面积大于有杆腔,活塞向右的作用力大于向左的作用力,活塞杆做伸出运动,并将有杆腔的油液挤出,流进无杆腔,加快活塞的运动速度。

活塞的推力 F_3 为

$$F_3 = p_1(A_1 - A_2) = p_1 \frac{\pi}{4} d^2$$

差动连接时,有杆腔排除的流量 $q = v_3 A_2$ 进入无杆腔,则有

$$v_3 A_1 = q + v_3 A_2$$

差动连接时活塞的运动速度 v_3 为

$$v_3 = \frac{q}{A_1 - A_2} = \frac{4q}{\pi d^2}$$

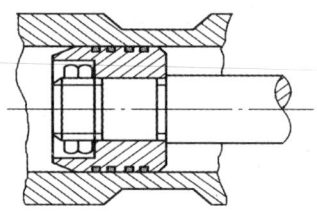

图 14-12 液压缸差动连接

2. 液压缸的密封、缓冲和排气

液压缸的密封包括固定件的密封(如缸体与端盖间的密封)和运动件的密封(如活塞与缸体、活塞杆与端盖间的密封)。常用的密封方法有间隙密封和密封圈密封,如图 14-13 和图 14-14 所示。

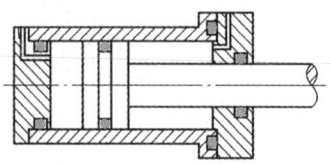

图 14-13 间隙密封　　　　　　　　图 14-14 密封圈密封

间隙密封依靠运动件之间很小的配合间隙来保证密封。此种方式摩擦力小,内泄漏量大,密封性能差且加工精度要求高,只适用于低压、运动速度较快的场合。

密封圈密封通常是用耐油橡胶压制而成的,它通过本身的受压弹性变形来实现密封。

液压缸的缓冲目的是防止活塞在行程终了时,由于惯性力的作用与端盖发生撞击,影响设备的使用寿命。其原理是当活塞将要达到行程终点,接近端盖时,增大回油阻力,以降低活塞的运动速度,从而减小和避免对活塞的撞击。

液压系统中的油液如果混有空气将会严重地影响工作部件的平稳性,为了便于排除积留在液压缸内的空气,油液最好从液压缸的最高点进入和排出。对运动平稳性较高的液压缸,常在两端装有排气塞。

14.2.3 液压控制元件

在液压系统中,用来对液流的方向、压力和流量进行控制和调节的液压控制元件称为控制阀,又称为液压阀,简称阀。控制阀按用途分为方向控制阀、压力控制阀和流量控制阀三类。

1. 方向控制阀

控制油流方向的阀称为方向控制阀。常用的有单向阀和换向阀。

(1) 单向阀。液压系统中常见的单向阀有普通单向阀和液控单向阀两种。

① 普通单向阀。普通单向阀的作用是使油液只能沿一个方向流动,不许它反向倒流。如图14-15(a)所示是一种管式普通单向阀的结构。压力油从阀体左端的通口 P_1 流入时,克服弹簧3作用在阀芯2上的力,使阀芯向右移动,打开阀口,并通过阀芯2上的径向孔 a、轴向孔 b 从阀体右端的通口流出。但是压力油从阀体右端的通口 P_2 流入时,它和弹簧力一起使阀芯锥面压紧在阀座上,使阀口关闭,油液无法通过。如图14-15(b)所示是单向阀的图形符号。

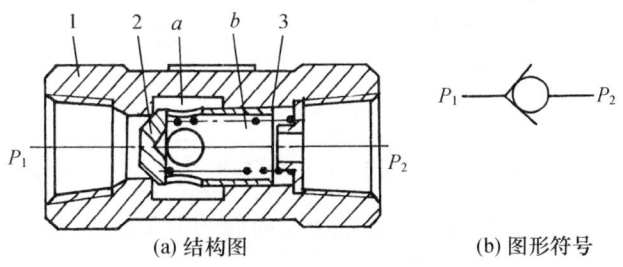

(a) 结构图　　　　(b) 图形符号

图14-15　普通单向阀
1—阀体;2—阀芯;3—弹簧

② 液控单向阀。如图14-16(a)所示是液控单向阀的结构。当控制口 K 处无压力油通入时,它的工作原理和普通单向阀一样,压力油只能从通口 P_1 流向通口 P_2,不能反向倒流。当控制口 K 有控制压力油时,因控制活塞1右侧 a 腔通泄油口,活塞1右移,推动顶杆2顶开阀芯3,使通口 P_1 和 P_2 接通,油液就可在两个方向自由通流。如图14-16(b)所示是

液控单向阀的图形符号。

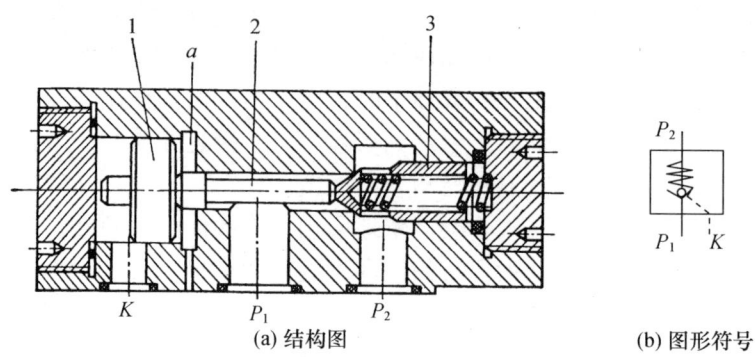

(a) 结构图　　　　　　(b) 图形符号

图 14-16　液控单向阀
1—活塞；2—顶杆；3—阀芯

（2）换向阀。换向阀利用阀芯相对于阀体的相对运动，使油路接通、关闭，或变换油流的方向，从而使液压执行元件启动、停止或变换运动方向。

换向阀按阀芯形状分为滑阀式和转阀式两种，滑阀式换向阀在液压系统中远比转阀式换向阀应用得广泛。

① 工作原理。如图 14-17（a）所示为换向阀的工作原理图。当阀芯处于图示位置时，P、A、B、T 油口互不相通，液压缸无压力油进入，活塞不动。当换向阀的阀芯向右移动一定距离，P 口和 A 口接通，压力油从 P 口经 A 口流进左腔，推动活塞向右运动，液压缸右腔中的油液从 B 口经 T 口流回油箱。若阀芯向左移动一定距离，则压力油从 P 口经 B 口流入液压缸右腔，推动活塞向左运动。液压缸左腔中的油液从 A 口经 T 口流回油箱。图 14-17（b）所示是换向阀的图形符号。

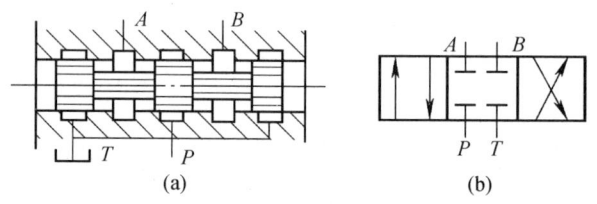

图 14-17　换向阀

② 图形符号的含义。表 14-5 给出了常用换向阀的图形符号。

表 14-5　常用换向阀的图形符号

项目	图例			说明
	一位	二位	三位	
位	□	□□	□□□	"位"用方格表示

(续表)

项目	图例			说明
位与通	二位二通 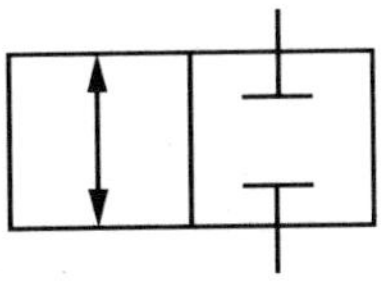	二位三通 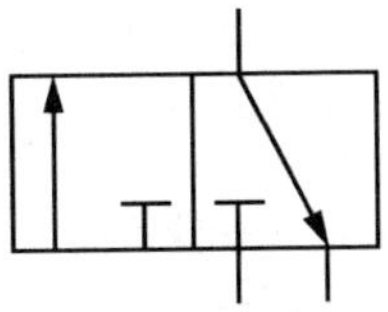	二位四通 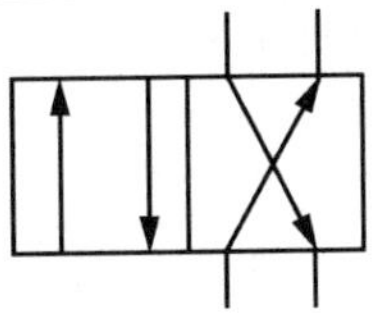	完整的图形符号应标记控制方式
	二位五通 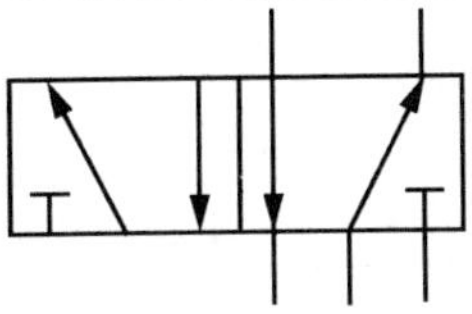	三位四通 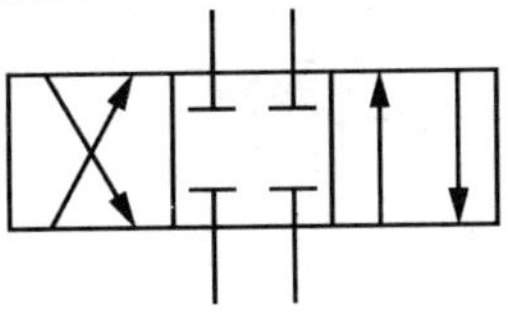	三位五通 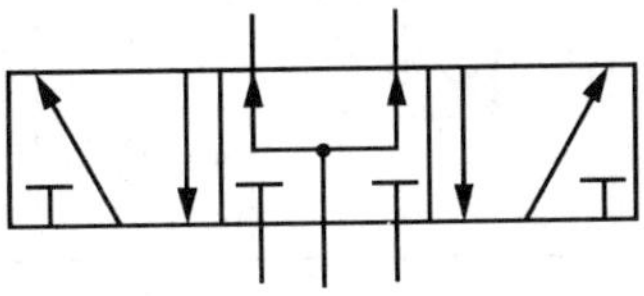	
阀口标志	压力油的进油口 P		通油箱的回油口 T	连接执行元件的工作油口 A B

一个换向阀的完整符号应具有工作位置数、通口数和在各工作位置上阀口的连通关系、控制方法以及复位、定位方法等。

a. 位："位"指阀芯相对于阀体的工作位置数，用方格表示。

b. 通："通"指阀的通路口数，即箭头"↑"或封闭符号"⊥"与方格的交点数。

c. P 表示进油口，T 表示与油箱连通的回油口，A 和 B 表示连接其他工作油路的油口。

d. 三位阀的中格及两位阀画有弹簧的一格为阀的常态位。在液压原理图中，换向阀的图形符号与油路的连接一般应画在常态位上。

③ 操纵方式。换向阀的阀芯相对于阀体的运动需要一定力的作用，常用换向阀控制机构符号参见表14-6。

表14-6 常用换向阀控制机构符号

用作单方向行程操纵的滚轮杠杆 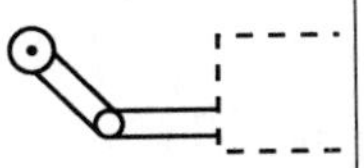	单作用电磁铁，动作指向阀芯 	单作用电磁铁，动作背离阀芯 	双作用电气控制机构，动作指向或背离阀芯 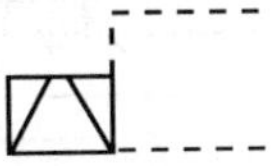	单作用电磁铁，动作指向阀芯，连续控制 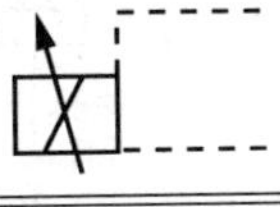	单作用电磁铁，动作背离阀芯，连续控制 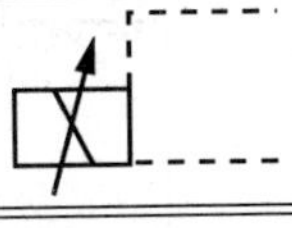
双作用电气控制机构，动作指向或背离阀芯，连续控制 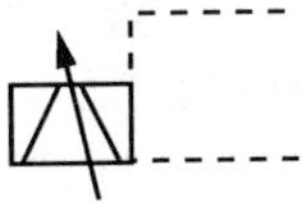	带有分离把手和定位销的控制机构 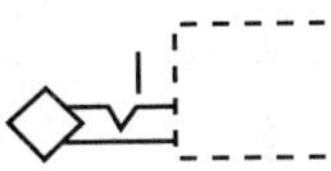	具有可调行程限制装置的顶杆 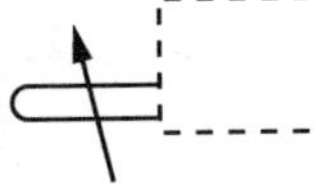	带有定位装置的推或拉控制机构 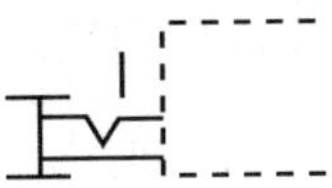	手动锁定控制机构 	具有5个锁定位置的调节控制机构 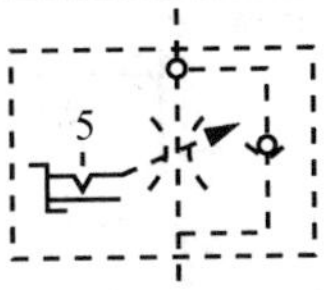

（续表）

电气操纵的气动先导控制机构	电气操纵的带有外部供油的液压先导控制机构	机械反馈	具有外部先导供油，双比例电磁阀，双向操作，集成在同一组件，连续工作的双先导装置的液压控制机构	使用步进电机的控制机构	
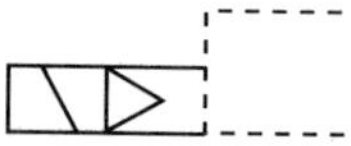	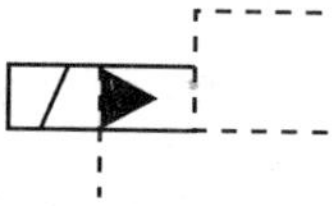	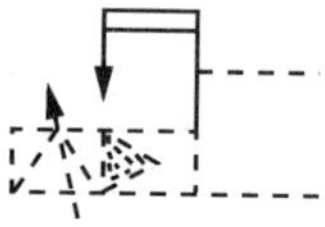	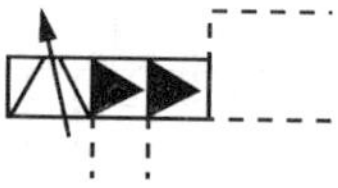	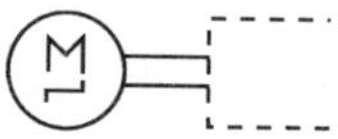	

④ 三位换向阀的常用中位机能参见表 14-7。三位换向阀的阀芯在阀体中有左、中、右三个工作位置。中间位置可利用不同形状及尺寸的阀芯结构，得到多种不同的油口连接方式。三位换向阀在常态位置（中位）时各油口的连通方式称为中位机能。

表 14-7 三位换向阀的常用中位机能

类型	结构简图	图形符号	作用、特点
O 型	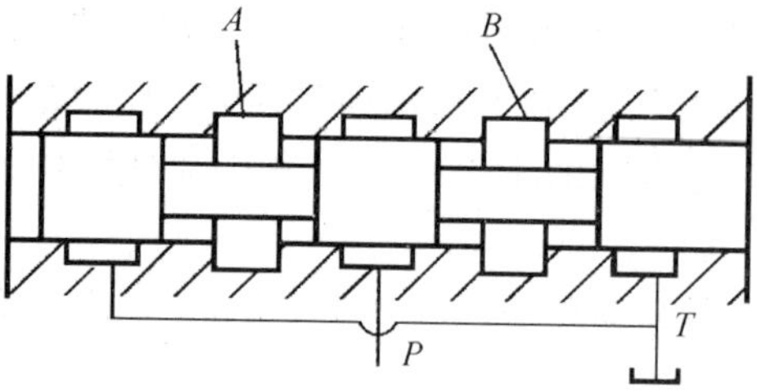	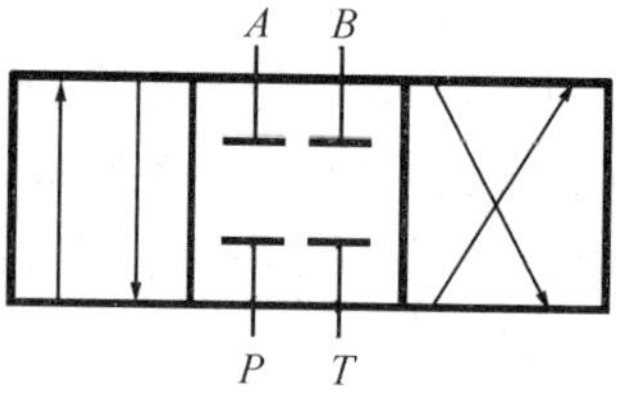	P、A、B、T 四个通口全部封闭，液压缸闭锁，液压泵不卸荷
Y 型	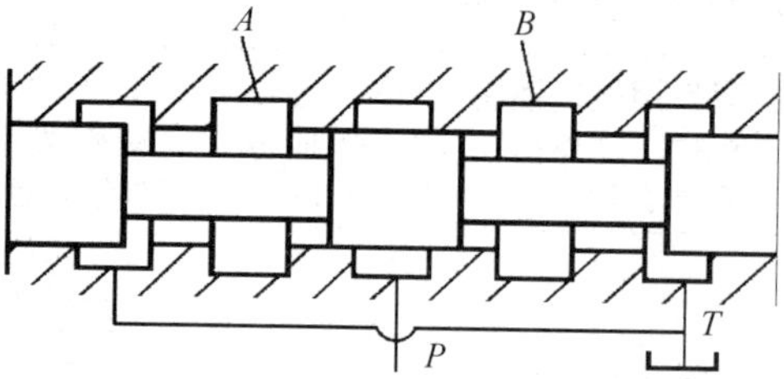	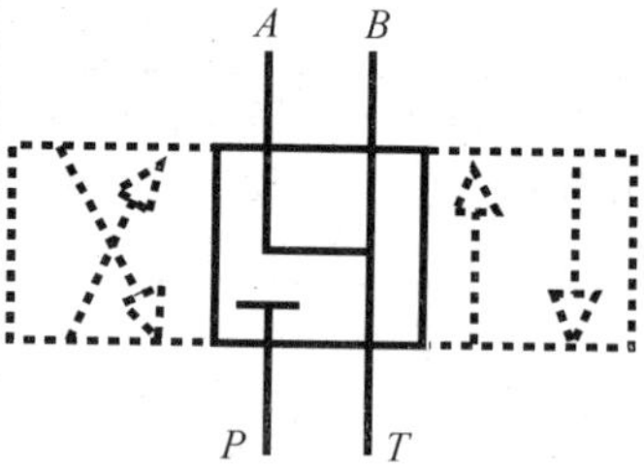	通口 P 封闭，A、B、T 三个通口相通，液压缸活塞呈浮动状态，液压泵不卸荷
P 型	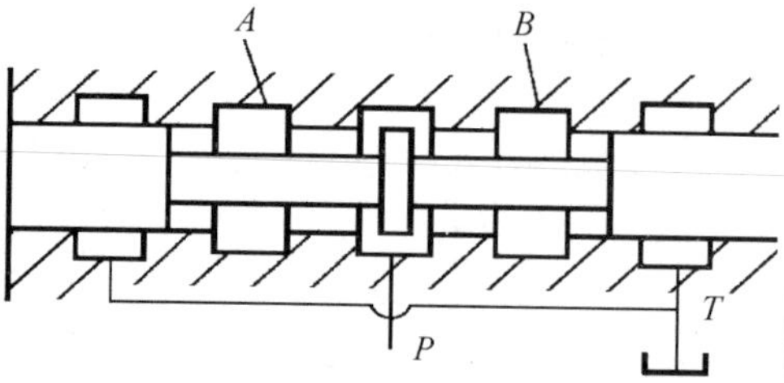	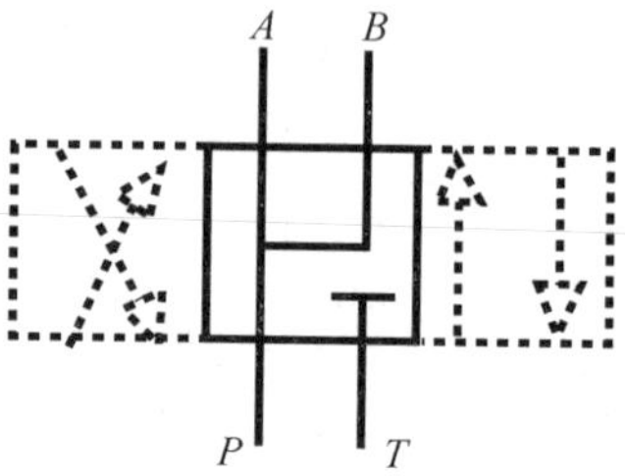	P、A、B 三个通口相通，通口 T 封闭，液压泵与液压缸两腔相通，可组成差动回路

(续表)

类型	结构简图	图形符号	作用、特点
M型			通口 P、T 相通，通口 A、B 封闭，液压缸闭锁，液压泵卸荷

2. 压力控制阀

在液压系统中，用来控制液压油压力和利用液压油压力来控制其他液压元件动作的阀统称为压力控制阀。此类阀的工作利用了液压力和弹簧力相平衡的原理。

压力控制阀按其功能和用途不同可分为溢流阀、减压阀、顺序阀和压力继电器等。

（1）溢流阀。溢流阀通过对油液的溢流，使液压系统的压力维持恒定，从而实现系统的稳压、调压和限压。根据结构不同，溢流阀可分为直动式和先导式两类。如图14-18所示为直动式溢流阀的结构原理和图形符号。

（2）减压阀。减压阀利用液体流过缝隙产生压降的原理，使出口压力低于进口压力的压力控制阀。如图14-19(a)所示为先导式减压阀的结构原理图，如图14-19(b)、(c)所示为减压阀的图形符号。

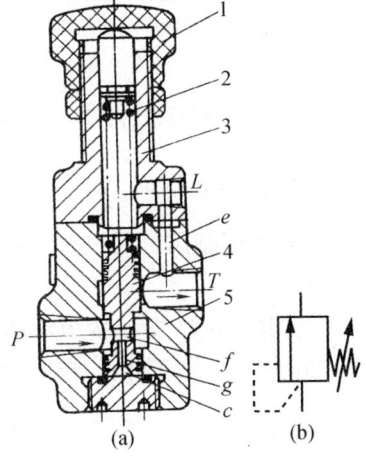

图 14-18　直动式溢流阀
1—调节螺帽；2—调压弹簧；3—阀盖；4—阀芯；5—阀体

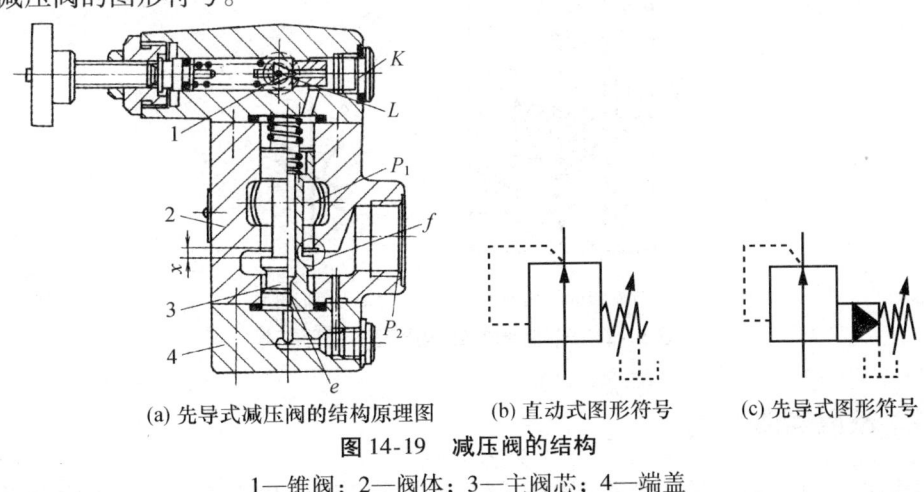

(a) 先导式减压阀的结构原理图　(b) 直动式图形符号　(c) 先导式图形符号

图 14-19　减压阀的结构
1—锥阀；2—阀体；3—主阀芯；4—端盖

（3）顺序阀。顺序阀是利用油液压力作为控制信号来控制油路通断，保证液压系统中多个执行元件的动作有一定的先后顺序。图14-20(a)所示为直动式顺序阀的结构原理图，图14-20(b)、(c)所示为其图形符号。

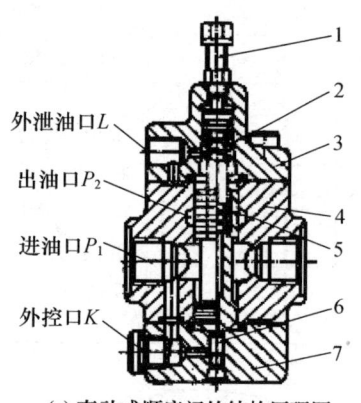 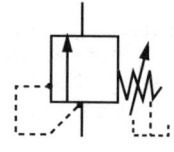 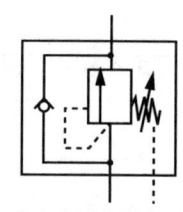

外泄油口 L
出油口 P_2
进油口 P_1
外控口 K

(a) 直动式顺序阀的结构原理图　　(b) 手动调节设定值顺序阀图形符号　　(c) 带有旁通阀顺序阀图形符号

图 14-20　直动式顺序阀的结构
1—调节螺钉；2—调压弹簧；3—端盖；4—阀体；5—阀芯；6—控制活塞；7—底盖

3. 流量控制阀

流量控制阀是通过改变阀口大小来改变液阻实现流量调节的阀。常见的流量控制阀有节流阀。

如图 14-21 所示为节流阀的结构原理和图形符号。油液从油口 A 流入，经过阀芯下部的轴向三角形节流槽，再经油口 B 流出。

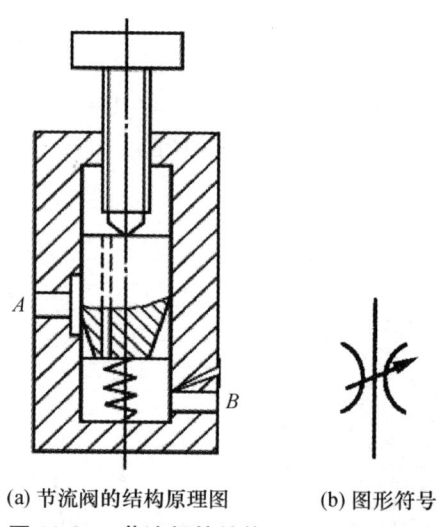

(a) 节流阀的结构原理图　　(b) 图形符号

图 14-21　节流阀的结构原理和图形符号

14.2.4　液压辅助元件

液压辅助元件是系统的一个重要组成部分，其合理设计和选用在很大程度上影响液压系统的效率、噪声、温升、工作可靠性等技术性能。液压辅助元件包括过滤器、蓄能器、热交换器、油管和管接头、油箱等。

1. 过滤器

过滤器的作用是清除油液中的固体杂质，使油液保持清洁，延长液压元件使用寿命，保证系统工作可靠。常用类型有网式、线隙式、烧结式、纸芯式和磁性式等多种。安装在液压泵的吸油管路上或液压泵的输出管路上以及重要元件的前面。通常情况下，泵的吸油口装粗过滤器，泵的输出管路上与重要元件之前装精过滤器。

2. 蓄能器

蓄能器是储存压力油的一种容器，可以在短时间内供应大量压力油，补偿泄漏以保持系统压力，消除压力脉动与缓和液压冲击等。目前常用的是利用气体膨胀和压缩进行工作的充气式蓄能器。充气式蓄能器根据结构分为活塞式、气囊式、隔膜式三种。

3. 热交换器

液压系统中常用油液的工作温度以 30～50℃ 为宜，最高不大于 65℃，最低不小于 15℃。油温过高或过低都会影响系统正常工作。为控制油液温度，油箱上常安装冷却器和加热器来进行热交换。

4. 油管和管接头

（1）油管。常用的油管有钢管、铜管、橡胶软管、尼龙管和塑料管等。固定元件间的油管常用钢管和铜管，有相对运动的元件之间一般采用软管连接。

（2）管接头。管接头用于油管与油管、油管与液压元件间的连接。

5. 油箱

油箱除了用于储油外，还起散热及分离油中杂质和空气的作用。在机床液压系统中，可以利用床身或底座内的空间做油箱。精密机床多采用单独油箱。

油箱结构如图 14-22 所示。

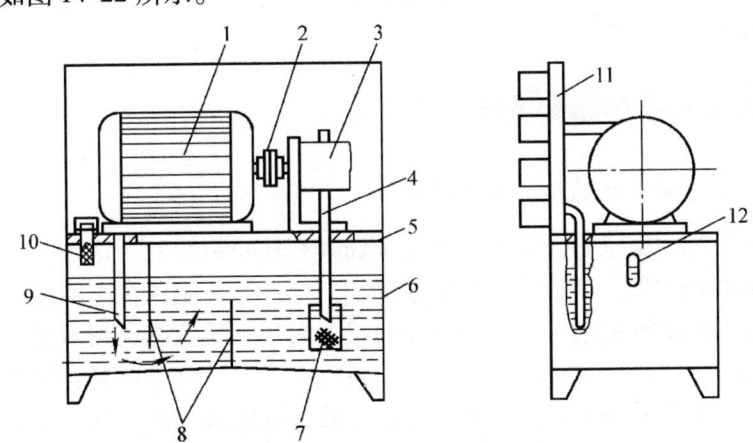

图 14-22　液压泵卧式安置的油箱

1—电动机；2—联轴器；3—液压泵；4—吸油管；5—盖板；6—油箱体；7—过滤器；
8—隔板；9—回油管；10—加油口；11—控制阀连接板；12—液位计

14.3 液压传动实例

一台液压设备完成预定工作,要进行多种运动,由多个基本回路实现,这些基本回路构成了一个液压系统,一般用液压系统图来完成。液压系统图反映了液压系统所采用的液压元件的类型、电动机规格、液压系统的动作顺序、控制方式等内容。使用或维修液压设备前,应先熟悉液压系统图,其步骤如下。

(1) 首先根据液压设备的功用和性能特点,尽可能了解该设备的用途、特性、工作循环对液压系统提出的要求。

(2) 初步浏览整个系统图,了解系统图中包括哪些元件及各元件之间的联系,分清油路和控制油路。以执行元件为中心,将系统分解为若干子系统。

(3) 读懂子系统。对每一个执行元件及与之有联系的液压阀、液压泵等组成的子系统进行分析,弄清该子系统由哪些基本回路组成。然后根据工作循环及电磁铁动作顺序表,分析该系统工作状态转换是由何处发讯元件发出信号,使哪些控制元件动作,从而改变其通路状态的。

(4) 读懂整个系统。根据液压设备中各执行元件间顺序动作、同步、互不干扰等要求,分析各子系统之间的联系,进而弄清液压系统是如何实现这些要求的。

(5) 在读懂整个液压系统的基础上,进而归纳总结出整个系统的特点,以加深对系统的理解。

液压传动在机械制造、工程机械、运输、船舶、航空等领域有着广泛的应用,因各种设备的工作要求不同,其液压系统的组成、工作原理和特点也不尽相同。本节将通过对几个典型液压系统的介绍,熟悉各种液压元件在液压系统中的作用和各种基本回路的组成,进而掌握分析液压系统的方法和步骤,以便为正确使用液压系统,改造设备和技术革新提供必备的基础知识。

14.3.1 汽车电控液压悬架系统

汽车电控液压悬架系统的组成和工作原理

对汽车悬架系统的要求是:既要有能使车辆具有软弹簧般的舒适性,又要有能保证车辆具有良好操纵的稳定性。而传统的悬架系统,一旦参数选定,在车辆行驶过程中就无法进行调节,因此使悬架性能的进一步提高受到很大限制。随着电子技术的发展,为进一步提高悬架系统的性能提供了良好的前景,目前轿车上采用的电子控制悬架系统基本上具有三个功能:一是具有车高调节功能,不管车辆负载在规定范围内如何变化,都可以保证车高一定,可大大减少在转向时产生的侧倾;二是具有衰减力调节功能,其作用是提高车辆的操纵稳定性,在急转弯、急加速和紧急制动时可以抑制车辆姿态的变化;三是具有控制悬架系统减振力和弹性元件或刚性系数功能,利用弹性元件或刚性系数的变化,控制车辆起步时的姿态。

电子控制悬架系统按悬架结构形式不同，可分为电控空气悬架系统和电控液压悬架系统两种。在此主要介绍电控液压悬架系统的组成和工作原理。

电子控制液压悬架系统由动力源、压力控制阀、液压悬架缸、传感器、ECU 等组成。如图 14-23 所示为电控液压悬架系统的工作原理。作为动力源的油泵产生压力油，供给各车轮的液压悬架缸，使其独立工作。当汽车转向发生侧倾时，汽车外侧车轮的油缸油压升高，内侧车轮油缸的油压降低，油压信号被送至 ECU，ECU 根据此信号来控制车身的侧倾。由于在车身上分别装有上下、前后、横向、车高等高精度的加速传感器，这些传感器信号送入 ECU，经分析后，对油压进行调节，可使转弯时的侧倾最小。同理，在汽车紧急制动、急加速或在恶劣路面上行驶时，油压控制系统对相应的油缸进行控制，使车身的姿势变化最小。液压控制系统油路如图 14-24 所示。

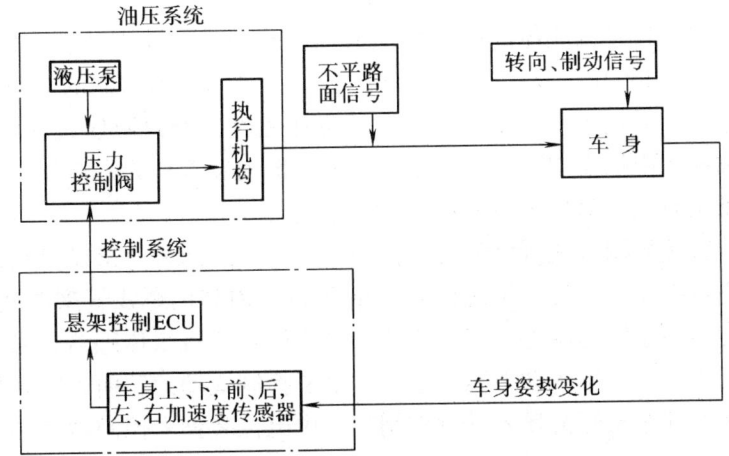

图 14-23 电控液压悬架系统的工作原理

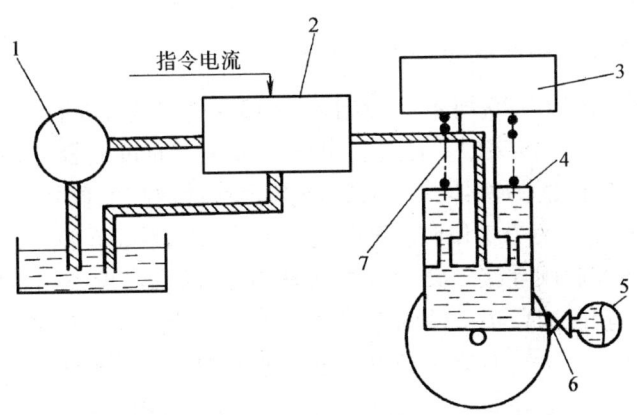

图 14-24 电控液压悬架系统液压控制油路
1—油泵；2—调压阀组；3—车身；4—油缸；5—缓冲腔；6—衰减阀；7—弹簧

14.3.2 液压动力转向系统

在汽车转向系统中增设动力装置后就称为"动力转向"。采用动力转向的目的，是使转向操纵轻便，改善相应特性。一般来说，在停车或车速较低时，转向盘的操纵很费力，随着车速增加逐渐变得轻快，如果将停车或低速时的转向操纵力设计得较小，则在高速行驶时转向就会发飘。为了实现在各种行驶条件下，操纵转向盘所需的力都在最佳值，就需要采用动力转向装置。目前采用液压动力的转向装置，利用油泵来建立液压，再经过控制来调节液压油的流量，根据汽车的行驶状态，控制转向系统。在转向时，转向动作仍由驾驶员来完成，但作用在转向机构上的力则由动力装置提供，因此，能使转向轻便省力。

1. 液压动力转向系统概述及分类

液压动力转向系统是以液体的压力作动力完成转向加力动作的，工作介质多用油液，工作压力一般为 8～15 MPa。与气压动力转向比较，液压动力转向的工作压力高、动力缸尺寸小、结构紧凑、质量小；由于油液具有不可压缩性，所以液压式动力转向灵敏度高、系统刚性好；油液的阻尼作用可以吸收路面冲击；助力装置也无须润滑。但液压动力转向系统的缺点是结构复杂，对加工精度和密封要求高等。

动力转向装置按控制方式可分为机械控制式和电控式两种。机械控制式是根据车速或发动机转速来进行控制的，最早采用的是在液压系统内利用螺线管来改变油路通道面积，以此来控制动力转向系统的压力。车速传感器采用凸轮式机械传感器，采用机械控制方式的车型有北京切诺基等汽车的动力转向系统。电子控制式动力转向系统是根据车速、方向盘转角及转动速度和车轮侧滑量来进行控制的，由电控装置来控制液压油的流量，再由压力油控制执行机构（如电磁阀或步进电机）进行转向动作，可以精确地控制动力转向系统压力油的流量，这是机械控制无法比拟的。目前大多数中高档轿车均采用这一种系统，如日本丰田皇冠、凌志轿车。

2. 液压动力转向系统的组成和工作原理

液压动力的组成如图 14-25 所示。转向油泵 13 安装在发动机上，由曲轴通过皮带驱动运转向外输出油压，转向油罐 12 有进、出油管接头，通过油管分别和转向油泵和转向控制阀 3 连接。动力转向器为整体式动力转向器，其转向控制阀用以改变油路。由齿条-活塞 5 和缸体形成 R 和 L 两个工作腔。R 腔为右转向动力腔，L 腔为左转向动力腔，它们分别通过油道和转向控制阀连接。转向螺杆 4 和齿条-活塞、齿条-活塞和扇形齿轮 6 组成了两对啮合传动副。转向摇臂 7 一端固定接在与扇形齿轮连在一起的转向摇臂轴上，另一端铰接在转向主拉杆 8 上。转向横拉杆 10、转向梯形臂 11 及前轴组成转向梯形。

液压动力转向的工作原理如下：当汽车直线行驶时，转向控制阀将转向油泵出来的工作液与油罐相通，转向油泵处于卸荷状态，动力转向不工作。当汽车需要转弯时，如右转弯时，驾驶员向右打方向盘，转向控制阀将转向油泵出来的工作液与 R 腔接通，将 L 腔与油罐接通，在油压的作用下，齿条-活塞移动，通过扇形齿轮使摇臂轴逆时针转动，拉动主拉杆通过转向节、转向梯形使左、右轮向右摆动，从而实现右转向，左转弯则相反。

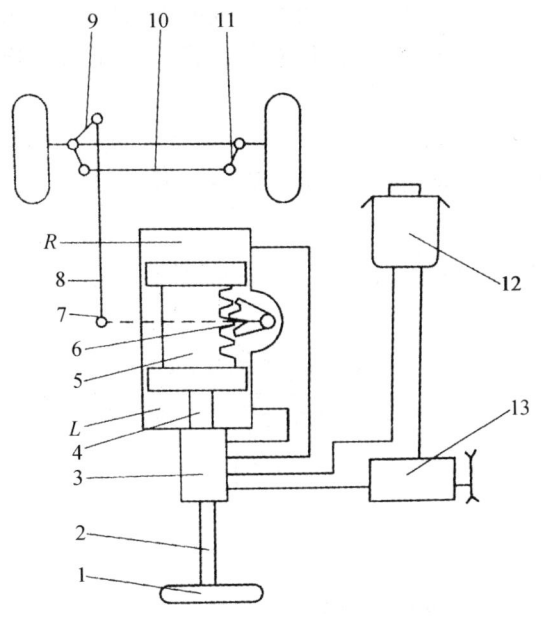

图 14-25　液压动力转向示意图

1—转向盘；2—转向轴；3—转向控制阀；4—转向螺杆；5—齿条-活塞；6—扇形齿轮；
7—摇臂；8—转向主拉杆；9—转向节；10—转向横拉杆；11—转向梯形臂；
12—转向油罐；13—转向油泵；R—右转向动力腔；L—左转向动力腔

思考与复习题

1. 液压系统由哪几部分组成？简述其工作原理。
2. 如图 14-26 所示，液压千斤顶的小活塞直径 $d_1 = 10$ mm，大活塞直径 $d_2 = 120$ mm，杠杆尺寸 $a = 25$ mm，$b = 300$ mm。问杠杆端点应加多大的力 F 才能将 50 kN 的重物 W 顶起？

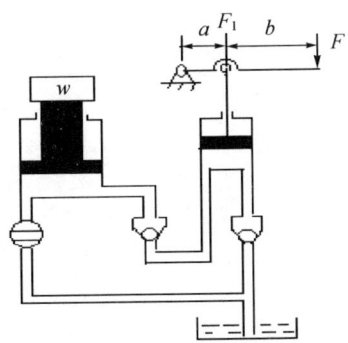

图 14-26　思考与复习题 2 图

3. 如图 14-27 所示，一水平放置的油管，截面 A—A 和 B—B 处的直径分别 d_1 为和 d_2，且 $d_2 = 2d_1$，B—B 处的流量为 q，液体在管内做稳定流动，若不考虑液体的可压缩性和管内能量损失，则：

（1）截面 A—A 和 B—B 处的流量是否相等？为什么？

（2）截面 A—A 处的平均流速 v_1 与截面 B—B 处的平均流速 v_2 之间的关系怎样？为什么？

（3）截面 A—A 和 B—B 处哪一点压力高？为什么？

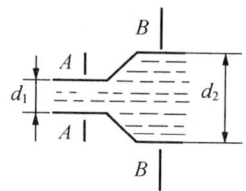

图 14-27　思考与复习题 3 图

4. 简述液压泵实现吸、压油的必备条件。

5. 齿轮泵的工作原理如何？简述其优、缺点。

6. 试比较单作用、双作用叶片泵在结构上的异同点。

7. 对齿轮泵、叶片泵、柱塞泵的性能进行比较。

8. 某液压系统的执行元件为双活塞杆液压缸，活塞直径 $D = 10$ cm，活塞杆直径 $d = 4$ cm，液压缸的工作压力 $p = 4.5$ MPa，工作进给速度 $v = 1.6$ cm/s，不计损失和泄漏，试求液压缸所能克服的最大阻力及所需流量。

9. 一单活塞杆液压缸接成差动连接，液压缸无杆腔的有效作用面积为 $A_1 = 4 \times 10^{-3}$ m²，有杆腔的有效作用面积为 $A_2 = 2 \times 10^{-3}$ m²，输入液压缸的流量 $q = 4.16 \times 10^{-4}$ m³/s，压力 $p = 1 \times 10^5$ MPa，不计损失，试求差动连接时活塞的运动速度及克服的负载各是多少？

10. 控制阀在液压系统中起什么作用？通常分为几大类？

11. 何谓三位换向阀的中位机能？常用的中位机能有哪些？其特点怎样？

12. 简述溢流阀、减压阀、顺序阀的作用。

参 考 文 献

[1] 朱熙然. 工程力学 [M]. 上海：上海交通大学出版社，1999.
[2] 吴建生. 工程力学 [M]. 北京：机械工业出版社，2003.
[3] 程嘉佩. 材料力学 [M]. 北京：高等教育出版社，1995.
[4] 吴宗泽. 机械零件设计手册 [M]. 北京：机械工业出版社，2006.
[5] 乔元信. 液压技术 [M]. 北京：中国劳动出版社，2001.
[6] 毛祖格. 液压技术 [M]. 北京：中国劳动出版社，2007.
[7] 杨柳青. 液压与气压技术 [M]. 北京：机械工业出版社，2008.
[8] 宋正和. 液压与气压技术 [M]. 北京：北京交通大学出版社，2009.
[9] 中华人民共和国国家标准《机械制图》（GB/T 4457～4460—1984）. 北京：中国标准出版社，2001.
[10] 郭建尊. 机械制图及计算机绘图 [M]. 北京：中国劳动社会保障出版社，2009.
[11] 李澄，等. 机械制图 [M]. 北京：高等教育出版社，2005.
[12] 叶玉驹. 机械制图手册 [M]. 第4版. 北京：机械工业出版社，2008.
[13] 中国机械工业教育协会. 工程制图 [M]. 北京：机械工业出版社，2004.
[14] 蔡广新. 汽车机械基础 [M]. 北京：高等教育出版社，2005.
[15] 谭洪海. 汽车机械基础 [M]. 北京：中国劳动社会保障出版社，2007.
[16] 贾利敏. 机械基础 [M]. 济南：山东科学技术出版社，2007.
[17] 赵祥. 机械基础 [M]. 北京：高等教育出版社，2005.
[18] 陈立德. 机械设计基础 [M]. 北京：高等教育出版社，2006.
[19] 孙大俊. 机械基础 [M]. 北京：中国劳动出版社，2007.
[20] 范迪彬. 汽车构造 [M]. 合肥：安徽科学技术出版社，2000.